B Harres

Die Schule des Maurers

B Harres
Die Schule des Maurers
ISBN/EAN: 9783743366282
Hergestellt in Europa, USA, Kanada, Australien, Japan
Cover: Foto ©Lupo / pixelio.de

Manufactured and distributed by brebook publishing software (www.brebook.com)

B Harres

Die Schule des Maurers

Die
Schule des Maurers.

Praktisches Hand- und Hülfsbuch

für

Architekten und Bauhandwerker, so wie für Bau- und Gewerbschulen.

Bearbeitet

von

B. Harres,

Großherz. Hessischer Baurath und Lehrer der Architektur an der höhern Gewerbschule in Darmstadt.

Zweite vermehrte und verbesserte Auflage.

Erster Theil.

Mit 235 Abbildungen, nach Zeichnungen des Verfassers in Holz geschnitten.

Leipzig,

Verlag von Otto Spamer.

1860.

Leipzig,
Druck von C. P. Melzer.

Vorwort
zur zweiten Auflage.

In dem Vorworte zu der im Jahr 1856 erschienenen ersten Auflage der „Schule des Maurers" haben wir offen bekannt, daß das auf den Umfang von fünfzehn Bogen beschränkte Werkchen nur aus Theilen, welche die wichtigeren Arbeiten des Maurers zum Gegenstande haben, bestehe, und daß selbst diese Theile nicht so erschöpfend behandelt werden konnten, als sie es, ihrer Wichtigkeit nach, verdienten.

Ist der Behandlung der zur Besprechung gekommenen Arbeiten im Allgemeinen bei Fachgenossen eine günstige Beurtheilung zu Theil geworden, so wurde dagegen von vielen Seiten der Wunsch ausgesprochen: es möge bei einer sich als nothwendig ergebenden zweiten Auflage das in der ersten Fehlende nach Möglichkeit aufgenommen und insbesondere dem Abschnitte „Von den Feuerungsanlagen" diejenige Ausdehnung gegeben werden, welche durchaus nothwendig sei, um den Maurer in den Stand zu setzen, auch bei größeren Feuerungsanlagen für den Fabrikbetrieb u. s. w. nach richtigen Principien zu verfahren.

Um diesem vollkommen von uns getheilten Wunsche gerecht zu werden, blieb nach unserm Erachten kein anderer Ausweg als der, die „Schule des Maurers" in zwei Theilen erscheinen zu lassen, von denen der erste Theil alle die in der ersten Auflage enthaltenen Arbeiten, der zweite Theil dagegen die Feuerungsanlagen größerer Art, sowie diejenigen weiter wichtigen und zur Besprechung vorzugsweise geeigneten Constructionen des Maurers zum Gegenstande haben sollte, welche bei der ersten Auflage keine Aufnahme finden konnten.

Die Verlagshandlung, jederzeit bemüht, die „Schule der Baukunst" rasch zu fördern, und kein Opfer scheuend, dieses Werk in möglichster Vollständigkeit erscheinen zu lassen, ist mit dankenswerther Bereitwilligkeit unserer Ansicht beigetreten.

Indem wir nun in der zweiten, vermehrten und verbesserten Auflage der „Schule des Maurers" zugleich den ersten Theil derselben vertrauensvoll in die Hände des weiten Kreises unserer Leser legen, welcher der ersten Auflage eine Beurtheilung hat zu Theil werden lassen, die wir bei der uns wohl bewußten Mangelhaftigkeit unserer Arbeit aufs Dankbarste anzuerkennen uns verpflichtet fühlen, glauben wir die Versicherung aussprechen zu können, daß wir, nachdem die in den Dienstverhältnissen nicht weniger als in den Gesundheitsumständen des Verfassers allein gelegenen Hindernisse, welche dem Erscheinen der bereits früher zugesagten Abtheilungen der Schule der Baukunst im Wege gestanden, zum großen Theile beseitigt sind, — bis zum Herbste 1860 den zweiten Theil der „Schule des Maurers" der Oeffentlichkeit werden übergeben können.

Der zweite Theil der „Schule des Zimmermanns" ist in Angriff genommen und soweit vorbereitet, daß sein Erscheinen zu Ostern 1860 gesichert erscheint.

Darmstadt, im Oktober 1859.

Der Verfasser.

Inhalt.

                                                                                                Seite

Erster Abschnitt. Von den Mauersteinen 1
    A. Die natürlichen Steine 1. — Festigkeit der Steine 1. — Dauer der Steine 2. — Gebirgsalter 3. — Urgebirge. Uebergangsgebirge. Flözgebirge. Aufgeschwemmtes Gebirge. Feldarten 3. — Lagerungsverhältnisse der Gebirge 4. — a. Gleichartige Steine 5. — Quarz 5. — Kalkstein 6. — Körniger Kalk 7. — Uebergangskalk 7. — Alpenkalk 8. — Jurakalk 8. — Grobkalk 8. — Kalktuff 9. — b. Scheinbar gleichartige (gemengte) Steine 9. — Basalt 9. — Verschlackter Basalt 10. — Trachit 10. — Wacke 10. — Thonschiefer 11. — c. Ungleichartige Steine 11. — Granit 11. — Sienit 12. — Gneis 12. — Felssteinporphyr 12. — Grauwacke 13. — Sandstein 13. — Kieselsandstein 13. — Thonsandstein. Kalksandstein. Mergelsandstein. Eisensandstein 14. —
    B. Die künstlichen Bausteine: Luftsteine. Backsteine 15.

Zweiter Abschnitt. Von dem Baukalke 19
    Das Brennen des Kalkes 19. — Verschiedene Arten Baukalk 19. — a. Der gemeine Baukalk 20. — Löschen des Kalkes 21. — b. Der hydraulische Kalk 23. — Das Löschen des hydraulischen Kalkes 24.

Dritter Abschnitt. Von dem Mörtel 26
    a. Luftmörtel 26. — Bereitung des Luftmörtels 28. — b. Hydraulischer Mörtel 31. — 1. Der künstliche hydraulische Mörtel 31. — Der Traß 32. — 2. Der natürliche hydraulische Mörtel 34. — Der Portland-Cement 35. — Mörtelmaschine 37.

Vierter Abschnitt. Von dem Gypse und dem Gypsmörtel 38
    Allgemeine Eigenschaften des Gypses 38. — Gypsmörtel 41. — Gypsstuck 42. — Gyps-Weißstuck 43.

Fünfter Abschnitt. Von dem Baugrunde 43
    Festigkeit des Baugrundes 43. — Die Untersuchung des Baugrundes 44. — Bohrversuche 45. — Das Grundgraben 48. — Kastendamm 50.

Sechster Abschnitt. Von dem Grundbau 51
    Grundbau im Allgemeinen 51. — Standfähigkeit der Fundamentmauern 52. 1. Gründung auf Felsboden 52. — 2. Gründung auf Kies und festem Boden 53. — 3. Gründung auf Sandboden und zusammenpreßbaren Erdarten 55. — 4. Gründung auf Morast und Ausfüllboden 57. — Der Böton 57. — Bötongründung mit Fangdamm 60. — Bötongründung im Wasser 62. — Verbesserung sumpfigen Baugrundes durch Sandlagen 63.

Siebenter Abschnitt. Von dem Mauerverbande 66
    A. Backsteinmauern 66. — Allgemeine Regeln des Verbandes 66. — a. Der Blockverband 68. — b. Der Kreuzverband 69. — Eckverbände 72. — c. Backsteinverband für Mauern, die unter spitzem oder stumpfem Winkel zusammentreffen 74. — d. Backsteinverband mit abwechselnden Kreuz- oder Schmieglagen 75. — e. Der polnische Verband 79. — f. Verband für volle mehreckige und runde Pfeiler 80. — Verband eines achteckigen Pfeilers aus gewöhnlichen Backsteinen 80. — Verband eines achteckigen Pfeilers von der Stärke des vorhergehenden aus Formsteinen im Kreuzverbande 81. — Verbände achteckiger Pfeiler von verschiedener Stärke aus Formsteinen im Blockverbande 82. — Verbände runder Säulen von gleicher Stärke aus gewöhnlichen Backsteinen und aus Formsteinen 84. — g. Schornsteinverband 85. — Verbände von besteigbaren Schornsteinen 86. — Verbände von unbesteigbaren Schornsteinen 88.
    B. Hausteinverband 90. — a. Quaderverband für Mauern, welche ganz aus Quadern bestehen 91. — b. Quaderverband für einhäuptige Mauern, deren Kern aus Füllmauer besteht 92. — c. Quaderverband für einhäuptige Quaderverkleidung 94. —
    C. Bruchsteinmauern 97. — Verband von Mauern aus festen Findlingen 97. — Verband von Bruchsteinmauern aus Steinen von sehr verschiedener Größe 100. — Verband von Bruchsteinmauern aus lagerhaften und leicht zu bearbeitenden Steinen 101.

VIII   Inhalt.

Seite

Achter Abschnitt. Von den Umfangsmauern   102

Bestimmung der Stärke von Umfangsmauern 102. — Backsteinmauern 102. — Verankerung innerer Gebäudetheile mit den Umfangsmauern 104. — Umfassungsmauern aus Bruchsteinen 106. — Verstärkung der Umfangsmauern von bedeutender Länge im Verhältniß zu ihrer Stärke für eine bestimmte Höhe 107. — Durchbrechung der Umfangsmauern 108. — Fenster mit horizontaler Ueberdeckung 108. — Entlastungsbogen 111. — Doppeltes Bogenfenster in einer Hausteinmauer 111. — Doppelfenster in Backstein- und in Bruchsteinmauer 114. — Fenstergestelle 117. — Thüröffnungen 119. — Thore 120. — Thorbögen aus Hausteinen 120. — Hausteinbögen mit Entlastungsbögen aus Bruchsteinen 121. — Thorbögen aus Backsteinen 122. — Verbände für Mauerbögen aus Backsteinen 123. — Mauerbögen aus Backsteinen aus mehreren übereinander gemauerten Ringen bestehend 125. — Einrüstung der Mauerbögen 127. — Zeichnen und Aufreißen der Bogenlinien 129. — Methoden des Zeichnens der Ellipse 130. — Korbbogenlinien 132. — Ansteigende Bögen 135. — Spitzbögen 135. — Zugeinrichtung der Wölbsteine bei Spitzbögen aus Backsteinen 137.

Neunter Abschnitt. Von den Gewölben   138

Benennung der einzelnen Theile der Gewölbe 138. — Benennung der verschiedenen Gewölbe 139. —

Hausteingewölbe 140. — Horizontalschub von Gewölben von gleicher Spannweite und gleicher Pfeilhöhe, aber verschiedener Stärke vom Schlusse abwärts bis zum Widerlager 141. — Horizontalschub von gleichstarken Gewölben von gleicher Spannweite, aber verschiedener Pfeilhöhe 144. — Construction zur Bestimmung der Widerlagerstärke für Gewölbe von gleicher Spannweite, aber von verschiedener Pfeilhöhe, verschiedener Stärke und verschiedener Hintermauerung 148. — Construction zur Bestimmung der Widerlagerstärken von ansteigenden Gewölben 152. — Gewölbetechnik der mittelalterlichen Werkmeister 153. — Das Tonnengewölbe 154. — Tonnengewölbe aus Bruchsteinen 155. — Ausrüstung der Bruchsteingewölbe 157. — Verbindung der Bruchsteingewölbe mit der Hintermauerung 158. — Bruchsteingewölbe mit horizontal vorgemauerten Anfängen und ohne Verstärkung der Widerlager 161. — Tonnengewölbe aus Bruchsteinen mit Backsteinkappen 163. — Stichkappe aus Bruchsteinen 166. — Tonnengewölbe aus Backsteinen 168. — Cassettengewölbe 169. — Cassettengewölbe in dem Kanzleigebäude zu Darmstadt 173. — Cassettengewölbe mit den Cassetten auf der Mantelseite 174. — Tonnengewölbe mit Kreuzkappen der Peterskirche in Mainz 181. — Flache Tonnengewölbe aus Backsteinen 185. — Moller's flache Gewölbe aus Backsteinen, welche keinen Horizontalschub auf ihre Widerlager äußern 187. — Das Klostergewölbe 189. — Einrüstung der Klostergewölbe 190. — Muldengewölbe 190. — Spiegelgewölbe 191. —

Das Kuppelgewölbe 192. — Kuppel über quadratem Raum 194. Kuppel über quadratem Raum mit horizontal vorgemauerten Schichten aus Bruchsteinen bis zur Kalotte 196. — Kuppel über quadratem Raume mit horizontaler Vormauerung der Gewölbzwickel aus Backsteinen 197. —

Das Kreuzgewölbe 198. — Einrüstung der Kreuzgewölbe 200. — Verschiedene Wölbart 202. — Anwendung des Spitzbogens bei den Kreuzgewölben 204. — Stufenweise Ausbildung der mittelalterlichen Kreuz- oder Sterngewölbe 205. — Bildung der Gewölbanfänge durch horizontal vorgemauerte Schichten und senkrechte Belastung der Widerlager zur Aufhebung des Horizontalschubs der Sterngewölbe 207.

Zehnter Abschnitt. Von den Feuerungsanlagen in Wohngebäuden . .   209

Wesentliche Bestandtheile der Feuerungsanlagen 210. — Der Rost 210. — Form der Rostfläche 210. — Der Aschenraum 212. — Der Feuerraum 213. — Die Zugcanäle 213. — Der Schornstein 215. — Die Erhöhung der Schornsteine 215. — Die Weite der Schornsteine für geschlossene Feuerung 216. — Unbedeckte Schornsteinmäntel 218. — Oefen für Zimmerheizung 219. — Oefen mit senkrechten Zügen 223. — Oefen mit horizontalen Zügen 224. — Kochherde 225. — Kochherd mit drei versenkten Töpfen 227. — Vollständiger Kochherd für eine mittlere Haushaltung 229. — Kochherd eigenthümlicher Construction, mit vier Einsatztöpfen, Wasserschiff und Gasseröhre 231. — Kesselfeuerungen 232. — Das einfache Lauffeuer 234. — Das doppelte ungespaltene Lauffeuer 234. — Das einfach gespaltene Lauffeuer 234. — Das doppelt gespaltene Lauffeuer 234. — Kessel mit einfachem Lauffeuer 236. — Kessel mit doppelt gespaltenem Laufeuer 238. —

Erster Abschnitt.

Von den Mauersteinen.

Die bei der Ausführung von Mauerwerk den Hauptbestandtheil bildenden Mauersteine sind entweder natürliche Steine, oder es sind künstliche Steine.

Natürliche Steine werden alle, die feste Rinde unseres Erdballs bildenden Steinmassen genannt, während künstliche Steine nur steinartige Körper sind, welche aus einer plastischen Thon- oder Lehmmasse in Formen gebildet und an der Luft getrocknet oder nach dem Trocknen durch die Einwirkung des Feuers steinhart gebrannt werden.

A. Die natürlichen Steine

finden bei dem Maurer zur Ausführung der verschiedensten Mauerwerke, hauptsächlich als Bruchsteine ihre Anwendung. Da wir unter Bruchsteinen alle in unregelmäßiger Form und in nicht sehr großen Massen gebrochenen Steine verstehen, welche entweder in Hausteinbrüchen als Abfälle vorkommen, oder welche durch Sprengen von Felsmassen gewonnen werden, so geht daraus hervor, daß jede Steinart als Bruchstein vorkommen kann. Da der Maurer zur Bearbeitung der Bruchsteine nur den Mäuerhammer anwendet, und da er, um den nicht genau, sondern nur auf die Herstellung eines guten Mauerverbandes bearbeiteten Steinen eine gleichmäßige Auflage zu verschaffen, und um die Zwischenräume auszufüllen, sich eines Bindematerials, des Mörtels, bedient, so kann er, ohne erhebliche Vermehrung der Kosten, Bruchsteine von den festesten und härtesten Felsarten vermauern, welche als Haussteine wegen der schwierigen Bearbeitung selten und nur bei Prachtbauwerken Anwendung finden.

Festigkeit der Steine. Bei den Bruchsteinen, welche als spröde Körper zu betrachten sind, deren Brechen kein merkliches Einbiegen vorhergeht, wird unter Festigkeit hauptsächlich derjenige Widerstand zu ver-

stehen sein, den der Stein einer Kraft oder Last entgegensetzt, welche senk=
recht gegen die unterstützte Lagerfläche wirkt. Dieser Widerstand der Steine
gegen das Zerbrücken, welcher als deren rückwirkende Festigkeit bezeichnet
wird, richtet sich nun nicht allein nach der Härte und dem festen Zu=
sammenhange der Massentheile, sondern auch nach dem Gefüge der Steine.
So kann ein Stein von geringer Härte, aber regelmäßigem, ebenem Ge=
füge eine größere Last zu tragen im Stande sein (bevor er zerbrückt wird),
als ein Stein von großer Härte, aber unregelmäßigem, muscheligem Ge=
füge. Wir werden deshalb bei der Beurtheilung über die Tragfähigkeit
von Bausteinen unsere Aufmerksamkeit nicht weniger auf das Gefüge, als
auf die Härte der Massentheile zu wenden haben.

Die Dauer der Steine. Widerstehen Steine längere Zeit den
nachtheiligen Einwirkungen der wechselnden Nässe und Trockenheit, des
Frostes und der Hitze, ohne an ihrer ursprünglichen Festigkeit zu verlieren,
oder ihre Form zu verändern, so nennen wir sie dauerhaft. Wetterbe=
ständig werden die Steine genannt, wenn sie sich, den Einflüssen der
Witterung ausgesetzt, unverändert erhalten, und feuerbeständig, wenn sie
durch die Einwirkung des Feuers nicht zerstört werden.

Die Verwitterung der Steine, worunter man die Zerstörung der=
selben durch die Witterung versteht, wird bewirkt: 1) durch die Luft, welche
Feuchtigkeit zuleitet und Oxydation erzeugt; 2) durch Wasser, welches die
löslichen Bestandtheile erweicht, oxydirt und ausseiht; 3) durch Frost, welcher
bei der Eisbildung die Masse zersplittert oder zersprengt, und 4) durch
Pflanzenwurzeln, Moose und Flechten, deren Theile in Ritzen und Spalten
eindringen und Trennungen veranlassen, durch welche der Verwitterung
immer mehr Vorschub geleistet wird. Die mechanischen Trennungen oder
chemischen Auflösungen bei dem Verwittern der Steine beschränken sich
entweder mehr auf die Oberfläche der Steine, so daß sie nur die Färbung
verändern, oder sie bringen in das Innere ein und verändern Farbe, Ge=
füge, Härte und Form der Steine. Das Verhalten der Steine aus ältern
Brüchen giebt sich an den Wetterseiten davon ausgeführter Mauerwerke zu
erkennen. Bei Steinen aus neueröffneten Brüchen wird man zur Prüfung
ihrer Wetterbeständigkeit am sichersten verfahren, wenn man sie der Winter=
probe unterwirft, das heißt, wenn man die Steine während wenigstens
eines Winters der Einwirkung der Witterung aussetzt. Man kann im
Allgemeinen annehmen, daß Steine, welche entweder Säuren nicht wider=
stehen, oder welche viel Wasser einsaugen und dasselbe hartnäckig zurück=
halten, nicht wetterbeständig sind. Durch Feuer wird bei manchen Steinen
eine Erhärtung, ein Verglasen oder Verschlacken bewirkt, so daß sie an
Festigkeit gewinnen; bei andern Steinen wird, wie bei den Kalksteinen,

der feste Zusammenhang zerstört und der Stein in eine lockere, unzusammen=
hängende Masse umgewandelt. Da nun Steine in hohem Grade wetter=
beständig und dabei gar nicht feuerbeständig, und umgekehrt Steine sehr
feuerbeständig und dabei nicht wetterbeständig sein können, so wird bei je=
dem Mauerwerke die Auswahl der zu verwendenden Steine sich darnach
zu richten haben, welchen auf die Dauer der Steine nachtheilig einwirkenden
Einflüssen dieselben ausgesetzt werden.

Gebirgsalter. Man unterscheidet die Gebirgssteine, ohne Rücksicht
auf deren sonstige Beschaffenheit, nach dem Alter und zwar:

1) Urgebirge, die Unterlage aller später entstandenen Gebirgsarten,
worin keine Spur von Thier= und Pflanzenresten, sowie von Bruchstücken
oder Geschieben anderer Steine anzutreffen ist. Die Hauptbestandtheile der
Urgebirgsarten sind Kiesel und Thonerde, und das Gefüge derselben ist kry=
stallig, mit seltenen Uebergängen ins Dichte. Sie erscheinen auf den höchsten
Punkten der Erde und sind wol auch die Hauptunterstützung der übrigen
Felsarten in den größten Tiefen der Erde. Die ungleichartigen Bestand=
theile sind fest mit einander verbunden und von hoher Reinheit.

2) Uebergangsgebirge. Zerstörung der ältesten Gesteine mit
den ersten Spuren einer Thier= und Pflanzenwelt auf niedriger Stufe.

3) Flötzgebirge, auf Ur= und Uebergangsgebirgen lagernd, deren
Vertiefungen ausfüllend, aber nicht bis zu den höchsten Stellen hinauf=
reichend. Daß sie Trümmer älterer Gebirge und viele Ueberreste einer
untergegangenen Thier= und Pflanzenwelt enthalten, weist auf das Ent=
standensein nach gewaltigen Erschütterungen hin. Das Gefüge ist weniger
krystallig, mehr dicht und erdig.

4) Aufgeschwemmtes Gebirge. Die kleineren Thäler der
Flötzgebirge ausfüllend, besteht das aufgeschwemmte Gebirge aus Trümmern
älterer Gebirgsmassen, Gerölle, Kies, Sand und Erde.

Felsarten. Die Felsarten oder Gebirgsgesteine erscheinen in Be=
zug auf die Beschaffenheit der Masse: als einfache Gesteine von durch=
aus gleichartiger Masse, oder als gemengte Gesteine, welche aus un=
gleichartigen Theilen zusammengesetzt sind. Ist das Ungleichartige mit
bloßem Auge nicht erkennbar, dann ist das Gleichartige nur schein=
bar. Einfache oder gleichartige Steine sind: Quarz, Kalkstein, Gypsstein,
Marmor ꝛc.; gemengte oder ungleichartige Steine: Granit, Sienit,
Gneis ꝛc.; scheinbar gleichartige: Basalt, Thonschiefer, Feldspath, Wacke ꝛc.
In allen Steinen können zufällige Gemengtheile vorkommen.

Von den ungleichartigen oder gemengten Steinen sind die Conglomerate
oder Trümmergesteine zu unterscheiden, aus Trümmern älterer Felsmassen
bestehend, welche durch einen in die Zwischenräume gedrungenen, die Trüm=

mer umhüllenden Kitt verbunden sind. Der Kitt ist von der Art der Trümmer meist verschieden und entweder einfach oder selbst wieder zusammengesetzt, gemengt. Man unterscheidet diese Conglomerate wieder als: **Breczien** mit eckigen Bruchstücken, **Puddingsteine** mit Rollstücken von einiger Größe, und **Sandsteine** mit Körnern, höchstens von der Größe einer Haselnuß. Die Steintrümmeroberflächen sind meist scharf begrenzt und selten mit dem Kitte zerflossen. Das Gefüge der Felsarten ist:

1) **krystallinisch-körnig**, aus scharfkantigen, frischeckigen Körpern ohne Bindemittel, blos durch Berührung der Körnerflächen zusammengewachsen. Zeigt die Bruchfläche eine Menge verschieden gerichteter Krystallflächen, so nennt man das Gefüge auch körnig-blätterig.

2) **Schieferig**, aus mehr oder weniger zusammenhängenden, dünnen Lagen bestehend. Diese Lagen — Schiefer — sind gleichartig oder ungleichartig.

3) **Dicht**, wenn den einzelnen Theilen keine besondere Gestalt zukommt, sondern wenn sie zu einem gleichartigen Ganzen verschmolzen erscheinen. Den ungemengten, einfachen Steinen ist dieses Gefüge besonders eigen. Die scheinbar gleichartigen Steine verlaufen sich ins Dichte oder ins Körnige. Man nennt diese Gefüge:

    a. **porphyrartig**, wenn in einer Grundmasse zerstreut Krystalle oder krystallinische Körper eingewachsen vorkommen;

    b. **mandelsteinartig**, wenn in der Hauptmasse runde oder plattgedrückte Höhlungen vorkommen, welche entweder leer, oder an den Wänden mit Drusen überkleidet, oder mit einem Kerne — der Mandel — ausgefüllt sind. Die Ausfüllungen sind stets verschiedene von der Hauptmasse.

Lagerungsverhältnisse der Gebirge. Die Lagerungsverhältnisse beziehen sich auf den innern Bau, oder auch auf das Alter der Gebirge. Die Gebirge sind entweder ungetheilt, massig, oder durch Klüfte und Spalten zertrennt.

Die einfachste Trennung ist die Schichtung durch fast gleichlaufende Schichtungsklüfte in einzelne Schichten. Die Schicht liegt mit ihrer Sohle auf einer untern Schicht, — auf dem Liegenden — und ist oben von einer andern Schicht, — vom Hangenden — bedeckt. Die Dicke zwischen ihrem Liegenden und Hangenden ist die Mächtigkeit der Schicht. Mächtige Schichten dichter Gesteine werden Bänke genannt. Die Schichten sind: gerade oder gebogen — wellig —; selten wagerecht; meist geneigt; sehr selten lothrecht. Nur die Schichtung des ältesten Granits, der neueren Flötz- und der aufgeschwemmten Gebirge nähert sich dem Wagerechten. Beim schieferigen Gefüge ist die Schichtung der Schieferlage gleichlaufend; auch läuft sie meist der Auflagerungsfläche parallel.

Lager — sind einzelne plattenförmige Schichten in einem Gebirge, welche von den übrigen, worin sie liegen, verschiedenartig sind. Ein solches Lager wird im Flötzgebirge Flötz, im aufgeschwemmten Gebirge Bank genannt. Oft wird unter Schicht, Bank, Flötz, Lager ein und dasselbe verstanden. Lager und Schichten können sich durch Verjüngung verlieren — austeilen — ausspitzen; oder sie können ein Ausgehendes haben, an der Gebirgsfläche zu Tage ausgehen. Lager zwischen gleichartigem Hangenden und Liegenden werden Zwischenlager, zwischen ungleichartigem Hangenden und Liegenden Binnenlager genannt. Lager von großer Mächtigkeit und kurzer Erstreckung heißen liegende Stöcke. Die stehenden Stöcke sind oft im Innern nicht geschichteter Gebirgsmassen eingeschlossen. Sehr kleine Stöcke nennt man Nester, Nieren und Mandeln. Die Nester bestehen aus zerreiblicher Masse; die Nieren sind fest, rundlich und hier und da eckig; die Mandeln sind nie eckig, sondern mandelförmig abgerundet.

In der nachfolgenden Beschreibung derjenigen Steinarten, welche als Bruchsteine allgemeine Anwendung finden, werden wir die natürliche Eintheilung nach der Beschaffenheit der Masse: als a) gleichartige Steine; b) scheinbar gleichartige Steine und c) ungleichartige Steine zu Grunde legen und bei jeder Steinart die Behandlung und geeignete Anwendung beim Mauerwerke anführen.

a) Gleichartige Steine.

1. **Quarz.** Der gemeine Quarz, von weißer, zuweilen auch röthlichbrauner, gelber und grauer Farbe, ist sehr hart, so daß er mit Stahl Feuer schlägt und Glas ritzt und hat einen eckigen, scharfkantigen Bruch. Sein Hauptbestandtheil ist Kiesel, weshalb er auch Kieselstein genannt wird. Er kommt in Ur= und Uebergangsgebirgen vor, meist in Bänken, oder die Trennungsklüfte der Gebirgsmassen ausfüllend, wo er zuweilen ganze Bergrücken bildet. Am häufigsten wird er als Feld= oder Lesestein in abgerundeten Stücken und als Geschiebe in Flüssen gefunden.

Von dem körnigen Quarzgestein, dessen Hauptmasse aus Quarz besteht, dabei aber im Großen öfter durch Glimmerlagen unvollkommen schieferig ist, oft Feldspath, Eisenkies ꝛc. enthält, mit kieseliger und thoniger Masse gebunden, dem Sandsteinartigen sich nähert, kommen mächtige Blöcke vor.

Das poröse Quarzgestein ist ein höchst feinkörniger Quarz voller Höhlungen, mit fadenartigen, ebenfalls quarzigen Gebilden durchwebt. Er kommt in mächtigen Lagern ohne Schichtung und bisweilen lothrecht zerklüftet vor.

Als Mauerstein ist der Quarz in der Nässe wie im Trocknen gleich unzerstörbar. Der thonige körnige Quarzstein, wie auch der poröse Quarzstein, ist unwandelbar im Feuer und springt, bei Feuermauern verwendet, nur dann, wenn er, stark erhitzt, sehr schnell und stark abgekühlt wird. Der poröse Quarz bindet vermöge seiner Höhlungen und der Rauheit und Schärfe der Bruchflächen vorzüglich gut mit Mörtel, wogegen die glatte Oberfläche des gemeinen und körnigen Quarzes sehr geringe Anziehung zum Mörtel hat. Die unregelmäßigen Bruchstücke des aus dem Felsen gesprengten Quarzes sind mit dem Hammer sehr schwer zu bearbeiten, und schon aus diesem Grunde wird er seltener als Mauerstein benutzt, als er es beim Wasserbau, und zu Grundmauern, wo es auf vorzügliche Dauer ankommt, verdiente. Der Quarz saugt weder Wasser ein, noch wird er von Säuren angegriffen, so daß er von allen Steinarten der wetterbeständigste und nie dem Mauerfraße unterworfen ist.

2. **Kalksteln.** Alle Steinarten, welche durchs Brennen in lebendigen Kalk — Aetzkalk — verwandelt werden können, werden Kalkstein genannt. Keine Steinart ist so ausgebreitet und in so verschiedener Beschaffenheit im Mineralreiche anzutreffen, als die Kalkstein-Gattung. Der Kalk kommt in Ur-, Uebergangs- und Flötzgebirgen vor, hat sonach in Härte, Bruch und Mischung eine große Verschiedenheit. Der Hauptbestandtheil aller Kalksteine ist Kalkerde, durch Kohlensäure gebunden; sie lösen sich in Säuren auf und werden bei hinlänglicher Hitze in Aetzkalk umgewandelt. Die Beimengungen von Glimmer, Serpentin rc. im Urgebirgs- und älteren Uebergangskalk machen das Gefüge schieferig und veranlassen das Verwittern der sonst sehr festen Steine. Thonhaltiger Kalkstein, welcher wassersaugend und an seinem matten Bruche zu erkennen ist, unterliegt der Verwitterung ebenfalls, wogegen er dem Feuer länger als der thonfreie Kalkstein widersteht. Die kieselhaltigen, nicht von Eisenoxyd gelb, braun oder roth gefärbten Kalksteine von krystallinfeinkörnigem Bruche sind die vorzüglichsten. Das gleichförmige Gefüge ohne Zerklüftung der Steinmasse läßt sich an dem hellen, harten Klange unter dem Mauerhammer erkennen. Bei reiner Masse des Steins verdient der löcherige — poröse — Kalkstein den Vorzug als Mauerstein vor dem dichten, weil an ersterem der Mörtel fester haftet und eine innigere Verbindung der Steine unter einander bewirkt. Kalksteine von feinkörnig blätterigem Bruche und solcher Härte, daß sie Politur annehmen, werden Marmor genannt. Die meisten Marmorsteine, besonders die ungefärbten, ja selbst viele

der gemeinen Kalksteine, haben eine große Dauer im Wasser und Froste; dagegen sind beinahe alle Kalksteine dem Mauerfraße unterworfen. Wird nämlich durch Verwesung Salpetersäure erzeugt, so verbindet sich dieselbe mit Kalk zu salpetersaurem Kalke. Dieser schießt an der Steinoberfläche in Krystallen an, zerfließt in feuchter Luft und bildet einen schmutzig=weißen, schmierigen Ueberzug, der immer weiter um sich greift, und nach und nach die mit dem Steine in Berührung kommenden Gegenstände, namentlich den Mörtel, so wie den Stein selbst zerstört. Kommt Kochsalz mit dem Kalk= steine in Berührung, so bildet sich durch die Salzsäure salzsaurer Kalk, welcher ähnlich wie Kalksalpeter leicht zerfließlich und dem Kalksteine ebenso schädlich ist. Zu Mauerwerk von Kloaken, Abtritten, Dunggruben, Brunnen, und selbst zu Fundamenten in fettem, humusreichem Boden sind deßhalb Kalksteine nicht geeignet. Dichte, und ebenso thonhaltige Kalksteine ver= anlassen, als gute Wärmeleiter, das Niederschlagen der Dünste in Tropfen, — das Schwitzen — und dies um so mehr, je glatter der Stein ist. Derartige Steine müssen bei der Aufführung von Mauern bewohnter Räume sorgfältig vermieden werden.

3. **Körniger Kalk.** Zu dem körnigen Kalke — oder Urkalkstein — gehören die Marmorarten. Die Grundmasse ist körniger Kalk, mit krystalli= nischem, körnigblätterigem Gefüge; durchscheinend an den Kanten.

Die körnig abgesonderten Massentheile berühren sich gegenseitig über= all genau ohne Zwischenräume. Das Gefüge geht vom Grobkörnigen durchs höchst Feinkörnige bis zum Dichten des Uebergangskalkes, oft durch beigemengte Glimmer= und Talkblättchen gerade=, zuweilen bogenschieferig. Im ältern, mehr weißen und krystallinischen Urkalksteine finden sich keine Reste einer frühern Pflanzen= oder Thierwelt. Nur in der Nähe des jüngern, mehr grauen und dichten — des Uebergangskalkes — finden sich Schaalthiere und Korallen vor.

Die Bänke sind nicht durchgreifend, mehr Stöcke, ohne Regel, sehr abweichend in Dicke, Farbe und Fall, oft zerklüftet und meist eingelagert, besonders in Gneis und Glimmerschiefer. Als Mauerstein ist er der Ver= witterung mehr oder weniger unterworfen. Er liefert einen reinen, fetten Kalk.

4. **Uebergangskalk.** Der auch als Hochgebirgs= oder Bergkalkstein bezeichnete Uebergangskalkstein hat ein Gefüge, welches zwischen Körnigem, mehr Schuppigem, und dem Dichten steht. Die Grundfarbe ist Grau, bis zu Schwarz übergehend, mit Kalkspathadern durchzogen, auch bunt gefleckt, geadert und gestreift. Der Uebergangskalkstein ist der Verwitterung sehr unterworfen, und das um so mehr, je thonhaltiger er ist. Er kann deßhalb als Mauerstein nur im Innern oder unter der Erde angewendet werden.

Im Freien giebt sich die Verwitterung alsbald an dem Verbleichen der Farbe der Steine zu erkennen.

5. **Alpenkalk.** Der auch unter dem Namen Zechstein bekannte Alpenkalk ist der Hauptmasse nach gemeiner, dichter Kalkstein. Der Bruch ist splitterig, ins Flachmuschelige und Ebene gehend. Er hat das milde Ansehen eines reinen Niederschlages, ist von beigemischten Kalkspaththeilen etwas schimmernd, gewöhnlich einfarbig, besonders in der Tiefe der Thäler bräunlich oder fleischroth, höher an den Abhängen unrein grau, selten ins Schwärzliche gehend, auf den Berggipfeln aber gelblich= oder gräulichweiß. In der Annäherung zum Uebergangskalk ist er unvollkommen körnig; in bedeutenden Höhen auch höchst feinkörnig mit Kalkspathadern; im Uebergange zu dem darauf liegenden Jurakalke aber matt, flachmuschelig, erdig, leicht und weiß. Gewöhnlich ist er rein und alsbann nie schieferig und ziemlich dauerhaft; gemengt enthält er zuweilen Versteinerungen, ist manchmal geschichtet, im Großen zuweilen seltsam gekrümmt. Enthält er Thon, so ist er schieferig, spaltbar und verwiternd.

6. **Jurakalk.** Dieser auch Höhlenkalkstein benannte Kalk ist dicht, nur bisweilen ins Körnige übergehend, bricht muschelig, ins Ebene verlaufend, und hat eine graulich=, gelblich=, zuweilen röthlich=weiße Farbe. Rein ist er ziemlich dauerhaft, enthält er Thon, so ist er im Bruche trüb und erdig und der Verwitterung sehr unterworfen. Der Jurakalkstein ist reich an Versteinerungen und meist sehr dünn, dabei aber regelmäßig geschichtet. Sind die Bänke mächtig, so liefert er feste, schwer zu bearbeitende Steine, welche selbst beim Wasserbaue verwendet werden können.

7. **Grobkalk.** Dieser jüngste Flötzkalk ist derjenige Kalkstein, welcher als Mauerstein die ausgedehnteste Anwendung findet. Mit splitterigem, ins Unebene verlaufendem Bruche hat er ein sehr verschiedenes, gröberes oder feineres Korn und in der Regel eine gelbliche, aschgraue, bläulichgraue, zuweilen auch dunkelgraue Farbe. Er ist durchaus von Sand durchdrungen, oft mehr sandig als kalkig und dann weniger muschelig. Zuweilen ist er thonig, mit Anlage zum Schieferigen. Calcinirte Muscheln kommen darin häufig vor, zuweilen in so großer Menge, daß der sie umschließende Kalksinter mit den Muscheln in eine Masse zerflossen erscheint; seltener sind Fisch= und Blätterabdrücke. Er kommt gleichlaufend, meist wagerecht und gerade geschichtet, Hügel deckend oder Becken ausfüllend, auch zerklüftet in großartigen Massen vor, wobei die Schichtflächen oder Klüfte mit Sand, Mergel oder Thon überzogen sind. Frisch aus dem Bruche ist er mild und leicht zu verarbeiten, nach dem Austrocknen wird er fester und ist sehr dauerhaft. Die fein= und gleichkörnigen Steine sind die dauerhaftesten. Es giebt Grobkalksteine von sehr fester, dichter Kalkmasse, welche Muscheln enthalten,

sehr löcherig und durchhöhlt sind, und, auf die hohe Kante gestellt, gleichen Widerstand leisten, wie auf das natürliche Lager versetzte Steine von gleicher Festigkeit und Härte.

8. **Kalktuff.** Dieser auch Duckstein genannte Kalksinter bildet eine blasige, schwammige und unregelmäßig durchlöcherte Kalkmasse, welche häufig Pflanzenreste enthält und eine weiße, grauweiße, zuweilen braune Farbe hat. Im Bruche weich, erlangt er an der Luft die Härte des Flötzkalkes. Zuweilen sind Tufflager auf anderen Steinen durch Kalkniederschläge erzeugt, so daß er als ein Conglomerat erscheint. Der poröse Kalktuff, welcher nur aus Kalksinter besteht, ist ein überaus leichter und dabei doch fester Baustein, weil die Zellenwände dicht wie Marmor und fest wie Flötzkalk sind. Der Kalktuff ist besonders zum innern Ausbau geeignet, wo er, zu flachen Gewölben, zum Ausmauern von Sprengwänden ꝛc. verwendet, wenig belastet, und bei genügender Festigkeit eine so innige Verbindung mit dem Mörtel eingeht, daß das Mauerwerk als eine zusammenhängende Steinmasse betrachtet werden kann. Im Freien ist er wenig anwendbar, da er dem Froste nicht widersteht. Kalktufflager auf Nagelfluhe, oft dem festen Travertin — festem, löcherigem Kalkstein bei Rom — ähnlich, liefern sehr feste Bausteine.

b) **Scheinbar gleichartige (gemengte) Steine.**

1. **Basalt.** Dieses vulkanische Gestein von bläulich- oder gräulichschwarzer, selten ins Grünliche oder Röthliche übergehender Farbe ist ein scheinbar gleichartiges Gemenge aus Augit, Feldspath und Magneteisenstein, sehr dicht und hart, im Bruche unvollkommen muschelig, ins Feinsplitterige, Unebene bis Erdige übergehend. Der Basalt erscheint in den verschiedenen Zuständen der Verschlackung. Der unterste Basalt ist am wenigsten verschlackt. In der Mitte kommt der halbschlackige, sehr feste Basalt mit kleinen Poren vor, welcher zu Mühlsteinen verarbeitet wird. Oben wird der Basalt ganz der schlackigen Lava gleich. Zeigen sich die verschiedenen Grade der Verschlackung an den in mächtigen Schichten vorkommenden Basalten, so ist es dies weniger der Fall bei den säulenförmig, plattenförmig oder kugelig zerklüfteten Basalten, welche eine gleichmäßige Verschlackung zeigen. Die nicht vollkommen verschlackten Basalte sind der Verwitterung unterworfen und zerfallen in Basaltthon, wogegen die vollständig verschlackten, insbesondere die porösen Basalte vollkommen der Witterung widerstehen. Der dichte Basalt zieht Dünste an sich und verdichtet diese zu Tropfen, so daß er selten trocken erscheint. Er ist schon aus diesem Grunde als Mauerstein nur zu Fundament- und Futtermauern verwendbar, dabei schwer zu verarbeiten und mit Mörtel beinahe gar nicht zu verbinden. Den größten

Werth hat der Basalt als Pflasterstein, namentlich der Säulenbasalt, welcher sich mit dem flachen Hammer in regelmäßige Formen sprengen läßt und zugleich die größte Dauer von allen natürlichen Steinen hat.

2. **Verschlackter Basalt.** Dieses auch Erdschlacke oder Lungenstein genannte, rauhe, blasige vulkanische Gestein kommt verschieden glasig, bald in der äußern Form den Eisenschlacken ähnlich, bald in dichten Basalt übergehend, oft sehr fest und dann wieder locker und erdig vor. In manchen Gegenden findet sich der verschlackte Basalt in bedeutender Tiefe so mächtig gelagert und dabei in mächtigen Massen zerklüftet, daß er zu Mühlsteinen auf bergmännische Weise gebrochen wird. Diese Steine sind so fest, daß sie dem löcherigen Quarze vorgezogen werden. Als Baustein ist dieser verschlackte Basalt unvergänglich im Wetter, dabei im höchsten Grade fest, und geht mit dem Mörtel, welcher in die Höhlungen bringt, und an den kieselerdigen, rauhen Wandungen fest anhaftet, die innigste Verbindung ein. Die Vorzüglichkeit dieses Bausteines giebt sich an den noch heute wohl erhaltenen Bauwerken der Römer zu erkennen, welche ihn am Rhein und an der Mosel zu Brücken und Festungsbauwerken aus den Brüchen bei Andernach — Niedermendig — verwendet haben. Bei dem Ausbau des Kölner Domes werden die wichtigsten Pfeiler auf Fundamenten von Werkstücken des verschlackten Basaltes aus dem Mühlsteinbruche bei Niedermendig aufgeführt.

3. **Trachit.** Der Trachit, auch Domit oder Trappporphyr genannt, ist ein vulkanisches Gestein, welches in der Hauptmasse aus Feldstein besteht und schichtenweise, gleichlaufend neben einander glasige, oft angeschmolzene Feldspathkrystalle, zuweilen auch Glimmerhornblende ꝛc. enthält. Er geht in Basalt oder schlackige Steine über. Von graulich-weißer, ins Graue, Gelbliche, Röthliche, Braune, ja selbst ins Schwarze spielender Farbe, hat er einen splitterigen, unebenen bis erdigen Bruch. Der feste Trachit ist ein sehr trockener, mörtelbindender und dauerhafter Mauerstein, von welchem der porösere, wegen seiner Leichtigkeit und innigen Bindung mit Mörtel, besonders zu inneren Gewölben geeignet ist.

4. **Wacke.** Die Wacke, auch mandelsteinartiger Trapp genannt, ist ein basaltähnliches Gestein, meist zelligschwammig mit flachmuscheligem, kleinkörnig erdigem Bruch. Bezeichnend ist das Mandelsteingefüge. Von den eingeschlossenen Gesteinen, als: Feldspath, Glimmer, Hornblende, Grünerde ꝛc. hängt die Färbung des Steines ab, welche grau ins Oliven- und Berggrüne, Braune, Schwärzliche verläuft. Er ist in der Regel weder deutlich noch regelmäßig geschichtet, mehr gehäuft, bisweilen nur in 2—3' dicken Bänken. Bei großem Thongehalte, welcher sich an dem feuchten Steine durch Thongeruch zu erkennen giebt, ist er dem Verwittern sehr unterworfen und zerfällt bei starker Verwitterung in Thonerde. Im Trockenen kann die

Wacke als Mauerstein benutzt werden, und die blasige, wie der Trachit, zu Gewölben. Im Aeußern findet dieser Stein nur bei dem Mangel anderer besserer Bausteine Anwendung und muß dann vor dem Eindringen der Nässe geschützt werden.

5. **Thonschiefer.** Der Thonschiefer besteht aus einem feinen, gleichartigen und innigen Gemenge von Feldspath, Quarz, Glimmer und Hornblende, und ist zufällig noch von Eisen= und Schwefelkies, Talk und Glimmer durchzogen und von Oxyden gefärbt. Der Bruch ist splitterig bis eben und zeigt einen matten Glanz. Die Farbe des Thonschiefers ist sehr verschieden, lichtgrau, gelblich, grünlich der ältere, braunroth, rauch= oder bläulichgrau der jüngere. Die Schichtung ist ausgezeichnet deutlich, meist mächtig, den Blättern gleichlaufend und senkrecht geklüftet. Der beste, sehr quarzhaltige Schiefer von blaugrauer Farbe widersteht der Witterung sehr lange und kann, wenn er in starken Platten bricht, als Mauerstein verwendet werden. Der thonhaltige und deshalb leicht zu bearbeitende Thonschiefer — der Wetzschiefer — ist zu Feuermauern sehr geeignet.

c) Ungleichartige Steine.

1. **Granit.** Dieses Urgestein besteht in der Hauptmasse aus Quarzkörnern, Feldspath und Glimmerblättchen. Die Gemengtheile liegen ohne bestimmte Ordnung, an Größe und in dem Mischungsverhältnisse sehr verschieden, in krystalligkörnigem Gefüge so nebeneinander, daß sie durch unmittelbare Berührung aufs Innigste verbunden zusammenhängen. Der Quarz erscheint im Gemenge verschieden gefärbt, meist rauchgrau, seltener weiß, blau oder grün, in Körnern von sehr verschiedener Größe, zuweilen mehrere Zoll groß und selten krystallisirt. Der Feldspath erscheint meist in krystallinischen Massen von sehr abwechselnder Größe und in sehr verschiedener Färbung, von Weiß ins Graue, Gelbe, Grüne, Rothe sich ziehend, zuweilen olivengrün und graublau. Der Glimmer erscheint in schimmernden Blättchen von verschiedener Größe und eben so verschieden gefärbt, silberweiß, goldgelb, tombackbraun, violett, zuweilen purpurroth, olivengrün.

Der Granit kommt in mächtigen Massen ohne deutliche Lagerung vor und ist häufig senkrecht oder in anderen Richtungen zerklüftet, selten tritt er säulenförmig auf und dann nie regelmäßig.

Von den Gemengtheilen des Granits ist der Feldspath am meisten der Verwitterung unterworfen, welcher erst in eine specksteinartige Masse und sodann in Thon übergeht. Auch der Glimmer verwittert und verliert Glanz und Farbe. Der Quarz verwittert beinahe gar nicht. Die Verwitterung des Granits hängt demnach von dem Mischungsverhältnisse der Gemengtheile hauptsächlich ab, und er widersteht der Verwitterung um so mehr, als darin der Quarz vorherrscht. Außerdem tragen zufällige Beimengungen, welche in Eisenkies, Zinnerz, Turmalin ꝛc. bestehen, zur Verwitterung bei.

Bei großer Festigkeit zeichnet sich der Granit als Baustein durch Wetter- und Feuerbeständigkeit aus. Der feinkörnige und quarzreiche, dabei glimmer- und feldspatharme Granit ist unverwüstlich, wenn er keine Sprünge hat, und seine Festigkeit wird nur von der des dichten Basaltes übertroffen. Zu Wasserbauwerken, Fundament- und Futtermauern ist er ein vorzüglicher Stein, welcher mit dem Mörtel eine zwar langsame, aber sehr innige Bindung eingeht. Zu Pflasterungen ist er besonders geeignet und selbst dem Basalt vorzuziehen, weil er an der Oberfläche nicht so glatt wird.

2. **Sienit.** Die Hauptmasse besteht aus Feldspath und Hornblende, wozu sich Quarzkörner und Glimmer gesellen. Das Gefüge ist körnig-krystallinisch. Der Feldspath ist vorherrschend, und durch die Hornblende unterscheidet sich der Sienit hauptsächlich vom Granit, welcher keine Hornblende, sondern Glimmer enthält. Er geht in Granit über und ist häufig mit demselben verwachsen. Der Feldspath zeigt sich grünlich-weiß, graulich, roth, zuweilen schön blau gefärbt und in grobem oder feinem krystalligem Korn. Die Hornblende erscheint dunkellauch-grün, schwärzlich-grün und graulich-schwarz, in sternartigen und büschelweisen Häufungen. Der Sienit ist unregelmäßig gelagert, bricht aber in regelmäßigeren Trümmern beim Zersprengen, als der Granit, und ist deshalb als Mauerstein dem Granit vorzuziehen. Der feinkörnige und quarzreiche Sienit steht dem besten Granit an Wetterbeständigkeit nicht nach und ist eben so zu Feuermauerungen geeignet.

3. **Gneis.** Dieser Stein hat gleiche Massenmengtheile wie der Granit, nämlich Feldspath, Quarz und Glimmer, nur ist der Glimmer häufiger. Was ihn vom Granit hauptsächlich unterscheidet, ist sein körnig schieferiges Gefüge, welches, meist in gleichlaufenden Lagern, um so dünnerschieferiger wird, je mehr Glimmer in der Masse vorkommt. Er geht über in Granit und in Sienit, sogar in Thonschiefer. Weniger fest als Granit und Sienit und nur als Findling von Dauer, eignet sich doch der Gneis, wegen seines schieferigen Gefüges und des leichtern Bearbeitens, sehr gut als Mauerstein in der Erde und im Trockenen, besonders bei Feuerungen.

4. **Feldsteinporphyr.** Die Hauptmasse dieses Gesteins ist Feldsteinmasse mit Quarzkrystallen und Quarzkörnern, krystallinischen Theilen und Krystallen von Feldspath. Zufällige Beimengungen sind Hornblende und Glimmer. Die Hauptmasse, welche die eingemengten Körner und Krystalle teigartig umschließt, ist vorzugsweise roth gefärbt, geht aber ins Gelbe, Braune, bis zum Schwarzen über und ist zuweilen gefleckt oder gestreift. Die Quarzkrystalle sind für diese Steinart bezeichnend, im Allgemeinen aber

darin weniger vorhanden, als Feldspathkrystalle, und graulich-weiß, perl- und aschgrau, auch braun gefärbt. Die Feldspathkrystalle sind in großer Zahl und oft von bedeutender Größe eingesprengt, und graulich-weiß, gelblich, ins Grüne fallend und verschieden roth gefärbt. Der Porphyr ist nicht oder nur undeutlich, oft beinahe senkrecht geschichtet, mehr platten- oder säulenartig zerklüftet. Er kommt zuweilen durchlöchert vor und ist dann selbst zu Mühlsteinen geeignet. Die festen Porphyre, welche zuweilen in großer Mächtigkeit vorkommen, sind schwerer sprengbar als Granit, und liefern einen vorzüglichen Baustein, welcher aus der Luft weniger Feuchtigkeit anzieht als die meisten festen Steine, demnach viel trockener bleibt und der Verwitterung in so hohem Grade widersteht, daß er als unverwitterbar betrachtet werden kann.

5. **Grauwacke.** Die Grauwacke oder der Grauwackensandstein besteht aus ungleichgroßen Stücken und Körnern von Quarz, Thon- oder Kieselschiefer, Feldsteinporphyr, Kalk, Granit ꝛc., fest verkittet durch einen quarzigen Thonschieferteig. Der Quarz ist meist abgerundet, gewöhnlich der häufigste, lichteste, Thonschiefer aber der dunkelste Gemengtheil. Zuweilen kommt die Grauwacke höchst feinkörnig, mit splitterigem, flachmuscheligem Bruche, dem Quarze ähnlich, vor. Die Farbe ist entweder grau oder rothbraun.

Das Gestein ist sehr fest und schwer sprengbar und eignet sich wegen seiner Dauer im Freien und im Feuer zum Bausteine, ganz besonders auch wegen seiner innigen Verbindung mit dem Mörtel.

6. **Sandstein.** Die Sandsteine bestehen aus Trümmern anderer, vorzüglich kieselartiger Gebirgsmassen, welche durch ein Bindemittel zu einer Steinmasse zusammengekittet sind. Die Körner der Steinmasse sind sehr verschieden an Größe und Form. Die Masse des Bindungsmittels — Kittes — macht nie den vorwaltenden Gemengtheil aus. Nach der Beschaffenheit des Bindemittels unterscheidet man die Sandsteine, als: Kiesel-, Thon-, Kalk-, Mergel- und Eisensandsteine.

a. **Kieselsandstein.** Der Kieselsandstein, welcher gewöhnlich weiß oder gelblich-grau von Farbe ist und einen scharfkantigen Bruch hat, besteht aus Quarzkörnern, welche mit einem kieselartigen Cemente zusammengekittet sind. Ist er frei von zuweilen eingesprengten Adern von Schwefelkies, rothem Eisenstein und Kalkspath, so ist er in Bezug auf Dauer der vorzüglichste Baustein. Bei dem rothen Kieselsandsteine ist das Bindemittel der Kieselgemengtheile eisenschüssiger Thon. Die Farbe dieses Sandsteins ist pfirsichroth, bis zu rothbraun. Der Bruch ist erdig und weniger scharf als bei den farblosen Kieselsandsteinen. Einige Gattungen, welche sich durch feines Korn und regelmäßige Lagerung auszeichnen, haben eine beträchtliche Härte und zugleich eine vorzügliche Dauer, wenn keine fremden Gemengtheile, als: Glimmer, Thoneisenstein, Mergelschiefer ꝛc. darin enthalten sind.

b. Thonsandstein. Dieser Sandstein, bei welchem die Quarz- und anderen Körner mit einem Thonkitte verbunden sind, ist an dem erdigen, magern Bruche und daran zu erkennen, daß er, mit Wasser angefeuchtet, einen starken Thongeruch verbreitet. Die Farbe ist grauweiß, ins Gelbe, Bräunliche und Grünliche übergehend, doch gehören dazu auch rothe thonhaltige Sandsteine. Frisch aus dem Bruche ist der Stein weich und leicht zu bearbeiten: an der Luft wird er härter und lichter. Enthält er Glimmer, was bei den dünngelagerten Arten meist der Fall ist, so ist er dem Verwittern sehr unterworfen, so wie er denn überhaupt wegen seiner Eigenschaft, das Wasser begierig aufzunehmen und hartnäckig zurückzuhalten, nur mit Vorsicht im Freien angewendet werden darf und jedenfalls durch die Winterprobe seine Dauer bewährt haben muß. Zu Feuerungsanlagen ist der Thonsandstein einer der schätzbarsten Bausteine, und dazu um so mehr geeignet, weil er sich leicht bearbeiten läßt.

c. Kalksandstein. Das Bindemittel dieser Sandsteinart ist thonhaltige Kalkerde, und er enthält außer Quarz auch Feldspath- und Thonschieferkörner nebst Glimmerschuppen. Der Stein ist oft weich und mürbe, an der Luft erhärtend und hat eine, von weiß in gelb, braun, grün übergehende Farbe. Das kalkige Bindemittel braust in Säuren auf und macht ihn unbrauchbar im Feuer. Im Freien und Wasser steht er ziemlich gut, hat aber, wie der Kalkstein, keine große Dauer.

d. Mergelsandstein. In diesem Sandstein sind die Körner durch Mergel gebunden. Er bricht in der Regel sehr hart, zieht aber aus der Luft Feuchtigkeit an und zerfällt, wenn der Frost einwirkt. Dieser Stein geht mit dem Mörtel keine Verbindung ein und ist zur Erzeugung des Mauerfraßes besonders geneigt. Als Baustein ist dieser Sandstein der schlechteste.

e. Eisensandstein. Die Quarzkörner dieses Sandsteines sind mit thonhaltigem Eisenoxyd oder Oxydhydrat gebunden. Die Farbe ist gelb, ins Braune bis zu Rothbraun übergehend. Da das Eisenoxyd durch Wasser oder Feuchtigkeit in eine höhere Oxydationsstufe übergeht, so wird, weil damit eine Ausdehnung der Masse verbunden ist, der Eisensandstein zersplittert. Die gelbgefärbten Steine sind besonders dem Verwittern unterworfen, wogegen die dunkel gefärbten, bei welchen das Eisen schon eine hohe Oxydationsstufe erreicht hat, zuweilen recht gut im Wetter stehen.

B. Die künstlichen Bausteine

sind entweder nur an der Luft getrocknete Formsteine und werden dann auch **Luftsteine**, oder nach der Masse, woraus sie geformt werden, **Lehmsteine** genannt, oder es sind Formsteine, welche nach dem Trocknen durch Feuer gebrannt sind, und dann **Backsteine** oder **Mauerziegel** genannt werden.

a. Luftsteine werden von möglich gleichmäßig erweichter Lehm- oder Thonmasse in Formen geschlagen. Der Lehm darf nicht zu fett sein, weil die Steine beim Trocknen sonst sehr schwinden und reißen; darf aber auch nicht zu mager sein, weil davon gefertigte Steine keine genügende Festigkeit haben und leicht zerbröckeln. Eine sorgfältige Reinigung der Lehmmasse ist nicht erforderlich, doch muß sie gleichmäßig erweicht sein, damit sie die Form ausfüllt und der Stein gleichmäßig trocknet. Vollkommene Trockenheit der Lehmsteine vor ihrer Verwendung ist ein Haupterforderniß, wenn davon aufgeführtes Mauerwerk nicht feucht und ungesund sein soll. Um die Luftsteine in möglichst großen Dimensionen und zum Transport weniger zerbrechlich anfertigen zu können, wird die Lehmmasse mit faserigen Substanzen zusammengearbeitet, wodurch sie filzartig zusammenhängend wird. Kurzes Heu, Hanf- oder Flachsschaben, Queckenwurzeln, Gerberlohe und langfaserige Moose sind dazu geeignete Stoffe. Derartige Luftsteine, welche **Lehmpatzen** genannt werden, können in viel größeren Dimensionen, als die von ungemischter Lehmmasse, angefertigt werden, trocknen früher aus und bieten durch ihre rauhen Oberflächen dem Verputze mehr Haltbarkeit. Die vollkommen getrockneten Luftsteine, und insbesondere die Lehmpatzen, eignen sich zu Umfangsmauern und Scheidewänden, welche gegen aufdringende Grundfeuchtigkeit und Schlagregen geschützt sind, als ein sehr billiges Material, welches für Wohngebäude den Vorzug vor denjenigen natürlichen Steinen verdient, an deren Oberfläche die Dünste sich niederschlagen, und so das so ungesunde Schwitzen der Mauern veranlassen.

b. Backsteine (Mauerziegel). Allgemeine Anforderungen an die gebrannten Mauersteine sind:

1. Daß sie fest, rein in der Masse und frei von Rissen und Sprüngen sind.
2. Sie sollen der Nässe, so wie der Witterung ausgesetzt, nicht vom Froste zerstört werden.
3. Sie sollen dem Feuer widerstehen, ohne zu bersten oder zu schmelzen.

Diesen Anforderungen entsprechen selbst nur wenige der vorzüglichsten natürlichen Steine einigermaßen, vollkommen keine. Gleichwohl können, bei richtiger Wahl und Bearbeitung der Masse, und bei sorgfältigem Brennen bis zu der Härte, welche erreicht werden kann, bevor die Masse schmilzt, Backsteine hergestellt werden, welche den oben gestellten Anforderungen in höherem Maße genügen, als alle natürlichen Bausteine. Die Masse, woraus die Backsteine geformt werden, ist gemeiner Thon und Lehm. Der Thon ist ohne Beimischung von Sand zu Backsteinen nicht geeignet, weil die Masse schon beim Trocknen zu stark schwindet und beim Brennen berstet. Auch werden aus Thon gebrannte Steine an der Oberfläche zu glatt, um eine innige Verbindung mit dem Mörtel zuzulassen. Soll nun der Thon, welcher als solcher keine Beimischung von Sand enthält, nach der Sprache der Ziegler zu fett ist, zu Backsteinen verwendet werden, so muß demselben bei der Durcharbeitung so viel Sand zugesetzt werden, bis davon angefertigte Steine beim Trocknen nicht mehr erheblich schwinden und beim Brennen weder Risse bekommen, noch bersten. Die Quantität des einer Thonart zuzusetzenden Sandes muß durch Versuche ermittelt werden. Bei sehr fettem Thon wird in der Regel durch einen Zusatz von 1 Kubikfuß Sand zu 3 Kubikfuß Thon eine gute Backsteinmasse erzielt. Der Sandzusatz muß gleichmäßig in die Masse verarbeitet, und es darf dazu nur reiner Quarzsand genommen werden.

Ist nun der Thon in der Regel zur Backsteinmasse zu fett, so ist dagegen der Lehm dazu meist zu mager, das heißt, er enthält eine zu große Menge Sand beigemischt. Soll dennoch magerer Lehm zu Backsteinmasse verwendet werden, so muß man dem Lehm so viel fetten Thon zusetzen, bis die Masse das richtige, beim Trocknen und Brennen erprobte Mischungsverhältniß von Thon und Sand zeigt. Da nun aber Thon und Lehm im Wasser nicht gleichmäßig erweichen, so müssen beide für sich durchgearbeitet und nach der Durcharbeitung in dünnflüssigem Zustande vermischt werden. Fetter Thon mit Sand versetzt, ist als Backsteinmasse dem magern Lehm, welcher einen Thonzusatz verlangt, vorzuziehen.

Es findet sich in der Natur zuweilen der Lehm in der für Backsteinmasse geeigneten Mischung von Thon und Sand vor; selten aber ist dieser Lehm zugleich frei von denjenigen Beimischungen, als: Kalk- und Mergelerde, Kieselsteine 2c., welche die Masse lockern und entweder schon beim Brennen, oder nach dem Brennen durch eindringende Nässe ein Lockerwerden oder Zersprengen der Steine veranlassen.

Kann der Lehm über Winter im Freien der Einwirkung des Frostes ausgesetzt werden, so lösen sich manche Beimischungen auf, oder trennen sich, zum leichtern Erkennen und Entfernen, von der Masse. Dies ist aber nicht immer möglich und auch nicht geradezu erforderlich. Es wird der gegrabene Lehm in Gruben eingesumpft, nach gleichmäßigem Erweichen außerhalb der Grube mit breiten Hacken durchgearbeitet und bei der Durcharbeitung von den nachtheiligen Beimischungen befreit. Ist die Lehmmasse mit der breiten Hacke in dünnen Schichten durchgehauen, so wird sie am besten nochmals mit bloßen Füßen, Tritt bei Tritt, durchgetreten, wobei die noch darin enthaltenen kleinen Steine, welche beim Durchhauen nicht bemerkt wurden, leicht entdeckt und ausgelesen werden können. Werden Maschinen zum Durcharbeiten der Backsteinmasse angewendet, so können dabei die schädlichen Beimischungen nur zermalmt, keineswegs aber daraus entfernt werden.

Die Masse für Backsteine, welche, wie die Dachziegel, scharf und genau geformt, rein in der Masse und dabei wetterbeständig sein müssen, verlangt eine sorgfältigere Bearbeitung und Reinigung, und es darf dazu nur Thon mit Sandzusatz verwendet werden, wenn die Erde nicht schon das geeignete Mischungsverhältniß von Thon und Sand hat. Magerer Lehm, welchem Thon zugesetzt werden müßte, ist zu einer guten Backsteinmasse durchaus nicht geeignet.

Die Bearbeitung besteht in wiederholtem Durchhauen und Durchtreten, worauf die weitere Reinigung der Masse durch Schlemmen erfolgt. Beim Schlemmen wird die Masse in dünnflüssigem Zustande, während sie durch Rühren oder Rütteln in beständiger Bewegung erhalten wird, von den darin befindlichen Steinen und groben Sandkörnern durch Niederschlag der letzteren oder durch Sieben befreit. Die gereinigte dünnflüssige Masse wird in Gruben gebracht, durch deren Umfangswände das darin enthaltene Wasser zum Theil aufgesogen wird. In diesen Gruben bleibt die Masse so lange, bis sie zu der für die weitere Verarbeitung nöthigen Consistenz abgedunstet ist.

Das Formen — Streichen — der Backsteine geschieht entweder im Freien, und dann steht der Arbeiter gewöhnlich in einer Grube und verrichtet das Formen auf dem natürlichen Boden, in welchen zur Auflage der Formenbretter zwei Querleisten eingedrückt sind; oder es geschieht im Trockenen, in der Ziegelhütte, und dann hat der Arbeiter in der Regel einen Formtisch vor sich, welcher der Form zur Unterlage dient.

Je nach den Anforderungen, welche an Backsteine in Bezug auf die Reinheit der Masse, Güte und Form gestellt werden, findet eine verschiedene Behandlung beim Formen statt. Er wird entweder in Wasser oder in Sand geformt. Das Formen in Wasser bietet die Möglichkeit, in der kürzesten Zeit die größte Anzahl Steine zu fertigen; die Steine schwinden aber beim Trocknen sehr stark und ungleich, so daß sie eine sehr unregelmäßige Gestalt erhalten. Bei dem Formen in Sand verlangt die Bearbeitung der Masse eine größere Sorgfalt, und das Formen selbst geht langsamer von Statten; dagegen schwinden die Steine beim Trocknen weniger und gleichmäßig, und behalten nach dem Trocknen nahezu die Gestalt und Größe der Form. Das Unterscheidende der genannten Verfahrungsarten im Formen der Backsteine besteht darin, daß der Ziegler beim Formen — Schlagen — der Backsteine im Wasser die Lehmmasse ohne weitere Bearbeitung als der, daß der Lehm in der Grube durchweicht und einmal getreten oder durchgehauen wird, sehr erweicht in die Form schlägt, so daß sie die Form ohne Nachhülfe ausfüllt, und daß nach dem Einschlagen der Masse nur die Form abgehoben und der Stein mit dem Unterlagbrette auf den Trockenplatz getragen und daselbst auf die flache Seite gelegt wird; während beim Formen in Sand der Ziegler die Masse sehr consistent in die Form schlägt, sie in die Form genau eindrückt, das Fehlende ersetzt oder das Ueberflüssige mit dem Streichbrette scharf abschneidet, den gefertigten Stein zwischen zwei Formbretter bringt und zwischen diesen Brettern auf den Trockenplatz tragen und daselbst auf die lange Hochkante stellen läßt.

Um nun die Form von der eingeschlagenen Masse abheben zu können, ohne daß von der Masse an der Form kleben bleibt, wird vor dem Einschlagen der sehr erweichten Masse die Form jedesmal mit Wasser abgewaschen; wogegen vor dem Einschlagen sehr consistenter Masse die Form sowol als auch die Unterlagbretter mit feinem Sande bestreut werden, und selbst die einzuschlagende Masse für die einzelnen Steine vor dem Einschlagen in die Form mit Sand umhüllt wird. Nach diesen verschiedenen Manipulationen wird das Formen der Steine, in Wasser oder in Sand, benannt.

Bei Feldziegeleien wird in der Regel in Wasser geformt, und es giebt Ziegler, welche täglich 8,000 bis 10,000 Backsteine zu formen im Stande sind. Bei sorgfältigem Formen in Sand wird der geübteste Ziegler nicht über 2,000 Stück Backsteine täglich zu formen vermögen. Bei vielen Ziegeleien wird im Formen ein Mittelweg eingeschlagen, indem die Formen gewaschen und nach dem Waschen mit Sand bestreut werden. Die Masse wird dabei nicht so consistent bearbeitet wie beim Formen in Sand, aber consistent genug, um die Steine zwischen zwei Brettern auf den Trockenplatz tragen, und daselbst auf die Hochkante aufstellen zu können. Nach diesem Verfahren kann der Ziegler täglich 3,500 bis 4,000 Stück Backsteine formen.

Das Trocknen der Backsteine erfolgt bei Feldziegeleien im Freien, und es werden dieselben, von dem Trockenplatze aus, auf Haufen gesetzt und durch ein über dem Haufen angebrachtes leichtes Stroh- oder Bretterdach vor dem Schlagregen geschützt. Bei Ziegeleien, welche für einen gewerbsmäßigen Betrieb eingerichtet sind, werden die Backsteine in besonderen Schuppen oder Scheunen von dem Trockenplatze aus auf Trockengerüste gebracht, und es steht in der Regel der Brennofen mit dem Trockenraume in Verbindung, so daß die getrockneten Steine auf dem kürzesten Wege zum Ofen gebracht werden können.

Sind die Steine vollkommen lufttrocken, so werden sie im Feuer steinhart gebrannt. Das Brennen geschieht in eigens dazu construirten Oefen, oder im Freien, auf sogenannten Meilern. Die Construction der Backsteinöfen hier näher zu erörtern, kann unsre Absicht nicht sein, und es wird sich dazu, wenn es der Raum gestattet, in einem spätern Abschnitte der zweiten Abtheilung über Feuerungsanlagen geeignetere Gelegenheit darbieten. Im Allgemeinen hat sich die Einrichtung und Größe eines Brennofens nach dem zur Anwendung kommenden Brennmateriale zu richten. Wir werden, nach der Anforderung des von einem Brennmaterial zu erreichenden größten Nutzeffectes, construirte und bewährte Ziegelöfen für Holz-, Torf-, Steinkohlen- und Braunkohlenfeuerung mittheilen und bei dieser Gelegenheit uns weiter über das Brennen selbst verbreiten.

Die Abmessungen der gebrannten Mauersteine richten sich nach dem Verbande der davon aufzuführenden Mauerwerke einestheils, und anderntheils nach dem Verhalten der Thon- oder Lehmmasse in Bezug auf das Gahrbrennen. Sind sie besonders geformt, so werden sie nach der ihrer Form entsprechenden Anwendung benannt, als: Kaminsteine, Kesselsteine, Gewölbsteine und Belegsteine oder Belegeplatten ꝛc.

Zweiter Abschnitt.

Von dem Baukalke.

Werden Kalksteine einige Zeit einer starken Glühhitze ausgesetzt, so werden sie in lebendigen Kalk verwandelt. Von der Härte und Feinkörnigkeit der Kalksteine hängt die Güte des daraus gebrannten Kalkes keineswegs ab, und es wird vom gemeinen Grobkalke eben so guter Baukalk gewonnen als von dem feinsten Marmor.

Das Brennen des Kalkes geschieht entweder in Backsteinöfen, — Ziegelöfen —, wo die Kalksteine zunächst der Feuerstelle eingesetzt und gleichzeitig mit den Backsteinen gebrannt werden, oder in besonderen Oefen, welche von den Ziegelöfen hauptsächlich darin abweichen, daß sie meist nicht überwölbt, sondern oben offen sind. Wir werden bei den in der zweiten Abtheilung abzuhandelnden Feuerungsanlagen auf die Construction der Kalköfen näher eingehen und bewährte Oefen für Holz-, Torf- und Steinkohlenbrand in Abbildung mittheilen.

Verschiedene Arten Baukalk. Nach dem Verhalten des Kalkes nach dem Löschen, in Bezug auf den Raum, welchen der gelöschte Kalk einnimmt, gegen den Raum, welchen er vor dem Löschen einnahm, werden die verschie=

denen Arten von Baukalk gewöhnlich in fetten und magern Baukalk eingetheilt. Da es nun aber Kalk giebt, welcher gelöscht einen dreimal größern Raum einnimmt, als im ungelöschten, pulverisirten Zustande, und wieder andern, der nach dem Löschen nur ein und ein Fünftheil des Raumes im ungelöschten Zustande einnimmt, so erscheint, wegen der verschiedenen Zwischenstufen innerhalb der angeführten Grenzen, die Unterscheidung zwischen fettem und magerm Kalke unzureichend. Zur Beseitigung jeder Unbestimmtheit werden wir den Baukalk nach seiner Eigenschaft zu erhärten unterscheiden, und 1) **gemeinen Baukalk** alle Arten Kalk nennen, welche die Eigenschaft haben, an der Luft, nie aber unter Wasser vollkommen zu erhärten, und 2) **hydraulischen Kalk** alle diejenigen Kalkarten, welche ohne Zuthat eines fremden Bestandtheils in kurzer Zeit und vollkommen unter Wasser erhärten.

a. Der gemeine Baukalk kann **fett** genannt werden, wenn er gelöscht einen $2\frac{1}{2}$ bis 3 mal größern Raum einnimmt als im ungelöschten pulverisirten Zustande, **mittler**, wenn er 2 bis $2\frac{1}{2}$ mal, und **mager**, wenn er $1\frac{1}{4}$ bis 2 mal mehr Raum gelöscht als ungelöscht einnimmt. Die Zunahme an Volumen durch das Löschen wird beim Kalke das Gedeihen genannt. Ein Kalk wird um so mehr gedeihen, je weniger fremde Beimischungen in dem Kalksteine, welcher im reinen Zustande nur aus Kalkerde mit Kohlensäure gebunden besteht, enthalten sind. Durch das Brennen wird dem Kalksteine das Krystallisationswasser und der größte Theil der Kohlensäure entzogen, zugleich aber auch eine wechselseitige Wirkung der in dem Kalksteine enthaltenen Oxyde veranlaßt, und so eine Veränderung der beigemischten fremden Theile bewirkt, welche einen besondern Einfluß auf die Bindekraft des aus dem gelöschten Kalke bereiteten Mörtels und auf dessen Erhärten hat.

Während des Brennens ändert der Kalkstein seine Farbe, und er wird, wenn er gehörig ausgebrannt — gahr — ist, in der Regel fahlgelb, gelbgrau oder weiß. Die helle Farbe ist übrigens noch kein untrügliches Zeichen davon, daß der Kalk gahr ist. Ein guter und gahrgebrannter Kalk muß sich beim Löschen schnell und vollständig in eine breiartige Masse auflösen, ohne einen harten Kern, Stein oder Sand zu enthalten. Haben Kalksteine eine bedeutende Beimischung anderer Erdarten und Oxyde, so daß beim Brennen ein theilweises Verschlacken der Masse erfolgt, und der davon gebrannte Kalk die Fähigkeit zu löschen nur im geringen Grade oder gar nicht hat, so nennt man diesen Kalk todtgebrannten. Beträgt die im Kalksteine enthaltene Beimischung von Kieselerde, Thonerde, Eisenoxyd ꝛc. nicht mehr als 15 pCt., so wird dadurch das Todtbrennen des Kalkes nicht veranlaßt. **Abgestorbener Kalk** wird derjenige gebrannte Kalk genannt, welcher nach dem Brennen längere Zeit der feuchten Luft ausgesetzt war und deshalb, weil er Wasser und Kohlensäure angezogen, sehr schlecht löscht. Dem Absterben des Kalkes vorzubeugen, muß der gebrannte Kalk baldmöglichst, nachdem er aus dem Ofen genommen, gelöscht, oder, wenn dieß nicht möglich ist, in trockenen Räumen aufbewahrt und beim Versenden wohl verpackt werden.

Löschen des Kalkes. Wird der frischgebrannte Kalk mit Wasser besprengt, so saugt er dasselbe, bis zu etwa dem vierten Theile seines eigenen Gewichtes, begierig ein, schwillt auf und zerfällt nach kurzer Zeit in ein trockenes, weißes Pulver. Bei diesem Prozesse der Umwandlung des gebrannten Kalksteines in ein leicht zerreibliches trockenes Pulver (Kalkhydrat) wird eine beträchtliche Menge Wärmestoff entwickelt, so daß sich Dämpfe bilden, welche einen eigenthümlichen Geruch dadurch verbreiten, daß sie bei ihrem Entweichen aufgelöste Kalkerde mit fortführen. Wird nun dem zerfallenen Kalke eine größere Menge Wasser zugesetzt, so verwandelt sich das Kalkpulver in einen weißen Kalkbrei, welcher den Hauptbestandtheil des bei der Ausführung der Mauerwerke so wichtigen Bindematerials, des Mörtels, bildet.

Nach dieser Eigenschaft des Kalkes beruht das Löschen desselben darauf, den gebrannten Kalkstein in einen gleichmäßig erweichten Kalkbrei umzuwandeln. Da nun die Kalksteine so überaus verschieden sind, so wird auch deren Behandlung in gebranntem Zustande beim Löschen verschieden sein müssen. Insbesondere läßt sich nichts allgemein Gültiges in Bezug darauf sagen, welche Quantität Wasser zum Löschen des Kalkes genommen werden muß. Das gewöhnliche Verfahren beim Löschen des gemeinen Baukalkes, wobei mehr Wasser zugesetzt wird, als nothwendig wäre, das Kalkpulver in Kalkbrei umzuwandeln, beruht auf der Erfahrung, daß gelöschter Kalk an Güte gewinnt, wenn er, gegen den Zutritt der Luft verwahrt, längere Zeit in feuchten Gruben aufbewahrt wird. Das Löschen wird in der Regel in einem Bretterkasten von solcher Größe — 7 bis 8 Fuß ins Gevierte, 2 Fuß tief — vorgenommen, daß ein Arbeiter mit der Kalkhacke die Kalkmasse bequem durcharbeiten kann. Der Boden des Kastens wird nach der Seite, wo die zur Aufnahme des gelöschten Kalkes bestimmte Kalkgrube sich befindet, etwas geneigt angelegt, und an der Kastenwand befindet sich gegen die Kalkgrube ein Schieber nebst Rinne zum Ablassen des gelöschten Kalkes in die Grube.

Der Arbeiter bringt nun soviel gebrannten Kalk in den Kasten, daß er etwa den vierten Theil des Raumes einnimmt, gießt sodann soviel Wasser darauf, als der Kalk in sich einzusaugen vermag, läßt ihn so lange ruhig, bis er zerplatzt und in Pulver zerfällt, und setzt erst dann, unter beständigem Durcharbeiten mit der Hacke, soviel Wasser zu, als nöthig ist zu einem etwas dünnflüssigen Kalkbrei. Ist die Kalkmasse gleichmäßig durchgearbeitet und zeigen sich darin keine noch löschbaren Kalkstücke mehr, so wird der Schieber des Kastens geöffnet und der dünngelöschte Kalk in die Grube abgelassen.

War dem Kalk beim Löschen zu wenig Wasser zugesetzt, so daß nicht alle Kalktheile sich erschließen konnten, was der Maurer unter dem Verbrennen des Kalkes versteht, so zeigt sich dieselbe Erscheinung, als wenn der Kalk unter Wasser zersetzt wurde, bevor er zerfallen war, was der Maurer unter dem Ersäufen des Kalkes versteht; es bleiben nämlich die ungelöschten Kalktheile als Grieß oder Sand auf dem Boden des Löschkastens zurück.

In der Kalkgrube schließen sich die in dem Löschkasten noch nicht vollständig aufgelösten Kalktheile nach und nach auf, und der Kalkbrei wird ganz gleichartig. Ist der in Gruben eingelassene gelöschte Kalk genugsam verdunstet, was sich durch Risse und Sprünge an der Oberfläche zu erkennen giebt, so muß er gegen den Zutritt der Luft verwahrt werden, damit er nicht dadurch unbrauchbar wird, daß die Luft eindringt und Kohlensäure zuführt. Es geschieht dieß am einfachsten dadurch, daß man den gelöschten Kalk einige Fuß hoch mit Sand bedeckt. Durch längeres Lagern des gelöschten Kalkes in bedeckten feuchten Gruben wird nicht allein der Kalk zu einer durchgängig gleichartig aufgelösten Masse, sondern es wird auch die Kalkerde mit dem Wasser inniger gebunden, und es trägt dieß wesentlich dazu bei, daß Mörtel, aus Grubenkalk bereitet, einen höhern Grad von Festigkeit und Härte erlangt, als Mörtel von frischgelöschtem Kalke.

Bei den Alten war es Gebrauch, den Kalk für wichtige Bauwerke längere Zeit in Gruben aufzubewahren, und es hat sich eine alte Bauverordnung Roms, nach welcher Unternehmer von Staatsbauten keinen Kalk verwenden durften, wenn er nicht mindestens drei Jahre in der Grube gelegen hatte, an den auf uns gekommenen Ueberresten römischer Bauwerke, an denen wir die Härte des Mörtels nach Jahrhunderten bewundern, als eine sehr heilsame Maßregel bewährt. Wenn in neuerer Zeit weniger Werth auf die Verwendung des in Gruben gelagerten Kalkes gelegt wird, so ist dieß sehr zu bedauern, und das um so mehr, weil es auf einem Irrthum beruht, indem man das schnelle Anziehen und Erstarren des Mörtels von frisch gelöschtem Kalke für wirkliches Erhärten hält, was es keineswegs ist. Wir werden, wenn von der Bereitung des Mörtels die Rede sein wird, nachzuweisen suchen, daß das schnelle Anziehen und Erstarren des Mörtels das wirkliche Erhärten desselben verhindert.

Es ist gerathen, das Wasser, welches zur Umwandlung des Kalkpulvers in Kalkbrei zugesetzt wird, nach und nach in die Kalkkästen zu schütten, und nicht den im Zerfallen begriffenen Kalk damit zu übergießen, weil es durch Erfahrung sich bestätigt hat, daß die heißen, nicht aufgelösten Theile des Kalkes sich schlecht auflösen, wenn sie mit kaltem Wasser benetzt werden. Je kälter das Löschwasser ist, um so nachtheiliger wirkt es auf das Löschen des erhitzten Kalkes ein. Die Beschaffenheit des zum Löschen verwendeten Wassers ist von großem Einfluß auf den Erfolg des Löschens. Weiches Fluß- und Teichwasser ist dem harten Brunnenwasser vorzuziehen, und unreines Wasser unter allen Umständen zum Kalklöschen ungeeignet. Enthält das Löschwasser Salz, so ist dies Veranlassung, daß der aus dem gelöschten Kalke bereitete Mörtel den unter dem Namen des Mauerfraßes bekannten Beschlag erhält, welcher den Mörtel und zugleich die meisten Steine nach und nach zerstört. Das unreine Wasser enthält immer Bestandtheile, welche in Verwesung übergehen, so daß salpetersaurer Kalk im Mörtel erzeugt wird, welcher ebenfalls zerstörend auf den Mörtel und die meisten Steine einwirkt.

Ein Verfahren, magern Kalk zu löschen, besteht darin, daß man den Kalk, frisch aus dem Ofen genommen, einige Sekunden ins Löschwasser eintaucht, bis er, herausgezogen, zu Pulver zerfällt. Soll dabei der Kalk vollständig zu Pulver zerfallen, so muß er vor dem Eintauchen in kleine Stücke von etwa 1 Kubikzoll zerschlagen werden, damit die durch Erwärmung erzeugten Wasserdämpfe den Kalk durchdringen und so auflösen. Wird das durch Eintauchen des Kalkes erhaltene Kalkpulver vor Feuchtigkeit bewahrt, so kann es längere Zeit aufbewahrt werden, giebt aber immer einen besser bindenden und schneller erhärtenden Mörtel, wenn es sogleich nach dem Löschen gebraucht wird. Mörtel, aus dem durch Eintauchen gelöschten Kalke bereitet, soll die Eigenschaft haben, daß er, unter Wasser gesetzt, nicht zergeht. Die gewöhnliche Löschungsart liefert den meisten Kalk, bewirkt sonach die beste Auflösung des Kalkpulvers. Man wird also, um aus einem durch Eintauchen gelöschten Kalke einen ebenso fetten Mörtel zu bereiten, als aus Kalk im Wasser gelöscht, viel mehr Kalk dazu anwenden müssen.

b. **Der hydraulische Kalk.** Alle Kalkarten, welche die Eigenschaft haben, daß der daraus bereitete Mörtel unter Wasser erhärtet, werden zu den hydraulischen gezählt. Was diese Kalkarten wesentlich von dem gemeinen Baukalk unterscheidet, ist das Vorhandensein von Kieselerde, Alaunerde und oxydhaltiger Thonerde in überwiegender Menge, so daß die Kalkerde nicht den Hauptbestandtheil bildet. Die hydraulischen Kalke sind demnach immer magere Kalke, und wenn sie zuweilen zu den mittleren Kalken gerechnet werden können, so ist ihre hydraulische Eigenschaft eine geringe. Aber nicht alle mageren Kalke sind hydraulisch. Bei dem Brennen der hydraulischen Kalke muß die Hitze in niederen Graden, aber längere Zeit andauernd als beim fetten Kalke, unterhalten werden, weil das Todtbrennen durch

Verschlacken, welches bei dem reinen Urkalke nie eintreten kann, um so leichter bei hoher Hitze bewirkt wird, je mehr der Kalkstein thon- und kieselerdehaltige Beimischungen enthält.

Das Löschen der hydraulischen Kalke, welche um so weniger Wasser einsaugen, als sie weniger Kalkerde enthalten, kann nicht wie bei dem fetten Kalke durch Auflösung im Wasser geschehen, weil die in dem gebrannten Kalke enthaltene Kalkerde sofort mit den Erden und Oxyden eine innige Verbindung eingeht, wenn sie im Wasser vollkommen aufgelöst ist, und ohne andere Beimischungen erhärtet. Hiernach darf beim Löschen der hydraulischen Kalke nur so viel Wasser angewendet werden, als der Kalk einzusaugen vermag, bevor er in Kalkpulver zerfällt. Das zur Umwandlung des Kalkpulvers in Kalkbrei erforderliche Wasser darf erst bei der Bereitung des Mörtels zugesetzt werden. Je nach der Beschaffenheit des Kalkes und der Zeit der Verwendung desselben ist das Verfahren beim Löschen verschieden, immer aber ist es zweckmäßig, den gebrannten Kalk vor dem Löschen in möglichst kleine Stücke zu zerschlagen, damit das Eindringen des Löschwassers, somit das Erschließen der Kalkerde gleichmäßig erfolgt.

Das Eintauchen als Löschverfahren hat nur bei etwas fetten hydraulischen Kalkarten günstige Resultate geliefert und ist bei sehr mageren Kalken um deßwillen nicht anwendbar, weil diese Kalkarten das Wasser nur sehr langsam aufnehmen und ein Theil der Kalkerde beim Eintauchen schon in Brei übergeht, während der andere Theil noch nicht in Kalkpulver zerfallen ist.

Soll der Kalk bald nach dem Löschen verbraucht werden, so ist beim Löschen folgendes Verfahren einzuhalten: der gebrannte Kalk wird in einer dünnen Lage auf dem Platze, wo der Mörtel bereitet wird, ausgebreitet und mit der Gießkanne leicht mit Wasser überspritzt. Zeigt sich das Zerplatzen der Kalkstücke, so wird der Kalk mit etwas weniger feuchtem Sand, als zur Mörtelbereitung nöthig ist, überdeckt und auf der Sandschicht eine zweite Lage Kalk ausgebreitet. Diese Kalklage wird nun wie die erste mit Wasser bespritzt, und sobald der Kalk zerfällt, wieder mit feuchtem Sand gedeckt. In dieser Weise wird mit abwechselnden Lagen von bespritztem Kalk und feuchtem Mörtelsande fortgefahren, bis der Haufen den Umfang erreicht hat, daß daraus die gewünschte Mörtelmasse bereitet werden kann; sodann wird der Haufen von außen mit einem dünnen Sandüberzuge versehen, nochmals mit der Gießkanne angefeuchtet, und bleibt nun bis zum nächsten Tage stehen. Durch das Decken des Kalkes bleibt die, es sich bei der Umwandlung, des gebrannten Kalkes in Kalkpulver entwickelnde Wärme geschlossen, so daß die Dämpfe, den Kalk durchdringend, die Auflösung vollständig bewirken, ohne daß durch die Luft ein Erstarren der Kalkauflösung bewirkt werden kann. Hat der zu löschende Kalk schon einige Zeit gelagert, so wird der Kalk weniger begossen und mit trockenem Sande gedeckt.

Bei der Wichtigkeit des hydraulischen Kalkes wird demselben in neuerer Zeit die Aufmerksamkeit der gelehrten Techniker in hohem Grade zugewendet, und es liegen auch die Resultate sehr ausgedehnter Untersuchungen über die üblichen Verfahrungsarten beim Löschen desselben vor. Daß das Löschen im Wasser unter allen Umständen sehr ungünstige Resultate in Bezug auf das Erhärten des hydraulischen Mörtels lieferte, konnte nach dem, was wir bereits darüber erwähnt haben, erwartet werden. Ganz unerwartet aber, und allen Erfahrungen widersprechend, welche, durch jahrhundertlange Ueberlieferung geheiligt, von keiner Seite bisher angetastet waren, wird nun, auf Grund angestellter Versuche, die Behauptung aufgestellt, daß derjenige hydraulische Kalk den vorzüglichsten Mörtel liefere, welcher ohne alle Anwendung von Wasser, nur allein durch die Einwirkung der Luft, an welcher der Kalk bekanntlich zerfällt, gelöscht werde. Es wird behauptet, daß das Zerfallen des Kalkes an der Luft um so bessere Resultate liefere, je langsamer es von Statten gehe, und daß zu dem Ende der gebrannte Kalk bedeckt und gegen den Zutritt feuchter Luft verwahrt werden müsse. Da nun aber der Prozeß der Umwandlung des gebrannten — calcinirten — Kalksteins in Kalkpulver — Kalkhydrat — ohne Wasser gar nicht stattfindet, so könnte auch von einem Zerfallen des gebrannten Kalkes durch die Luft nicht die Rede sein, wenn der Kalk nicht aus der Luft, nach und nach, die zur Bildung des Kalkhydrats erforderliche Wassermenge einsaugen könnte. Bisher war die Meinung aller Techniker die, daß aller Kalk, der fette wie der magere, durch das Zerfallen an der Luft als Baukalk an seiner Güte verliere, und wir werden auch so lange nach dieser Meinung verfahren und den Kalk bis zu dem Löschen vor dem Zerfallen durch das Eindringen feuchter Luft schützen müssen, bis alle Zweifel gegen das empfohlene Löschen des Kalkes an der Luft gehoben sind.

Dem französischen Ingenieur Vicat gebührt das Verdienst, über die Eigenschaften des hydraulischen Kalkes, durch die Mittheilung seiner gründlichen Versuche, mehr Licht verbreitet zu haben. Das von ihm empfohlene Löschen des Kalkes an der Luft hat von gewichtiger Seite Widerspruch erfahren, und da wir selbst darüber unsere Zweifel nicht verhehlt haben, so wird es billig sein, ihn darüber selbst zu hören. Vicat sagt:

„Ich bin der Erste gewesen, der die Meinung geäußert hat, daß ein fetter Kalk, der an der Luft zerfällt und ein Jahr in einem bedeckten, den Winden nicht ausgesetzten Orte, der Wirkung der Luft überlassen bleibt, weit bessere Resultate giebt, als wenn er auf die gewöhnliche Art gelöscht wird. Diese Behauptung gründet sich auf 150, auf verschiedene Art angestellte Versuche. Neuerdings, sechs Jahre nach meinen ersten Untersuchungen, habe ich mit Mörtelstücken, die ich zu dem Ende aufgehoben hatte, neue Versuche angestellt und gefunden, daß die Festigkeit des mit gewöhnlich gelöschtem Kalk bereiteten Mörtels 190,7 und des mit an der Luft zerfallenem Kalk bereiteten Mörtels 2500 war. Wie ist dies mit dem vorgeblich nachtheiligen Einfluß der Berührung der Luft auf den nach dem von mir empfohlenen Verfahren gelöschten Kalk zu vereinigen?"

Es kann nicht genug empfohlen werden, zur Beseitigung von Zweifeln über das beim Löschen des hydraulischen Kalkes einzuhaltende zweckmäßigste Verfahren überall, wo sich Gelegenheit dazu bietet, Versuche anzustellen.

Dritter Abschnitt.

Von dem Mörtel.

Der Mörtel, auch Mauerspeise oder Speiß genannt, ist das von unvordenklichen Zeiten bis auf die Gegenwart her angewendete Verbindungsmittel der natürlichen und künstlichen Mauersteine, und es wird darunter vorzugsweise die aus gelöschtem Kalk und Sand, oder anderen steinartigen Körpern bestehende, teigartig zusammenhängende Masse verstanden, welche die Fähigkeit hat, selbst steinhart zu werden, an Steinen oder steinartigen Körpern fest zu haften, und dieselben, wie ein Kitt, zu einer einzigen Masse fest und dauerhaft zu verbinden.

Nach den bereits erwähnten Eigenschaften des Kalks, entweder an der Luft oder unter Wasser steinhart zu werden, sind auch die daraus bereiteten Mörtel verschieden, und wir werden, wie allgemein üblich, als Luftmörtel diejenigen Mörtelarten bezeichnen, welche aus gemeinem Baukalk bereitet, nur an der Luft oder im Trocknen den höchsten Grad ihrer Festigkeit erreichen, und unter Wassermörtel oder hydraulischem Mörtel diejenigen Mörtelarten verstehen, welche zum Erhärten der Luft und des Trocknens nicht bedürfen, sondern gerade unter Wasser steinhart werden.

a. Luftmörtel.

Es ist eine von keinem Maurer bezweifelte Thatsache, daß Kalk allein nicht bindet, daß aber ein aus gelöschtem Kalk und Sand oder sandartigen Steinkörpern in richtigem Mischungsverhältnisse gut zuberetteter Mörtel die Steine jetzt zusammenkittet und mit der Zeit selbst eine Festigkeit erlangt, welche oft größer ist, als die Festigkeit des Kalksteins, aus welchem der Kalk gebrannt war. Kann der Mörtel dadurch, daß ihm ein großer Theil des Wassers durch Einsaugen der Steine oder durch Verdunsten entzogen wird, in kurzer Zeit erstarren, so bedarf er dagegen zum Erhärten einer längern Zeit, und selbst unter den günstigsten Verhältnissen zum vollkommenen Erhärten einer Reihe von Jahren. Das Erhärten des Luftmörtels beruht darauf, daß der gelöschte Kalk, welcher durch's Brennen den größten Theil der im natürlichen Kalkstein enthalten gewesenen Kohlensäure verloren hat, aus der atmosphärischen Luft wieder Kohlensäure anzieht. Es findet, wie die Kohlensäure eindringt, die Bildung eines Kalksilikats auf nassem Wege statt, wobei die lösliche Kieselerde zunimmt und eine Krystallisation des Kalkhydrats durch das in der Kalklösung als Kalkbrei enthaltene Kalkwasser erzeugt wird, welches beim Verdunsten den Kalk ablagert. Bei einem vollkommen erhärteten Mörtel werden hiernach die in der Mörtelmasse enthaltenen Sandkörner durch Kalksinter zusammengekittet sein. Daraus nun, daß der Luftmörtel ohne das Hinzutreten der Kohlensäure nur erstarren und austrocknen, keineswegs aber vollkommen erhärten kann, erklärt sich die Erscheinung, daß bei dem Abbruche alter Mauern der Mörtel an den äußeren offenen Mauerfugen sehr fest, im Kern aber sehr locker sein kann, und daß die Festigkeit eines Mörtels von sonst gleicher Beschaffenheit und von gleichem Alter um so größer ist, je mehr das Mauerwerk der Witterung ausgesetzt war. Wird dem Mörtel durch Verdunsten bei hoher Temperatur durch das Steinmaterial oder durch Frost sein Kalkwasser entzogen, so verliert er dadurch die Fähigkeit zu erhärten. In mittler Temperatur hält der Mörtel sein Kalkwasser hartnäckig zurück, und es wird nur beim Anziehen der Kohlensäure ein äquivalenter Theil Wasser aus dem Mörtel geschieden. Am auffallendsten tritt dies bei dem Verputzmörtel im Innern der Wohngebäude zu Tage. Der Verputz ist vor dem Bewohnen scheinbar trocken; sobald aber beim Beziehen der Luft Kohlensäure zugeführt wird, fangen die Wände an zu schwitzen, und es hält dieses Hervortreten des aus dem Mörtel durch Kohlensäure verdrängten Wassers so lange an, bis der im Verputze enthaltene Kalk die ihm durch's Brennen entzogene Kohlensäure wieder in sich aufgenommen hat, oder bis das Eindringen der Kohlensäure so unmerklich von Statten geht, daß der Mörtel das Ansehen der Trockenheit behält. Da nun die atmosphärische Luft sehr wenig Kohlensäure enthält, so kann das Erhärten des Luftmörtels im Freien nur sehr langsam vor sich gehen, und es kann keineswegs als Beweis für die Güte des Mörtels an sehr alten Bauwerken gelten, wenn wir ihn nach Jahrhunderten sr überaus fest finden, da die Länge der Zeit einen sehr wesentlichen Anthe daran hat. Ist der beste Luftmörtel im feuchten Grunde, oder von der Einwirkung der Luft abgeschlossen, angewendet, so wird er nie hart werden können.

Bereitung des Luftmörtels. Wenn die Bindekraft und Festigkeit des Luftmörtels darauf beruht, daß beim vollkommenen Erhärten die in der Mörtelmasse enthaltenen Sandkörner unter sich durch Kalksinter verbunden und an die Oberfläche der Steine mit diesem Sinter verkittet sind; so wird ein guter Mörtel so beschaffen sein müssen, daß die Sandkörner von dem Kalkbrei gleichmäßig umhüllt sind, und bei dem Durcharbeiten so nahe wie möglich an einander zu liegen kommen, so nahe, daß das Volumen des Mörtels das Volumen des Sandes vor dem Zusatze nur um Weniges übersteigt. Bevor der Sand beigemischt werden kann, muß der Kalk, unter Zusatz von so viel Wasser, als nach der Beschaffenheit des Sandes und der zu vermauernden Steine geradezu erforderlich ist für die ganze Mörtelmasse, welche bereitet werden soll, in eine ganz gleichmäßige Masse durchgearbeitet werden. Diese Durcharbeitung des Kalkes in der Weise, daß später, während des Sandzusatzes, kein Wasser mehr zugegeben werden muß, und daß der Kalk ganz gleichmäßig erweicht und in dem zugesetzten Wasser vertheilt wird, ist die Grundbedingung bei der Mörtelbereitung. Gleichwohl wird darauf nicht überall die nöthige Rücksicht genommen. Es wird noch häufig zur Mörtelbereitung eine gewöhnliche Hacke angewendet, mit welcher der Arbeiter den Kalk durchrührt, — ganz eben so wie beim Löschen des Kalks, — ohne daß er bei diesem Umrühren die zähe Kalkmasse zugleich quetscht, wie es beim Grubenkalk geschehen muß, wenn die Masse gleichmäßig werden soll.

Am zweckmäßigsten wird der Mörtel in einem Bretterkasten, der sogenannten Speißpfanne, durchgearbeitet, und es entspricht die in Fig. 1 abgebildete Hacke so vollständig den Anforderungen, welche man an ein Handwerksgeräthe für diesen Zweck stellen muß, daß sie zur allgemeinen Anwendung empfohlen werden kann. Der Arbeiter drückt mit der flachen Hacke nach der Stellung a auf die Kalkmasse von sich abwärts, dreht sodann die Hacke um so viel, daß die Fläche der Hacke senkrecht zu stehen kommt, und zieht in dieser Stellung die Hacke wieder gegen sich zurück. Durch diese einfache bei jedem Zuge sich wiederholende Manipulation wird der Kalk abwechselnd gequetscht und durchschnitten, und bei jedem Zuge rückwärts wieder unter die Hacke gebracht.

Zu dieser Arbeit, welche Uebung erfordert und mit bedeutender Kraftanstrengung vorgenommen werden muß, kann freilich nicht jeder Tagelöhner verwendet werden; dagegen kann ein geübter und kräftiger Arbeiter, zu dessen Unterstützung ein Hülfsarbeiter das Einbringen des Kalkes und Wassers in die Pfanne, die Zugabe des Sandes, und das Ausschöpfen des fertigen

Mörtels mit besorgt, so viel Mörtel bereiten, als zwanzig Maurer zu verarbeiten im Stande sind.

Erscheint die Kalkmasse gleichmäßig verbreitet, so daß keine Kalkklumpen mehr darin enthalten sind, so wird der Sand nach und nach, unter |bestän=

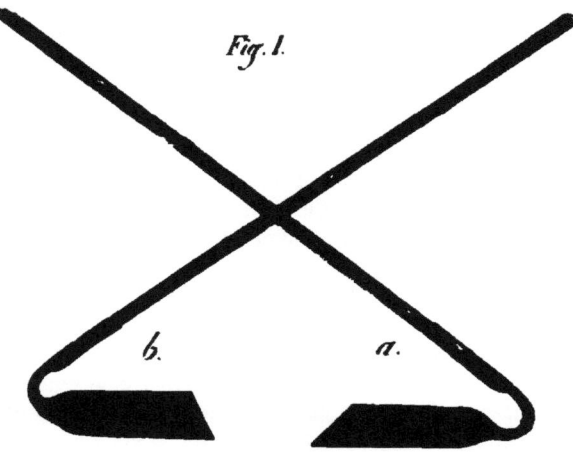

Fig. 1.

b.   a.

digem Durcharbeiten mit der Hacke, wobei der Hülfsarbeiter den Kalk und den Sand gleichmäßig vertheilt und unter die Hacke bringt, so lange zugesetzt, bis der Mörtel die richtige Mischung von Kalk und Sand hat.

Das Verhältniß des Sandzusatzes richtet sich einerseits nach der Gedeihungsfähigkeit des Kalkes, denn je fetter der Kalk an sich ist, um so mehr Sand kann ihm zugesetzt werden, andererseits aber auch nach der Beschaffenheit des Sandes, in Bezug auf die Größe und Form der Sand= körner. Je größer die Sandkörner sind, um so mehr Kalk ist erforderlich, um die Zwischenräume auszufüllen. Es wird demnach dem Kalke um so mehr Sand zugesetzt werden können, je feiner der Sand ist, und es wird eine Vermischung groben und feinen Sandes einen besser bindenden Mörtel geben, als grober Sand oder Kies allein.

Will man einen Sand in Bezug darauf, wieviel davon dem Kalke zu= gesetzt werden kann, um daraus guten Mörtel zu bereiten, prüfen, so füllt man ein Gefäß von einiger Größe, ein Faß oder eine Bütte, mit diesem Sande an, und gießt dann so lange Wasser hinzu, bis das Wasser den Rand des Gefäßes erreicht. So viel Wasser nun vom Sande noch aufgenommen wurde, eben so viel verdünnter Kalkbrei ist zur Ausfüllung der Zwischen= räume der Sandkörner erforderlich, und man wird nur noch etwa zwei Zehn= theile mehr Kalk anzunehmen haben, weil der Kalk in breiartigem Zustande mit den Sandkörnern vermischt wird und durch das Umhüllen derselben mehr aufträgt.

Bei mittelfettem Kalke rechnet man gewöhnlich auf einen Kubikfuß gelöschten Kalk zwei Kubikfuß Sand, und diese Mischung liefert nach fleißigem Durcharbeiten $2\frac{2}{3}$ Kubikfuß Mörtel.

Bei sehr fettem gelöschten Kalk kann auf den Kubikfuß Kalk ein Zusatz von 3 Kubikfuß Sand gerechnet werden, wovon die Mörtelmasse $3\frac{1}{2}$ Kubikfuß beträgt.

Die Form der Sandkörner hat einen sehr wesentlichen Einfluß auf den Zusatz, indem runde Körner sich gegenseitig nur an einzelnen Punkten berühren, und größere Zwischenräume lassen, als prismatisch geformte kantige Körner, welche sich bei fleißiger Durcharbeitung mit ihren Flächen an einander schließen und wenig Zwischenräume lassen. Aus diesem Grunde wird zur Mörtelbereitung derjenige Grubensand, welcher sich scharf anfühlt und beim Reiben in den Händen knirscht und keine Unreinigkeit zurückläßt, dem Flußsande, welcher meist runde und glatte Körner hat, vorgezogen.

Kann der Sandzusatz nach dem Gesagten einigermaßen für jeden Kalk bestimmt werden, so richtet er sich auch noch ferner nach dem mehr oder weniger dünnflüssigen Zustande des Kalkbreies, indem zu dickem Kalkbrei weniger Sand genommen werden kann, als zu dünnem, wenn alle Sandkörner vom Kalk umhüllt werden sollen. Nun wird in der Regel dem Kalke mehr Wasser zugesetzt, als der Mörtel enthalten sollte, weil die Kalkmasse in dünnflüssigem Zustande leichter durchzuarbeiten ist. Die Folge davon ist, daß der in der dünnflüssigen Masse enthaltene Kalk nicht ausreicht, die sämmtlichen Sandkörner zu umhüllen, und daß die in der Mörtelmasse enthaltenen, nicht umhüllten Sandkörner die Verbindung unterbrechen, und das Auseinanderfallen des Mörtels schon beim Erstarren veranlassen. Der Maurer nennt einen solchen Mörtel mager und erkennt die Magerkeit daran, daß der Mörtel von der Kelle leicht abgleitet, ohne einen schleimartigen Kalküberzug auf der Kelle zurückzulassen, während der fette Mörtel an der Kelle anklebt, nur langsam von der Kelle abgleitet und auf der glättesten Kelle einen zähen, schleimartigen Ueberzug von Kalk zurückläßt. Ein guter Mörtel soll nur so viel Wasser enthalten, als er beim Erhärten zum Binden der Kalkerde bedarf. Da nun aber von dem in dem Mörtel enthaltenen Wasser ein Theil verdunstet, und eben so ein Theil von dem Steinmateriale eingesogen wird, so ist darauf Rücksicht zu nehmen. Feste Steine verlangen einen steifen Mörtel, mit möglichstwenig Wasser bereitet, wogegen bei porösen Steinen ein weicher Mörtel angewendet werden muß, damit nach dem Einsaugen durch die Steine noch so viel Wasser in dem Mörtel zurückbleibt, als der Mörtel zum Erhärten unbedingt enthalten muß. Bei nasser Witterung muß der Mörtel steif, und bei großer Hitze dünn bereitet werden. Der Mörtel darf unter allen Umständen nicht zu schnell austrocknen, weil er dadurch das zur spätern Erhärtung erforderliche Wasser verliert. Deshalb müssen alle Steine, welche im trocknen Zustande dem Mörtel zu viel Wasser entziehen, vor dem Vermauern in Wasser eingetaucht oder genetzt werden.

Wenn wir bereits angeführt haben, daß nur reines Wasser zum Löschen des Kalkes genommen werden dürfe, so gilt dies in noch höherem Grade bei der Bereitung des Mörtels. Unreines Wasser theilt der Kalkerde Stoffe mit, welche das Erhärten des Mörtels verhindern, und es veranlaßt, wenn es Säuren enthält, nicht selten bei feuchten Mauern den Salpeter=
fraß. Der Sand muß rein von solchen Beimischungen sein, welche der Erhärtung des Mörtels im Wege stehen. Ganz reiner Quarzsand bindet langsam, weil die Kalkerde durchaus keine chemische Verbindung mit der Kieselerde auf nassem Wege eingeht. Quarzkörner sind in sehr altem Mörtel mit einer Kalkkruste überzogen und mit einander durch Kalk zusammengekittet; wird aber der Kalk durch Salzsäure aufgelöst, so zeigen sich die Quarz=
körner unverändert und haben an ihrer Politur nichts verloren. Ist der scharfe Quarzsand durch Eisenoxyd gelb oder braun gefärbt, so bindet er viel schneller, und das Erhärten erfolgt eben so viel früher als beim weißen Quarzsande. Kieselerdiger Sand von porösen und festen Steinen ist brauch=
bar, wenn er rein von Staub und nachtheiligen Beimischungen ist.

b. Hydraulischer Mörtel.

Der hydraulische Mörtel ist entweder ein künstlicher oder ein natürlicher.

1) **Der künstliche hydraulische Mörtel** wird aus gemeinem Luft=
mörtel bereitet, indem man dem fetten Kalke außer Sand noch solche Stoffe zusetzt, welche dem fetten Kalke die Fähigkeit ertheilen, wie der hydraulische Kalk unter Wasser zu erhärten. Da der natürliche hydraulische Kalk außer der seine Hauptgrundlage bildenden Kalkerde in sehr verschiedenen Mischungsverhältnissen Thon=, Kiesel= und Bittererde und Eisenoxyd ent=
hält, so besteht der Zusatz, welchen man dem fetten Kalke giebt, in solchen Stoffen, die ihm abgehen, um hydraulisch zu sein.

Da der gemeine Thon Kiesel= und Alaunerde, so wie oft Eisenoxyd, und gebrannt, letzteres mit den übrigen Bestandtheilen chemisch verbunden, enthält, so wird dem gemeinen Baukalke schon einige hydraulische Eigenschaft ertheilt, wenn man bei der Mörtelbereitung gestoßenes Ziegelmehl zusetzt. Eine gewöhnliche Mischung besteht aus 3 Theilen gelöschtem Kalk, 2 Theilen Ziegelmehl und 3 Theilen scharfem Sand. Der Kalk wird mit wenig Wasser durchgearbeitet, und der Sand, mit dem Ziegelmehl vorher innig vermengt, so lange mit der Hacke untergearbeitet, bis der Mörtel der Hacke widersteht, und sodann wird die Masse mit dem Stößer so lange durcheinandergearbeitet, bis sich keine Kalktheilchen mehr zeigen. Ein schnell bindender Mörtel, zum Bewurf von Wasserbehältern und zu Mauerwerk im Feuchten sehr geeignet, besteht aus 2 Theilen gelöschtem Kalk, 3 Theilen Ziegelmehl, 3 Theilen scharfem Sand und 2 Theilen gemahlenem oder an der Luft zerfallenem ungelöschten Kalke. Der gelöschte Kalk wird mit dem Ziegelmehl und Sand zu einem gewöhnlichen, nicht sehr steifen Mauermörtel bereitet, und der ungelöschte Kalk zuletzt unter kräftigem Schlagen mit dem Stößer zugesetzt, so daß dadurch erst dem Mörtel ein Theil seines überschüssigen Wassers entzogen wird. Dieser Mörtel bindet überaus schnell, muß aber unmittelbar nach der Bereitung verarbeitet werden.

Daß die Mischungen von Ziegelmehl und Sand je nach der Beschaffenheit des Kalkes sehr verschieden sein können, bedarf keines weitern Beweises, und müssen darüber in der Praxis Versuche entscheiden.

Hydraulischen Kalk aus fettem Kalk darzustellen, indem man gebrannten fetten Kalk an der Luft zerfallen läßt, unter Zusatz von Wasser dem Kalke Thon beimischt, daraus Kugeln formt, und diese Kugeln nach erfolgtem Trocknen nochmals brennt, wird, so günstig die Resultate bei Versuchen im Kleinen immerhin sein mögen, bei der Ausführung im Großen, wegen der großen Kostspieligkeit, von keinem Vortheil sein. Die Natur bietet uns Stoffe dar, welche, zerstoßen dem gemeinen Kalk bei der Mörtelbereitung statt des Sandes zugesetzt, dem Mörtel die Eigenschaft geben, unter Wasser so schnell und so vollkommen zu erhärten, wie dies bei dem Mörtel von dem besten natürlichen hydraulischen Kalke kaum in höherem Grade der Fall ist.

Es sind dies die vulkanischen Traßgesteine.

Der Traß, ein vulkanischer Tuff, kommt in der Nähe ausgebrannter Vulkane vor, wo er in ganzen Lagern die Thäler ausfüllt, oder, wie ein halbflüssig gewesener Teig, die Hügel und Berge umhüllt. Er bildet eine gelbliche, graue oder bräunliche poröse Schlacke, die häufig Bimsstein umschließt. Der vorzüglichste Traß Deutschlands kommt am Rheine, nahe bei Andernach, in dem Brohlthale vor, von wo er gemahlen, als Traßpulver, fernhin bezogen wird. Chemisch zerlegt enthält dieser Traß:

Kieselerde	48,94
Eisenoxyd	12,52
Thonerde	18,95
Kalkerde	5,41
Bittererde	2,42
Kali	0,37
Natron	3,56
Wasser mit Ammoniak	7,65

Wir theilen diese Analyse mit, um darnach die Güte anderer Traß=
gesteine beurtheilen zu können. Die Bereitung des Traßmörtels geschieht
auf die Weise, daß man frisch gelöschtem Kalk, in so breiartigem Zustande,
daß er kaum auf der Kelle bleibt, den gemahlenen Traß nach und nach
zusetzt und die Masse mit dem Stößer so lange schlägt, bis sie einen
gleichmäßigen compacten Teig bildet, welcher keine einzelnen Körner mehr
zeigt. Dabei darf kein Wasser zugesetzt werden. Ein derartiger, gut durch=
gearbeiteter Traßmörtel muß zähe sein und sich fett wie Butter anfühlen.
Ein davon gefertigter Klumpen muß im Wasser innerhalb 24 Stunden
eine Härte erlangen, daß er dem Drucke der Hand vollkommen widersteht.
Er bindet am besten, wenn er noch am Tage der Bearbeitung verbraucht
wird. Muß er bis zum nächsten Tage aufbewahrt werden, so muß dies
in einem bedeckten Kasten geschehen, und es wird am andern Tage der
Mörtel nochmals unter Zusatz von frischem Kalke und Traß geschlagen.

Damit der Traßmörtel beim Vermauern das zur Bindung nöthige
Wasser nicht verliert, müssen die Steine vor dem Vermauern stark ange=
netzt werden.

Muß bei großen Bauausführungen Traßmörtel im Vorrathe gehalten
werden, so wird er am ersten Tage wie gewöhnlich, aber mit etwas Wasser=
zusatz, bereitet und auf einen Haufen gebracht. Am zweiten Tage wird
der Haufen, jedoch ohne Wasser beizumischen, abermals durchgearbeitet
und sodann wieder aufgesetzt. Am dritten Tage wird dann der Mörtel
nochmals, und zwar so lange durchgearbeitet, bis sich darin keine Körner
mehr zeigen, dann aber schnell verbraucht. Wird der Traßmörtel im
Freien angewendet, so erhärtet er innerhalb zwölf Stunden in hohem
Grade, bekommt aber Risse und Sprünge, wenn das Mauerwerk nicht
beständig benetzt wird. Unter Wasser dagegen erfolgt die Erhärtung in
dem Grade, wie sie im Freien innerhalb zwölf Stunden sich zeigt, erst
nach drei bis vier Tagen, es zeigen sich aber weder Risse noch Sprünge.

Die Menge von Traß, welche, dem fetten Kalke zugesetzt, einen schnell
bindenden und dabei in kurzer Zeit erhärtenden Wassermörtel liefert, ist nach
der Beschaffenheit des Kalkes sehr verschieden. Zuviel Traß schadet der
Festigkeit des Mörtels bei vielen Kalkarten, während durch einen Zusatz von
scharfem Sande die Festigkeit und Härte des Mörtels gewinnt. Zu 100
Theilen Kalk 150 Theile Sand und 50 Theile Traß giebt einen vor=
züglichen, und zu 100 Theilen Kalk 175 Theile Sand und nur 25 Theile
Traß giebt immerhin noch einen sehr guten Wassermörtel. Bei mageren
Kalken muß der Sandzusatz geringer genommen werden, so daß oft zu 100
Theilen Kalk nur 75 Theile Sand und 25 Theile Traß erforderlich sind.

Zu den Traßgesteinen gehört auch die berühmte italienische Puzzo=

lan=Erde, eine leicht zerreibliche und poröse Schlacke, von aschgrauer, rothgrauer oder braungrauer Farbe, welche als Erde in alten Lavaströmen gefunden wird. Eben so die Santorin=Erde, welche von der im griechischen Archipel liegenden Insel Santorin ihren Namen hat. Der Boden dieser Insel ist sehr hoch von dieser Erde bedeckt, welche in neuerer Zeit als ein vorzügliches Material, welches die theure Puzzolan=Erde vollkommen ersetzt, von dort bezogen und zu den wichtigsten Wasserbauten an den Küsten des adriatischen Meeres verwendet wird. Die Puzzolan=Erde hat die größte Aehnlichkeit mit dem Traß von Andernach in Bezug auf ihre Wirkung, den fetten Kalk hydraulisch zu machen, was sich daraus erklärt, daß sie beinahe gleiche Bestandtheile hat. Nach einer chemischen Analyse enthält die Puzzolan=Erde:

an Kieselerde 44,5
Eisen und Titanoxyd 12,0
Thonerde 15,0
Kalkerde 9,8
Bittererde 4,7
Kali 1,4
Natron 4,1
Wasser 9,2

Die Porosität der Traßgesteine scheint einen nicht unwesentlichen Einfluß auf das Erhärten der damit hergestellten Wassermörtel zu haben. Für diese Annahme spricht die Erfahrung, welche man an Mörteln gemacht hat, denen Ziegelmehl beigemischt war. Das Ziegelmehl von leicht gebrannter lockerer Ziegelmasse veranlaßte ein viel schnelleres Erhärten des Mörtels, als dies bei hartgebrannter Ziegelmasse von festem, steinartigem Gefüge der Fall war.

Der natürliche hydraulische Mörtel wird aus denjenigen gebrannten Kalksteinen bereitet, welche keines weitern Zusatzes bei der Bereitung des Mörtels bedürfen, um unter Wasser zu erhärten. Es sind dies diejenigen mageren Kalke, welche außer ihrem Grundbestandtheile, der Kalkerde, noch Kieselerde, Thonerde, Bittererde und Oxyde enthalten. Da diese Bestandtheile in sehr verschiedenen Mischungsverhältnissen in den Kalksteinen vorkommen, so tritt auch die hydraulische Eigenschaft des gebrannten Kalksteins sehr verschieden auf. Sicher ist aber, daß das Brennen einen bedeutenden Einfluß auf die chemische Verbindung der Bestandtheile des Kalkes hat, und daß selbst durch das Brennen allein, je nach den Graden der Hitze und nach der Dauer der Brennzeit, demselben Kalk eine sehr verschiedene hydraulische Eigenschaft gegeben werden kann.

Die unter dem Namen Cemente bekannten hydraulischen Kalke sind die

Von dem Mörtel.

kräftigsten; sie werden entweder für sich allein zu Mörtel bereitet oder anderen schwächeren Kalken zugesetzt. Ohne Zusatz von Sand, nur mit Wasser zu einem steifen Mörtel unter kräftigem Schlagen zubereitet, erhärten die guten Cemente unter Wasser in der kürzesten Zeit, so daß der Mörtel selbst durch Wellenschlag nicht abgespült wird. Durch Sandzusatz wird das Erhärten verzögert, die Festigkeit aber wird dadurch in den meisten Fällen vermehrt.

Der unter dem Namen R o m a n = C e m e n t bekannte englische Cement besteht aus 55,4 Theilen Kalkerde, 36,0 Theilen kieselhaltiger Thonerde und 6 Theilen Eisenoxyd. Nach diesen Mischungsverhältnissen können zu 6 Theilen Cement 4 Theile Sand zugesetzt werden, ohne daß er an seiner hydraulischen Eigenschaft viel verliere. Der P a r i s e r C e m e n t enthält 54,0 Theile Kalkerde, 31,0 kieselhaltige Thonerde und 15,0 Eisenoxyd, verträgt sonach einen ähnlichen Sandzusatz wie der vorgenannte Cement.

Der P o r t l a n d = C e m e n t ist anerkannt der vorzüglichste. Dieser steinfarbige Cement soll an der Luft, in Frost und Hitze unveränderlich sein und muß nicht, wie die meisten anderen Cemente, gleich verbraucht, sondern kann längere Zeit vor der Verwendung aufbewahrt werden. Wir theilen in Folgendem die Resultate der am 18. und 26. September 1848 mit diesem Cement in Gegenwart von Technikern angestellten öffentlichen Versuche mit.

Nach Fig. 2 wurde ein von drei auf einander liegenden Backsteinschichten gebildeter Balken am 27. Tage nach der Ausführung in der Mitte der 5 Fuß

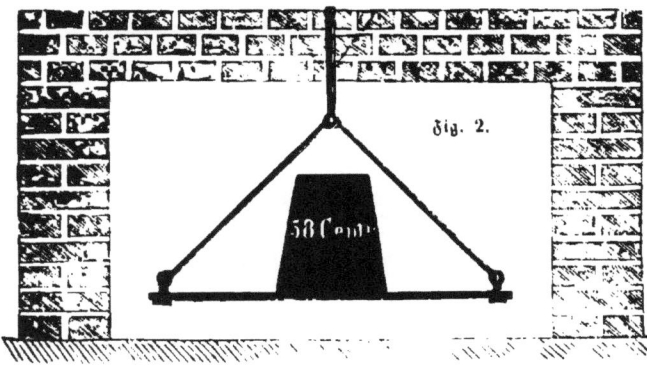

weiten Oeffnung, welche durch diesen mit reinem Cement vermauerten Balken überdeckt war, belastet. Bei einem Gewichte von 58 Centner brach der Balken. Der an zwei Stellen erfolgte Bruch ging durch die Backsteine, und das Bruchstück bestand aus einem ganzen Backsteine und aus den Splittern von

4 Backsteinen, die noch unter sich vollkommen durch den zu Stein gewordenen Cement verbunden waren. Ein gleicher Balken, mit drei Theilen Sand und einem Theil Cement gemauert, erhielt bei einer Belastung von 47 Centnern theilweise einen Bruch, brach aber erst nach mehreren Schlägen mit dem Schmiedehammer völlig entzwei. Bei fünf Theilen Sand und einem Theile Cement trug ein gleicher Balken noch 31 Centner, bevor er brach, während bei der Vermauerung des Balkens mit Roman=Cement, welchem 1 Theil Sand zugesetzt war, der Balken schon mit 29 Centnern brach.

Nach Fig. 3 wurden 16 Backsteine mit Portland=Cement und Sand zu gleichen Theilen zusammengekittet. Dieser Steinbalken, an beiden Enden unterstützt, trug in der Mitte eine Last von 15 Centnern, bevor er brach.

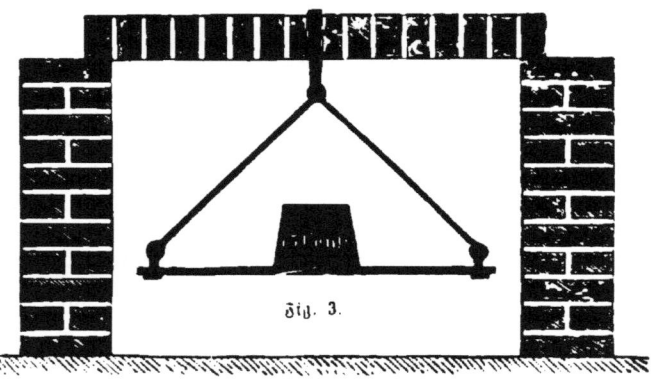

Fig. 3.

Die große Bindekraft des Portland=Cements ergab sich aus nachfolgendem Versuche nach Fig. 4. Zwei Stücke von dem besten Portland=Steine, welcher an Festigkeit dem Kieselsandstein nahe steht, 2 Fuß lang und 9 Zoll breit und hoch, waren mit Patent=Portland=Cement zusammengekittet worden und hatten 28 Tage gestanden; beim Anhängen von 38 Centnern brach der obere Stein oberhalb des Cements, nicht aber der Cement selbst. Zwei Portland=Steine von denselben Dimensionen waren mit Roman=Cement verkittet worden und hatten eben so lange gestanden; der untere Stein fiel ab, bevor ein Gewicht daran gehängt war, da die Bindekraft des Roman=Cements geringer war, als das Gewicht des Steines.

Der Portland=Cement zeichnet sich durch seine Festigkeit nicht weniger, als auch dadurch als ein vorzügliches Material aus, daß er der Witterung und dem Froste widersteht. Er soll noch einen vorzüglichen Verputzmörtel — Wetterstück — liefern, wenn zu einem Theile Cement sechs Theile Sand zugesetzt werden.

Alle Cement=Mörtel verlangen eine kräftige Durcharbeitung und werden am besten mit dem Stampfer gestoßen. Werden Cemente Mörteln von hydraulischen Kalken oder von fettem Kalke zugesetzt, so erfolgt der Zusatz erst, nachdem der Mörtel auf gewöhnliche Art mit der Hacke bereitet ist, wobei dann erst der Stampfer angewendet wird.

Wir schließen unsere Betrachtung über die Mauermörtel, indem wir eine einfache Mörtelmaschine beschreiben, welche bei bedeutenden Bauausführungen sich vollkommen bewährt hat.

Diese in Fig. 5 dargestellte Maschine war bei dem Baue des Centralbahnhofs der Main=Neckar=Eisenbahn in Darmstadt im Gebrauch und arbeitete für 100 bis 160 Maurer, welche Mauern aus unregelmäßigen Bruchsteinen aufführten. Sie besteht der Hauptsache nach aus vier in einem kreisrunden Troge a laufenden Rädern b, welche ungleich lange Achsen haben, an denen sich Charniere c befinden. Diese Charniere sind mit die wichtigsten Erfordernisse der Maschine, indem es nur hierdurch möglich wird,

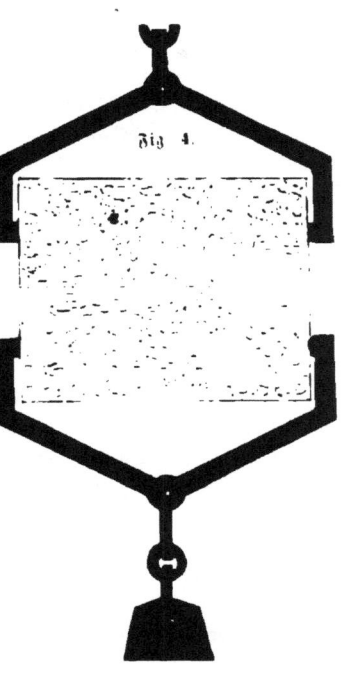

Fig. 4.

daß bei dem ungleichen Zuge der Pferde an dem Göpel d doch alle vier Räder auf den Boden des Trogs drücken, was andernfalls bei festen Achsen nicht der Fall sein würde, da alsdann bei dem stärkern Ziehen an einer Seite die andere in die Höhe gehen würde. An dem angeführten Göpel befindet sich auf der einen Seite eine Kratze f von Eisen, welche dazu dient, den sich auf dem Boden und an den Wänden ansetzenden Kalk abzukratzen und mit der andern Masse zu mengen. Auf der andern Seite des Göpels befindet sich ein zum Herunterlassen eingerichteter Schieber e, durch welchen das Ausleeren des Trogs durch die während der Operation mit einer Thür versehene Oeffnung g geschieht. Der Mörtel fällt alsdann auf die Rutsche h, von wo derselbe durch die Handlanger abgeholt wird.

Die Bereitung des Mörtels geschieht auf folgende Weise: Es wird nämlich zuerst der hierzu nöthige Kalk in den Trog eingeschüttet und hierauf so viel Wasser zugelassen, als für den Mörtel erfahrungsgemäß erforderlich ist. Ist dies geschehen und der Kalk etwas gleichmäßig im Troge ausge=

breitet, so läßt man die Pferde so viele Umgänge machen, als zur Durchmengung der Kalkmasse erforderlich ist. Hierauf wird bei fortgesetztem Gange der Maschine so lange Sand zugegeben, bis der Mörtel seine gehörige Qualität besitzt, worauf er nach angegebener Art abgelassen wird.

Die Dauer für das Einfüllen des Kalkes und Wassers erforderte 30 Minuten, das Durcharbeiten mit dem beigesetzten Sande 25 Minuten, somit die ganze Operation für einen Trog voll Mörtel zusammen 55 Minuten. Die zu dieser Operation nöthige Mannschaft bestand aus 1 Aufseher, 1 Fuhrmann mit 2 Pferden, 4 Handlangern und 1 Jungen zum Wasserschöpfen; wobei jedoch angenommen ist, daß sämmtliches erforderliche Material sich in der Nähe befindet. Es wurden täglich zehn Tröge Mörtel bereitet. Um zu ermitteln, welches Verhältniß sich in Bezug auf die Kosten zwischen dem Bearbeiten des Mörtels durch die Maschine und dem Bearbeiten durch Handlanger herausstellte, wurde dieselbe Quantität Mörtel, welche die Füllung des Trogs der Maschine ausmachte, durch Handlanger bearbeitet. Die Kosten der letztern Bearbeitung betrugen beinahe das Doppelte der Bearbeitung durch die Maschine. Die Kosten der Maschine waren durch diese Ersparniß nach einem viermonatlichen Gebrauche derselben vollständig gedeckt. Der Trog dieser Maschine war aus Sandsteinen gearbeitet, kann aber, um die Maschine transportabel zu machen, aus gußeisernen Platten construirt werden. Die Durcharbeitung der Kalk- und Mörtelmasse erfolgte mit der Maschine so vollständig, daß in dem fertigen Mörtel keine Spur von Kalkklümpchen mehr zu entdecken war, und daß dem Kalke etwa $1/4$ mehr Sand zugesetzt werden konnte, als bei der Bereitung des Mörtels von demselben Kalke durch Handlanger.

Vierter Abschnitt.

Von dem Gypse und dem Gypsmörtel.

Der in Form eines trockenen Pulvers vorkommende Bau-Gyps wird durch das Brennen einer Steinart gewonnen, welche aus einer Verbindung von Kalkerde und Schwefelsäure besteht und meist noch andere Erdarten beigemischt enthält. Bei allen diesen schwefelsauren Kalksteinen ist die Schwefelsäure so innig mit der Kalkerde gebunden, daß sie selbst durch Glühhitze nicht daraus entfernt wird. Beim Brennen, welches entweder, wie bei den Kalksteinen, in überwölbten Oefen, oder in Kesseln,

Von dem Gypse und dem Gypsmörtel. 39

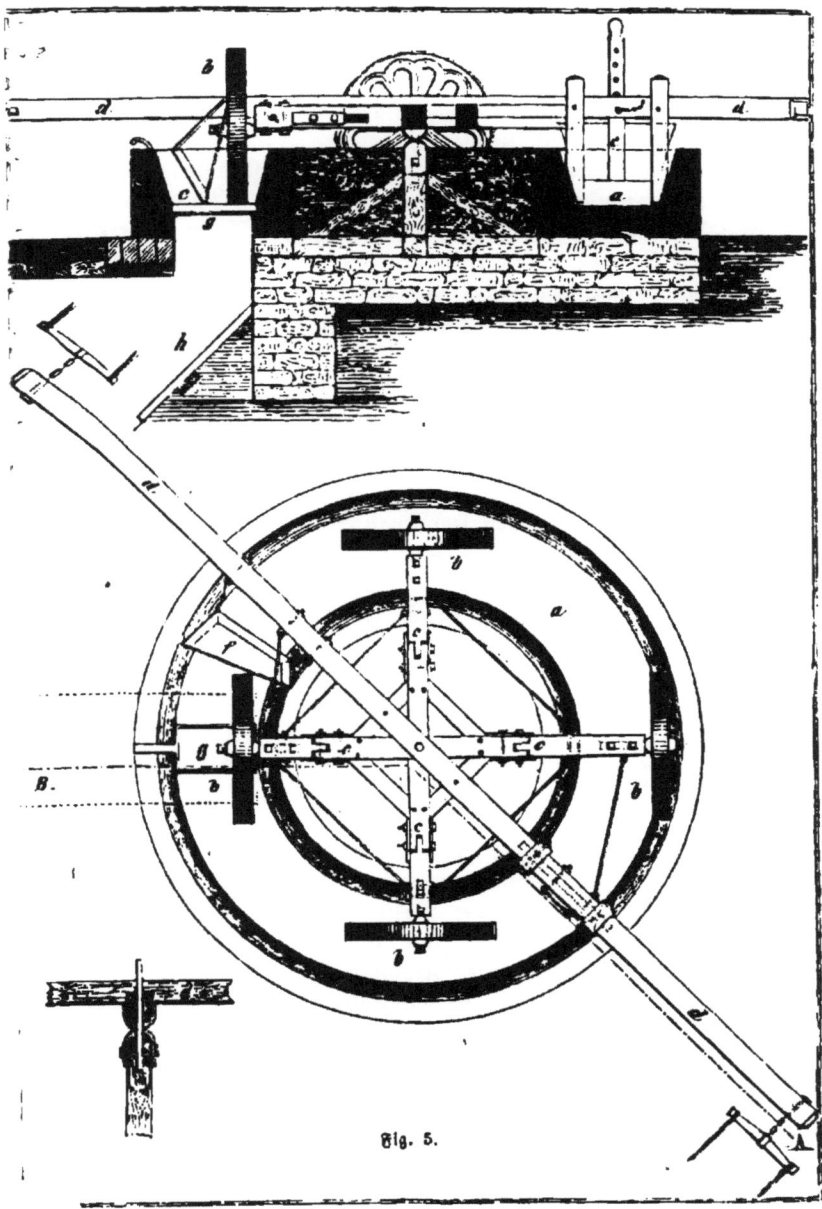

Fig. 5.

selbst auf Metallplatten geschieht, wird dem Gypssteine sein Krystallwasser entzogen, und er zerfällt dann leicht in Pulver. Der gemeine oder dichte Gypsstein enthält: 32,91 Kalkerde
46,31 Schwefelsäure
20,78 Wasser,
er muß sonach, wenn er vollständig gebrannt ist, beinahe $1/4$ seines Gewichtes verloren haben. Beim Brennen des gröbern Bau-Gypfes werden die Gypssteine in kleinere Stücke zerschlagen, in den Ofen eingesetzt, und erst nach dem Brennen wird derselbe gemahlen. Der feine Gyps wird als Stein vor dem Brennen pulverisirt und als Pulver in Kesseln oder auf Metallplatten erhitzt oder gebrannt. Erfahrungsgemäß verliert der Gyps an seiner Bindekraft, wenn ihm durchs Brennen sein Krystallwasser vollständig entzogen ist. Er soll am besten binden und am schnellsten erhärten, wenn er noch beinahe $1/4$ seines Wassergehaltes hat. Es darf hiernach nur derjenige Hitzgrad beim Brennen angewendet werden, bei welchem das Wasser nur zum Theil entweicht, aber nicht vollständig. Da nun in Brennöfen die Hitze nicht gleichmäßig auf die eingesetzten Steine wirkt, so wird der darin gebrannte Gyps von sehr ungleicher Beschaffenheit sein müssen. Es wird deshalb derjenige Gyps, welcher schnell erhärten soll, von gestampften oder gemahlenen Gypssteinen in Kesseln oder auf Metallplatten gebrannt, wobei sich das Entweichen des Wassers erkennen und darnach die Heizung reguliren läßt. Bei dem Erhitzen des Gypspulvers beginnt das Entweichen des Wassers in Dampfform mit 100 Graden nach Celsius, und bei Vermehrung der Hitze bis zu 133 Graden nach Celsius wird es vollständig daraus entfernt. Es zeigen sich bei dem Erhitzen des durch Umrühren in gleicher Temperatur erhaltenen Gypspulvers die nämlichen Erscheinungen wie beim Erhitzen von Flüssigkeiten; mit 100 Graden beginnt es nämlich aufzuwallen, förmlich zu kochen. Sobald nun das Aufwallen abzunehmen beginnt, wird die Heizung unterbrochen und die Temperatur des Pulvers gleichzeitig dadurch erniedrigt, daß es tüchtig umgearbeitet oder aus dem Kessel oder von der Platte gebracht wird. Durch frühere oder spätere Unterbrechung des Kochens kann man den Wassergehalt des Gypses ganz beliebig vermehren oder vermindern.

Wird dem Gypfe sein Krystallwasser vollständig durch starke Hitze bis über 133 Grade entzogen, so bäckt er zusammen und verliert die Fähigkeit, mit Wasser vermischt eine Masse zu bilden, welche schnell trocknet und erhärtet. Ein zu stark gebrannter Gyps wird deshalb auch todtgebrannter Gyps genannt und ist zu Bauzwecken unbrauchbar. Der reinste Gyps wird aus dem Alabaster oder Urgypssteine gewonnen, welcher eine reine weiße Farbe hat, höchst feinkörnig und zuweilen durchscheinend ist. Der spathige

Gypsstein, welcher ein blätteriges und glänzendes Gefüge hat und meist sehr durchscheinend ist, so daß, wenn er in großen dünnen Blättern vorkommt, er unter dem Namen Frauenglas zu Fensterscheiben benutzt wird, liefert einen Gyps, welcher dem von Alabaster an Feinheit und Güte nicht nachsteht. --- Reiner Gyps muß sich, in der Hand gedrückt und gerieben, zart und fett anfühlen und darf nicht an den Fingern hängen bleiben. Fühlt er sich rauh und trocken an und bleibt davon beim Reiben an den Fingern hängen, so taugt er deswegen, weil fremde Erden beigemischt sind, nicht viel und ist dann nur zu gröberen Arbeiten verwendbar.

Da der gebrannte Gyps eine große Neigung und Fähigkeit hat, das durch's Brennen ihm entzogene Krystallwasser wieder anzuziehen, so muß er nach dem Brennen baldmöglich in luftdichte Gefäße, am besten in Fässer, verpackt und bis zur Verwendung in trockenen Räumen aufbewahrt werden.

Gypsmörtel. Wird das gebrannte Gypspulver mit Wasser angerührt, so bildet die breiartige Masse einen Mörtel, welcher sehr schnell trocknet und in kurzer Zeit eine Festigkeit und Härte erlangt, wie sie für manche Zwecke vollkommen ausreicht. Das Gypspulver nimmt durch das Zusetzen von Wasser an seinem Volumen nicht zu, wie dies bei dem Kalke der Fall ist, sondern fällt um mehr als ein Viertheil seines frühern Rauminhaltes zusammen.

Was den Gyps als Verbindungsmaterial ganz besonders empfiehlt, beruht auf dem Verhalten des mit Wasser angerührten Gypsmörtels, beim Erstarren und Erhärten sich auszudehnen, so daß er also nicht schwindet, wie der Kalkmörtel, und daß er, einmal erstarrt, die einmal angenommene Form und Größe beibehält. Das Ausdehnen des Gypsmörtels bei dem mit Wärmeentwickelung stattfindenden Erstarren und Erhärten desselben macht ihn besonders geeignet zum Ausgießen von Steinfugen, zum Ziehen von Gesimsen, zur Herstellung von fugendichten Estrichböden, zum Vermauern bei leichten Gewölben und Sprengwänden, so wie zu Verputz- und Stuccaturarbeiten.

Im Feuchten trocknet der Gyps nie aus und verliert mit der Zeit seine bindende Kraft vollständig. Er ist deshalb nur im Trockenen anwendbar. Kommt der Gypsmörtel mit Eisen in Berührung, so wirkt er durch die darin enthaltene Schwefelsäure zerstörend auf dasselbe ein, und die Zerstörung greift um so mehr um sich, je länger das vollkommene Austrocknen des Gypsmörtels verhindert wird. Daher die nicht seltene Erscheinung, daß mit Gypsmörtel in feuchten Räumen verputzte Decken oder gezogene Gesimse, in Folge der durch den Rost zerfressenen Drähte und Nägel, sich im Ganzen lostrennen und herabfallen.

Da das Gypspulver sich mit dem Wasser sehr schnell verbindet, so muß bei dem Anrühren des Gypsmörtels darauf gesehen werden, daß die Quantität des Wassers in einem richtigen Verhältniß zu der beizusetzenden Quantität Gypspulver steht. Wird einem bereits angerührten Gypsbrei nochmals Wasser zugesetzt, so verliert der Gyps seine Bindekraft, trocknet sehr langsam und ungleich und erlangt nie eine große Härte. Es ist weniger nachtheilig, wenn einem zu dünnen Gypsbrei später noch Gypspulver zugesetzt wird, doch geht das Erstarren eines solchen Mörtels sehr ungleich von Statten, was unter allen Umständen die Festigkeit vermindert. Das Verhältniß des Wasserzusatzes ist nach der Beschaffenheit des Gypses verschieden und muß, wie bei dem Kalkmörtel, für jede Gypsart ermittelt werden; doch ist im Allgemeinen anzunehmen, daß zu 2 Theilen Gypspulver 1 Theil Wasser, dem Rauminhalte nach genommen, der Gypsmörtel die richtige Beschaffenheit hat zum Eingießen von Eisen und zum Vermauern.

Das Erstarren des nur mit Wasser angerührten Gypsbreies erfolgt schon bei der Durcharbeitung, so daß er sofort nach dem Anrühren verbraucht werden muß. Der einmal erstarrte Gyps wird zu weiterer Verwendung durch Hinzuthun von Wasser völlig unbrauchbar. Da nun das schnelle Erstarren der Verwendung des Gypses zu Mauer- oder Verputzmörtel gerade entgegensteht, so ergiebt sich daraus von selbst, daß er zu diesem Zwecke mit einem Material gemischt verarbeitet werden muß, welches das zu schnelle Erstarren des Gypsmörtels verhindert. Dieses Material ist der frisch gelöschte Kalk oder ein fetter Kalkmörtel.

Zum rauhen Verputz und zum Vermauern wird zu drei Theilen Kalkmörtel ein Theil Gypsmörtel — mit Wasser angerührter Gyps — zugesetzt. Bei dieser Mischung wird das Schwinden des Kalkmörtels durch die Ausdehnung des Gypsmörtels aufgehoben, und es entstehen deshalb beim Trocknen und Erhärten des Verputzes keine Risse und Sprünge. Zu einem sehr schnell trocknenden Anwurf wird dem Gypsbreie nur reiner Quarzsand zugesetzt, und zwar rechnet man gewöhnlich zu 2 Theilen Gypspulver 1 Theil Sand. Dieser Anwurf kann in bedeutender Stärke aufgetragen werden, ohne zu reißen, und ist, da er sehr schnell trocknet, besonders geeignet zu dem Kern der Gesimse und zur Verbindung mit dem Draht und den Nägeln bei dem Verputzen von Holzwänden oder Decken.

Zu dem Ziehen von Gesimsen bedient man sich des Gypsstucks, welcher aus 3 Theilen frisch gelöschtem Kalk, 1 Theil feinem Sand und 4 Theilen Gypsmörtel besteht. Diese Masse trocknet sehr langsam, und wenn sie deshalb besonders zum Ziehen von Gesimsgliedern und zum Ausarbeiten von Ornamenten geeignet ist, so ist sie dagegen zum starken Auftragen nicht anwendbar.

Der Zusatz von Sand giebt dem Gypsstucke eine größere Festigkeit, kann aber füglich wegfallen, wenn die Schärfe und Glätte der Gesims=profile darunter leidet. Ohne Sand wird dann der Mörtel aus gleichen Theilen von frisch gelöschtem Kalk und Gyps bereitet.

Unter **Gyps=Weißstuck** versteht man den feinen, aus 2 Theilen Weißkalk und 1 Theil Mörtel von feinem Gyps bestehenden, gemischten Mörtel, welcher bei dem Verputzen zuletzt dünn aufgetragen und glatt gerieben wird. Wird diesem Mörtel Leimwasser zugesetzt, so erlangt er eine so große Härte, daß er nach erfolgtem Trocknen geschliffen und polirt werden kann.

Wir würden uns mit den verschiedenen Gypsmörteln nicht beschäftigt haben, wenn nicht in einigen Theilen unseres Vaterlandes das Verputzen und Tünchen zu den Arbeiten des Maurers gehörte.

Fünfter Abschnitt.

Von dem Baugrunde.

Die Festigkeit und Dauer aller Bauwerke hängt vor Allem davon ab, daß der Grund, worauf sie errichtet werden, im Stande ist, der Belastung so zu widerstehen, daß keine für das Mauerwerk nachtheilige Einsenkung erfolgt. Der beste Baugrund wird hiernach ohne Zweifel derjenige sein, welcher durch die Last des Bauwerkes nicht die mindeste Zusammendrückung erleidet. Da nun ein Baugrund für ein leichtes Bauwerk ein ausreichend fester sein kann, während er für ein schweres Bauwerk eine ungenügende Festigkeit hat und von der größern Last zusammengepreßt wird, so ergiebt sich daraus, daß bei der Beurtheilung der Güte eines Baugrundes die Schwere der darauf zu errichtenden Bauwerke allein entscheidet. Bei einer gleichmäßigen Beschaffenheit des Baugrundes nach der ganzen Ausdehnung des Bauwerkes und bei einer gleichmäßigen Vertheilung der Last kann das Zusammenpressen des Baugrundes deswegen ohne Nachtheil für das Bau=werk erfolgen, weil bei einem gleichmäßigen Senken des Mauerwerkes kein Trennen desselben veranlaßt wird. Bei ungleicher Belastung wird ein ungleiches Zusammenpressen des Baugrundes, und in Folge dessen ein ge=waltsames Trennen des Mauerwerkes eintreten müssen. Wie bei ungleicher Belastung, so können auch durch eine ungleiche Festigkeit des Baugrundes, wenn derselbe an verschiedenen Stellen und oft in geringer Entfernung an

Dichtigkeit ab- oder zunimmt, Trennungen im Mauerwerk herbeigeführt werden. Bei freier Wahl der Baustelle ist solch ein wechselnder Baugrund zu meiden, bei bestimmter Baustelle aber ist durch zweckentsprechende Construction des Grundbaues den nachtheiligen Folgen der ungleichen Festigkeit des Baugrundes vorzubeugen.

Unterscheiden wir den Baugrund nach dem Widerstande, welchen er der Belastung durch ein Bauwerk entgegensetzt, so werden wir füglich vier Klassen von Baugrund annehmen können.

Die erste Klasse begreift die asolut festen Felsarten, welche der Belastung vollkommen widerstehen und keinen Eindruck erleiden. Diese festen Fels- oder Bodenarten können nicht gegraben, müssen vielmehr durch die Spitzhaue bearbeitet oder gesprengt werden.

Die zweite Klasse begreift die kiesigen und diejenigen festen Sand-Bodenarten, welche in abgeschlossenem Raume als nicht zusammenpreßbar angenommen werden können.

Die dritte Klasse begreift diejenigen Bodenarten, welche einer Zusammenpressung fähig sind, ohne bei der Belastung seitlich auszuweichen. Dazu gehören der Thon und der Lehm, die Pflanzenerde und torfhaltige Erdarten.

Die vierte Klasse begreift diejenigen zusammenpreßbaren Bodenarten, welche beim Zusammenpressen zugleich seitlich ausweichen. Zu diesem schlechtesten Baugrunde ist der Torf-, Morast- und der Ausfüllboden zu zählen.

Da nun verschiedene Bodenarten mit einander abwechselnd und dabei auch in Schichten von verschiedener Mächtigkeit an einer und derselben Baustelle vorkommen können, so kann eine genaue Untersuchung des Baugrundes in allen den Fällen nicht umgangen werden, wo die Beschaffenheit desselben nicht bereits für Bauwerke ähnlicher Art genau ermittelt und bekannt ist. Von nahe gelegenen baulichen Anlagen auf andere neu auszuführende zu schließen ist man aber nur dann berechtigt, wenn die Bildung der Erdschichten in weiterer Umgebung eine regelmäßige ist, und wenn an der neuen Baustelle erfahrungsgemäß eine gleiche Beschaffenheit des Bodens angenommen werden kann. Sobald bei dem Ausgraben der Fundamente bei gleicher Tiefe die Beschaffenheit des Bodens an verschiedenen Stellen eine andere erscheint, tritt die Nothwendigkeit ein, den Baugrund nach der ganzen Ausdehnung des Bauwerkes gründlich zu untersuchen.

Die Untersuchung des Baugrundes. Ist ein Baugrund trocken, so kann derselbe in Bezug auf die Mächtigkeit und die Beschaffenheit der Erdschichten am einfachsten durch das Ausgraben von brunnenartigen Vertiefungen untersucht werden. Diese Brunnen werden an den wichtigsten Punkten des zu errichtenden Bauwerkes, namentlich an den Hauptecken, so tief ausgegraben, als es zur richtigen Beurtheilung des Baugrundes erforderlich erscheint.

Bei wässerigem Baugrunde wird der Grund bis auf den Wasserspiegel ausgegraben, und von da abwärts die Untersuchung durch das Ausbohren des Grundes fortgesetzt. Man bedient sich zu diesen Bohrversuchen verschieden geformter Bohrer, welche an $3/4$ bis 1 Zoll starke Eisenstäbe geschweißt oder genietet sind und durch Zwischenstücke von derselben Stärke mit dem obern oder Kopfstücke, an welchem der zum Umdrehen des Bohrers erforderliche Hebelarm angebracht ist, verbunden werden. Die verschiedenen Theile zusammen werden das Bohrgestänge genannt. Wir geben in Fig. 6 vier Theile eines Bohrgestänges, und zwar stellt A das obere oder Kopfstück, B ein Zwischenstück, C einen Löffelbohrer und D einen Hohlbohrer dar. An dem Kopfstücke A befindet sich an dem obern Theile das Ohr oder die Oehre a mit der Oeffnung d, durch welche der zum Umdrehen erforderliche Hebelarm gesteckt wird, und an dem untern Theile ein verstärkter Ansatz c mit der Oeffnung b zur Aufnahme eines Zapfens, mit welchem der Bohrer oder ein Zwischenstück eingreift. Das Mittelstück B hat am obern Theile einen verstärkten Ansatz mit dem Zapfen m, welcher in die Oeffnung b des Kopfstücks paßt und zum Durchstecken eines Bolzen, wie der verstärkte Ansatz c, ein Bohrloch hat. Wie der obere Theil des Mittelstücks B mit dem untern Theile des Kopfstücks A verbunden ist, so ist auch die Verbindung des untern Ansatzes des Mittelstücks B mit dem obern Ansatze des Löffelbohrers C dieselbe, sie wiederholt sich bei allen Zusammensetzungen des durch Zwischenstücke verlängerten Gestänges, und es sind deshalb die gleichen Verbindungstheile mit gleichen Buchstaben bezeichnet. Der Löffelbohrer C eignet sich zum Durchbohren von Sand und lockerem Boden, während der Hohlbohrer D zum Durchbohren von Thon und Lehm angewendet wird.

Es leuchtet ein, daß weder mit dem Löffelbohrer noch mit dem Hohlbohrer das durchbrochene Erdreich beim Herausziehen zusammengehalten werden kann, wenn das Bohrloch mit Wasser angefüllt ist. Da nun die Beschaffenheit und die Mächtigkeit der durchbohrten Erdschichten nur aus der Tiefe des Bohrlochs und aus der mit dem Bohrer für jede entsprechende Tiefe herausgebrachten Erde beurtheilt werden kann, so muß zum Herausbringen der Erde, selbst durch ein mit Wasser angefülltes Bohrloch, ein zweckentsprechender Bohrer angewendet werden.

Von den in Fig. 7 dargestellten Bohrern ist es der Ventilbohrer A, welcher diesem Zwecke entspricht. An einer Gabel a der Bohrstange befindet sich die im Durchschnitte bezeichnete Hülse b, als Hohlbohrer geformt. Zunächst der am untern Theile der Hülse angebrachten Bohrwindung befindet sich in der Hülse ein vortretender Rand, so daß durch diesen die Oeffnung kleiner wird. Diese Oeffnung wird durch eine mit Charnier versehene Klappe geschlossen. Wird nun der Bohrer in Thätigkeit gesetzt, so wird die Klappe von der aufgebohrten Erde gehoben, und die Hülse füllt sich an; beim Herausziehen des Bohrers aber wird durch den Druck der in der Hülse befindlichen Erde die Klappe geschlossen, und der Inhalt der Hülse wird, selbst durch ein mit Wasser angefülltes Bohrloch, zu Tage gefördert.

Zum Durchstoßen von Geröllschichten dient der Stoß- und Keilbohrer B, welcher wie ein Pfahleisen geformt ist und auch wie dieses an-

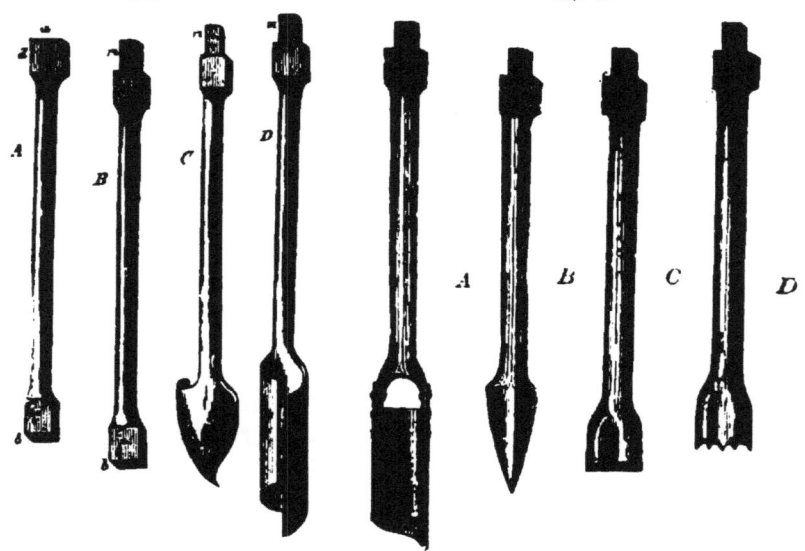

Fig. 6. Fig. 7.

gewendet wird. Von den zum Durchbohren von festem Gestein geeigneten Bohrern geben wir in C den vierschneidigen Kronbohrer und in D den Kronbohrer mit fünf Spitzen, welche, wie der Stoß- und Keilbohrer, durch Niederfallen wirken und bei jedem Stoße etwas gedreht werden. Das Heben der Bohrgestänge wird über einen Haspel vermittelst eines Seiles vorgenommen, welches über eine senkrecht über dem Bohrloch angebrachte Rolle läuft. Das Gestelle für Rolle und Haspel besteht in der Regel aus dem bekannten Dreifuß. Hat das Bohrloch eine solche Tiefe erlangt, daß der Dreifuß zum Ausbringen des Bohrers nicht mehr ausreicht, so bedient man sich eines Bohrgerüstes mit einer Hebelvorrichtung.

Wir geben in Fig. 8. ein solches Bohrgerüste von Holz, welches mit Leichtigkeit aufgestellt und wieder auseinandergenommen werden kann. Der zweiarmige Hebel, mit dem kurzen Lastarme a nach der zu hebenden Bohrstange gerichtet, bewegt sich auf einem Zapfen, welcher zwei an die senkrechten Pfosten c befestigte Lager hat. Jeder Stützpfosten c sitzt auf einer Schwelle d, ist mit dieser durch einen schwalbenschwanzförmigen Blattzapfen mit eingesetztem Keile verbunden und wird durch einen Bug auf der Seite des langen Kraftarmes b von dem Hebel in seiner senkrechten Stellung erhalten. Die beiden Schwellen d des Bohrgerüstes ruhen auf untergelegten Querschwellen g und sind durch zwei Querriegel f mit durchgehenden Blattzapfen und außen durchgetriebenen Keilen unter sich verbunden und auseinandergehalten. Die Länge des Hebellastarmes a richtet sich nach der Länge der Glieder des zu hebenden Gestänges, indem die Hubhöhe des Hebelarmes gleich sein muß der Länge eines Gliedes, damit nach jedem Hube die Stange an dem Verbindungsansatze festgehalten werden kann. Zum Festhalten der Stange ist an dem Hebel eine Gabel angehängt, welche die Stange unter dem Verbindungsansatze umschließt. Ist die Stange so weit gehoben, daß der nächste untere Verbindungsansatz über der Schwelle vorsteht, so wird von der Schwelle aus eine Gabel h, ähnlich einem offenen Schraubenschlüssel, unter dem Ansatze durchgesteckt, und dadurch die Stange so lange festgehalten, bis der Haken des Hebelarms oberhalb ausgelöst und zu einem weitern Hube an den über der Schwelle vorstehenden untern Verbindungsansatz eingehängt ist. Wir ersehen aus dieser vorbeschriebenen Manipulation mit der Hebelvorrichtung zum Herausziehen der Bohrgestänge, daß die Länge der Glieder des Gestänges von der Hebelvorrichtung abhängig ist, oder daß die Hebelvorrichtung nach der Länge der Glieder gerichtet werden muß. Um nun bei geringer Hubhöhe der Hebelvorrichtung des Bohrgerüstes dem Uebelstande zu kurzer Glieder des Gestänges zu begegnen, so werden an den Gliedern, außer den oberen und unteren Verbindungsansätzen, in der Mitte noch besondere Verstärkungen angebracht, als Ansätze für die zum Aufziehen und Festhalten bereits erwähnten Gabeln.

Da die Bohrversuche nur dazu dienen sollen, die Beschaffenheit des Baugrundes kennen zu lernen, so werden sie natürlich nicht weiter ausgedehnt, als es zur Ermittelung der Widerstandsfähigkeit des Bodens für das darauf zu errichtende Bauwerk und einer der Beschaffenheit des Baugrundes entsprechenden Gründungsweise erforderlich ist.

Felsboden ist, wenn die Felsmassen nicht in sehr dünnen Schichten leere, höhlenartige Räume überdecken, ohne Zweifel der zuverlässigste Baugrund. Feste Erden, wozu Kies, grober steiniger Sand und überhaupt gleichartige Erdschichten von großer Mächtigkeit gerechnet werden, geben einen um so zuverlässigern Baugrund, je weniger feste mit lockeren Schichten abwechseln, und je trockener der Boden ist. Wechseln feste Schichten mit lockeren so sind die festen Schichten nicht zu durchgraben, sondern als Basis der Fundamentmauern zu benutzen. Selbst feiner Sand kann als guter Baugrund betrachtet werden, wenn er in mächtigen Schichten vorkommt. Eine 6 bis 8 Fuß mächtige Sand-Schicht ist hinlänglich, um darauf ohne Gefahr ein

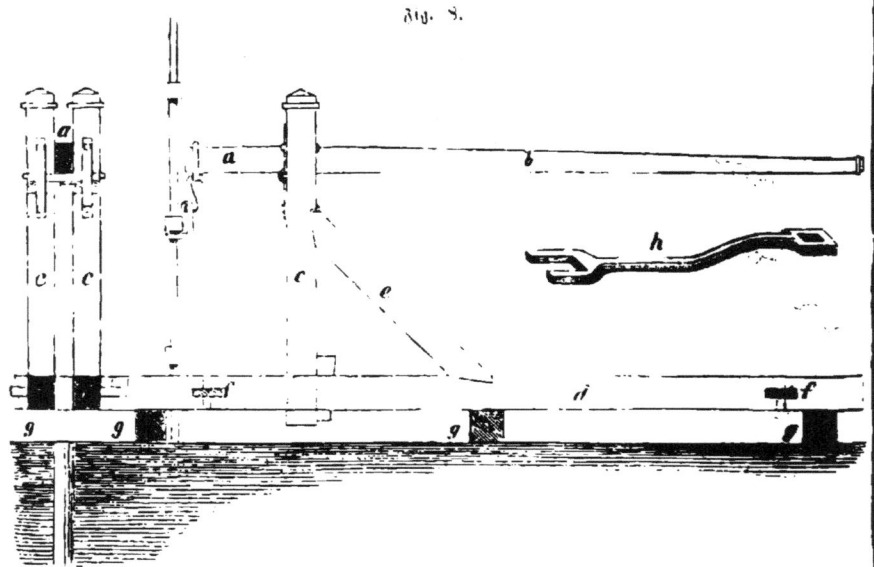

Fig. 8.

dreistöckiges Gebäude zu errichten. Lehm- oder Thonschichten sind in geringer Tiefe deswegen unzuverlässiger als trockene Erdarten, weil sie durch das von oben eindringende Wasser erweicht werden, und im erweichten Zustande sich um so mehr zusammenpressen lassen, als sie seitlich ausweichen können.

Das Eindringen des Wassers ist selbst bei festen Erdarten sehr nachtheilig für die Gebäude, wenn starker Frost eintritt. Es sollten deshalb alle Fundamentmauern mindestens so tief angelegt werden, daß bei der größten Kälte die Bildung von Eis nicht bis zur Basis der Mauern dringen kann. Eine Tiefe von drei bis vier Fuß möchte ausreichend sein. — Der wässerige morastige Grund oder lockerer Ausfüllboden, Torf, Trieb- oder Quellsand können als Baugrund, auf welchem unmittelbar Mauerwerk aufgeführt werden könnte, nicht betrachtet werden. Mit Sandschichten von einiger Mächtigkeit überdeckt, gewinnen diese sonst unzuverlässigen Bodenarten eine große Tragfähigkeit.

Das Grundgraben. Das Ausgraben des Baugrundes bietet bei festen, trockenen Bodenarten weniger Schwierigkeiten dar, als bei lockerem oder wässerigem Boden. Bei Sandboden ist es besonders das Einrutschen der Grabenwände, was beim Ausgraben zu berücksichtigen ist. Die Wände der Fundamentgräben sollten bei Sandboden nie ohne Böschung ausgegraben werden, welche Böschungen um so flacher werden müssen, je trockener der auszugrabende Sandboden ist. Bei tiefen Ausgrabungen wird dem Einrutschen der Wände durch stufenweises Zurücksetzen der Böschungen vorgebeugt, und dadurch zugleich der Vortheil erreicht, daß die horizontalen Bänke von Stufe zu Stufe die zum Hinausschaufeln des Grundes erforderlichen Gerüste ersetzen. Das größte Hinderniß bei Ausgrabungen ist Grund- oder Quellwasser. Das Quellwasser kann zuweilen verstopft, in der Regel aber muß es, wie das Grundwasser, abgeleitet oder ausgeschöpft werden. Die Ableitung von Grund- und Quellwasser ist nur dann ausführbar, wenn es in einer Röhrenleitung oder einem Canal, an tiefer gelegene Orte abgeführt, freien Abzug findet und nicht wieder zurückstauet. Zum Ausschöpfen bedient man sich mit dem besten Erfolge der doppelt wirkenden Pumpe, oder der Wasserschnecke — archimedischen Schraube, — in seltenen Fällen und immer mit geringerem Erfolge der unter dem Namen Paternosterwerke bekannten Schöpfvorrichtungen. Um die Pumpen und Wasserschnecken ununterbrochen und ohne Störung für die beim Grundbau beschäftigten Arbeiter im Gange erhalten zu können, dürfen sie nicht innerhalb der Fundamentgräben, müssen vielmehr außerhalb derselben, in einiger Entfernung von den Fundamenten, in besonderen Schöpfbrunnen aufgestellt werden.

Gegen das Einrutschen der Wände werden Bohlen davor gestellt oder gelegt, und es werden diese Bohlen entweder durch Streben fest beigedrückt — gespriezt —, oder bei tiefen Fundamenten durch vorgetriebene Pfähle gegen den Druck des Grundes gesichert. In wichtigen Fällen, wo nämlich durchaus kein Ausweichen der Fundamentgrabenwände stattfinden darf, werden Wände von neben einander eingetriebenen Pfählen oder starken Bohlen, sogenannte Spundwände, davor gesetzt. Bei der Gründung im Wasser wird die Baustelle mit Fangdämmen umschlossen, welche das Durchdringen des Wassers verhindern. Bei niederem Wasserstande und außerhalb der Strömung genügt es in der Regel, Dämme von fetter Erde um die Baustelle aufzuwerfen; in tiefem Wasser oder in der Strömung eines Flusses aber müssen sogenannte Kastendämme angelegt werden. Es bestehen diese Kastendämme aus parallelen Wänden senkrecht eingetriebener Bohlen, welche mit eingetriebenen Pfählen fest verbunden sind. Der Raum zwischen diesen Bohlenwänden wird mit fetter Erde oder Flußkies ausgefüllt. Da die Herstellung der Kastendämme dem Zimmermanne zusteht, so könnten wir die Construction derselben ganz unerwähnt lassen, gleichwol halten wir es nicht für ungeeignet, mit einigen Worten derselben zu gedenken, damit auch der Maurer in Fällen der Noth mit Rüststangen und Gerüstbohlen sich selbst zu helfen wisse, wenn er die Hülfe des Zimmermanns entbehren muß.

Fig. 9 stellt den Querschnitt eines aus Zimmerholz gefertigten Kastendammes dar, bei dessen Herstellung folgendermaßen verfahren wird. Zuerst wird im ganzen Umfange des anzulegenden Kastendammes eine doppelte Reihe von starken Pfählen a a, etwa 5½ bis 6 Fuß nach der Länge des Dammes, und in der Breite so weit von einander entfernt eingetrieben, als der Kasten, dem Drucke des Wassers entsprechend, — in der Regel so breit als der Spiegel des Wassers hoch ist, — dick sein muß. Sodann werden außen die eingetriebenen Pfähle unterhalb der Oberkante durch starke horizontale Holm= oder Kronhölzer b vermittelst Verschraubung unter einander verbunden und mit diesen Holmen zugleich auf der Innenseite angelegte horizontale Riegel c c, oder Bohlen, welche den einzutreibenden Spundbohlen d zur Anlehnung dienen, angeschraubt. Zur Querverbindung der parallelen Pfahlreihen werden von drei zu drei Pfählen über die Holme Querriegel e aufgeblattet oder aufgeschraubt. Ist auf diese Weise die Umschließung des Kastens gesichert, so wird mit dem Eintreiben der Spundbohlen d vor die inneren Riegel c und c' begonnen. Sind die Spundbohlen eingetrieben, so wird ein festes Anschließen derselben an die Pfähle durch innen aufgeschraubte Bohlen ff bewerkstelligt. Der innere Zwischenraum wird nun mit Thon, fetter Erde oder Flußkies bis über die Höhe des Wasserstandes ausgefüllt, und alsdann zu dem Ausschöpfen des innerhalb der Kastendämme eingeschlossenen Wassers geschritten. Da das Ausschöpfen umdämmter Baustellen möglichst beschleunigt werden muß, so können außer der Wasserschnecke und der doppelt wirkenden Pumpe bei niederem Wasserstande auch noch Schöpfeimer mit Vortheil angewendet werden. Auf 3½ bis 4 Fuß Höhe kann ein Arbeiter mit dem Eimer die Hälfte der

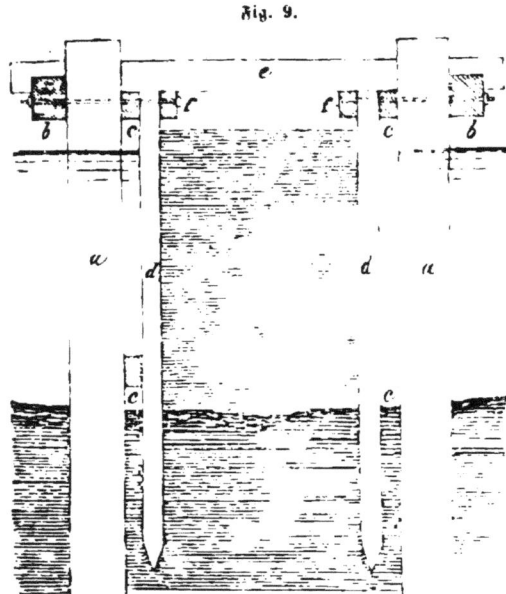

Fig. 9.

Wassermasse ausbringen, welche er mit der Wasserschnecke auswirft. Da nun mit Eimern eine größere Anzahl Arbeiter angestellt werden kann, als bei Wasserschnecken und Pumpen, so verdient das Ausschöpfen mit Eimern bei niederem Wasserstande den Vorzug.

Sechster Abschnitt.

Von dem Grundbau.

Wir verstehen im Allgemeinen unter Grundbau die Ausführung der einem Gebäude zur Unterstützung dienenden Mauern unter der Erde, mit Inbegriff aller Anlagen, welche zur Verbesserung des Baugrundes oder zur gleichmäßigen Vertheilung der ungleichen Belastung desselben nothwendig sind, wenn das darauf zu errichtende Bauwerk fest und unveränderlich darauf ruhen soll. Wenn verlangt werden kann, daß die sicherste Gründung eines Bauwerkes mit dem geringsten Kostenaufwande erreicht werden soll, so bedingt dies die genaueste Abwägung zwischen der Widerstandsfähigkeit des Baugrundes und der darauf wirkenden Belastung durch das Gebäude. Es ist dabei nicht blos zu erwägen, ob der Gesammtwiderstand der Bausohle dem Gesammtdrucke, welcher darauf wirkt, gleichkomme, sondern es ist auch darauf zu sehen, daß an allen Punkten der Bausohle der Widerstand sich verhalte wie die darauf wirkende Belastung. Wird bei der Gründung streng nach diesem Grundsatze verfahren, so würde selbst in dem Falle, wenn der Gesammtwiderstand der Gesammtlast nachgeben, sonach das Gebäude im Ganzen sich setzen sollte, keine Trennung der Mauern zu befürchten sein. Theilweise Einsenkungen veranlassen unter allen Umständen Trennung des Mauerwerkes, und es ist die Aufgabe bei der Gründung, der Ungleichförmigkeit des Setzens durch geeignete Anwendung derjenigen Mittel zu begegnen, welche wir bei weiterer Betrachtung in diesem Abschnitte kennen lernen werden. Nicht selten haben die bei Bauwerken vorkommenden Trennungen weniger ihren Grund in der mangelnden Festigkeit des Baugrundes, als in der schlechten Beschaffenheit des Mauerwerkes an den Fundamenten. Wenn die Fundamentmauern dazu bestimmt sind, die ganze Last des Bauwerkes zu tragen, so bedarf es wol keines weitern Beweises, daß sie mit festen, lagerhaften Steinen, einem gut bindenden und in der Erde erhärtenden Mörtel und mit sorgfältiger Berücksichtigung der Regeln für einen guten Verband ausgeführt werden müssen. Gleichwol finden wir nicht selten, aus übel angewendeter Sparsamkeit, zu den Fundamentmauern schlechteres Material als zu den

Mauern über Erde verwendet, und der Maurer beeilt die Ausführung mit einer Nachlässigkeit, welche mit der Stärke der Mauern zuzunehmen scheint. Die Wichtigkeit der Fundamentmauern erheischt aber eine sorgfältige, der Schwere des Bauwerkes entsprechende Wahl des Steinmaterials, einen gut bindenden und bei nassem Baugrunde selbst unter Wasser erhärtenden Mörtel, und der Maurer muß nicht blos den besten Verband durch die ganze Mauermasse zu erreichen suchen, sondern auch bei Mauerabsätzen das richtige Uebertragen der Belastung von Mauerhaupt zu Mauerhaupt im Auge behalten.

Die Standfähigkeit der Fundamentmauern hängt nächst ihrer Stärke davon ab, daß die Erdsohle, worauf sie errichtet werden sollen, sowohl nach dem Längen= als auch nach dem Querprofile wagrecht ist. Kommen Fundamentmauern von verschiedener Tiefe vor, so wird senkrecht und immer in horizontalen Stufen abgetreppt, damit jeder einzelne Theil der Mauer einen gleichen Druck ausübt. Nur bei Futtermauern, deren Sohle an Bergabhängen in Felsboden eingehauen werden muß, kann eine Ausnahme von dieser Regel gestattet werden, indem man der Sohle im Querprofile eine Neigung gegen den Berg giebt, welche im rechten Winkel gegen die Böschung der Mauer gerichtet ist. Nach diesen Vorbemerkungen gehen wir zur Betrachtung der Gründungsarten über, welche nach der Beschaffenheit des Baugrundes geeignet sind, die Festigkeit der Bauwerke zu sichern.

1. Gründung auf Felsboden. Da der Felsboden bei der größten Belastung keinen Eindruck erleidet, so ist bei der Gründung darauf nur zu berücksichtigen, daß die Sohle der Fundamentmauern gegen die zerstörende Einwirkung des Frostes geschützt, das heißt, wenigstens drei Fuß unter der Oberfläche des Bodens ausgearbeitet ist. Bei bedeutenden Unebenheiten werden die Fundamente nach Fig. 10 in horizontalen Stufen mit senkrechten Absätzen angelegt und von Stufe zu Stufe bis zu den höchsten Stellen aufgeführt. Bei wichtigen Bauwerken ist es gerathen, dem Setzen der Fundamente von bedeutender Tiefe einige Zeit zu gestatten, bevor die Mauern von der Gleichung der höchsten Stelle der Fundamentgräben über Erde aufgeführt werden. Fundamente von Scheidemauern sind gleichzeitig mit den Fundamenten der Außenmauern aufzuführen und mit diesen gut zu verbinden. An Hauptecken müssen die Fundamente nach der Richtung beider Mauern eine gleiche Tiefe haben und in möglichst langen Sätzen gleichzeitig aufgeführt werden.

Um die Zwischenräume des Mauerwerks vollständig mit Mörtel auszufüllen und dadurch die Mauer nach dem Erhärten des Mörtels zu einem fest zusammenhängenden Steinkörper zu bilden, ist es zweckmäßig und bei der Ausführung von Bruchsteinmauerwerk allgemein zu empfehlen, das Mauer=

Von dem Grundbau.

werk mit dünnem Mörtel, auf jede Gleichung eines etwa zwei Fuß hohen Satzes, auszugießen. Bei jeder Hauptgleichung schließt der Gußmörtel die offenen Fugen und gestattet durch die bleibenden Unebenheiten eine bessere Verbindung für den nächstfolgenden Mauersatz, als dies beim Verstreichen mit der Kelle, wobei in der Regel der Maurer alle Unebenheiten mit Mörtel

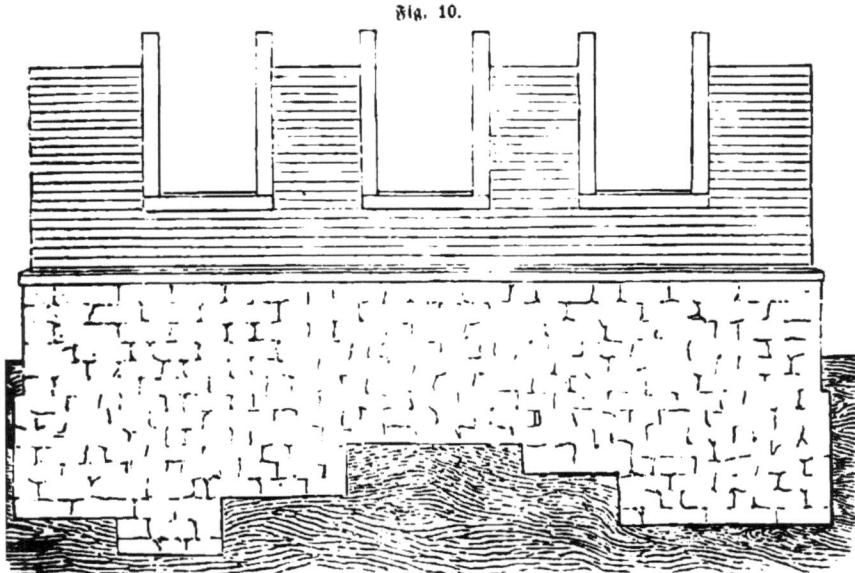

Fig. 10.

ausgleicht, der Fall ist. Wird Mauerwerk zum Schutze gegen eindringende Nässe mit Wassermörtel aufgeführt, so bietet das Ausgießen der Mauer bei jeder Steinschicht das einfachste und sicherste Mittel dar, dem Wasser den Durchgang unmöglich zu machen. Damit der Gußmörtel nicht abfließt, werden vor dem Eingießen die äußeren Mauerfugen verstrichen.

2. Gründung auf Kies und festem Boden. Da das Ausgraben der Fundamente in festem Boden kein Hinderniß darbietet, so werden verschiedene Tiefen nur dann vorkommen, wenn dies durch eine verschiedene Tiefe der von den Fundamentmauern umschlossenen Räume, wie bei den Kellern der Wohngebäude, geboten ist. Fundamente von gleichen Tiefen erhalten eine wagerechte Sohle ohne Abstufungen auf die ganze Länge der Mauern. Außenmauern werden bei Wohngebäuden nach Fig. 11. unmittelbar an den gewachsenen Boden angelegt, wenn die Wände beim Ausgraben stehen bleiben, damit dem bei Hinterfüllungen stattfindenden Andringen der

Nässe vorgebeugt wird. Bei Kiesboden ist selten eine Verstärkung schwer belasteter Fundamente, zur Vertheilung der Last auf eine größere Grundfläche,

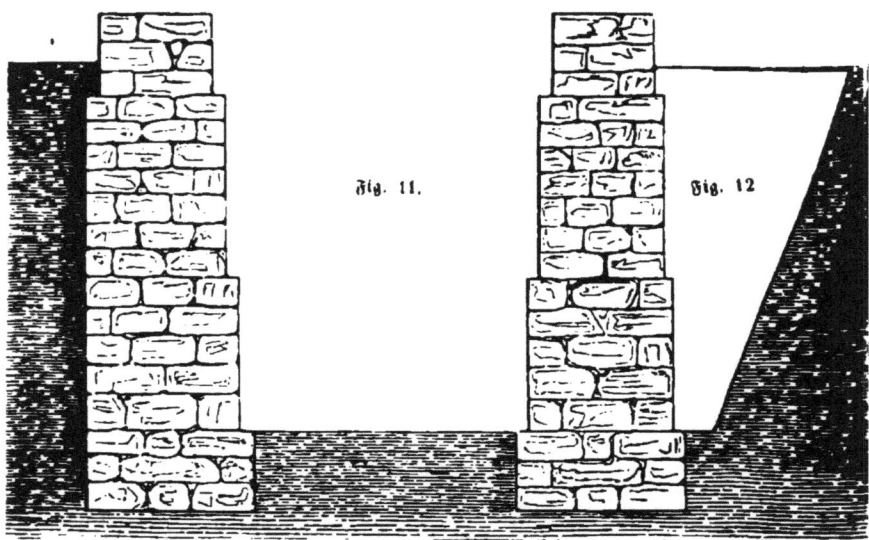

Fig. 11.   Fig. 12

nöthig, mehr bei festem Sand- oder Thonboden, welcher in feuchtem Zustande Eindrücke erleidet.

Der unterste Fundamentsatz wird bei Sand- oder Thonboden nach Fig. 12 im Anschluß an die Seitenwände des Fundamentgrabens, und von diesem Satze alsdann die Mauer auf beiden Seiten häufig mit entsprechenden Absätzen so aufgeführt, daß die zu unterstützende Stockwerksmauer auf die Mitte der Fundamentmauer zu stehen kommt. Die Breite der horizontalen Absätze richtet sich nach der Größe der zu den Mauern verwendeten Steine und darf nie mehr betragen als die Hälfte der Breite von den nach ihrer Länge in der Mauerflucht liegenden Steinen, den sogenannten Streckern oder Läufern. Bei Bruchsteinmauerwerk werden hiernach die Vorsprünge nicht mehr als 2 1/2 bis 3 Zoll betragen dürfen. Nach dieser Verstärkung der Sätze von 5 bis 6 Zollen richtet sich die einer bestimmten Mauerverstärkung entsprechende Anzahl, und bei einer gewissen Tiefe der Fundamente auch die Höhe der einzelnen Mauersätze.

Statt der zurückgesetzten senkrechten Mauersätze bei Fundamentmauern Böschungen anzubringen, wie es vielfach vorgeschlagen wird, erschwert die Ausführung, ohne irgend einen Vortheil darzubieten. Nur bei freistehenden Mauern werden Böschungen gerechtfertigt erscheinen.

3. Gründung auf Sandboden und zusammenpreßbaren Erdarten. Bei Sandboden und anderen zusammenpreßbaren Erdarten, welche bei der Belastung nicht seitlich ausweichen, wird bei der Wirkung einer Last der Eindruck, welchen dieselbe hervorbringt, um so geringer sein, je größer die Grundfläche ist, auf welche die Last wirkt. Nehmen wir an, daß Sandboden eine Last von 1 Centner auf eine Grundfläche von 1 Quadratfuß zu tragen im Stande ist, ohne daß er eine Zusammenpressung erleidet, so können wir daraus mit Sicherheit schließen, daß auch derselbe Boden einer Belastung von 20 Centnern widersteht, wenn diese Last auf eine Grundfläche von 20 Quadratfuß vertheilt ist. Hiernach werden wir bei der Gründung auf Sand und anderen zusammenpreßbaren, aber trockenen Bodenarten nur zu untersuchen haben, welchem Drucke der Boden bei einer gewissen Grundfläche mit Sicherheit widersteht, und darnach die Grundfläche der Fundamentmauern so bestimmen, daß eine Fläche von der bei dem Versuche angenommenen Größe keine größere Last zu tragen hat, als diejenige, welcher der Boden, dem Versuche entsprechend, vollkommen widerstand. Bei gleicher Beschaffenheit des Bodens nach der ganzen Ausdehnung der Baustelle kann eine zu große Belastung keinen andern Nachtheil haben als den, daß eine gleichmäßige Senkung des Gebäudes erfolgt, welche aber in den meisten Fällen nicht bemerkbar sein wird, weil die Senkung allmählich bei der Aufführung der Mauern, und gleichzeitig mit der unvermeidlichen Senkung durch das Austrocknen und Zusammenpressen der Mörtelfugen vor sich geht. Kommen lockere Stellen vor, so werden die Fundamente tiefer ausgegraben und im Verhältniß der geringern Tragfähigkeit des Bodens, oder auch, wenn sich gleich fester Boden vorgefunden hat, wegen der vermehrten Höhe bis zur Hauptsohle der Fundamente stärker angelegt. Nicht selten kommen bei diesen Bodenarten Stellen, meist Wasserzüge, vor, bei welchen selbst in großer Tiefe ein zuverlässiger Baugrund nicht aufgefunden wird. Gestattet es die Tiefe der Fundamente, so vermeide man das kostspielige und zeitraubende Anlegen eines Pfahlrostes und übersprenge, von den, auf dem festen Grunde angelegten Mauern aus, den lockern Boden durch einen Erdbogen nach Fig. 13, wodurch die Belastung der über den Bogen fortgeführten Mauern auf den festen Baugrund übertragen wird.

Daß mit nur einem Erdbogen Stellen von bedeutender Ausdehnung nicht überspannt werden können, liegt in der Natur der Sache. Wo Fundamente über Schluchten oder lockern, unzuverlässigen Boden in solcher Längenausdehnung geführt werden müssen, daß feste Stützpunkte unbedingt nöthig sind, da tritt die Nothwendigkeit ein, entweder nach Fig. 14a auf Pfahlroste Pfeiler anzulegen, und von diesen aus Erdbogen nach den auf festem Grunde ruhenden Fundamentmauern zu sprengen, oder nach Fig. 14b eine Bétonlage darüber zu bringen und auf solcher die Fudamentmauern über Erdbögen oder ohne Unterbrechung fortzuführen.

Das mehrfach empfohlene Verfahren, über lockerer Erde auf liegende Roste zu gründen, müssen wir als entschieden erfolglos, demnach unan=

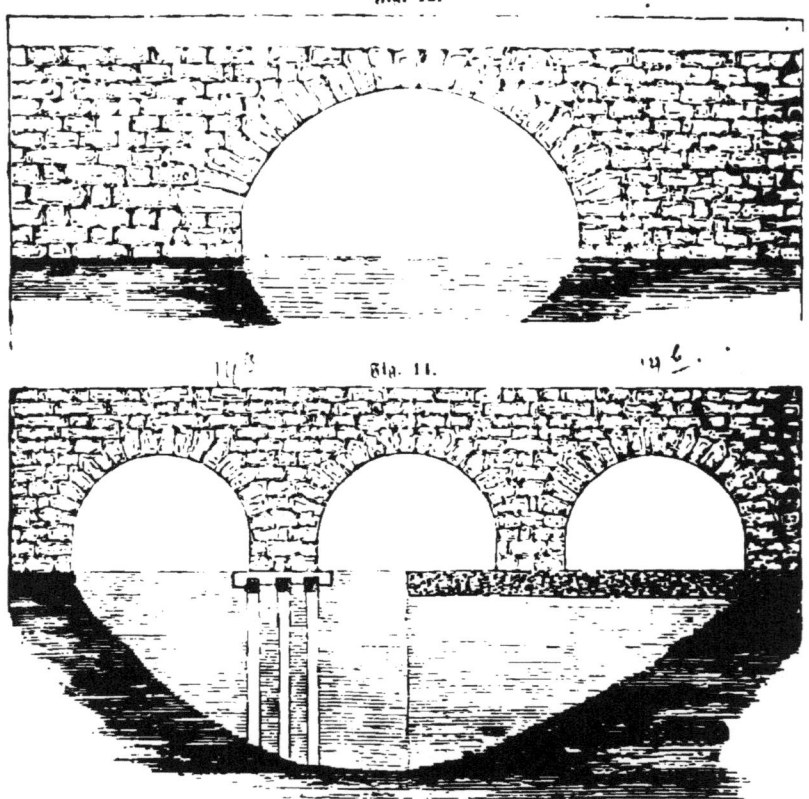

Fig. 13.

Fig. 14.

wendbar erklären, weil der liegende Rost unmöglich Einsenkungen verhin= dern kann und selbst in den Fällen zu den unsicheren Nothbehelfen gerech= net werden muß, wo er noch angewendet wird, um bei ungleicher Belastung von Fundamenten den Druck auf die Sohle gleichmäßig zu vertheilen.

Die Sicherheit eines Gebäudes von einer leicht zerstörbaren Holzunter= lage abhängig zu machen, bleibt unter allen Umständen bedenklich, und wenn auch das zu Grundbauten geeignetste Eichenholz unter Wasser eine Dauer hat, die, nach der zunehmenden Festigkeit zu schließen, so groß ist, daß sie der Dauer des besten Steinmaterials über Erde nicht nachsteht, so geht es doch sehr bald in Fäulniß über, wenn es im feuchten oder trockenen Grunde verwendet, oder wenn es, selbst nachdem es Jahrhunderte unter Wasser gestanden, trocken gelegt wird. War früher die Gründung auf Rosten sehr gebräuchlich, so werden wir jetzt, durch Erfahrung eines Bessern belehrt, unser Bestreben dahin zu richten haben, daß bei dem Grundbau die Verwendung des Holzes als Stütze selbst in den Fällen entbehrlich werde, wo es, wie bei Wasserbauwerken, erfahrungsgemäß eine jahrhundertlange Dauer hat. Der Maurer ist in seinem vollen Rechte, wenn er das Holz durch Stein und Mörtel zu ersetzen sucht, und es unterliegt keinem Zweifel, daß schon nach Jahrzehnten es den vereinten Kräften der Kunst und Wissenschaft gelungen sein wird, die schwierigsten Probleme in der Gründung von Bauwerken aller Art zu lösen, ohne dazu des Holzes als Stütze zu bedürfen.

Statt des liegenden Rostes wenden wir zur Vertheilung der ungleichen Belastung den umgekehrten Erdbogen an. Schwere Mauerpfeiler werden nach Fig. 15 auch in den Fundamenten für sich fortgeführt, und ruhen auf den Widerlagen abwärts gerichteter Bögen. Wie bei aufwärts gerichteten Bögen die Belastung der Bögen auf die Stütz= oder Widerlagspfeiler übertragen wird, so wirkt die Belastung der Widerlagen der abwärts gerichteten Bögen auf den Boden selbst zurück, und von diesem auf den unten befindlichen Mauerkörper. Bei tiefen Fundamenten wird durch Aufführung besonderer Pfeiler für schwerbelastete Theile der Mauern über Erde zugleich an Mauermasse gespart. Ist keine Unterbrechung der Mauern über Erde zulässig, so werden die Fundamentpfeiler auch oberhalb durch Mauerbögen unter sich verbunden, wie dies in Fig. 16 angegeben ist.

4. **Gründung auf Morast und Ausfüllboden,** so wie auf allen Bodenarten, welche beim Zusammpressen zugleich seitlich ausweichen. Bei diesen Bodenarten glaubte man früher die Pfahlroste nicht entbehren zu können. Mit einem großen Aufwand von Zeit und Kosten eingetriebene Pfähle von festem Holze bilden bei dem Pfahlroste die Unterstützungspunkte für einen darüber gestreckten, liegenden Rost, über welchen dann das Mauerwerk aufgeführt wird. Wir übergehen die Beschreibung der zu den Arbeiten des Zimmermanns gehörenden Anlegung eines Pfahlrostes um so mehr, weil wir die Ueberzeugung gewonnen haben, daß bei richtiger Anwendung der dem Maurer zu Gebote stehenden Mittel kaum ein Fall gedacht werden kann, wo man gezwungen wäre, Bauwerke auf Pfähle zu gründen.

Der Béton (Concrete), ein Gußmauerwerk aus kleinen, durch hydraulischen Mörtel mit einander verbundenen Steinen bestehend, hat die vorzügliche Eigenschaft, eine dichte und gleichförmige Masse zu bilden, welche in kurzer Zeit die Festigkeit und den Widerstand von Steinen mittler Härte

erlangt. Da eine Schicht Béton wie ein Stein, aus einem einzigen Stücke bestehend, betrachtet werden kann, so ist daraus ersichtlich, welche Dienste derselbe beim Gründen von Bauwerken leisten muß. Eine 4 Zoll dicke Béton=
schicht trägt schon 80 Centner, ohne zu brechen. Wird nun auf dem schlech=

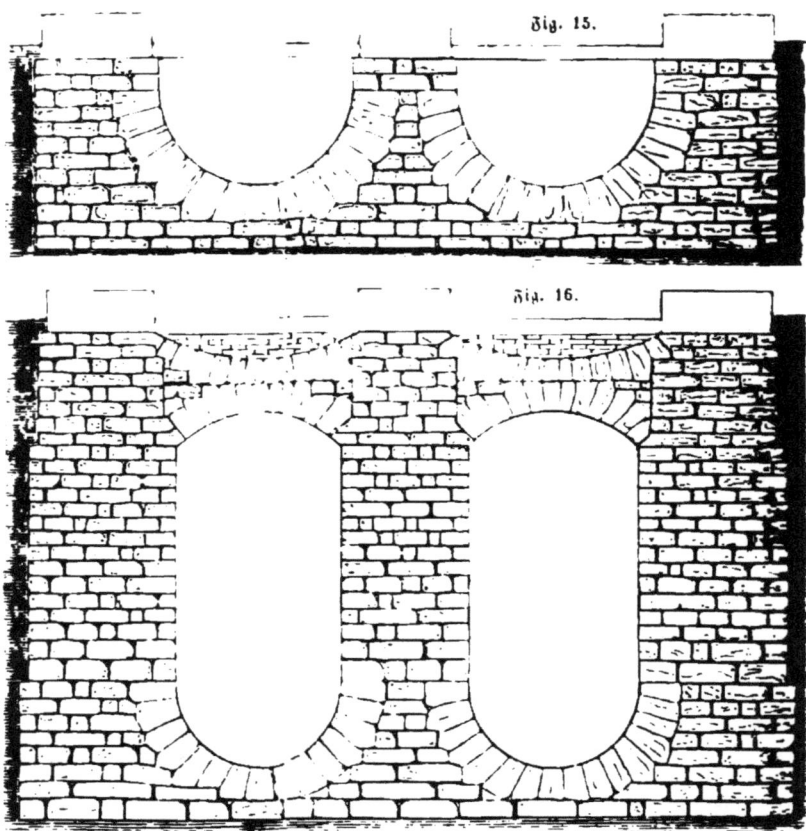

Fig. 15.

Fig. 16.

testen Baugrunde eine Bétonschicht von zwei bis drei Fuß Stärke auf einer der Zusammenpreßbarkeit des Grundes entsprechenden breiten Sohle angelegt, so ist eine Trennung der fest zusammenhängenden steinharten Masse nicht denkbar, und es leuchtet ein, daß der Béton, bei dessen An=
lage durchaus keine Erschütterung des Erdreichs bewirkt wird, allen an=
deren Gründungsarten vorgezogen zu werden verdient.

Die Güte des Bétons hängt natürlich von der Beschaffenheit des hydrau=

lischen Kalkes und des beigesetzen Trasses oder Cements, von der Reinheit und Scharfkantigkeit der Steine und von der sorgfältigen Vermischung aller Bestandtheile ab. Es soll in der Masse nur so viel Mörtel enthalten sein, als nothwendig ist, die Steine zu umhüllen und alle Zwischenräume auszufüllen: nicht mehr als $^2/_5$ des Kubikinhaltes der ganzen Masse. Nach der Zusammenarbeitung zeigt sich der Kubikinhalt der Masse um $^1/_8$ bis $^1/_5$ geringer, als vor der Mischung der Mörtel und die Steine zusammen hatten. Bei Gründungen außer Wasser kann man, um einer zu schnellen Erhärtung vorzubeugen, dem hydraulischen Kalke um etwa $^1/_6$ bis $^1/_4$ seines Rauminhaltes fetten Kalk und im gleichen Verhältniß mehr Sand zusetzen. Die Bereitung des Bétons wird auf einem gedielten Boden von 25 bis 30 Fuß Länge und 10 bis 12 Fuß Breite vorgenommen. An dem einen schmalen Ende des Bodens wird ein Lager von hydraulischem Mörtel ausgebreitet und darauf das zerschlagene Steinmaterial von der Größe einer Nuß bis zu 2 bis 3 Kubikzoll gleichmäßig vertheilt. Drei Arbeiter mit starken dreizackigen eisernen Rechen ziehen nun die Masse gegen sich, so daß die herabfallenden Steine von dem nachgezogenen Mörtel gedeckt werden, und zwei Arbeiter gehen auf der entgegengesetzten Seite nach und schaufeln die zurückbleibenden Steine, so wie den Mörtel, wieder auf den Haufen. Ist auf diese Weise die Masse bis an das entgegengesetzte Ende des Bodens gelangt, so wechseln die Arbeiter ihre frühere Stellung und arbeiten die ganze Masse nochmals entgegengesetzt auf die ganze Länge des Bodens durch. Auf Haufen gebracht, kann die Bétonmasse bis zum nächsten Tage aufbewahrt werden, bindet aber immer um so besser, je schneller sie verarbeitet wird.

Bei allen Bauwerken auf nicht sehr widerstandsfähigem Baugrunde kann man die Aushebung sehr tiefer Fundamente und dem entsprechende Verstärkungen der Fundamentmauern vermeiden, wenn man eine Bétonschicht von doppelter bis dreifacher Breite der darauf zu errichtenden Mauern herstellt, und dieser Bétonschicht eine Stärke von 15 bis 20 Zollen giebt. Bei sehr hohen und schwerbelasteten Bauwerken ist die Stärke der Bétonschicht auf 30 bis 35 Zolle zu vermehren. Außer dem bereits erwähnten und nicht hoch genug anzuschlagenden Schutze, welchen hinlänglich starke Bétonunterlagen gegen Senkungen darauf errichteter Bauwerke an einzelnen Stellen gewähren, bieten sie zugleich das sicherste Verhinderungsmittel gegen das Aufdringen der Grundfeuchtigkeit.

Quellwasser bietet bei der Gründung auf Béton kein Hinderniß dar, indem der eingebrachte Béton das Wasser verdrängt und eine um so größere Härte erlangt, wenn das Wasser einige Zeit darüber stehen bleibt.

Die Aufgrabungen römischer Bauwerke haben uns mit der Anwendung des Gußmauerwerks zu Gründungen, ja selbst zur Herstellung von unterirdischen Wasserleitungen, bekannt gemacht. Soviel uns bekannt, wurde in der Neuzeit die erste Gründung auf Béton bei dem Bau der Brücke bei Maisons sur Seine, in der Nähe von Paris, im Jahre 1820 ausgeführt. Die Pfeiler der später erbauten Carroussel=Brücke in Paris sind gleichfalls auf Béton gegründet. Von dieser Zeit an ist in Frankreich, und eben so in England, die Anwendung des Bétons zur Begründung von Brücken und anderen Wasserbauwerken, sowie zur Gründung von Landbauwerken auf zusammenpreßbarem Baugrunde, beinahe allgemein. Auch in Deutschland hat sich die Bétongründung bewährt und wird, deß sind wir gewiß, schon nach Jahrzehnten den Pfahlrost ganz verdrängt haben.

Die Kosten der Gründung auf Béton, wobei selbst das bei Wasserbauwerken so kostspielige und zeitraubende Abdämmen der Baustelle entbehrlich ist, stellen sich bei Bauwerken unter Wasser etwa den Kosten für die Herstellung eines guten Backsteinmauerwerks von gleichem Rauminhalte gleich, und bei den schwierigsten Gründungen ergiebt sich immerhin noch eine Ersparniß von $1/5$ bis zu $2/5$ gegen die Kosten für einen Pfahlrost.

Bei dem Legen des Béton wird ähnlich wie bei der Ausführung von Mauerwerk verfahren, es werden nämlich mehrere Schichten über einander angebracht, deren Stärke sich nach der Beschaffenheit des Mörtels richtet. Schnell erhärtender Mörtel kann in stärkeren Schichten gelegt werden, als langsam erhärtender. Béton, welcher die Grundlage von Brückenpfeilern bilden soll, wird, um ihn bis zu seiner völligen Erhärtung vor Abspülungen durch die Strömung des Wassers und vor dem Stoße schwimmender Körper zu schützen, zwischen Spund= oder Bohlenwänden versenkt. Diese, die Baustelle umschließenden Wände werden, wenn sie nicht zugleich als äußere Wände eines Fangdammes dienen sollen, nur bis zur Höhe der Bétonschüttung, in der Regel bis zur Linie des niedrigsten Wasserstandes, errichtet.

Ist beim Gründen im Wasser die Umschließung der Baugrube durch einen Fangdamm erforderlich, innerhalb dessen die Ausführung der auf Béton ruhenden Mauern oder Pfeiler bis über den Wasserspiegel im Trocknen ermöglicht werden soll; so bietet zur Herstellung vollkommen wasserdichter Umfangswände des Fangdammes der Béton gleichfalls das sicherste Mittel dar. Wir geben in Fig. 17 den Querschnitt eines Fangdammes, dessen Umfangswände durch Béton gebildet sind. Die äußeren Wände sind Spundwände und werden durch Pfähle gebildet, welche von der vorher ausgebaggerten Sohle der Fundirungsbétonschicht aus bis zum absoluten Feststehen möglichst fugendicht, jedoch ohne Verbindung durch Nuth und Feder, eingerammt und über Wasser durch eine Kronschwelle unter einander verbunden werden. Innerhalb dieser Spundwände a wird nun die Fundirungs=Bétonschicht A auf die ganze Ausdehnung des Fangdammes unter Wasser versenkt

Von dem Grundbau. 61

und geebnet. Bevor nun diese Bétonschicht vollkommen erhärtet ist, — was bei guter Beschaffenheit des zum Bétonmörtel verwendeten hydraulischen Kalkes und zugesetzten Trasses oder Cements, innerhalb drei Tagen in so weit vorgeschritten, daß man auf der Bétonschicht Quadern versetzen kann,

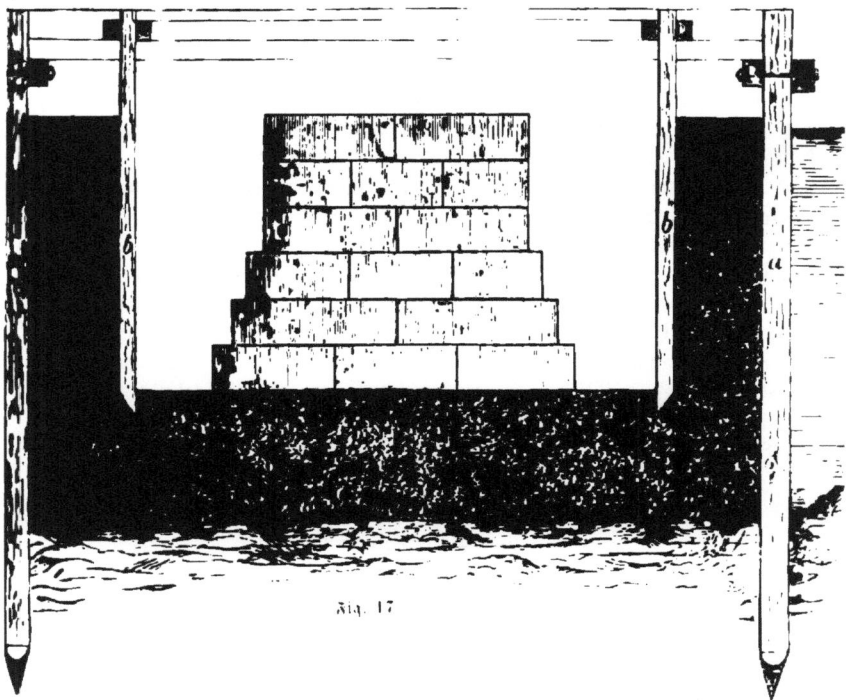

Fig. 17.

— so werden im Innern, zwei bis drei Fuß von den Pfahlwänden entfernt, Spundwände *b* aus Bohlen eingesetzt, deren untere Enden zugespitzt und welche nur auf eine geringe Tiefe in die Bétonschicht A eingetrieben werden. Sind diese inneren Spundwände vollendet, so wird der Raum B zwischen diesen und den äußeren Pfahlspundwänden bis etwas über den Wasserspiegel mit Béton ausgeschüttet. Nach erfolgtem Erhärten dieser Bétonwände wird das Wasser aus der Baugrube gepumpt, und es bleibt dieselbe, wenn der Béton vorsichtig und ohne daß beim Einschütten desselben der Kalkmörtel von den beigemischten Steinen sich abspülte, eingebracht wurde, vollkommen wasserfrei.

Die Versenkung des Bétonmörtels geschieht entweder in Kästen, welche, bis auf den Grund herabgelassen, durch Umkippen entleert werden, oder am zweckmäßigsten durch Trichter, welche, aus Bohlen construirt, von einem über der Baustelle angebrachten Gerüste ausgefüllt, und mit der Ausflußöffnung bis zur Oberfläche der zu gießenden Schicht herabreichend, so geführt werden, daß durch den Trichter selbst das Ebenen der Schicht vorgenommen wird. Bei der im Jahre 1854 zur Ausführung gekommenen Bétongründung für die beiden Landpfeiler einer Schiffbrücke über den Rhein, bei Worms, wurde die Versenkung des Bétons in Trichtern mit dem besten Erfolge vorgenommen. Für die unterste Schicht ist ein Ebenen des Baugrundes durchaus nicht erforderlich, weil der Gußmörtel vorkommende Vertiefungen ausfüllt und Erhöhungen umschließt.

Die Anwendung des Béton- oder Cementmauerwerks bei den schwierigsten Ufer- und Hafenbauten in Triest und Venedig liefern den glänzendsten Beweis von der Vorzüglichkeit einer Gründungsweise, welche kein Hinderniß kennt und wegen ihrer Festigkeit und Dauer eine vorher nicht gekannte Sicherheit gewährt. Zur Mörtelbereitung wird die schon Jahrhunderte als Cement bekannte Santorin-Erde, welche der Puzzolanerde an Güte nicht nachsteht, und fetter Kalk verwendet. Bei den Bauten in Triest, wo unsers Wissens zu Anfang des vorigen Jahrzehnts die ersten Versuche mit Cementmauerwerk unter Wasser angestellt wurden, besteht die Mischung für Mauern unter Wasser aus:

    7 Theilen Santorinerde
  2 $\frac{1}{2}$ „   fettem Kalk
    6 „   Bruchsteinen oder aus:
    7 „   Santorinerde
    2 „   fettem Kalk
    7 „   Bruchsteinen

und für Mauern über Wasser aus:

    7 Theilen Santorinerde
    2 „   Kalk
   14 „   Bruchsteinen.

Die Mauern werden zwischen Kästen nach Fig. 18 gegossen, welche leicht auseinandergenommen und versetzt werden können.

Die Mischung von 7 Theilen Santorinerde und 2 Theilen Kalk, mit wechselndem Zusatz von Steinen, da deren Größe die Masse des umschließenden Mörtels ändert, wird auch bei den Bauten Venedigs beibehalten, doch waren die Resultate eines Versuches, Mauerwerk aufzuführen von

    4 Theilen Santorinerde
    3 „   Sand und
  2 $\frac{1}{2}$ „   Kalk

und statt der zerschlagenen natürlichen Steine Backsteine und Ziegelstücke

Von dem Grundbau. 63

zu verwenden, von so gutem Erfolge begleitet, daß davon bedeutende Bauwerke zur Ausführung kamen.

Zur Empfehlung der Bétongründung noch Weiteres anzuführen, erscheint überflüssig.

Fig. 18.

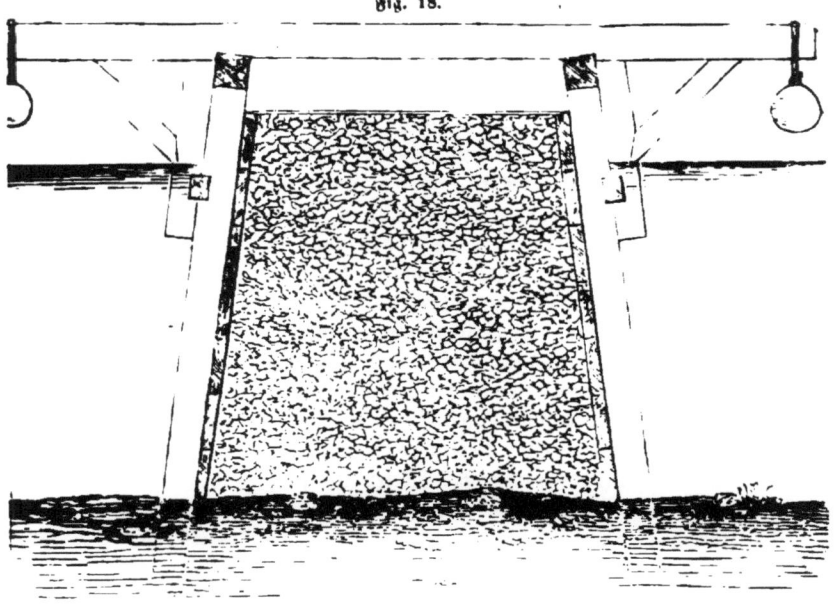

Verbesserung sumpfigen Baugrundes durch Sandlagen. Die allgemeine Bauzeitung, ein Organ für das gesammte Bauwesen, welches keinem Bautechniker fehlen sollte, brachte in dem Jahrgang von 1837 einen Aufsatz, in welchem die günstigen Resultate von Versuchen mitgetheilt werden, Gebäude auf Sand zu gründen. Wir verweisen auf diesen Aufsatz und beschränken uns darauf, die Hauptresultate mitzutheilen.

Bei den Arbeiten an den Festungswerken zu Bayonne zeigte sich der Baugrund so morastig und elastisch, daß man selbst mit Holzrösten sich keine günstigen Erfolge versprechen durfte. Man kam auf den frühern Rath eines Ingenieurs, den schlechten Baugrund mit einer wenigstens 1 Meter hohen Sandschicht zu überdecken und darauf zu gründen, zurück und stellte Versuche über die Eigenschaften des Sandes und seinen Gebrauch bei Fundirungen an. Die Resultate dieser Versuche waren so günstig, daß die Anwendung beschlossen wurde.

Es wurde zuerst ein Festungsthor auf Sand gegründet, bei welchem für die einzelnen freistehenden Thorpfeiler der Grund auf 1,7 Meter Tiefe unter der Mauersohle ausgegraben und die Grube 1,7 Meter hoch mit Sand ausgefüllt wurde. Nachdem der Sand gestampft war, wurden zwei Bruchsteinmauersätze als Fundamente der Pfeiler darauf gemauert. Bevor die Pfeiler gestellt wurden, ließ man eines der gemauerten Postamente mit 30,000 Kilogramm Blei beschweren, ohne daß man dabei das geringste Senken gewahrte. Nach dieser günstigen Probe setzte man die Pfeiler auf und vollendete das über den Pfeilern gewölbte Thor, dessen Gewicht nach vollendetem Bau ebenfalls nicht das mindeste Setzen des Sandes zur Folge hatte, indeß ein anstoßendes, auf der natürlichen Grundlage früher erbautes Mauerwerk eine fortwährend allmählich sinkende Bewegung bemerken ließ. Mauern, auf 1,7 Meter starke Sandschichten gegründet, bei denen der Quadratmeter Sandunterlage eine Last von 30,000 Kilogramm zu tragen hat, zeigten ebenfalls keine merkliche Einsenkung. Bei ungleich belasteten Bauwerken über Füllboden von ungleicher Beschaffenheit und ungleicher Höhe des Füllbodens ergaben sich, wie erwartet werden mußte, ungleiche Senkungen, doch zeigte sich überall eine gleichmäßige Vertheilung der Senkungen durch die Sandschichten. Unwiderlegbar stellte sich die Verbesserung des morastigen Bodens durch eine Sandlage in den Resultaten des nachbemerkten Versuches heraus. Es wurden zwei Gruben von 1,2 Meter im Quadrat und 1,2 Meter tief ausgegraben. Die eine Grube wurde mit Sand ausgefüllt und auf den Sand ein Gewicht von 29,000 Kilogramm gebracht. Bei dem Auflegen der Last betrug die Zusammenpressung 0,0650 Meter; nach 8 Tagen zusammen 0,1259 Meter.

Dieselbe Belastung unmittelbar auf den morastigen Boden der andern Grube gebracht, bewirkte nach 8 Tagen eine Senkung von 0,3500 Meter, also beinahe das Dreifache der Senkung bei der über demselben Morastgrunde angefüllten 1,20 Meter hohen Sandschicht. In beiden Fällen waren die Fundamentgruben mit Wasser angefüllt.

Diese, so wie weiter angestellte und in dem genannten Aufsatze nach dem Verfahren und den interessanten Resultaten genau beschriebenen Versuche ließen keinen Zweifel, daß dieses einfache Mittel, schlechten Baugrund zu verbessern, weitere Anwendung und durch dieselbe diejenige Vervollkommnung finden werde, deren es seiner Natur nach fähig ist.

Bei dem Bau eines massiven zweistöckigen Gefangenhauses in Rehburg, Königreich Hannover, wurde diese Gründungsmethode angewendet und hat sich, nach einer in dem Notizblatt des Architekten- und Ingenieur-Vereins für das Königreich Hannover vom Jahr 1851 mitgetheilten Beschreibung dieser Gründung, vollkommen bewährt. Der Baugrund, torfähnliches elastisches Erdreich, mit Triebsand durchzogen, und bei 1 Fuß Tiefe schon Quellwasser, wurde 6 Fuß tief nach der ganzen Ausdehnung der Baustelle und ringsum noch 5 Fuß über die äußere Begrenzung hinaus ausgegraben. Nachdem sich die Baugrube bis 1 Fuß unter der Oberkante des Bodens mit Wasser angefüllt hatte, wurde sie mit scharfem Sande durch Schaufeln in ausbreitenden Würfen erfüllt. Da das Wasser keinen Abzug fand, so füllte es die Zwischenräume des Sandes aus, und es erfolgte kein festeres Ineinanderschließen des Sandes, wie dies der Fall ist, wenn eine Sandfüllung mit Wasser geschlemmt wird, dabei aber das Wasser durchsickernd seinen Abzug findet. Nachdem die Baugrube mit Sand gefüllt und ein Zeitraum von 6 Tagen verflossen war, wurde mit dem Aufmauern der Fundamente der Anfang gemacht und dabei so verfahren, daß sie zur gleichmäßigen Belastung immer in gleicher Höhe ringsum aufgeführt wurden. Als die Fundamente bis zur Sockelhöhe aufgeführt waren, wurde die Arbeit 4 Tage lang unterbrochen; darauf wurden die Mauern von 2 Fuß Stärke bis zur Fenstersturzhöhe geführt, und der Bau blieb nochmals 14 Tage lang liegen. Nach dieser Zeit wurde das Gebäude ohne weitern Aufenthalt bis unter Dach aufgeführt. Nach der Vollendung des Gebäudes zeigte sich der Sandboden um $1/2$ Zoll zusammengedrückt. Die Zusammenpressung der künstlichen Sandlage ist durchaus gleichmäßig horizontal gewesen, so daß die mit den genauesten Instrumenten vorgenommenen Abwägungen stets dasselbe Resultat gezeigt haben. Der für sich als unzusammenpreßbar zu betrachtende Sand stellte durch die Beweglichkeit und Verschiebbarkeit seiner Bestandtheile das Gleichgewicht unter der Grundmauer her. Es ist anzunehmen, daß senkrechte Belastungen Sandschichten von hinreichender Mächtigkeit wenig und gleichmäßig zusammenpressen, schräg wirkende Belastungen dagegen dieselben verschieben werden.

Da das Zusammenpressen der Sandlage von $1/2$ Zoll auf 6 Fuß Mächtigkeit keinen nachtheiligen Einfluß auf ein Bauwerk haben kann, wenn darauf schon bei der Anlage Rücksicht genommen wird, und da außerdem noch ein geringeres Senken zu erwarten ist, wenn den Fundamenten eine sehr breite Sohle gegeben werden kann, so wird dieser überaus einfachen und billigen Gründungsweise, welcher Theorie und Praxis gleich empfehlend zur Seite steht, überall der Vorzug eingeräumt werden müssen, wo derselbe Zweck, selbst mit größeren Kosten, nicht so sicher erreicht werden kann.

Wir schließen unsere Betrachtung mit dem Wunsche, daß Männer von Fach ihre Erfahrungen auf dem so wichtigen Gebiete der Gebäudegründung durch Mittheilungen in Zeitschriften zum Gemeingut machen mögen.

———

Siebenter Abschnitt.

Von dem Mauerverbande.

Die Festigkeit der Mauern hängt außer der Beschaffenheit des Steinmaterials und des Mörtels hauptsächlich davon ab, welche Lage die einzelnen Steine gegen einander einnehmen. Die Anordnung der Lage der einzelnen Steine gegen einander, sowohl in den einzelnen Mauerschichten, als auch in dem Wechsel der auf einander folgenden Mauerschichten, begreift man unter dem Namen des Steinverbandes. Die Verbindung der Steine nach den Regeln des Steinverbandes durch Mörtel heißt dann das Mauern.

Bei der Aufeinanderfügung der Steine wird die Fläche, worauf der Stein zu liegen kommt, das Lager, und die Fuge, welche die horizontale Trennung anzeigt, die Lagerfuge genannt. Die Aneinanderfügung heißt der Stoß, und die Fuge, welche die senkrechte Trennung bezeichnet, die Stoßfuge. Die in der Ansicht der Mauer befindliche Fläche des Steins wird sein Haupt genannt. Befindet sich das Haupt des Steins an der schmalen Seite, und die lange Seite greift in die Mauer ein, so heißt der Stein ein Binder; im andern Falle, wenn die lange Seite das Haupt bildet und der Stein mit der schmalen Seite gegen den Kern der Mauer gelegt ist, heißt er ein Läufer. Kommen in einer Mauerschicht nur Binder vor, so wird sie Binderschicht, und kommen nur Läufer vor, so wird sie Läuferschicht genannt. In der Regel werden die Steine auf die breite Seite gelegt, so daß die Höhe oder Dicke einer Schicht der Höhe oder Dicke der Steine gleich ist; doch kommen auch Fälle vor, wo die Steine auf die Hochkante gestellt — gerollt — werden. Die Höhe dieser Schichten, welche Rollschichten genannt werden, ist der Breite der Steine gleich.

Form und Größe der Steine haben den wesentlichsten Einfluß auf die Art des Verbandes, und deshalb werden wir der Betrachtung der Steinverbände eine Eintheilung der Mauern zu Grunde legen, deren Namen das Steinmaterial bezeichnet, nach welchem der Verband sich zu richten hat. Wir unterscheiden hiernach:

    A. Backsteinmauern.
    B. Hausteinmauern.
    C. Bruchsteinmauern.

A. Backsteinmauern.

Da die Backsteine — Mauerziegel — nach den Anforderungen des Verbandes geformt werden, so erhalten sie eine regelmäßige Gestalt, bei welcher die einzelnen Abmessungen des Steines in einem bestimmten Verhältniß zu einander stehen. Um bei geraden Mauern den Regeln eines guten Steinverbandes folgen zu können, muß die Breite der Steine darnach bemessen werden, daß zwei Steinbreiten, einschließlich der Mörtelfuge, einer Steinlänge gleichkommen. In der Regel wird die Länge der Steine nach dem landesüblichen Maße auf ein Fuß bestimmt, und die Breite richtet sich nach der durch die Beschaffenheit des Mörtels vorgeschriebenen Stärke der Mörtelfugen. Bei 12 Zoll langen Backsteinen und $1/2$ Zoll dicken Mörtelfugen würde hiernach die Breite der Steine $5\,3/4$ Zoll betragen müssen.

Die Dicke der Backsteine ist ohne Einfluß auf den Verband, und wenn im Allgemeinen angenommen wird, daß sie die Hälfte der Steinbreite betragen soll, so schreibt doch die Möglichkeit eines vollkommenen Gahrbrennens nicht selten eine Beschränkung vor. Außer den ganzen Backsteinen sind bei der Aufführung von Backsteinmauern zur Herstellung des Verbandes häufig auch Theile eines ganzen Steines Fig. 19 a erforderlich, welche entweder aus freier Hand zugehauen oder besonders geformt werden, und denen man besondere Namen beigelegt hat. Hat ein Stück die ganze Länge des Steins und nur die halbe Breite desselben, Fig. 19 b, so heißt es Kopfstück; hat es die ganze Breite des Steines und nur $3/4$ der Länge, Fig. 19 c, so heißt es Dreiquartier oder Dreiviertelstein; hat es die ganze Breite, aber nur die Hälfte der Länge des ganzen Steines, Fig. 19 d, so heißt es Zweiquartier oder ein halber Stein. Viertelsteine, Fig. 19 e, sowie überhaupt Stücke, welche kleiner als ein halber Stein sind, werden Quartierstücke genannt.

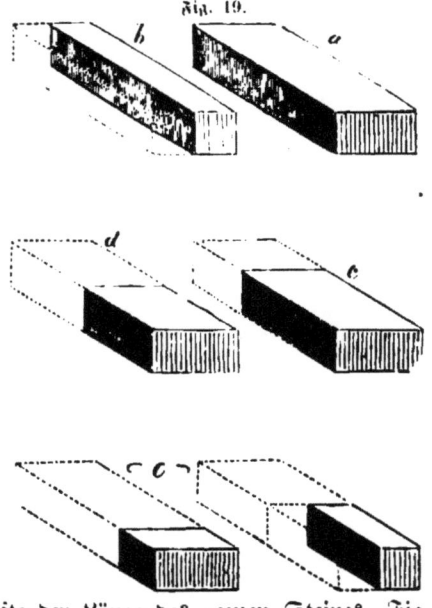

Fig. 19.

Kann der Backsteinverband sehr verschieden angeordnet werden, so wird man dabei doch folgende allgemeine Regeln beobachten müssen:

1) Die Stoßfugen zweier auf einander liegenden Schichten dürfen nie zusammentreffen, vielmehr muß jede Stoßfuge von einem darüber und einem darunter liegenden Steine gedeckt sein. Je mehr Steine zwischen zwei senk=

recht über einander treffenden Stoßfugen sich befinden, um so besser ist der Verband.

2) Das Innere der Mauer muß hauptsächlich aus Bindern bestehen, welche sich gegenseitig auf die Hälfte der Steinbreite und Steinlänge überdecken.

3) Die Stoßfugen einer Schicht müssen bei rechtwinkeligem Verbande geradlinig durch die ganze Mauerstärke hindurchgehen. Liegen hinter einer Läuferschicht Binder, so müssen diese gerade hinter die Läufer gelegt werden, so daß zwei Steinbreiten auf eine Steinlänge kommen und die Stoßfuge der Läufer durch die ganze Mauer hindurchgeht.

4) Bei Eckmauern muß, wenn an der einen Mauer eine Läuferschicht liegt, dieselbe Schicht an der andern Mauer eine Binderschicht sein.

5) Stoßen zwei Mauern an einander, so dürfen die Stoßfugen der zusammengehörigen Schichten nicht in der Mauerecke zusammentreffen. Die eine Stoßfuge muß in der Verlängerung der innern Kante der einen Mauer liegen, während dies bei der andern nicht stattfinden darf. In der folgenden Schicht muß dann die früher um eine halbe Steinbreite zurückgesetzte Stoßfuge durchgehen, und die früher durchgeführte zurückgesetzt werden.

6) Ganze Schichten dürfen nicht aus lauter Steinstücken bestehen, sondern es müssen in jeder Schicht möglichst viel ganze Steine und nur so viel Dreiquartiere, halbe Steine, Kopfstücke und Quartierstücke befindlich sein, als zur Herstellung des Verbandes unumgänglich nöthig sind.

Es läßt sich der Verband von Backsteinmauerwerk nach den Anforderungen der oben angeführten allgemeinen Regeln auf sehr mannigfache Art bewerkstelligen, und wir werden außer den unter verschiedenen Namen bekannten Verbänden für gerade Mauern noch einige andere Backsteinverbände betrachten, von deren Anordnung weitere Verbände leicht abgeleitet werden können.

Da bei dem Backsteinverbande die Stärke der Mauern nicht nach Fußen und Zollen, sondern nach Steinlängen angegeben wird, so sei hier der üblichen Bezeichnung der Mauerstärken gedacht. Eine Mauer von der Stärke einer Backsteinbreite heißt: eine, einen halben Stein starke; deren Stärke gleich der Länge eines Steines ist: eine, einen Stein starke; deren Stärke gleich einer Länge und einer Breite eines Steines ist: eine anderthalb Stein starke Mauer u. s. f.

a. Der Blockverband. Dieser einfache Verband kann von dem ungeübtesten Maurer nicht leicht verfehlt werden und findet deshalb die häufigste Anwendung. Es wechseln bei diesem Verbande in unmittelbarer Folge Läuferschichten mit Binderschichten, und zwar in der Art, daß in den abwechselnden Schichten Läufer über Läufer und Binder über Binder zu liegen kommen,

und daß alle Stoßfugen der Läufer sowohl als der Binder in eine Loth=
rechte zusammentreffen.

Denkt man sich aus dem Verbande einen Läufer, so wie den unmittelbar
darauf und darunter liegenden Binder, wie in Fig. 20 und 21 schraffirt
angegeben, weggenommen, so entsteht eine kreuzförmige Oeffnung in der
Mauer, bei welcher sich sowohl über als unter den herausgenommenen Bin=
dern keine Stoßfuge befindet. Wir geben in Fig. 20 und 21 zwei verschie=
dene Blockverbände von einer einen Stein starken Eckmauer in der Ansicht,
und zu jedem Verbande zwei übereinander liegende Steinschichten. Bei dem
Eckverbande Fig. 20 greifen die Binderschichten nach der innern Mauerlinie
durch, und es ist neben dem Eckbinder ein Kopfstück eingelegt. Bei dem Eck=
verbande Fig. 21 greifen die Läuferschichten nach der innern Mauerlinie durch
und schließen an der Mauerecke mit Dreiquartieren oder Dreiviertelsteinen.
Die geneigte oder Treppenverzahnung, bei welcher man alle Steine, welche
von keinen darauf liegenden gehalten werden, wegläßt, erscheint nicht gleich=
förmig, weil die Läufer weiter vortreten als die Binder; die Stockverzahnung
dagegen, bei welcher die Mauer mit den senkrecht über einander gelegenen
Kreuzen endigt, erscheint gleichförmig und regelmäßig. Von der Anwendung
der Kopfstücke an den Ecken der im Blockverbande aufgeführten Mauern
zeigen Fig. 22 die abwechselnden Schichten einer ein und einen halben Stein
starken Mauer, und Fig. 23 die abwechselnden Schichten einer zwei und einen
halben Stein starken Mauer. Es werden in die Binderschichten neben den
ersten Binder soviel Kopfstücke hinter einander gelegt, als die Mauer ganze
Steine zur Stärke hat, und bei Mauern, wie hier angenommen, deren Stärke
nur durch die halbe Steinlänge ohne Rest theilbar ist, wird hinter den Kopf=
stücken ein Dreiquartier, nach der Richtung der innern Läufer, eingelegt.
Die Anwendung der Dreiquartiere oder Dreiviertelsteine am Eck oder Anfang
einer im Blockverbande aufgeführten Mauer zeigen die Fig. 24 und 25 an
Mauern von ein und ein halb und zwei und ein halb Steinlängen zur Stärke.
Es werden bei diesem Verbande soviel Dreiquartiere in der Richtung der
nach der innern Mauerlinie durchgeführten Fuge am Ende der Mauer neben
einander gelegt, als die Mauer halbe Steinlängen zur Stärke hat.

b. Der Kreuzverband. Auch bei diesem Verbande wechseln wie bei
dem Blockverbande in unmittelbarer Folge Läuferschichten mit Binderschich=
ten, die Läufer liegen aber in den abwechselnden Schichten nicht senkrecht,
sondern so über einander, daß, nach Fig. 26, in den abwechselnden Läufer=
schichten Stoßfugen über und unter den Läufermitten folgen, und daß alle in
einer Lothrechten befindlichen Stoßfugen der Läufer drei Zwischenschichten
von einander entfernt sind. Denken wir uns, wie in Fig. 26 schraffirt an=
gegeben, einen Läufer mit dem darüber und darunter befindlichen Binder

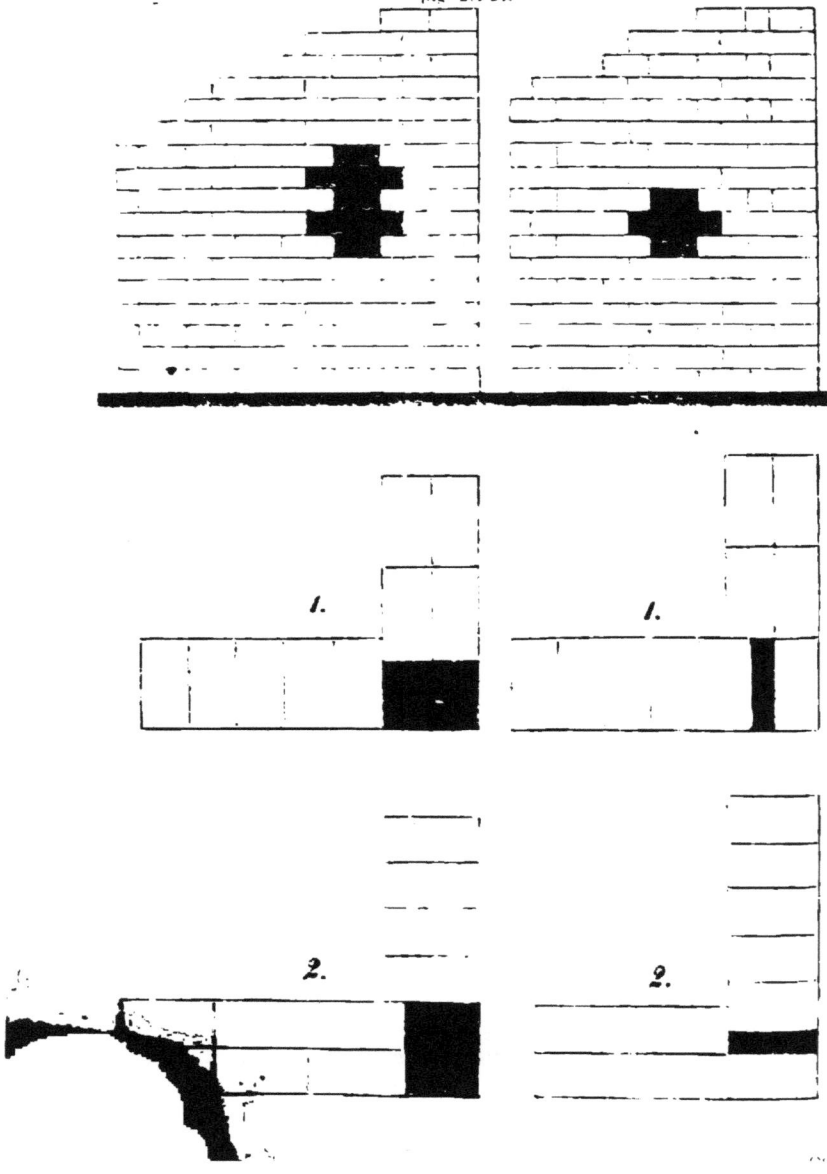

Von dem Mauerverbande. 71

Fig. 22—25.

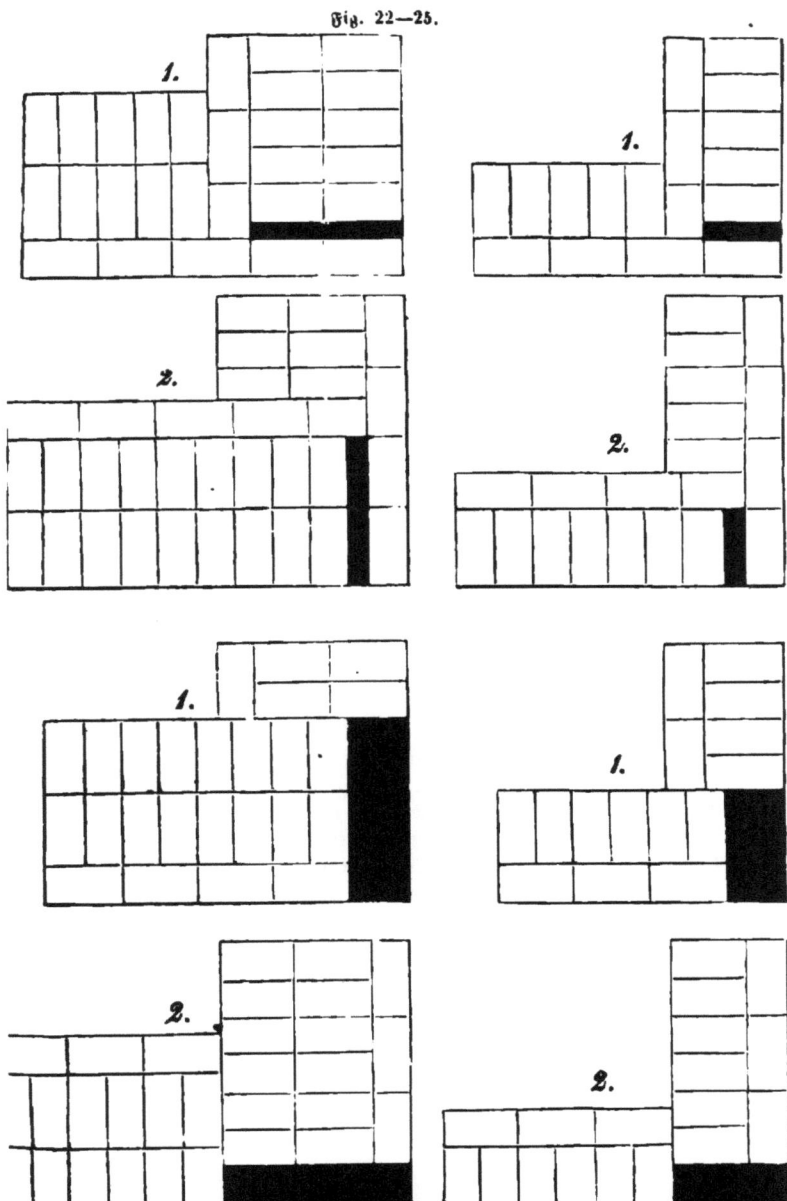

herausgenommen, so ergiebt sich ebenfalls eine kreuzförmige Oeffnung in der Mauer wie bei dem Blockverbande; es verbinden sich aber unmittelbar über und unter den weggenommenen Bindern die Stoßfugen der die Oeffnung wagrecht abschließenden Läufer, während bei dem Blockverbande daselbst keine Stoßfugen vorkommen. Zwei über einander stehende Kreuze sind

Fig. 26.

durch eine Läuferschicht getrennt, während sie beim Blockverbande in einander greifen. Die Treppenverzahnung ist bei dem Kreuzverbande gleichförmig, während die Stockverzahnung nur symmetrisch ist.

Bei diesem Verbande bleiben alle Binderschichten, und von den Läuferschichten eine um die andere, ganz dieselben wie bei dem Blockverbande, und die Verwechselung der Stoßfugen in den Läuferschichten wird dadurch hervorgebracht, daß zwei verschiedene solcher Schichten angebracht sind, deren Stoßfugen auf die Mitte der darunter und darüber befindlichen Läufer treffen.

Zur Herstellung des Eckverbandes bedient man sich wie bei dem Blockverbande der Kopfstücke und der Dreiquartierstücke. Wir geben als Beispiel in Fig. 27 einen Kreuzverband mit Anwendung von Kopfstücken, und in Fig. 28 einen Kreuzverband mit Anwendung von Dreiquartierstücken, bei welchem die Länge nur durch halbe Steinlängen ohne Rest theilbar ist.

Von dem Mauerverbande. 73

Die Anwendung der Dreiquartierstücke und halben Steine verdient bei diesen, wie bei allen anderen Verbänden, unstreitig den Vorzug vor der Anwendung der Kopfstücke. Wenn der Fugenwechsel der Läuferschichten bei dem Kreuzverbande eine größere Aufmerksamkeit des Maurers in Anspruch nimmt,

Fig. 27.

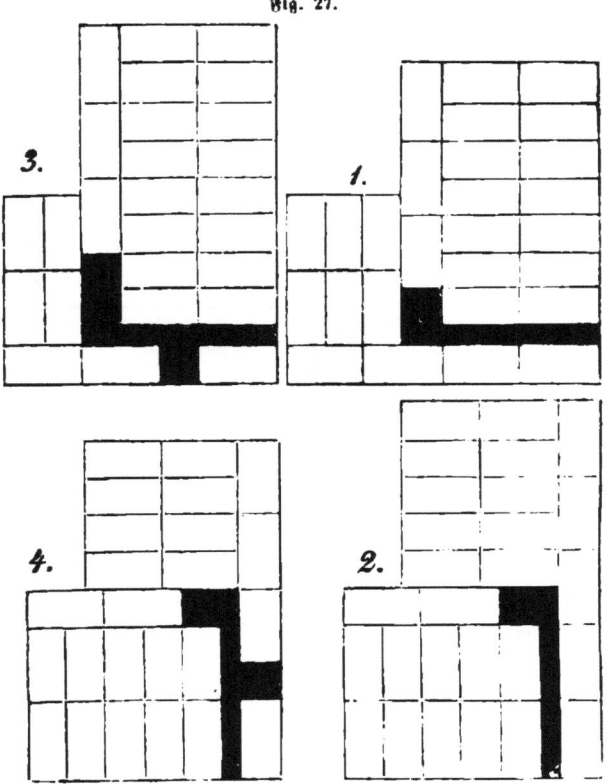

so gewährt dagegen dieser Verband eine größere Festigkeit als der Blockverband und sollte bei wichtigen Bauwerken immer Anwendung finden.

Bei der Betrachtung von Eckverbänden, welche die Fig. 20 bis 28 darstellen, haben wir angenommen, daß die Mauern rechtwinkelig zusammentreffen und zugleich eine gleiche Stärke haben. Sind rechtwinklig zusammentreffende Mauern von ungleicher Stärke, so ändert sich der Eckverband nicht wesentlich, indem derselbe sowohl durch die Anwendung von Kopfstücken, als auch durch Dreiquartiere gebildet werden kann. Werden Kopfstücke angewendet, so bilden dieselben immer die Beiecker der in der Richtung der Binder einer Schicht vorkommenden Ecksteine oder Ecker, welche letztere immer aus ganzen Steinen bestehen. Soll der Eckverband durch Dreiquartiere gebildet werden, so wird nach der verschiedenen Stärke der zusammentreffenden Mauern auch die Anzahl der Dreiquartiere an den beiden Mauerhäuptern verschieden sein, indem, wie bereits früher angeführt, in der Richtung der nach der inneren Mauerlinie durchgeführten Fuge am

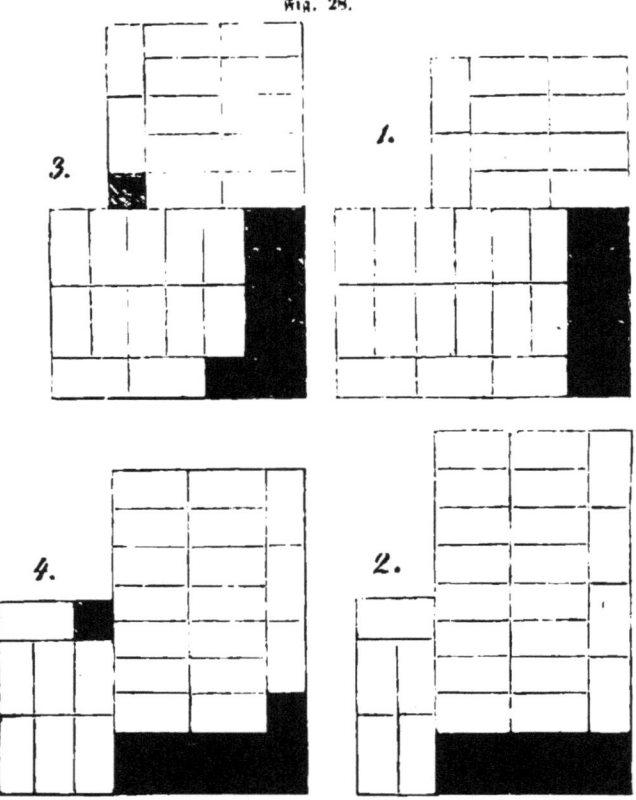

Fig. 29.

Ende der Mauer so viel Dreiquartiere nebeneinander gelegt werden, als die Mauer Steinbreiten zur Stärke hat.

Nehmen wir an, es treffe eine Mauer von anderthalb Steinstärke mit einer Mauer von dritthalb Steinstärke rechtwinklig zusammen, so werden in der Richtung der ersten Mauer drei Dreiquartiere, und in der Richtung der letztern Mauer fünf Dreiquartiere, von der innern Mauerlinie aus, nebeneinander gelegt werden müssen, um den richtigen Eckverband herzustellen.

c. Backsteinverband für Mauern, die unter spitzem oder stumpfem Winkel zusammentreffen. Die Anordnung des Eckverbandes bei Mauern, die unter einem spitzen oder stumpfen Winkel zusammentreffen, muß nach denselben Regeln erfolgen, die im Allgemeinen gültig und uns bereits bekannt sind. Es ist bei diesen Eckverbänden alle Aufmerksamkeit darauf zu richten, daß die Ecksteine jeder Schicht aus ganzen Steinen oder doch aus möglichst großen Steinstücken bestehen. Wir geben in Fig. 29 und 30 die Eckverbände von Mauern ungleicher Stärke, die unter spitzem Winkel zusammentreffen, und zwar in je zwei aufeinanderfolgenden Schichten. Es ist angenommen, daß diese Mauern aus gewöhnlichen Backsteinen gemauert, und daß diejenigen Steine oder Steinstücke, welche nach der Anordnung des Verbandes eine spitzwinklige Form haben müssen, von dem Maurer mit dem Hammer zugehauen werden. Es ist aus diesen Verbänden ersichtlich, daß alle Ecksteine aus ganzen Steinen bestehen, welche von Schicht zu Schicht der Mauerlinien wechselnd so gelegt sind, daß sie in der Richtung des Mauerhauptes, in der sie als Läufer erscheinen, einer durchgehenden Läuferreihe angehören, deren Stoßfugen durch die ganze Mauerstärke gehen und nur unterbrochen werden durch diejenigen Fugen der zusammentreffenden Mauer, welche nach den inneren Mauerlinien von Schicht zu Schicht abwechselnd durch die andere Mauer bis an die in der entgegengesetzten Richtung nach außen angelegte Läuferreihe gezogen sind. Mit Ausnahme der hinteren Fugen der als Läufer gelegten Ecksteine sind alle äußeren Stoßfugen rechtwinklig gegen die Mauerlinien, und es fallen in die äußeren Mauerecken nur zwei Steine, der Eckstein nämlich und der Beiecker, welche genau spitzwinklig bearbeitet werden müssen, während die übrigen Steine von spitzwinkliger Form in dem Kerne der Mauer sich befinden und einer genauen Bearbeitung uśm deswillen nicht bedürfen, weil etwa fehlende Theile durch den Mörtel ersetzt werden, ohne daß dies von Nachtheil wäre für die Festigkeit der Mauern.

Weiter geben wir in Fig. 31 den Eckverband von zwei Mauern verschiedener Stärke, die unter spitzem Winkel zusammentreffen, zu Vermeidung der äußeren spitzwinkligen Ecke aber abgestumpft sind, und in Fig. 32 den Eckverband von zwei Mauern verschiedener Stärke, die unter stumpfem Winkel zusammentreffen. Auch bei diesem Verbande sind die Ecken aus ganzen Steinen gebildet, welche, als Läufer von Mauerlinie zu Mauerlinie abwechselnd gelegt, in jeder Schicht einer Reihe von Läufern zugehören. Alle spitzwinkligen Steine sind bei diesen angeführten Verbänden in den Kern der Mauer gelegt und bedürfen deshalb, aus dem bereits angeführten Grunde, keiner genauen Bearbeitung.

d. **Backsteinverband mit abwechselnden Kreuz- oder Schmieglagen.** Bei sehr starken und der Erschütterung ausgesetzten Mauern sucht man einen besonders festen Verband des Mauerkörpers im Innern dadurch zu erreichen, daß man zwei durchgehende Binderschichten mit zwei Kreuz- oder

Siebenter Abschnitt.

Fig. 29. 30.

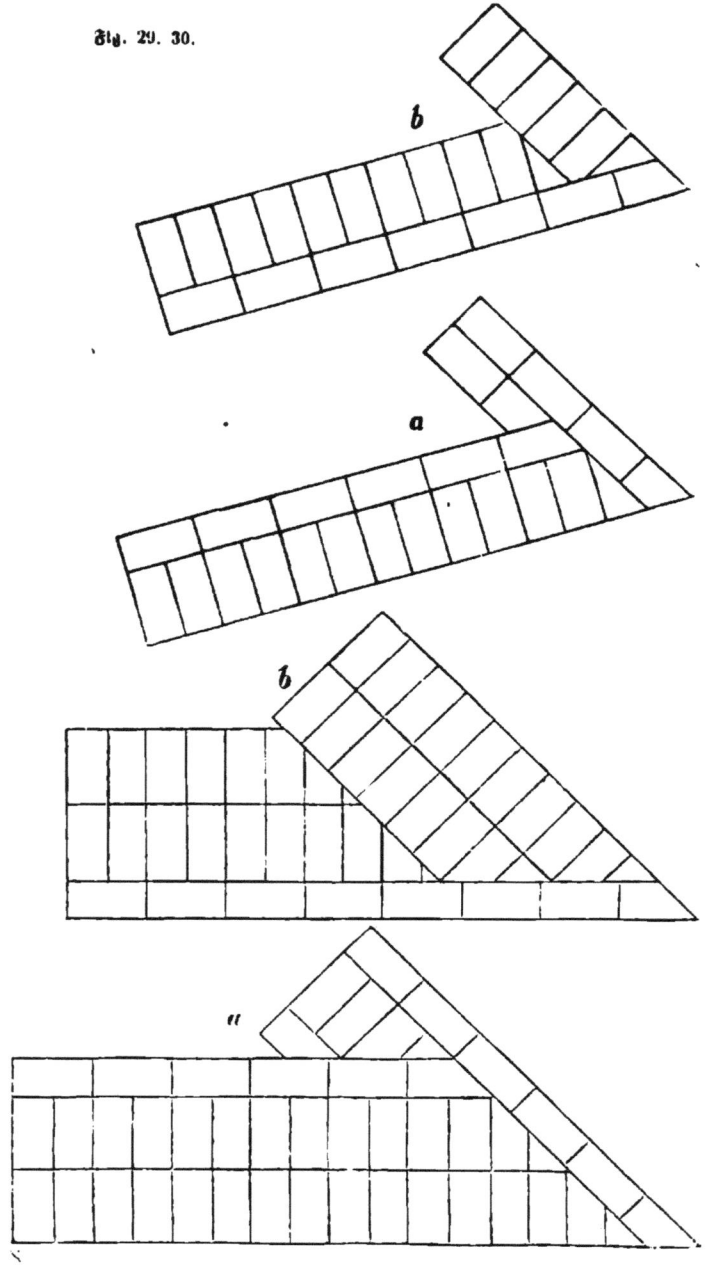

Von dem Mauerverbande.

Fig. 31. 32.

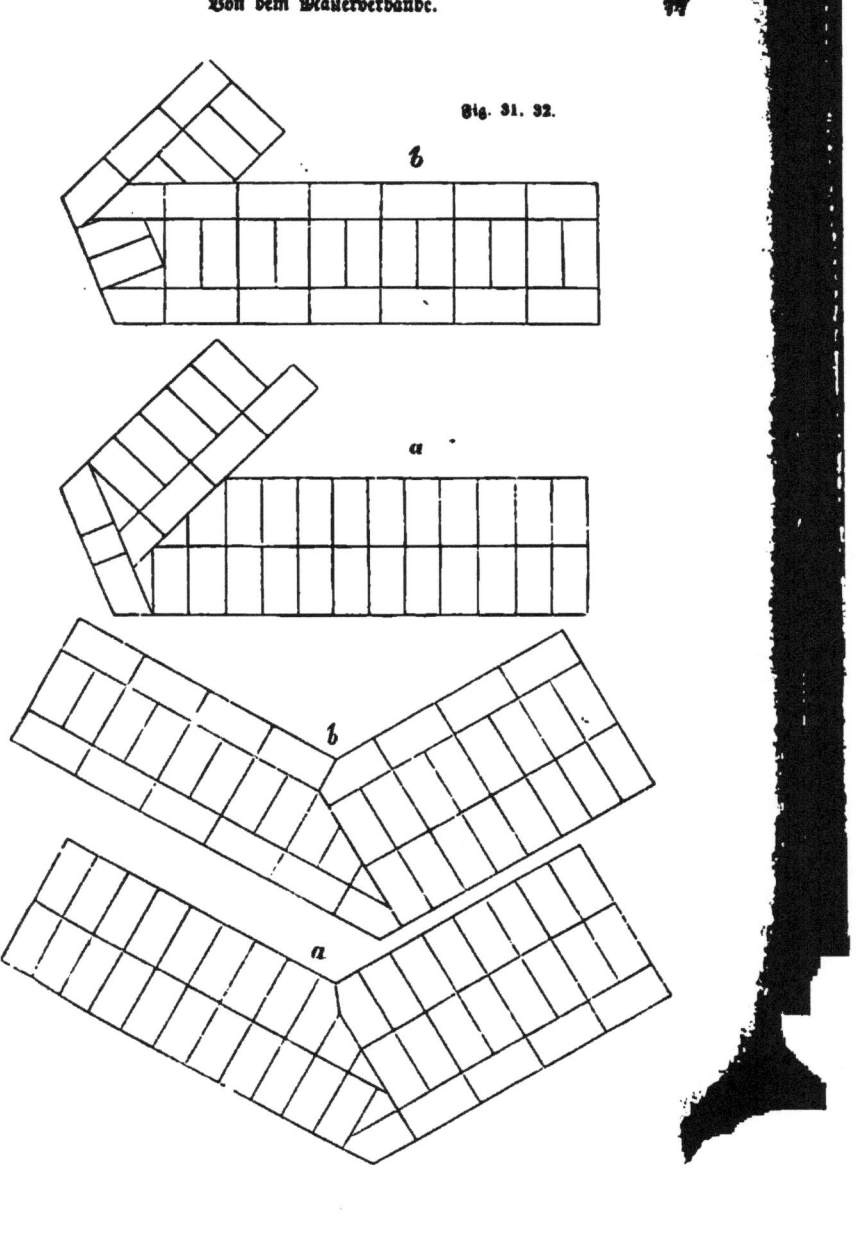

Schmieglagen abwechseln läßt, welche gegen die Längenrichtung der Mauer einen Winkel von 45 oder 60 Graden bilden und als Binderschichten nach entgegengesetzter Richtung über einander gelegt, sich unter einem Winkel von 90 oder 60 Graden schneiden. Die äußere Verkleidung der Mauer besteht bei den Schmieglagen aus abwechselnden Läufer= und Binderschichten und kann als Block= oder Kreuzverband angeordnet sein. Der in Fig. 68 dargestellte Verband mit Kreuzlagen bedarf keiner weiteren Beschreibung. Es unterliegt keinem Zweifel, daß dieser Verband den strengsten Anforderungen in

Fig. 33.

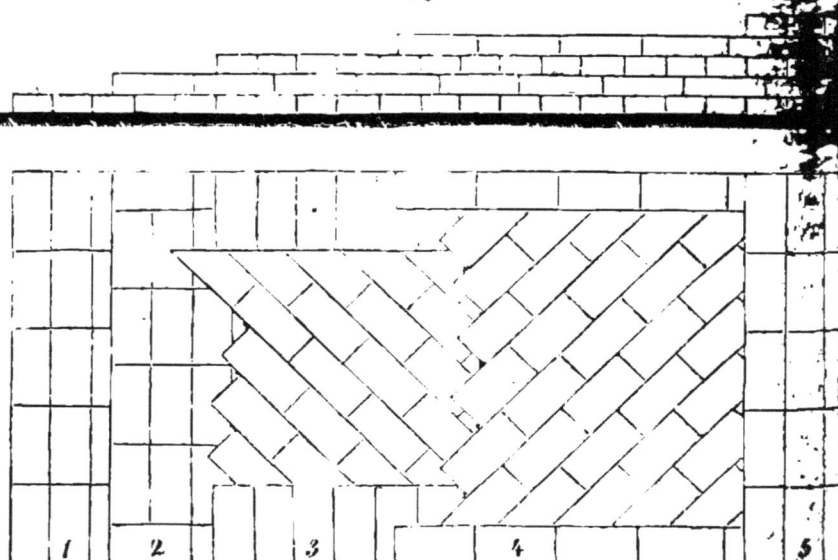

eine innige Verknüpfung der einzelnen Steine zu einem fest zusammenhängenden Steinkörper entspricht, und wenn er schon von den Römern angewendet wurde, so mag dies die beste Empfehlung dafür sein, ihn auch bei Hochbauten, wo er kaum gekannt ist, in Anwendung zu bringen. Wir haben in der Zeichnung dieses Verbandes die Richtung der Kreuzlagen unter einem Winkel von 45 Graden gegen die Richtung der Mauer angenommen, weil wir die Verknüpfung der Kreuzlagen durch das Ueberschneiden unter einem Winkel von 90 Graden für gesicherter halten, und wir darin keinen Nachtheil erkennen, daß die an die äußeren Verkleidungsschichten sich anschließenden Steine der Kreuzlagen in einem etwas spitzern Winkel zugehauen oder geformt werden müssen, als dies bei der Richtung der Kreuzlagen unter einem Winkel von 60 Graden erforderlich ist.

c. **Der polnische Verband.** Alle Backsteinverbände, bei welchen nicht Binder- und Läuferschichten mit einander abwechseln, vielmehr in jeder Schicht Läufer und Binder neben einander vorkommen, werden als polnische oder gothische Verbände bezeichnet. Dieser gemischte Verband steht zur Herstellung von Mauern, welche ganz aus Backsteinen bestehen, dem Block- oder Kreuzverbande um deswillen nach, weil zur Deckung aller Stoßfugen im Innern der Mauer zu viel Steinstücke angewendet werden müssen. Dagegen eignet er sich zum Hintermauern von Quadern und zum Anblenden oder Plattiren von Mauern, welche im Innern aus Bruchsteinen, Gußmörtel oder Stampferde (Pisé) bestehen. Der Eckverband einer Maueranblendung wird am einfachsten nach Fig. 34 durch Dreiquartierstücke hergestellt, kann aber auch aus ganzen Steinen bestehen, neben welche abwechselnd Binder- und Viertelsteine oder Quartierstücke gelegt werden.

Fig. 31.

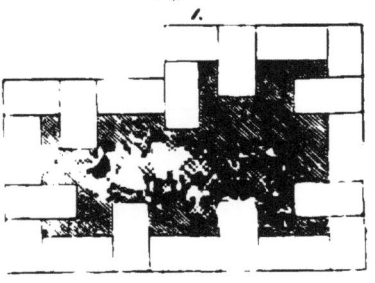

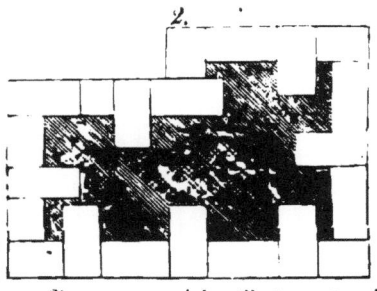

Die bei dem polnischen Verbande in jeder Schicht abwechselnd, jedoch regelmäßig und senkrecht über einander vorkommenden Läufer und Binder geben dem Mauerwerk ein gefälliges Ansehen; aus diesem Grunde findet dieser Verband noch häufige Anwendung bei dem Backsteinrohbau und wird sogar, wie wir später sehen werden, auf den Quaderverband übertragen. Bei der Anwendung dieses Verbandes auf Mauern, welche ganz aus Backsteinen bestehen, kann in der Regel die eine der in den Stoßfugen dem Blockverbande ähnlich wechselnden Schichten aus lauter ganzen Steinen hergestellt werden, zu der darauf folgenden Schicht werden aber immer Steinstücke in größerer Zahl als bei dem Block- und Kreuzverbande verwendet werden müssen. Die zweckmäßigste Anordnung des polnischen Verbandes besteht darin, daß die Binder durch die ganze Mauerstärke gehen, und daß zwischen zwei Bindern nur ein Läufer sich befindet. Fig. 35 stellt diese Anordnung auf einen Mauerpfeiler angewendet dar, woraus ersichtlich ist, daß die erste Schicht aus lauter ganzen Steinen besteht, in der zweiten Schicht aber mehr Dreiquartierstücke als ganze Steine

vorkommen und außerdem noch Kopfquartierstücke. Durch das Herausnehmen eines Läufers mit den darüber und darunter befindlichen Bindern entstehen bei diesem Verbande kreuzförmige Oeffnungen wie bei dem Blockverbande, wo über und unter den senkrechten Armen keine Stoßfugen an den die Oeffnung wagrecht abschließenden Läufern vorkommen.

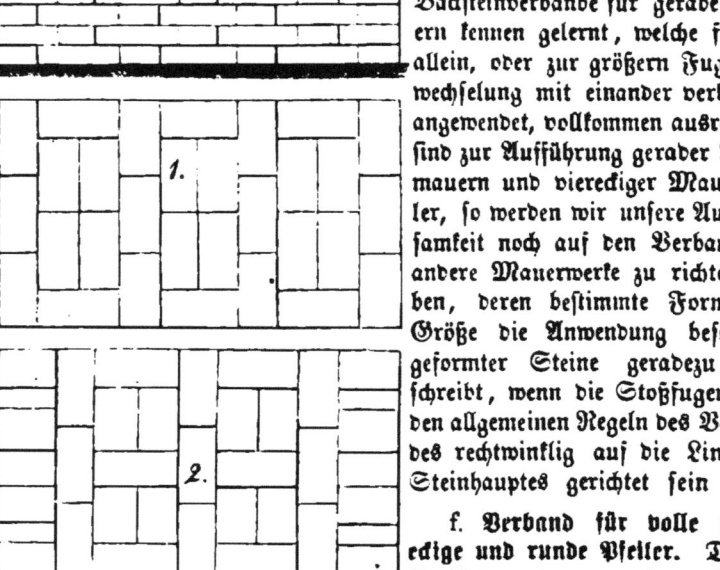

Fig. 35.

Haben wir die gebräuchlichen Backsteinverbände für gerade Mauern kennen gelernt, welche für sich allein, oder zur größern Fugenverwechselung mit einander verbunden angewendet, vollkommen ausreichend sind zur Aufführung gerader Längemauern und viereckiger Mauerpfeiler, so werden wir unsere Aufmerksamkeit noch auf den Verband für andere Mauerwerke zu richten haben, deren bestimmte Form und Größe die Anwendung besonders geformter Steine geradezu vorschreibt, wenn die Stoßfugen nach den allgemeinen Regeln des Verbandes rechtwinklig auf die Linie des Steinhauptes gerichtet sein sollen.

f. **Verband für volle mehreckige und runde Pfeiler.** Da die Backsteine ohne erhebliche Kostenvermehrung in jede beliebige Form geschlagen werden können, und da im Allgemeinen der Preis der Backsteine im Verhältniß steht zu ihrer Masse, so wird es in seltenen Fällen gerechtfertigt erscheinen, wenn mit Verlust an Zeit und Material mehreckige oder runde Mauerwerke von gewöhnlichen Backsteinen aufgeführt werden, wo bei der sorgfältigsten Anordnung des Verbandes in Bezug auf die Ueberdeckung der Stoßfugen von Schicht zu Schicht es nimmermehr erreicht werden kann, daß alle Stoßfugen rechtwinkelig oder central gegen die äußeren Begrenzungslinien gerichtet sind.

Betrachten wir in Fig. 36 den Verband eines achteckigen Pfeilers, wenn er mit gewöhnlichen Backsteinen aufgeführt werden soll, so wird die Anordnung des Verbandes den strengsten Anforderungen in Bezug auf die Verwechselung und das Ueberdecken der Stoßfugen, sowie auch dem entsprechen, daß in jeder Schicht möglichst viel ganze Steine vorkommen. Alle Ecksteine aber, acht in jeder Schicht, müssen nach der äußern Form des Pfeilers

Von dem Mauerverbande.   81

zugehauen werden und davon die Hälfte, veranlaßt durch die fehlerhafte
Richtung der Stoßfugen, unter einem spitzen Winkel. Zu dem nicht unbe=
deutenden Verluste der abgehauenen Steinmasse ist außerdem noch ein weiterer
Abgang durch das Zerbrechen der Steine beim Zuhauen zu rechnen, so daß
beinahe mit dem Steinmateriale für den achteckigen Pfeiler ein viereckiger
Pfeiler von demselben Durchmesser aufgeführt werden könnte. Nur die Eck=
steine a und b, deren Form für alle Schichten dieselbe bleibt, besonders zu

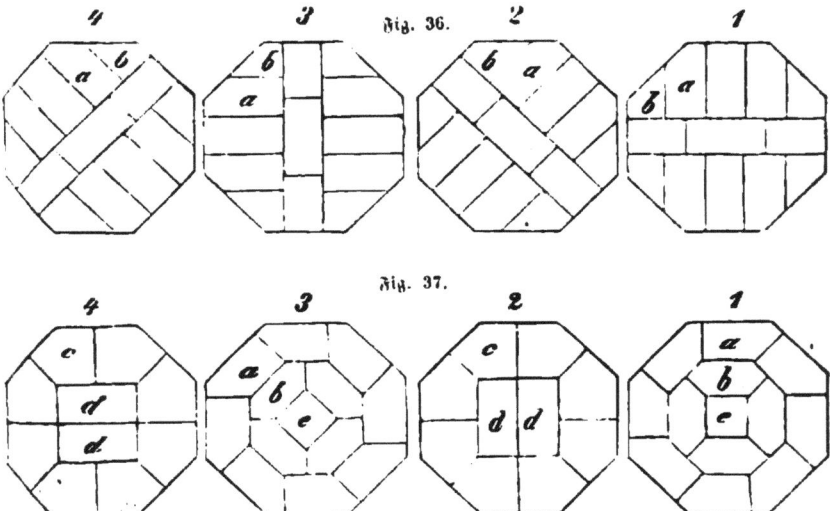

formen, sonst aber die Anordnung des Verbandes beizubehalten, würde den
Verlust an Material und den Zeitaufwand mildern, keineswegs aber den
Verband verbessern, welcher wegen Nichtberücksichtigung der rechtwinkeligen
Stoßfugen zu den verfehlten Verbänden gezählt werden muß.

Wir geben in Fig. 37 die Anordnung des Verbandes in Formsteinen
für einen achteckigen Pfeiler von der, in Figur 36 zu 2½ Steinlängen
angenommenen Stärke.

Diesem Verbande liegt der Kreuzverband zu Grunde, indem dabei Bin=
der- mit Läuferschichten in der Art wechseln, daß zwischen den Stoßfugen der
äußeren Läufer a drei Steine sich befinden, durch welche sie gedeckt sind, wäh=
rend zwischen den Stoßfugen der Binder c immer nur ein Stein sich befindet.
Die Verwechselung der Stoßfugen ist aus der Figur genügend zu ersehen, eben
so daß für die erste und dritte Läuferschicht zwei Formen a und b und für die
zweite und vierte Binderschicht nur eine Form, im Ganzen also drei verschie=
dene Formen herzustellen sind. Der innere Schluß der Läuferschichten besteht

82 Siebenter Abschnitt.

aus halben Steinen e und der der Binderschichten aus ganzen Steinen d. Diese Anordnung entspricht streng den Regeln des Verbandes und bietet dem Maurer in der Ausführung durchaus keine Schwierigkeit dar, indem bei der Anlage einer Schicht die richtige Lage eines Steines die aller übrigen bestimmt, und eine für den Verband nachtheilige Verwechselung der Steine gar nicht gedacht werden kann. Selbstverständlich ist es, daß bei der Anordnung eines derartigen Formsteinverbandes darauf Rücksicht genommen werden muß, daß die Größe der Steine dem Gahrbrennen derselben nicht hinderlich wird.

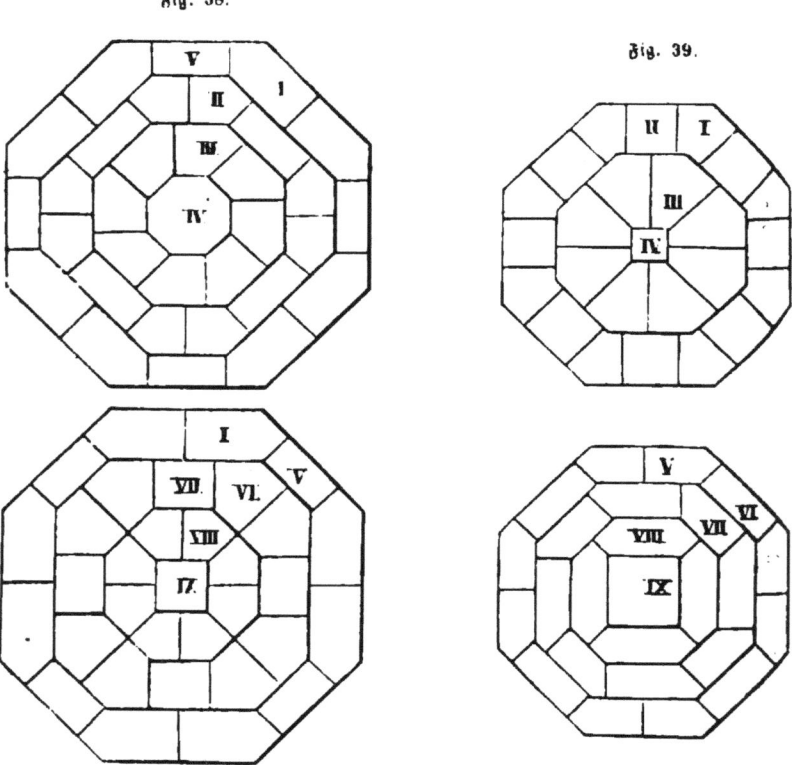

Fig. 38. Fig. 39.

Wir geben in den Fig. 38 und 39 ein weiteres Beispiel von Backsteinverbänden für achteckige Pfeiler. Diese Verbände kommen, nach der Angabe des Verfassers bei dem Neubau einer Kirche in Anwendung, und es stellt Fig. 38 den Verband der Pfeilersockel von 1,25 Meter Durchmesser, und

Fig. 39 den Verband der Pfeilerschäfte von 1 Meter Durchmesser dar. Bei dem Verbande für die Pfeilerschäfte Fig. 39 wechseln regelmäßig Läufer= mit Binderschichten, und es besteht eine jede Schicht aus 25 Steinen. Zur Herstellung einer Binderschicht sind vier, und zur Herstellung einer Läufer= schicht fünf, im Ganzen also neun verschiedene Steinformen erforderlich. Der Verband für die Pfeilersockel Fig. 38 konnte mit dem Verbande für die Pfeilerschäfte Fig. 39 um deswillen nicht übereinstimmend angeordnet werden, weil Versuche mit dem Formen und Brennen der für den letzteren bestimmten Backsteine ergeben hatten, daß die Dimensionen der Formsteine nicht ohne Beeinträchtigung von deren Festigkeit überschritten werden durften. Es mußte aus diesem Grunde zur Bildung einer Sockelschicht eine größere Anzahl von Steinen angewendet werden, so daß, dem entsprechend, jede Schicht aus 33 Steinen besteht. In jeder Schicht kommen Läufer und Binder vor, so daß dieser Verband zu den gemischten zu zählen, während der Verband für die Pfeilerschäfte nach den Regeln des Blockverbandes an= geordnet ist. Die Ecksteine mit ihren Beiecken sind in beiden Schichten Läufer und beziehungsweise gleich; durch eine Verwechselung ihrer Lage an verschiedenen Seiten des Achteckes greifen aber die breiteren Ecksteine I als Binder über die schmäleren Beiecken V. — In der einen Schicht befinden sich fünf verschiedene Formsteine, von denen zwei auch bei der zweiten Schicht Anwendung finden und so bei letzterer nur noch vier von anderer Form hinzutreten. Es sind demnach bei einer größeren Anzahl von Steinen bei dem Sockelverbande Fig. 38 doch nicht mehr Steine von verschiedener Form erforderlich, als bei dem Verbande für die Pfeilerschäfte Fig. 39, welcher aus einer geringeren Anzahl von Steinen angeordnet ist.

Was wir gegen das Aufführen mehreckiger Pfeiler aus gewöhnlichen Backsteinen angeführt haben, muß folgerichtig gegen das Aufführen von run= den Pfeilern oder Säulen in noch höherem Maße anwendbar sein. Wir werden dies nachzuweisen suchen. Wir nehmen einen Rundpfeiler an, dessen Durchmesser drei Steinlängen gleich ist. Bei der in Fig. 40 dargestellten Anordnung des Verbandes aus gewöhnlichen Steinen sind alle Lagen einander gleich, aber abwechselnd so gelegt, daß sich die Stoßfugen unter einem Winkel von 45 Graden schneiden. Dadurch, daß alle Schichten eine Kreuzlage bilden, wird außer dem Ueberbinden der Stoßfugen noch das erreicht, daß die in jeder Schicht vorkommenden Zwickelstücke nur von vier Schichten zu vier Schichten lothrecht über einander treffen. Finden wir bei diesem Ver= bande das Ueberbinden und Verwechseln der Stoßfugen nach den Regeln eines guten Verbandes gewahrt, so werden wir mit der Richtung der Stoß= fugen nicht einverstanden sein können, wenn wir sehen, daß in jeder Schicht nur zwei derselben central, das heißt nach der Achse des Cylinders, geführt sind, alle übrigen aber keinen rechten Winkel gegen die Begrenzungslinie einschließen. Ein und zwanzig Steine, ganze Steine und Steinstücke zusammen genommen, bilden eine Schicht, und von diesen sind es nur drei, welche ohne künstliche Bearbeitung vermauert werden können, alle anderen, bis zur Peripherie des Kreises reichenden Steine müssen mit dem Hammer zugehauen werden. Nehmen wir an, daß die Reinheit der Backsteinmasse ein genaues Bearbeiten der Steine gestatte, und daß die Bearbeitung nach einer Schablone (Formbrett) vorgenommen werde, so wird bei der Anwendung des Mauerhammers zur Bearbeitung, abgesehen von der darauf verwendeten Zeit, immerhin nur ein annähernd kreisrunder Pfeiler erwartet werden dürfen, dessen Ansehen die auf die Ausführung verwendete Mühe und Sorgfalt des Maurers kaum ahnen läßt, viel weniger lohnt.

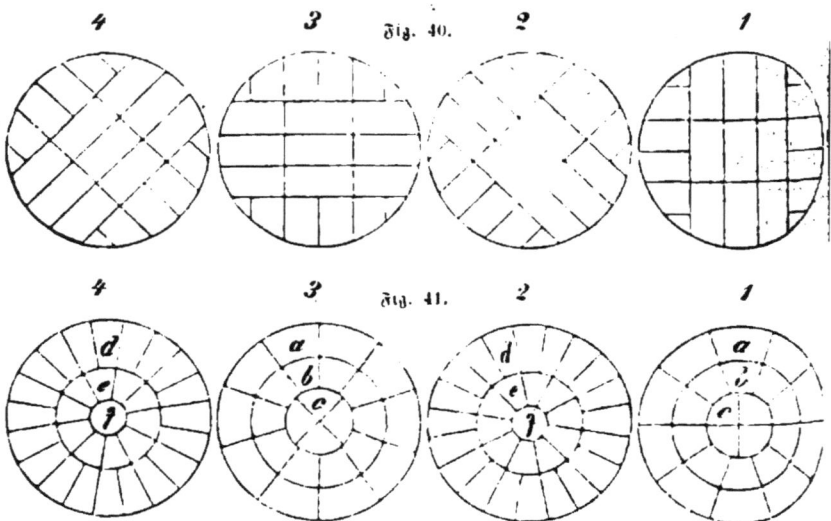

Die regelwidrige Richtung der Stoßfugen und die schwierige Bearbeitung der in die Peripherie des Kreises reichenden Steine, verbunden mit einer sehr unvollkommenen Darstellung der äußern Form, müssen wir als diejenigen Mängel bezeichnen, welche bei der Aufführung von Rundpfeilern aus gewöhnlichen Backsteinen auch durch die sinnreichste Anordnung des Verbandes nicht beseitigt werden können. Wie der Verband eines Rundpfeilers von demselben Durchmesser wie der in Fig. 40 dargestellte aus Formsteinen anzuordnen wäre, geben wir in Fig. 41. Nach den Regeln des Kreuzverbandes sind wechselnde Läufer- und Binderschichten in Ringform angenommen und so geordnet, daß die in einer Lothrechten über einander stehenden Stoßfugen der

Binderschichten durch einen Stein, und die lothrecht über einander stehenden Stoßfugen der Läuferschichten durch drei Steine überdeckt sind. Zwei Läuferschichten 1 und 3 mit durchgehenden Stoßfugen umschließen einen Kern, welcher aus vier viertelkreisförmigen Steinen besteht. Die äußere Binderschicht besteht aus der doppelten Anzahl der in der äußern Läuferschicht enthaltenen Steine, während die innere Binderschicht eine gleiche Anzahl Steine wie die Läuferschicht hat, so daß die Stoßfugen von je zwei der äußeren Binder mit den Stoßfugen der inneren Binder durchgehen, welche letztere einen kreisrunden Kernstein umschließen.

Die Binderschichten sind unter sich gleich, eben so die Läuferschichten, und es wird der Kreuzverband, wie aus Fig. 41 zu ersehen, durch eine entsprechend veränderte Richtung der Stoßfugen erreicht. Zu jeder Schicht gehören drei verschiedene Steinformen, welche für jede Schicht unter sich gleich sind.

Wir haben den äußern Läufer mit a, den innern Läufer mit b und den Viertelkreisstein zur Läuferschicht mit c, ferner den äußern Binder mit d, den innern Binder mit e und den kreisrunden Kernstein mit f bezeichnet.

Die Säulen im Innern der katholischen Kirche zu Darmstadt sind in einem ähnlichen, von dem verstorbenen Ober-Baudirector Moller angeordneten Verbande aus Backsteinen aufgeführt und zeichnen sich durch Festigkeit und Schönheit gleich vortheilhaft aus. Es möchte die Bemerkung hier nicht ohne Werth sein, daß diese stark verjüngten Säulen in mehreren senkrechten genau cylindrischen Sätzen aufgemauert wurden, welche, in horizontalen Absätzen zurückgesetzt, nach oben immer kleinere Durchmesser haben, so daß eine über die Oberkanten dieser Mauersätze gezogene gerade Linie mit der äußern Begrenzungslinie des Verputzes parallel läuft. Durch diese senkrechten Mauersätze wurde das Aufmauern der Säulen sehr vereinfacht und zugleich ein sehr fester Anschluß des Verputzes erreicht.

g. **Schornsteinverband.** Die Umfassungsmauern der zur Abführung des Rauches dienenden, meist senkrechten Röhren, welche Schornsteine, Schlöte oder Kamine genannt werden, bestehen in der Regel aus schwachen Mauern von der Stärke eines halben Steines, und die Form und Größe der Steine richtet sich nach dem Querschnitte und der Weite der Röhren, der Art, daß zu einfachen Röhren nur ganze Steine, und zu zusammengesetzten Röhren ebenfalls ganze Steine und wenigstmöglich Steinstücke verwendet werden, bei deren Verband eine Verwechselung der Stoßfugen auf die Breite der Steine einzuhalten gesucht wird. Starke Umfassungsmauern sehr hoher Schornsteine werden in einem entsprechenden Mauerverbande aufgeführt und unterscheiden sich von gewöhnlichen Mauern nur durch die in kurzer Entfernung von einander vorkommenden, die Aufmerksamkeit des Maurers in Anspruch nehmenden Eckverbände.

86 Siebenter Abschnitt.

Die Schornsteine unterscheiden sich nach der Art der Reinigung derselben als besteigbare und als unbesteigbare.

Die Weite der besteigbaren Schornsteine ist in jedem Lande gesetzlich vorgeschrieben und dadurch zugleich die Größe der zur Ummauerung in Anwendung kommenden Steine, der sogenannten Kaminsteine, deren Länge beinahe allgemein darnach eingerichtet wird, daß zur Ummauerung eines ein-

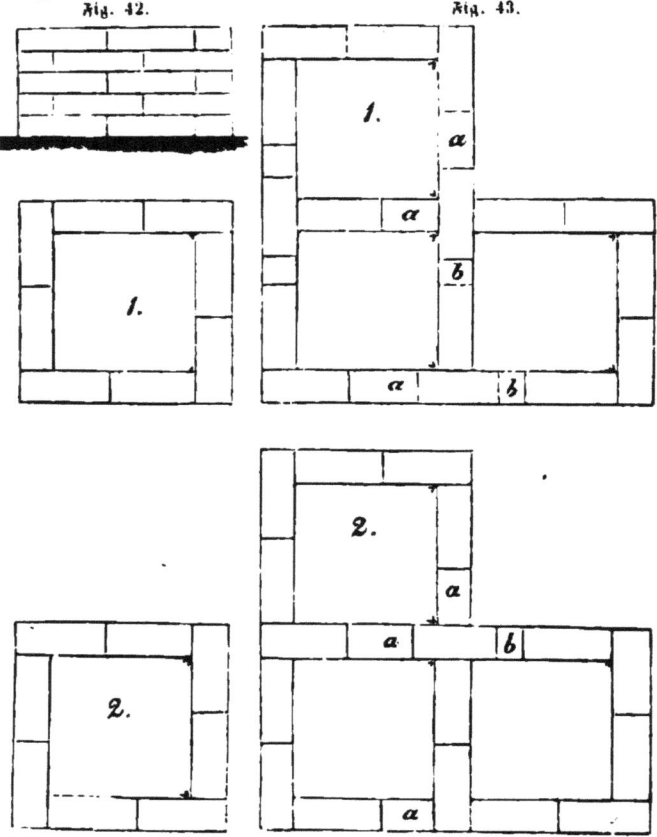

Fig. 42. Fig. 43.

fachen quadraten Schornsteins acht ganze Steine eine Schicht bilden. Da wir nun auf ein besonderes Maß uns nicht beziehen können, so müssen wir uns darauf beschränken, den Schornsteinverband im Allgemeinen nach seiner verschiedenen Anwendung auf einfache und zusammengesetzte Schornsteine zu betrachten.

Fig. 42 stellt den Verband für einen einfachen und Fig. 43 den Verband für einen, nach der Wiederkehr angelegten, dreifachen besteigbaren Schornstein, in zwei über einander liegenden Schichten dar, welche mit 1 und 2 bezeichnet sind und regelmäßig bei der Aufführung der Mauern abwechseln. Die Fugenverwechselung des Verbandes Fig. 42, welcher nur aus ganzen Steinen besteht, wird durch das Verlegen der Ecksteine nach entgegengesetzter Richtung von Schicht zu Schicht erreicht, so daß alle Stoßfugen der abwechselnden Schichten in einer Lothrechten stehen.

Bei dem Verbande für den dreifachen Schornstein Fig. 43 müssen die inneren Mauern, welche die Rauchröhren von einander trennen und in gleicher Stärke mit den Umfassungsmauern aufgeführt werden, die sogenannten Zungen, in die Umfassungsmauern so eingreifen, daß in abwechselnden Schichten nach der Richtung der Zungen ganze Steine als Binder durchgehen, und diese Binder wieder in der darauf folgenden Schicht durch ganze Steine der Umfassungsmauern gedeckt werden. Der Verband der Zungen- und Umfassungsschichten wird durch Dreiquartierstücke a und Quartierstücke b erreicht, während die Verbände aller äußeren Ecken, wie bei dem Verbande für den einfachen Schornstein, nur aus ganzen Steinen bestehen. Wird bei dem Schornsteinverbande als Regel von dem Eckverbande mit ganzen Steinen ausgegangen, so ergiebt sich daraus die Anordnung der abwechselnd durchgreifenden Zungenbinder von selbst, und es wäre deshalb überflüssig, den in Fig. 42 und Fig. 43 mitgetheilten Beispielen noch weitere hinzuzufügen. Gehen wir zur Betrachtung des Verbandes für unbesteigbare Schornsteine über, welche unter dem Namen der russischen oder schwedischen Schornsteine bekannt sind, so bemerken wir voraus, daß diese nur zur Ableitung des Rauches angelegten Schornsteine, sowohl aus Rücksicht auf eine vollständige Reinigung derselben durch die von oben eingebrachten und durch das Gewicht einer Kugel abwärts gezogenen Besen oder Bürsten, als auch aus Rücksicht auf die Beförderung eines lebhaften Luftzugs von der Feuerstelle aus durch die Rauchröhre, im Innern kreisrund sein müssen, und daß wir aus diesem Grunde nur diese Form des Querschnittes berücksichtigen werden. Kommen, wie dies bei Luftheizungen der Fall ist, enge Röhren von quadrater oder oblonger Durchschnittsfläche vor, so richtet sich der Verband nach den Abmessungen der Lichtenweite der Röhren, und besteht in einer möglichst einfachen Verwechselung der Stoßfugen. Wir nehmen an, daß runde Schornsteine aus besonders dazu geformten Steinen aufgeführt werden müssen, wenn sie den Anforderungen in Bezug auf die bei diesen Schornsteinen besonders zu berücksichtigende Sicherheit gegen Feuersgefahr entsprechen sollen, und können nicht umhin, das an vielen Orten übliche Verfahren, runde Schornsteine mit gewöhnlichen Backsteinen aufzuführen, als ein sehr mangelhaftes zu bezeichnen.

Die Lichtenweite der runden Schornsteine ist entweder gesetzlich vorgeschrieben, oder sie wird durch die Feuerungsanlagen, wie wir später erfahren

werden, bestimmt, und beträgt, mit Ausnahme der Schornsteine für Kessel=
feuerungen von Dampfmaschinen, zwischen 7 und 12 Zoll. Lassen wir die
Schornsteine für Dampfmaschinenfeuerung außer Betracht, so wird eine
Verschiedenheit in der Lichtenweite von 7 bis 12 Zoll ohne Einfluß auf den
Verband sein. Wir werden demnach nur zu unterscheiden haben, ob die
Schornsteine freistehend oder in Mauern aufgeführt werden. Für freistehende
runde Schornsteine wird der Verband am einfachsten nach Fig. 44 und 45
angeordnet. Bei einfachen Schornsteinen bestehen nach Fig. 45 die unter

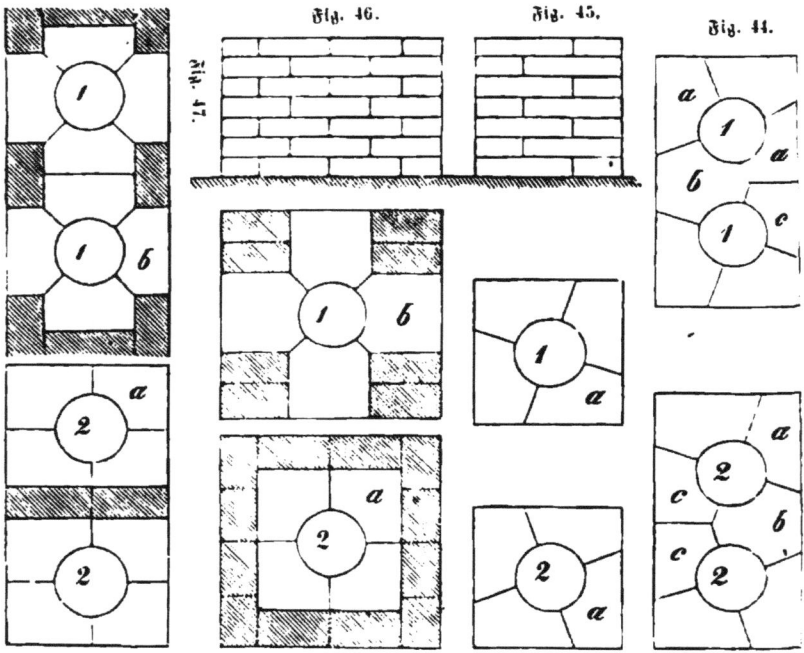

sich gleichen Schichten aus vier ganz gleichen Steinen *a*, deren Stoßfugen
nach dem Mittelpunkte des innern Kreises, sonach central gerichtet sind und
für zwei an einander gelegte Steine von der einen nach der gegenüber be=
findlichen andern Seite der äußern Begrenzung in gerader Linie durchgehen.
An den Außenkanten gemessen beträgt die Länge der gleichen Steine ⅔ und
die Breite ⅓ der Seiten des Quadrates der äußern Begrenzung. Durch die
Verwechselung der Stoßfugen von Schicht zu Schicht nach Fig. 45 1 und 2
wird ein Verband hergestellt, welcher nicht besser gedacht werden kann, denn
es treffen, wie aus der Ansicht Fig. 45 zu ersehen, die sämmtlichen Stoß=
fugen auf die Mitte der darüber und darunter liegenden Steine.

Bei doppelten Schornsteinen nach Fig. 44 werden die Ecken mit denselben Steinen a, welche nach dem Verbande für die einfachen Schornsteine geformt sind, angelegt, und zwar in der Art, daß nach der einen langen Seite des Schornsteins die Ecksteine gleiche Seiten zeigen, sonach auf der einen Seite als Binder, und auf der gegenüber befindlichen andern Seite als Läufer erscheinen. Auf der Läuferseite der Ecksteine wird ein Binderstein b eingelegt, dessen Form sich aus der Richtung der Stoßfugen ergiebt, und auf der Binderseite der Ecksteine bilden 2 Steine c den Schluß der Schicht. Durch die aus Fig. 44 1 und 2 ersichtliche Verwechselung der Stoßfugen der gleichen Schichten wird ein Verband erreicht, bei welchem die Stoßfugen wie in Fig. 45 auf die Mitte der darunter und darüber befindlichen Steine treffen und alle Stoßfugen der entsprechenden Schichten sich lothrecht über einander befinden.

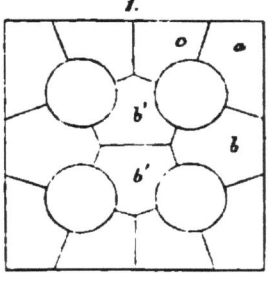

Fig. 44.

Sollen drei oder mehr Schornsteine zusammen aufgeführt werden, so sind dabei zur Herstellung des Verbandes, wie aus Fig. 48, welche den Verband eines vierfachen runden Schornsteins darstellt, zu ersehen ist, Steine von anderer Form, als der zu dem Verbande für den doppelten Schornstein angegebenen, nicht erforderlich. Wir haben in Fig 48 die in Fig. 44 angenommene Bezeichnung der gleichen Steine beibehalten und nur die mittleren Zungensteine mit b' bezeichnet, weil es Steine von der Form b sind, welche mit dem Mauerhammer etwas kürzer gehauen werden müssen.

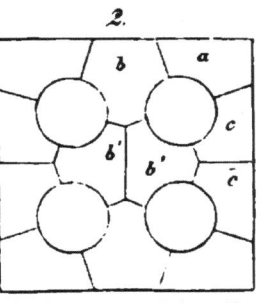

Daß bei dem erwähnten Verbande für freistehende runde Schornsteine nur drei Steinformen zur Ausführung mehrfach mit einander verbundener Schornsteine erforderlich sind, läßt ihn als besonders empfehlenswerth erscheinen. Verbände für runde Schornsteine, welche in Mauern aufgeführt werden, geben wir in Fig. 46 und Fig 47. Die Anordnung beider Verbände ist darin übereinstimmend, daß in der einen Schicht jeder Stein vier Stoßfugen hat, und zwar zwei, welche centrisch, und zwei, welche rechtwinkelig gegen die Begrenzungslinie der Mauer gerichtet sind. Bei Fig. 46 ist angenommen, daß ein einfacher runder Schornstein in einem isolirten Mauerpfeiler sich befinde, während in Fig. 47 zwei runde Schornsteine in einer Längemauer in einiger Entfernung von einander aufgeführt gedacht sind. Die Größe der zur Aufführung der Schornsteine verwendeten Formsteine ist hier darnach bestimmt, daß der Schornsteinverband mit einen Bestandtheil des Mauerverbandes ausmacht.

Uns noch weiter mit den Backsteinverbänden zu beschäftigen, erscheint uns unnöthig, da in den zur Sprache gebrachten Verbänden ein ausreichendes Material zu einer Anwendung für andere Mauerwerke enthalten ist, und sich in späteren Abschnitten noch Gelegenheit darbieten wird, das in diesem Abschnitte absichtlich unerwähnt Gelassene an passender Stelle in Betracht zu ziehen. Daß wir das Ausmauern der Riegelgefache von Holzwänden, sowie das noch zuweilen in Anwendung kommende Vermauern oder Verblenden derselben nicht als einen besondern Backsteinverband aufgenommen haben, wird keiner Rechtfertigung bedürfen.

B. Hausteinverband.

Der Verband von Hausteinen, welche als Steine zur Aufführung von Mauern auch Quader- oder Werkstücke genannt werden, wird dadurch sehr vereinfacht, daß bei der bedeutenden Stärke der mit genau bearbeiteten Lagern versehenen und gleichmäßig unterstützten Steine weniger auf das Verwechseln der Stoßfugen mit mehreren Zwischenschichten, als auf das Ueberdecken derselben von Schicht zu Schicht Rücksicht genommen werden muß. Dies setzt jedoch voraus, daß die Lagerflächen der Steine bei senkrechten Mauern rechtwinkelig gegen das Haupt, und bei Mauern mit Böschung normal gegen die Richtung des auf die Mauer wirkenden Drucks bearbeitet werden.

Das Unterarbeiten der Lagerflächen ist bei Hausteinen um so weniger zulässig, weil Quadermauern nur bei schwer belasteten oder der Erschütterung ausgesetzten Bauwerken oder als eine fugendichte Verkleidung von Mauern, deren Kern aus einem andern Materiale besteht, Anwendung finden. Muß das unterarbeitete Lager von Quadern mit Zwicksteinen unterfüttert werden, so wirkt die Belastung nur auf die Vorderkante der Quadern und auf die einzelnen Punkte, wo die Zwicksteine untergetrieben sind, und die unausbleibliche Folge davon ist das Absprengen der Steine an den Vorderkanten, so wie das Hohlliegen der Steine, weil der darunter befindliche Mörtel nicht zusammengepreßt werden kann und beim Trocknen und Erhärten schwindet. Daß unter allen Umständen die Quadern nicht auf das Haupt gestellt werden dürfen, sondern auf ihr natürliches Lager gelegt werden müssen, ist eine der ersten Anforderungen, welcher selbst bei der Quaderverkleidung (Plattirung) von Mauern aus andern Steinen entsprochen werden muß.

Mit der Bearbeitung der Quadern, welche dem Steinhauer zusteht, haben wir uns nicht zu beschäftigen, wol aber wird es nicht überflüssig sein, eine kurze Bemerkung über die Größenverhältnisse derselben unserer Betrachtung über den Verband vorausgehen zu lassen. Die Größe der Quadern im Allgemeinen richtet sich theils nach den Verhältnissen derselben zu den übrigen Theilen eines Bauwerkes, so daß die Mauern, als Zierde des Bauwerkes betrachtet, den Anforderungen der Schönheit genügen, theils nach dem Schutze, welchen Quadermauern gegen das Eindringen der Nässe sowol als auch gegen Beschädigung durch den Stoß fester Körper gewähren, so daß sie den Anforderungen der Festigkeit und Dauer entsprechen sollen. Da nun aber im Bauwesen vor Allem im Auge behalten werden muß, bei jeder Aufgabe den vorliegenden Zweck mit den geringsten Mitteln zu erreichen, so wird bei der Bestimmung der Größe der einzelnen Mauerbestandtheile, hier der Quadern, die Mächtigkeit der Bänke in den Steinbrüchen, aus welchen die Quadern bezogen werden müssen, von entscheidendem Einflusse sein. Einen Verband von Quadern in solcher Größe, wie die Steine in den Brüchen nur ausnahmsweise vorkommen, aus Laune oder übel verstandener Auffassung der gestellten Aufgabe, an umfassenden Bauwerken durchzuführen, hat unausbleiblich eine, in seltenen Fällen gerechtfertigte, Vermehrung der Kosten und eine Verzögerung der Ausführung zur Folge. Ist die Höhe der Quadern nach der Mächtigkeit der Bänke in den Steinbrüchen der Bezugsorte bestimmt, so ist dagegen das Verhältniß der Länge der Steine zu ihrer Höhe nach der Festigkeit der Steinart zu richten. Bei nicht sehr festen Sandsteinen wird das Doppelte der Höhe, bei festen, lagerhaften Sandsteinen das Dreifache, bei Marmor das Vierfache und bei Granit das Fünffache der Höhe der Steine zu ihrer Länge angenommen werden können. Die Breite der Steine darf nie geringer sein als ihre Höhe und geht bei Läufern bis zum Doppelten der Höhe.

Die Quadermauern bestehen entweder ganz aus Quadern, oder es sind nur die beiden Mauerhäupter mit Quadern aufgeführt, das Innere der Mauer dagegen, der Kern, ist mit anderen Steinen ausgemauert; oder es bilden die Quadern nur die äußere Verkleidung einer aus anderen Steinen aufgeführten Mauer. Nach dieser verschiedenen Anwendung der Quadern, für sich allein oder in Verbindung mit Mauerwerk aus anderen Steinen, werden wir den Quaderverband zu betrachten haben.

a. **Quaderverband für Mauern, welche ganz aus Quadern bestehen.** Der einfachste Verband ergiebt sich, wenn die Breite der Quadern der Mauerstärke gleich ist. Haben die Steine nach Fig. 49 eine gleiche Länge, so sind alle Schichten Binder- oder Läuferschichten, und es werden die Stoßfugen nach Fig. 49 von Schicht zu Schicht so verwechselt, daß sie auf die Steinmitte der vorhergehenden und der darauf folgenden Schicht treffen. Haben die Steine eine ungleiche Länge, so ist darauf zu sehen, daß alle Stoßfugen gedeckt werden und dabei die Decksteine mindestens auf eine Länge gleich der Hälfte ihrer Höhe über die Stoßfugen greifen.

Mauern von bedeutender Stärke aus Steinen von gleicher Höhe werden entweder mit wechselnden Binder= und Läuferschichten nach den Regeln des Block= oder Kreuzverbandes, oder mit Läufern und Bindern in jeder Schicht, nach dem polnischen Verbande, aufgeführt. Die Anwendung der Verbände mit Bindern und Läufern in jeder Schicht verdient bei Quadermauern den Vorzug vor den Verbänden mit wechselnden Binder= und Läuferschichten. Wechselnde Quaderschichten von verschiedener Höhe und Breite bieten Gelegenheit zu mannigfaltiger Anordnung des Verbandes. Wir geben in Fig. 50 den Verband einer Quadermauer mit abwechselnden Schichten von verschiedener Höhe, welche nur aus Läufern bestehen. Bei den hohen Schichten ist die Breite von zwei Steinen, bei den niederen Schichten ist die Breite von drei Steinen gleich der Stärke der Mauer, und die Länge der Steine in den hohen Schichten beträgt das Doppelte der Länge der Steine in den niederen Schichten. Die Stoßfugen nach der Länge und Breite der Mauer gehen in den Schichten von gleicher Höhe ohne Verwechselung durch, sind aber in den Schichten von ungleicher Höhe so verwechselt, daß alle Stoßfugen auf die Mitte der Steine in der darüber und darunter befindlichen Schicht treffen. Die Steine der hohen Schicht greifen als Binder über zwei Steine der niedern Schicht hinweg, und es wird dadurch diese für sich als Läuferschicht angelegte Schicht, in ihrem Verbande bezüglich der niedern Schicht, eine Binderschicht. Denken wir uns die Steine der niederen Schichten aus Bindern von der Länge gleich der Stärke der Mauer bestehend, so würden dadurch die Steine der hohen Schichten zu Läufern. Die Größe der Steine ist maßgebend für den Verband einer Mauer von einer gewissen Stärke, und da die bereits bekannten Regeln des Backsteinverbandes auch bei der Anordnung des Quaderverbandes Anwendung finden, so glauben wir die Anordnung weiterer Verbände für Mauern, welche ganz aus Quadern bestehen, dem Nachdenken der Leser überlassen zu dürfen.

b. **Quaderverband für zweihäuptige Mauern, deren Kern aus Füllmauer besteht.** Bei diesem Verbande, wo die Quadern nur die äußere Verkleidung einer im Innern aus Gußmörtel oder einem Mauerwerk aus Backsteinen oder Bruchsteinen bestehenden Mauer bilden, sucht man die beiderseitigen Quaderverkleidungen unter sich durch Binder, welche durch die ganze Mauerstärke greifen, zu verbinden. Wir geben in Fig. 51 einen Verband, bei welchem diese Binder, welche Durchbinder genannt werden, aus einem Stein bestehen und nach den Regeln des polnischen Verbandes in jeder Schicht mit Läufern abwechselnd vorkommen. Sind Binder von der, der Stärke der Mauer entsprechenden Länge nicht vorhanden, so können Binder von der Länge gleich der halben Mauerstärke angewendet und in der folgenden Schicht wieder mit einem Binder überdeckt werden, so daß auf die ganze

Von dem Mauerverbande. 93

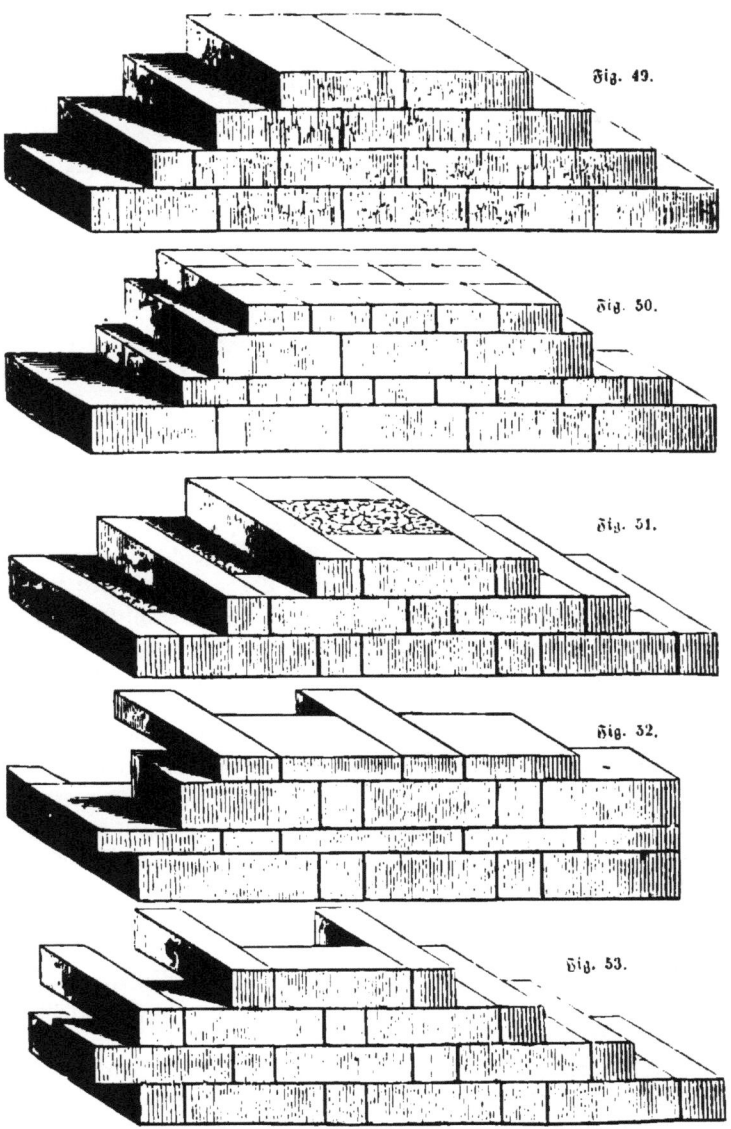

Fig. 49.

Fig. 50.

Fig. 51.

Fig. 52.

Fig. 53.

Höhe der Mauer Binder auf Binder zu liegen kommen. Sind bei der letztern Anordnung mehr Quadersteine erforderlich, so ist dagegen auch das Senken des Füllmauerwerkes in den ganz von Quadern eingefaßten kastenartigen Zwischenräumen ohne nachtheiligen Einfluß auf den Quaderverband, und es ist dabei nicht erforderlich, das Füllmauerwerk von Schicht zu Schicht gleichzeitig mit der Quaderverkleidung auszuführen und auszugleichen, wie es bei Durchbindern nach Fig. 51 geschehen muß.

Um bei solchen zweihäuptigen Quaderverkleidungen an Bindern zu sparen, kann man zwei bis drei Läufer, welche Füllquadern genannt werden, in der Maueransicht zwischen die Binder legen, wobei die Läufer verschiedene Längen haben können, aber so geordnet werden müssen, daß die Stoßfugen von Schicht zu Schicht gedeckt sind und auf mindestens die halbe Breite der Binder über die Steine der darüber und darunter liegenden Schicht greifen.

c. **Quaderverband für einhäuptige Quaderverkleidung.** Der Verband der einhäuptigen Quaderverkleidungen kann nach den Regeln des Block- oder Kreuzverbandes mit wechselnden Läufer- und Binderschichten angeordnet werden. Zur Ersparung von Bindern wird aber in der Regel bei Quaderverkleidungen ein Verband vorgezogen, bei welchem in jeder Schicht Binder vorkommen. Fig. 52 und Fig. 53 stellen zwei solcher Verbände dar, bei welchen in jeder Schicht Läufer von gleicher Länge mit Bindern von gleicher Breite in den entsprechenden Schichten regelmäßig abwechseln. In Fig. 52 wechseln hohe Schichten mit niederen ab, und es ist angenommen, daß die Steine der niederen Schichten eine größere Breite haben, als die Steine der hohen Schichten, so daß die Läufer der ersteren schon als Binder der letzteren zu betrachten sind, weil die Läufer der niederen Schichten als Binder über die Läufer der hohen Schichten hinaus in das Füllmauerwerk, welches der Deutlichkeit wegen in der Zeichnung weggelassen ist, eingreifen. Da in der Regel Steine, welche in der Natur an Mächtigkeit und Größe der Lagerfläche sehr verschieden vorkommen, auch anders gefärbt sind, so kann die Anwendung dieses Verbandes dazu beitragen, dem Mauerwerk durch regelmäßigen Farbenwechsel zugleich ein gefälliges Ansehen zu geben.

Der Verband nach Fig. 53 ist der bei gleich hohen Schichten übliche, welcher durch das Einlegen von zwei oder drei Läufern zwischen die Binder, wobei die Verwechselung der Stoßfugen zu berücksichtigen ist, leicht abgeändert werden kann.

Bei den bis jetzt betrachteten Quaderverbänden ist nur eine senkrechte Belastung der Mauern und, dem entsprechend, eine genügende Festigkeit des Verbandes ohne künstliche Verbindung unter sich, durch Anwendung von Klammern, Dübeln und Schwalbenschwänzen, oder durch künstliches Ineinandergreifen der Steine angenommen. Bei Wasserbauwerken und überall da, wo ein Horizontalschub das Abweichen der Quaderverblendung von dem innern Mauerkörper bewirken kann, tritt die Nothwendigkeit ein, eine künstliche Verbindung der Quadersteine unter sich herzustellen.

Bei dem in Fig. 54 in zwei auf einander folgenden, mit 1 und 2 bezeichneten Schichten dargestellten Verbande sind die sämmtlichen Verkleidungsquadern durch eiserne Klammern, welche am besten eingebleit und nach dem Embleien getheert werden, unter sich zu einem zusammenhängenden Ganzen verbunden, und gegen das Ausweichen, so wie um den Widerstand der Längemauer gegen Horizontalschub zu vergrößern, sind die Stoßfugen nach dem Mittelpunkte eines Kreises centrisch gerichtet, so daß sie als Wölbsteine eines horizontalen Bogens zu betrachten sind, welcher der Richtung des Horizontalschubs entgegenwirkt. Bei Erd- oder Futtermauern und bei Widerlagsmauern von Gewölben kann eine größere Widerstandsfähigkeit der Mauern gegen Horizontalschub durch die centrale Richtung der Stoßfugen nach Fig. 54 erreicht und zugleich an Mauermasse erspart werden.

Die Anwendung der eingebleiten Eisenklammern zur Verbindung der Steine unter einander ist kostspielig und gewährt, da das Eisen mit der Zeit rostet, wenig Sicherheit. Statt der Eisenklammern schwalbenschwanzförmige Platten von festem Holze nach Fig. 55 zu diesem Zwecke anzuwenden, verdient in den meisten Fällen den Vorzug. Bei Mauern im Trocknen werden diese Holzplatten, von etwa 1 Zoll Dicke, trocken in die etwas tiefer ausgearbeiteten Oeffnungen eingelegt und mit feinem Sande in den Fugen ausgefüllt und überdeckt; bei Mauern im Wasser können dieselben vor der Verwendung in Oel oder Theer gekocht und sodann in die mit hydraulischem Mörtel ausgefüllten Vertiefungen fest eingetrieben werden.

Eine Verbindung der Steine unter einander wird auch, ohne die Anwendung von Klammern oder Schwalbenschwänzen, durch das Ineinandergreifen der an den Stoßfugen nach gebrochenen Linien bearbeiteten Steine erreicht. Bei der Anordnung dieses Verbandes werden die Binder als Anker betrachtet, welche das Abweichen der Läufer verhindern, und deshalb auch Ankerbinder genannt. Die Stoßfugen dürfen, der Natur der Steine entsprechend, unter keinem kleinern Winkel als einem rechten bearbeitet werden. Bei dem in Fig. 56 dargestellten Verbande einer Mauer mit spitzwinkeliger Ecke wird die Ecke in allen Schichten durch einen Ankerbinder gebildet, welcher nach der Richtung der Halbirungslinie des von den Mauern eingeschlossenen Winkels so eingelegt ist, daß die Halbirungslinie den Stein nach der Länge in zwei Theile von ungleicher Breite theilt. Durch das Verlegen der ungleichen Breiten des Eckbinders von Schicht zu Schicht abwechselnd von der einen nach der andern Mauerseite ergiebt sich die Verwechselung der Stoßfugen.

In jeder Schicht kommen Läufer und Binder vor, welche letztere auf

Siebenter Abschnitt.

Fig. 54.

Fig. 55.

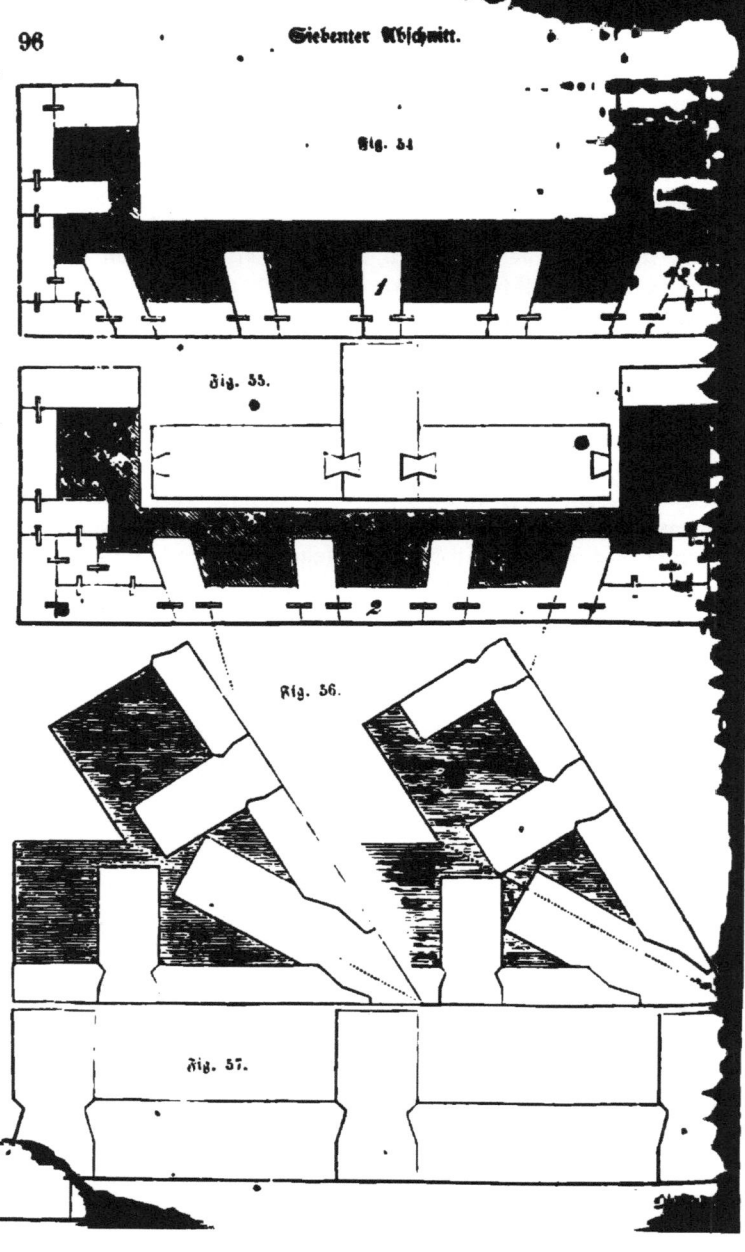

Fig. 56.

Fig. 57.

die Mitte der darüber und darunter befindlichen Binder treffen. Fig. 57 giebt den nach gebrochenen Linien bearbeiteten Schnitt der Stoßfugen in größerem Maßstabe, woraus ersichtlich ist, daß die Läufer von der Hinterkante stumpfwinkelig bis auf eine Tiefe von 1½ bis 2 Zoll in die Binder eingesetzt sind und auf die halbe Breite rechtwinkelige Stoßfugen gegen die Begrenzungslinie der Mauer, und von da ab erst die schwalbenschwanzförmige Einziehung haben. Wie durch diese Anordnung der Stoßfugen nach Fig. 57 spitze Winkel zu vermeiden sind, so auch bei dem Eckbinder Fig. 56.

Tritt bei Quadermauern die Nothwendigkeit ein, die Steine nicht blos nach der Länge und Breite, sondern auch nach der Höhe der Mauer unter sich zu verbinden, so werden zu diesem Zwecke ebenfalls eingebleite Klammern, welche über die Lagerfugen im Aeußern greifen, oder eingebleite Dübel, welche in entsprechende Oeffnungen zweier auf einander liegenden Steine zur Hälfte ihrer Länge aufwärts und abwärts gerichtet sind, angewendet.

Wir haben in den Abbildungen der Quaderverbände die Steine so gezeichnet, daß sie auch im Innern der Mauern als eben bearbeitet erscheinen, und können deshalb nicht unerwähnt lassen, daß die Quadern, wenn sie in Verbindung mit anderen Steinen zu einer Mauer angewendet werden, nur soweit ebene Stoß- und Lagerflächen erhalten, als sie mit anderen Quadern in Berührung kommen; indem gerade die Rauhheit der Oberflächen der mit der Ausmauerung in Verbindung kommenden Steine zu einer bessern Verbindung der Steine mit dem Mörtel beiträgt. Selbst bei Mauern, welche ganz aus Quadern bestehen, werden die Steine der inneren Lagen an den Stoßfugen nur so zugespitzt, daß sie ihre richtige Lage einnehmen können, ohne die Richtung der Stoßfugen zu verändern. Bei Quaderverkleidungen wird die Rückseite der Läufer, so wie der in den Mauerkern eingreifende Theil der Binder gar nicht bearbeitet.

C. Bruchsteinmauern.

Nach dem zur Aufführung von Bruchsteinmauern in Anwendung kommenden Materiale und nach der entsprechenden Bearbeitung der Steine vor dem Vermauern derselben werden wir drei verschiedene Arten von Bruchsteinmauerwerk unterscheiden: a, Mauern aus festen Findlingen, b. Mauern aus Bruchsteinen von sehr verschiedener Größe und c. Mauern aus lagerhaften und leicht zu bearbeitenden Bruchsteinen von nicht sehr verschiedener Größe.

Verband von Mauern aus festen Findlingen. Die Findlinge sehr fester Steinarten, meist Granit oder Syenit, haben in der Regel eine kugelförmige Gestalt und erhalten erst durch das Sprengen annähernd ebene Flächen und scharfe Kanten. Mit dem Mauerhammer können nun die zu scharfen

Ecken dieser festen Steine abgeschlagen, keineswegs aber die Steine so bearbeitet werden, daß sich damit ein regelmäßiger Mauerverband herstellen ließe. Nur bei sorgfältiger Auswahl der Steine wird es möglich, der ersten Anforderung an jeden Steinverband, daß die Stoßfugen zweier auf einander liegenden Steine nicht zusammentreffen, zu entsprechen. Horizontale Schichten können nur in wechselnden Höhen annähernd erreicht werden, und sie durch das Ausgleichen der Unebenheiten mit kleinen Steinen und Mörtel erzwingen zu wollen, könnte nur nachtheilig in Bezug auf die Festigkeit der Mauer sein. Außer dem Verwechseln der Stoßfugen ist darauf zu sehen, daß die Steine auf den zur Herstellung ihres Lagers angewendeten kleinen Steinen, den sogenannten Zwicksteinen, fest aufliegen, dabei aber immer noch mit der Oberfläche darunter befindlicher Steine in Berührung kommen und unmittelbar darauf ruhen. Durch die ganze Mauerstärke greifende Binder, sogenannte Durchbinder, und ein Uebereinandergreifen der Steine in dem Kerne der Mauer, welcher so wenig wie möglich aus kleinen Steinen bestehen darf, sind wesentliche Bedingung für die Herstellung des Verbandes. Bei dem Mangel an Durchbindern wird das Aufführen hoher Mauern aus Findlingen bedenklich. Es ist gerathen, die Mauersätze auf fünf bis sechs Fuß Höhe auszugleichen und auf jeder Gleichung eine durchgreifende Verbindung durch mindestens vier Backsteinschichten im Kreuzverband, oder durch mehrere Schichten zugerichteter Bruchsteine herzustellen. Zur Herstellung des Eckverbandes stehen selten Findlinge von der geeigneten Form und Größe zu Gebote, vielmehr wird in den meisten Fällen sich die Nothwendigkeit ergeben, an den Mauerecken besondere Pfeiler von Backsteinen, zugerichteten Bruchsteinen oder Quadern aufzuführen. Fig. 58 stellt den Verband einer Mauer aus Findlingen mit zwei Eckpfeilern dar, wovon der eine aus Backsteinen und der andere aus zugerichteten Bruchsteinen aufgeführt ist. Der Eckverband aus Quadern oder zugerichteten Bruchsteinen kann in das Findlingsmauerwerk eingreifen, Eckpfeiler aus Backsteinen werden dagegen am zweckmäßigsten ohne Verzahnung aufgeführt, weil wegen der unregelmäßigen Gestalt der Findlinge, selbst bei dem gleichzeitigen Aufführen der Backsteinpfeiler, selten ein rechtwinkeliger Anschluß der Backsteine erreicht werden kann. In Bezug auf das Vermauern der Steine ist die allgemein gültige Regel für Mauerwerke, deren Festigkeit hauptsächlich von dem Zusammenhange der Steine durch die Mörtelverbindung abhängt, anzuwenden, es müssen nämlich die Steine auf ein Mörtelbette gelegt, und ohne daß im Innern der Mauer ein leerer Raum sich befindet, ringsum von Mörtel umschlossen werden. Die Zwischenräume der größern Mauersteine mit kleinen Steinen auszufüllen und über die trockne Ausfüllung den zur Herstellung der Steinlager erforderlichen Mörtel zu streichen, ist eben so tadelnswerth, wie das Ausfüllen großer Zwischen-

Von dem Mauerverbande.

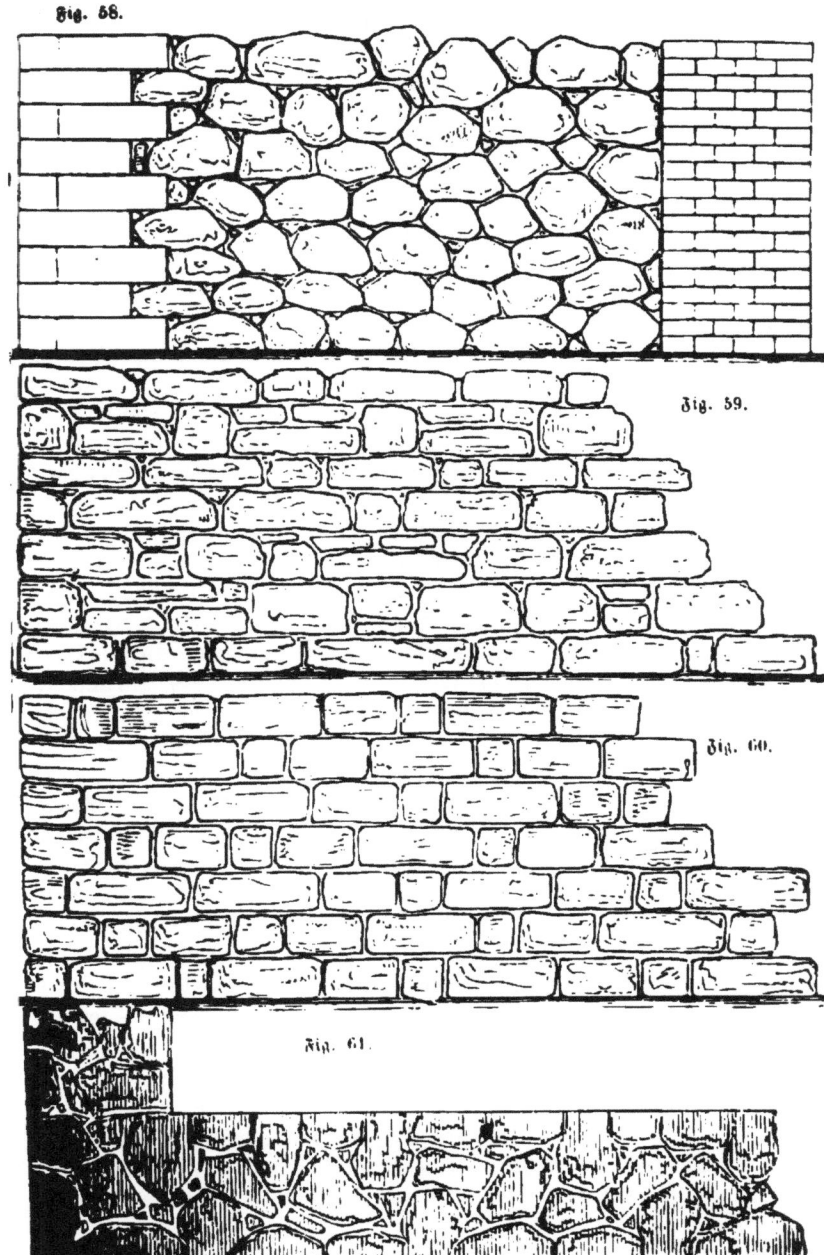

Fig. 58.

Fig. 59.

Fig. 60.

Fig. 61.

räume mit Mörtel ohne Steine. Der Maurer soll die Steine satt, aber auch scharf vermauern, das heißt, er soll so viel Mörtel anwenden, daß im Innern der Mauer alle Steine in Mörtel liegen und ringsum von Mörtel umschlossen sind, er soll dazu aber nur so viel Mörtel verwenden, als zum Ausgleichen der Unebenheiten der Steinoberflächen und zum Ausfüllen der kleinen Zwischenräume, wozu er Steine geradezu nicht mehr anwenden kann, erforderlich ist. Nächst dem Verbande ist das richtige Ausmauern von größter Wichtigkeit bei jedem Mauerwerk, und es sollte dem Maurerlehrling vor Allem eingeschärft werden, daß er den kleinsten Stein nicht vermauere, bevor er ihm Mörtel gegeben, und daß er den kleinsten Zwischenraum, nachdem er ihn mit Mörtel ausgeworfen, mit Steinen auszwicke.

Verband von Bruchsteinmauern aus Steinen von sehr verschiedener Größe. Bruchsteine von sehr ungleicher Größe schreiben einen Verband nach Fig. 59 vor, bei welchem das Durchführen horizontaler Schichten dadurch zu erreichen gesucht wird, daß man zu dem Eckverbande die größten Steine verwendet und nach der Höhe dieser Steine die Schichten abwechselnd mit Steinen von der Höhe der Ecksteine und anderen Steinen von geringerer Höhe anlegt und die niedrigeren Steine mit kleinen Steinen bis zur Höhe der Ecksteine ausgleicht. Eben so können in einer Schicht Steine vorkommen, welche eine größere Höhe als die Ecksteine haben, und in diesem Falle greifen sie in die nächstfolgende Schicht über und werden mit dieser ausgeglichen. Ein derartiges Mauerwerk wird rauhes Mauerwerk genannt. Ist die Größe der Steine sehr verschieden, so ist man oft gezwungen, das Durchführen horizontaler Gleichungen von Eckstein zu Eckstein aufzugeben und die Gleichungen nur bei jedem Mauersatze von 3 bis 4 Fuß Höhe anzubringen. In jeder Schicht sind abwechselnd Läufer und Binder anzubringen, und es wird der Verband um so besser sein, je weniger Läufer zwischen je zwei Bindern vorkommen. Den Bindern der einen Mauerseite werden auf der andern Mauerseite Läufer, und ebenso den Läufern der einen Mauerseite Binder auf der andern entgegengelegt, so daß durch das Ineinandergreifen der Steine unregelmäßige Zwischenräume entstehen, welche bei der Ausmauerung Gelegenheit darbieten zu mannigfacher Verwechselung der Stoßfugen der nach verschiedener Richtung gelegten Ausmauerungssteine. Da bei dem Bruchsteinverbande demnach keine durch die ganze Mauerstärke geführten Stoßfugen vorkommen, so ergiebt sich daraus von selbst, daß die Verzahnungen einzelner Mauersätze, welche zur Vermeidung von Trennungen durch ungleiches Setzen der aneinanderstoßenden Mauersätze Treppenzahnungen sein müssen, nicht, wie es häufig geschieht, als stufenartige Absätze mit Stoßfugen, welche durch die ganze Mauerstärke reichen, gemauert werden dürfen, vielmehr, wie es der an den gegenüber gelegenen Seiten der Mauer verschieden angelegte

Von dem Mauerverbande.

Verband angiebt und wie aus dem Grundrisse Fig. 61 ersehen werden kann, ganz unregelmäßig gelassen werden müssen, damit bei dem Aufmauern des an die Verzahnung sich schließenden Mauersatzes durch das Ineinandergreifen des äußern Verbandes und der innern Ausmauerung der Zusammenhang beider Mauersätze gesichert wird.

Verband von Bruchsteinmauern aus lagerhaften und leicht zu bearbeitenden Steinen. Lagerhafte Bruchsteine, welche mit dem Mauerhammer leicht bearbeitet werden können, kommen in der Regel in großer Menge von gleicher Dicke vor, so daß das daraus aufgeführte Mauerwerk aus horizontalen Schichten, wenn auch nicht alle unter sich von gleicher Höhe, doch von gleicher Höhe der Steine in einer und derselben Schicht, bestehen kann. Ein in Fig. 60 dargestelltes Bruchsteinmauerwerk mit horizontal durchgeführten Schichten wird Schichtenmauerwerk genannt. Aus dem Grundrisse der untersten Schicht Fig. 61 ist der bereits erwähnte Verband, welcher bei allen Bruchsteinmauern beibehalten wird, so wie der empfohlene unregelmäßige Abschluß der Treppenverzahnung zu ersehen. Kommt in jeder Schicht zwischen zwei Bindern immer nur ein Läufer zu liegen, so hat der Verband die Regelmäßigkeit des Quaderverbandes, von dem er sich dann nur dadurch unterscheidet, daß die Stoßfugen nicht durch die ganze Mauerstärke gehen, vielmehr immer auf Steine der gegenübergelegenen Mauerseite treffen. Bei der Aufführung von Schichtenmauern aus Bruchsteinen erlauben sich die Maurer nicht selten die Steine auf das Haupt zu stellen und die eine der natürlichen Lagerflächen in der Maueransicht als Haupt erscheinen zu lassen. Dieses verkehrte Vermauern der Steine, welches der Maurer das Schwaben nennt, hat das Abblättern und Verwittern der Steine zur Folge, und dies in der Regel um so mehr, je lagerhafter die Steine sind. Selbst bei Mauerwerk, welches verputzt wird, wo also die Steine gegen das Verwittern geschützt sind, darf das Schwaben nicht geduldet werden, weil der Verputz auf der glatten Lagerfläche der Steine nicht haftet und das Abblättern der Steine in Folge der auf das Haupt derselben wirkenden Belastung durch den Verputz der Mauer nicht verhindert werden kann. Bei der Bearbeitung und dem Vermauern der Steine muß Rücksicht darauf genommen werden, ob die Mauer verputzt werden soll oder nicht. Im erstern Falle darf das Haupt der Steine nicht glatt und eben bearbeitet werden und die Stoß- und Lagerfugen müssen offen bleiben, damit der Verputz an der rauhen Oberfläche haftet und in die offenen Fugen eingreift; im letztern Falle dagegen ist eine glatte und ebene Bearbeitung der Steine, welche gegen das Verwittern derselben, und ein genaues Schließen der Fugen, welches gegen das Eindringen der Nässe in den Mauerkörper Schutz gewährt, mit aller Sorgfalt im Auge zu behalten.

Achter Abschnitt.

Von den Umfangsmauern.

Die Umfangsmauern der Gebäude, welche dazu bestimmt sind, nicht nur die Räume nach außen senkrecht abzuschließen, sondern auch die Bedeckung, das Dachwerk, so wie die Gebälke und deren Belastung genügend zu unterstützen, müssen der Belastung entsprechend möglichst stark sein. Damit nun aber von den Umfangsmauern eines Gebäudes ein möglichst geringer Raum eingenommen, und die Ausführung derselben mit geringem Kostenaufwande bewirkt werde, ist es wieder Aufgabe, diese Mauern so schwach aufzuführen, als es ohne Beeinträchtigung der Festigkeit und Dauer der Gebäude nur immer möglich ist. Bei Wohngebäuden darf es nicht unberücksichtigt bleiben, daß die Umfangsmauern genügenden Schutz gegen die der Gesundheit der Bewohner nachtheiligen Einwirkungen der Witterung, insbesondere den Wechsel der Kälte und Wärme, gewähren sollen, und aus diesem Grunde, je nach den klimatischen Verhältnissen und dem Standorte der Gebäude, oft stärker gehalten werden müssen, als es ihrer Stand- und Tragfähigkeit wegen geradezu erforderlich ist.

Bei der Bestimmung der Stärke von Umfangsmauern muß außer der Belastung auch das zur Aufführung derselben zu verwendende Material, so wie das Verhältniß der Höhe der Mauern zu ihrer Länge in Betracht gezogen werden. Allgemein gültige Regeln lassen sich demnach nicht aufstellen, und wenn wir in Schriften belehrt werden, daß Mauern, welche den sechsten Theil ihrer Höhe zur Stärke erhalten, für schwerbelastete Gebäude, ferner Mauern, welche den achten Theil ihrer Höhe zur Stärke erhalten, für Gebäude von mittlerer Belastung, und Mauern, welche den zehnten Theil ihrer Höhe zur Stärke erhalten, für Gebäude von geringster Belastung, in Bezug auf das Verhältniß der Stärke zur Höhe als ausreichend stark angenommen werden können, so kann diese Annahme, bei welcher die Länge der Mauern ganz außer Betracht gelassen und bei welcher auf den durch die Form und Größe der Mauersteine vorgeschriebenen Verband des Mauerwerkes keine Rücksicht genommen ist, als allgemein gültige Regel nicht empfohlen werden.

Lassen wir die Länge der Mauern außer Betracht, so werden wir zur Ermittelung der Stärke von Mauern einer bestimmten Höhe hauptsächlich von der Beschaffenheit des Steinmateriales auszugehen haben.

Backsteinmauern möchten, wegen der in horizontalen Schichten und gutem Verbande durch einen gut bindenden Mörtel zu einem Ganzen vereinigten Steine, zur Bestimmung der geringsten Mauerstärke am geeignetsten erscheinen. Erfahrungsgemäß kann die geringste Stärke einer Umfangsmauer von Backsteinen, welche nur die Belastung durch ein Gebälke mit Dachwerk zu tragen bestimmt ist, zu dem zehnten bis zu dem zwölften Theile ihrer Höhe angenommen werden. Hiernach würden für ein einstöckiges Gebäude von zehn bis zwölf Fuß Stockwerkhöhe die Umfangsmauern in einer Stärke gleich einer Steinlänge anzunehmen sein. Da nun aber bei Wohngebäuden eine nur einen Stein starke Mauer nicht ausreichenden Schutz gegen Frost und Hitze gewährt, so werden aus Rücksicht für die Gesundheit der Bewohner die Umfangsmauern von Wohngebäuden selten in einer geringeren Stärke als von $1\frac{1}{2}$ Stein= längen aufgeführt. Sobald die Stockwerkhöhe mehr als 15 Fuß beträgt, wird die Mauer in dem bereits angegebenen Verhältnisse, wonach die Mau= erstärke den zehnten Theil ihrer Höhe betragen soll, verstärkt. Bei mehr= stöckigen Gebäuden ist die Mauerstärke der obersten Stockwerke maßgebend für die Mauerstärke der unteren. In welchem Verhältnisse die Stärke der Mauern von oben nach unten zunehmen soll, hängt davon ab, ob die Mauern für sich allein und ohne alle Verbindung durch Anker mit den Gebälken und Scheidewänden eine ausreichende Stand= und Tragfähigkeit haben müssen, oder ob aus Rücksicht der Ersparniß an Raum und Baukosten die Stand= und Trägfähigkeit der Mauern von der Verankerung mit den Gebälken und Scheidewänden abhängig gemacht werden soll. So wenig eine Sparsamkeit letzterer Art gebilligt werden kann, bei welcher durch das Einmauern der Balkenköpfe die Mauern geschwächt und die mit dem Mörtel in Berührung kommenden Hölzer durch trockene Fäulniß zerstört, und wobei außerdem noch durch die unvermeidlichen Senkungen der Gebälke die Umfangsmauern nach innen gezogen und, da sie für sich allein keine genügende Standfähigkeit haben, bei Bränden durch die Balken sogar nach innen umgestürzt werden, so finden wir sie doch noch häufig und gerade da angewendet, wo die angeführten Nach= theile am sorgfältigsten vermieden werden sollten, nämlich bei dem Baue von Wohngebäuden in volkreichen Städten auf werthvollen Baustellen. Wir geben in Fig. 62 den Durchschnitt der Mauern eines vierstöckigen Wohnhauses, welche für die zwei oberen Stockwerke auf die Stärke von $1\frac{1}{2}$ Steinlängen und für die zwei unteren Stockwerke auf die Stärke von zwei Steinlängen aufgeführt sind. Nehmen wir an, daß die Stärke von Backsteinmauern ausreichend sei, wenn sie den zwölften Theil der Höhe der Mauern beträgt, so würde die in Fig. 62 angenommene Stärke der Mauern für je zwei Stockwerke dieser Annahme entsprechen. Dadurch aber, daß das erste und dritte Gebälke in die Mauer eingreift, ist an diesen Stellen die Mauer um so viel schwächer geworden, als die Breite der Auflage der durch Mauerlatten unterstützten und unter sich verbundenen Balken beträgt, und kann nun in Bezug auf die Stabilität der Mauern, ohne die Verankerung mit den Gebälken und Schei=

bewänden, für die zwei unteren Stockwerke nur zu 1½ Steinlänge und für die zwei oberen Stockwerke nur zu einer Steinlänge angenommen werden. Es leuchtet ein, daß Mauern von dieser geringen Stärke bei so bedeutender Höhe freistehend kaum ausführbar, und wenn sie mit den Gebälken verankert sind, durch die Erschütterung der Gebälke von Stockwerk zu Stockwerk getrennt und um so leichter von den Gebälken nach innen gezogen und umgestürzt werden. Fig. 63 stellt den Durchschnitt der Mauern eines vierstöckigen Wohnhauses dar, welche von Stockwerk zu Stockwerk in den der Auflage der Gebälke entsprechenden Mauerabsätzen verstärkt, für sich allein aufgeführt, eine genügende Stand- und Tragfähigkeit haben und keiner Verankerung bedürfen.

Da wir die Stockwerkhöhe der vorhergehenden Figur beibehalten haben, so ist auch die Stärke der Mauer im vierten Stock zu 1½ Steinlängen dieselbe, die Mauer des dritten Stocks hat die Stärke von 2 Steinlängen, die des zweiten Stocks von 2½ Steinlängen und die des ersten Stocks von 3 Steinlängen. Die Standfähigkeit dieser nach oben verjüngten Mauer ist größer, als wenn die Mauer in gleicher Stärke von vier Steinlängen senkrecht aufgeführt wäre, und da außerdem die Stärke der Mauern für die einzelnen Stockwerke im Verhältniß zur Höhe der Stockwerke von oben nach unten zunehmend um Vieles größer ist, als es die durch die Erfahrung bestätigte und bereits angeführte Regel vorschreibt, so kann die Mauer im Ganzen und in ihren einzelnen Stockwerksätzen als feststehend und von den darauf gelegten Gebälken so unabhängig betrachtet werden, daß weder Erschütterungen der Gebälke eine Trennung der Mauer von Stockwerk zu Stockwerk bewirken, noch auch Senkungen der Gebälke die Mauer nach innen ziehen können. Die Gebälke können einstürzen, die Mauer aber wird stehen. Ob die Sicherheit, welche das Aufführen von etwas stärkeren Umfangsmauern ohne Verankerung mit den Gebälken und Scheidewänden gewährt, nicht höher anzuschlagen ist, als die Ersparniß bei dem Aufführen von schwächeren Umfangsmauern, welche nur durch Verankerung gehalten werden und mit den Gebälken zu Grunde gehen müssen, bleibt dem Urtheil der Leser überlassen; wir aber sprechen uns entschieden gegen jede Verankerung der Umfangsmauern mit inneren, ihrer Natur nach vergänglicheren Theile der Holzconstruction aus, welche zum Zweck hat, die Mauer von dem Holze abhängig zu machen.

Verankerungen innerer Gebäudetheile mit den Umfangsmauern sind zulässig, wenn dadurch nur ein fester Anschluß des Innern erreicht, oder durch straffes Anspannen der Balken deren Tragfähigkeit vermehrt und dadurch zugleich den selbst bei den Umfangsmauern nachtheiligen Schwingungen der Balken vorgebeugt werden soll. An die starke, gegen Feuersgefahr schützende Mauer werde der innere vergängliche Ausbau durch Anker befestigt, nie aber

Von den Umfangsmauern. 105

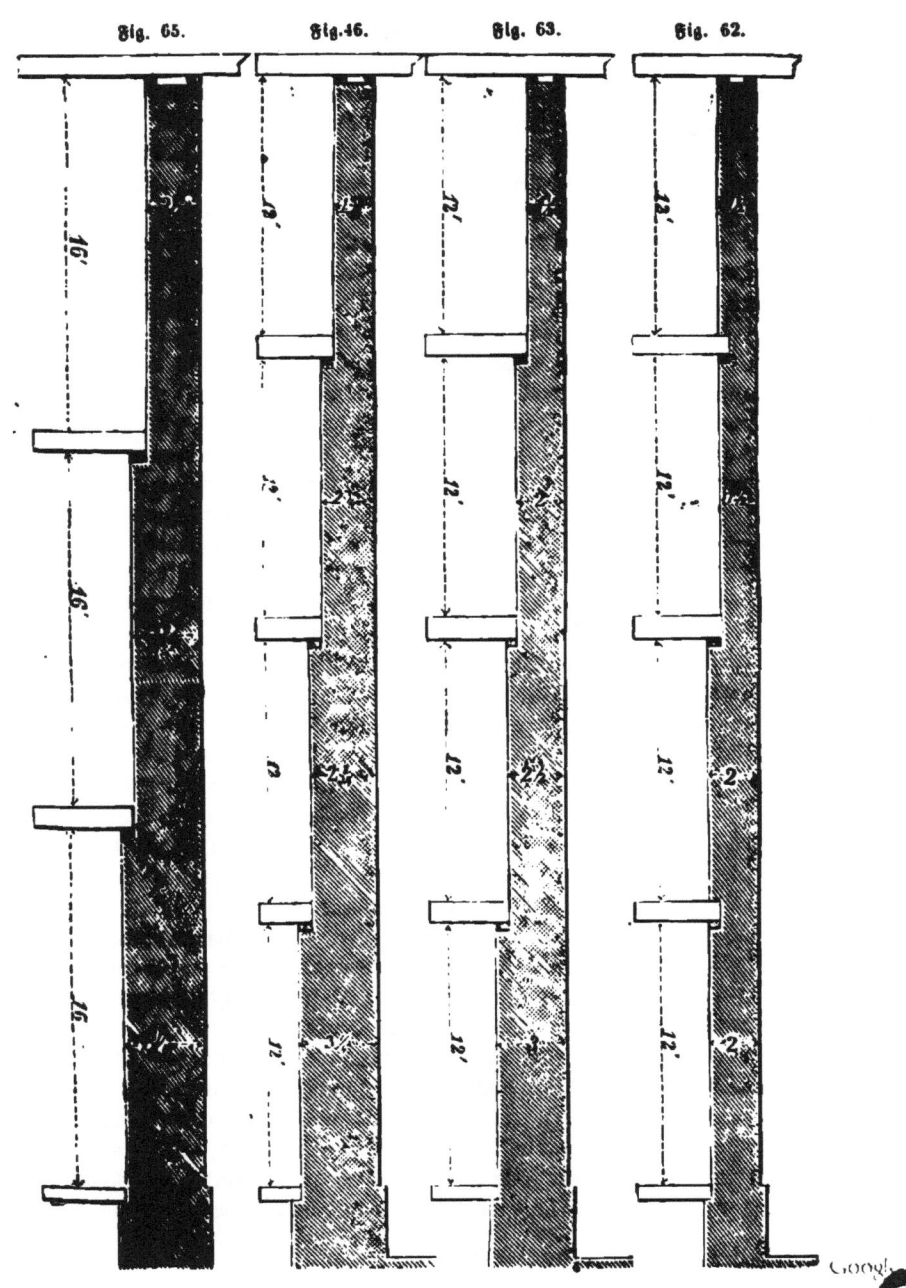

Fig. 65.   Fig. 46.   Fig. 63.   Fig. 62.

diene die Verankerung des Ausbaues mit der Mauer dazu, die allzu schwache Mauer dadurch zu stützen und zu erhalten.

Umfassungsmauern von Bruchsteinen müssen wegen der Unregelmäßigkeit der Steine und des uns bereits bekannten Verbandes eine größere Stärke erhalten als Backsteinmauern. Da Mauern aus Bruchsteinen keine geringere Stärke haben können als die Länge eines Binders und die Breite eines Läufers zusammengenommen, so wird die Bestimmung der geringsten Stärke einer Bruchsteinmauer, welche erfahrungsgemäß den achten Theil ihrer Höhe betragen soll, von der Größe der zu ihrer Ausführung in Anwendung kommenden Steine mehr oder weniger abhängig sein müssen. Wir haben in Fig. 64, welche den Durchschnitt der Umfangsmauern aus Bruchsteinen für ein vierstöckiges Wohngebäude wie Fig. 62 und 63 darstellt, die Mauerstärken, welche bei Bruchsteinmauern nach Fußen und Zollen angegeben werden, des bessern Vergleichs mit den in den vorhergehenden Figuren dargestellten Backsteinmauern wegen, ebenfalls in Backsteinlängen eingeschrieben und dabei angenommen, daß die geringste Stärke der Mauer im vierten Stock $1^3/_4$ Steinlänge und die Breite der Mauerabsätze für die Auflage der Gebälke je eine halbe Steinlänge betrage. Hieraus ergiebt sich für die Mauer des dritten Stocks eine Stärke von $2^1/_4$ Steinlängen, für die Mauer des zweiten Stocks eine Stärke von $2^3/_4$ Steinlängen und für die Mauer des ersten Stocks eine Stärke von $3^1/_4$ Steinlängen. In Fig. 65, welche den Durchschnitt der Umfangsmauern aus Bruchsteinen für ein dreistöckiges Wohngebäude darstellt, das gleiche Höhe mit dem in Fig. 64 dargestellten vierstöckigen Gebäude hat, ist die Stärke der Mauer im dritten Stock, der Stockwerkhöhe entsprechend, zu $2^1/_4$ Steinlängen angenommen, so daß mit Beibehaltung der Mauerabsätze, von je $^1/_2$ Steinlänge für die Auflage der Gebälke, die Mauern im ersten und zweiten Stock eine gleiche Stärke wie die Mauern des ersten und zweiten Stocks in Fig. 64 erhalten. Mit regelmäßigen lagerhaften Bruchsteinen können Mauern von geringerer Stärke, als der im vierten Stock in Fig. 64 angenommenen, etwa zu $1^1/_2$ Backsteinlängen aufgeführt werden, wogegen Steine von unregelmäßiger Gestalt und wechselnder Größe, welche mit dem Mauerhammer schwierig zu bearbeiten sind, eine größere Mauerstärke bedingen, so daß die Mauern oft nicht unter 2 Steinlängen stark aufgeführt werden können.

Haben wir angeführt, daß für die Stärke der Backsteinmauern der zehnte bis zwölfte Theil ihrer Höhe, und für die Stärke der Bruchsteinmauern der achte Theil ihrer Höhe, als Stockwerksmauern von Gebäuden, welche nicht sehr schwer belastet sind, etwa von Wohngebäuden, erfahrungsgemäß als ausreichend angenommen werden kann, so haben wir dabei nur solche Mauern im Auge gehabt, deren Länge nicht mehr als das Doppelte ihrer Höhe be-

Von den Umfangsmauern

trägt. Es ist eine auf genaue Beobachtung gegründete Erfahrung, daß bei gewöhnlicher Belastung einer Backsteinmauer, deren Stärke den zehnten Theil ihrer Höhe beträgt, sich ihrer Länge nach ausbiegt, wenn die Länge mehr als das Doppelte ihrer Höhe beträgt, und dasselbe ist bei Bruchsteinmauern der Fall, deren Stärke gleich ist dem achten Theile ihrer Höhe. Es müssen sonach belastete Mauern, deren Stärke nach dem angegebenen

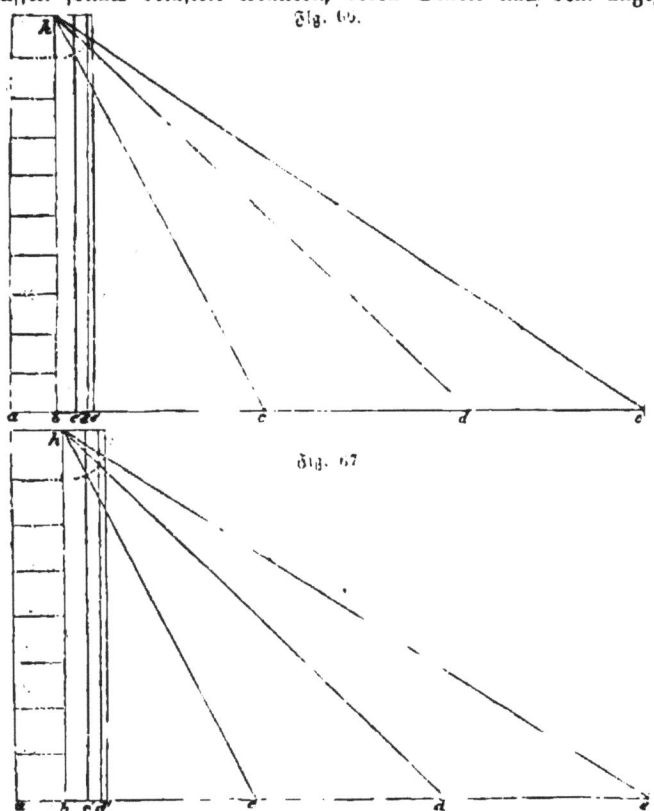

Fig. 66.

Fig. 67.

Verhältnisse zu ihrer Höhe bestimmt ist, sobald sie eine größere Länge als das Doppelte ihrer Höhe erhalten, entweder im Ganzen verstärkt oder in entsprechenden Entfernungen durch Pfeiler oder Verankerung gegen das horizontale Ausbiegen gesichert werden.

Die Verstärkung der Mauern im Ganzen nimmt mit deren Länge zu und kann für Backsteinmauern nach Fig. 66 und für Bruchsteinmauern nach Fig. 67 auf einfache Weise durch Construction bestimmt werden.

Man trägt die Höhe der Mauer auf und beschreibt von der Oberkante als Mittelpunkt einen Kreisbogen, dessen Halbmesser in Fig. 66 gleich ist dem zehnten Theile, und in Fig. 67 gleich dem achten Theile der ganzen Höhe. Trägt man nun von der Unterkante der aufgetragenen Senkrechten, welche die Mauerhöhe angiebt, an die wagerechte Linie diejenige Länge der Mauer an, welche mehr beträgt als das Doppelte der Höhe der Mauer, und zieht von den mit c, d und e bezeichneten Punkten gerade Linien nach der Oberkante, so erhält man in den Durchschnittspunkten dieser geraden Linien und des beschriebenen Kreisbogens diejenigen Punkte, durch welche Senkrechte geschnitten die entsprechende Verstärkung der Mauer angeben. Giebt in den Fig. 66 und 67 $a\ b$ die Stärke der Mauer bis zu einer Länge an, welche das Doppelte ihrer Höhe beträgt, so ist $a\ c'$ die Stärke derselben Mauer, wenn ihre Länge das Doppelte ihrer Höhe um $b\ c'$ übersteigt u. s. w.

Können die Mauern nicht im Ganzen ihrer Länge entsprechend verstärkt werden, oder umschließen die Mauern hohle Räume, deren Benutzung durch Mauervorsprünge nicht beeinträchtigt wird, oder können Mauervorsprünge im Aeußern angebracht werden, so kann dem horizontalen Ausbiegen langer Mauern durch starke Mauerpfeiler an den Stellen, wo die Mauer besonders stark belastet wird, etwa zur Unterstützung der Bünde und Durchzüge des Dachwerkes, eben so wirksam als durch eine Verstärkung der Mauer im Ganzen vorgebeugt werden. Bei Wohngebäuden erscheint gegen die Horizontalausbiegung der Mauern die Verankerung mit den Gebälken und Scheidewänden vollkommen gerechtfertigt, weil die an sich ausreichend starken Mauern ohne Belastung sich nicht ausbiegen würden und weil die zur Verhinderung des Ausbiegens angebrachte Verankerung beim Senken der Gebälke eher nachgeben muß, als daß sie die ganze Mauer nach innen ziehen kann. Massive Scheidemauern vertreten die Stelle der Anker, wenn sie mit den Umfangsmauern gleichzeitig aufgeführt und mit diesen gut verbunden werden. Kommen Durchbrechungen in der Mauer vor, so dürfen die Anker nicht in der Richtung der Durchbrechungen, müssen vielmehr immer in der Richtung der Mauerpfeiler angebracht werden.

Durchbrechung der Umfangsmauern. Fenster, Thüren und Thore sind es, welche an den Mauern der Gebäude als Durchbrechung der Mauermasse erscheinen und wegen der Vertheilung und Uebertragung der Last des über den Durchbrechungen befindlichen Mauerwerks auf die Mauerpfeiler die Aufmerksamkeit des Maurers in Anspruch nehmen.

Fenster. Die Einfassung der Fensteröffnungen besteht entweder aus demselben Steinmaterial wie das Mauerwerk, wie dies bei Quader- und Backsteinen der Fall ist, oder sie wird durch besonders dazu behauene Steine gebildet, welche in die Mauer eingesetzt und zusammen das **Fenstergestelle** genannt werden. Einfache Fenster mit wagerechter Ueberdeckung wer-

Von den Umfangsmauern.

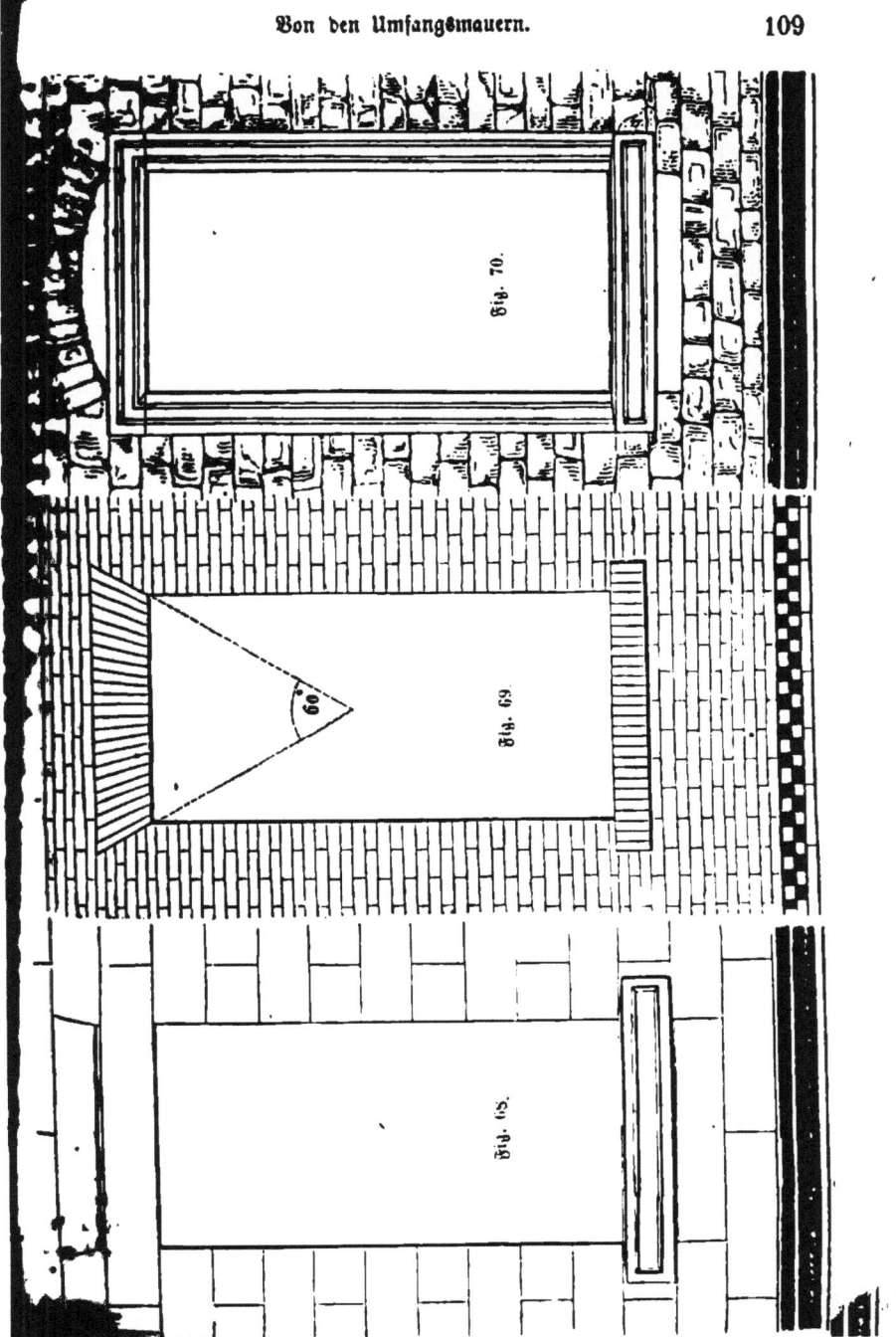

Fig. 70.

Fig. 69.

Fig. 68.

den bei Quadermauern nach Fig. 68, bei Backsteinmauern nach Fig. 69 und bei Bruchsteinmauern nach Fig. 70 eingefaßt. Der untere horizontale Abschluß wird die Sohlbank oder Bank, der obere horizontale Abschluß der Sturz, und die senkrechten Abschlüsse der Oeffnung werden die Gewände genannt. Bei Quadermauern nach Fig. 68 werden einfache Fenstereinfassungen als Bestandtheile des Mauerwerks betrachtet, so daß Bank und Sturz aus Steinen der zugehörigen Schicht von der erforderlichen Länge bestehen und die Gewände ebenfalls aus Quadern gebildet werden. Um die über der Fensteröffnung befindliche Belastung von dem nur an beiden Enden unterstützten Sturze abzuhalten und ihn vor dem Brechen zu sichern, wird in der über dem Sturze fortlaufenden Quaderschicht auf die Breite der Fensteröffnung ein Läufer mit nach oben sich erweiternden Stoßfugen so eingelegt oder vielmehr eingespannt, daß die untere Lagerfläche dieses Läufers von der obern Lagerfläche des Sturzes durch einen kleinen Zwischenraum getrennt ist. Eben so wird die Bank nur an beiden Enden bis zu der lothrechten Begrenzungslinie der Fensteröffnung unterstützt und dadurch gegen das Brechen gesichert, daß zwischen der obern Lagerfläche des unter der Bank befindlichen Läufers und der untern Lagerfläche der Bank ein kleiner Zwischenraum gelassen wird. Die Bänke unterhalb und die Stürze oberhalb auf die Lichtenweite der Fensteröffnungen frei zu lassen, ist bei der sorgfältigsten Bearbeitung und bei der genauesten Versetzung der Quadern unerläßlich, und muß selbst da vorgesehen werden, wo Quadern von bedeutender Länge über dem Sturz und unter der Bank angebracht werden und die in Fig. 68 angegebenen Stoßfugen wegfallen. Das untere Lager des Deckquaders über dem Sturze und das obere Lager des Tragsteins unter der Bank muß dann auf die Lichtenweite der Fensteröffnung durch einen Sägenschnitt so lange frei erhalten werden, bis das Mauerwerk sich vollkommen gesetzt hat, und wird dann erst ausgefugt.

Bei Backsteinmauern wird nach Fig. 69 die Bank durch eine Rollschicht und der Sturz durch einen scheitrechten Bogen gebildet, während die Gewände, wie bei Quadermauern, aus aufgemauerten Ecken der durch die Fensteröffnung unterbrochenen Mauern bestehen.

Der scheitrechte Bogen ist in Fig. 69 als ein Bogen, dessen Halbmesser gleich ist der Lichtenweite, also von 60 Graden, und dessen Sehne die wagerechte Begrenzungslinie des Sturzes bildet, angenommen. Die Wölbung scheitrechter Bogen aus Backsteinen nach dem Mittelpunkte eines Bogens von weniger als 60 Graden vorzunehmen, beeinträchtigt die Tragfähigkeit des Bogens und sichert um so weniger gegen das Einschlagen, je kleiner der Winkel des Wölbebogens ist. Daß die aus einer Rollschicht bestehende Bank nicht unterhalb der Fensteröffnung frei gelassen werden kann, ist ein nicht zu beseitigender Nachtheil, welcher jedoch nicht so erheblich ist, weil die Trennung der Fugen sich auf die ganze Länge der Rollschicht vertheilt.

Das Fenstergestelle bei Bruchsteinmauern besteht nach Fig. 70 aus der Bank, den Gewänden und dem Sturze. Bei der unregelmäßigen Gestalt der Bruchsteine ist bei dem Vermauern zum Ausgleichen der Unebenheiten der Steinlager mehr Mörtel nöthig als bei Backsteinmauerwerk, und es findet in Folge dessen ein bedeutenderes Senken der Mauer statt. Es muß dieses Senken der Mauern bei dem Einsetzen der Fenstergestelle berücksichtigt, und es dürfen die nur aus schwachen, auf die Hochkante gestellten Steinen bestehenden Gewände nur in soweit belastet werden, als es zur Verbindung der Gestelle mit der Mauer geradezu erforderlich ist, so wie auch die Bänke nicht über die äußere Begrenzungslinie der Gewände hinaus seitlich in die Mauer eingreifen dürfen.

Um den Druck des Mauerwerkes über der Fensteröffnung von dem Sturze abzuhalten, wird über den Sturz ein flacher Bogen, Entlastungsbogen genannt, gesprengt, dessen Spannweite mindestens die Lichtenweite der Fensteröffnung betragen muß. Der Raum zwischen Sturz und Entlastungsbogen wird erst nach erfolgtem Setzen der Mauern ausgemauert. Die Stärke und Höhe des Bogens richtet sich nach der darüber befindlichen Belastung. Bei Wohngebäuden hat der Entlastungsbogen in der Regel nur die geringe Last der Brüstungsmauer der Fenster im nächsthöhern Stockwerke zu tragen und kann deshalb mit einem halben Backsteine gemauert werden. Ist der Sturz durch den Entlastungsbogen gegen den Druck des Mauerwerks oberhalb, so weit er frei liegt, gesichert, so wird nun durch die Belastung seiner durch die Gewände unterstützten Enden, welche Belastung von den Gewänden auf die Bank übertragen wird, das Gestelle mit der Mauer verbunden. Damit nun die nur an den Enden belastete Bank, welche keine so große Stärke erhält, daß der Stein die nur auf die Enden wirkende Last auch auf die unter dem unbelasteten Theile befindlichen Steinschichten übertragen könnte, nicht bricht, darf die Bank auch nur so weit durch Untermauerung gestützt werden, als sie von oben belastet ist. Die Bank muß sonach auf die Lichtenweite der Fensteröffnung unterhalb so lange frei gelassen werden, bis das Mauerwerk im Ganzen sich gesetzt hat. Da Bruchsteinmauerwerk selbst nach Jahren sich noch setzt, so ist es gerathen, bei der Untermauerung der Bänke die Steine der letzten Schicht nie an die Bänke fest anschließend einzusetzen, vielmehr einen kleinen Zwischenraum zu lassen und diesen mit Mörtel auszufugen.

Werden zur Ueberdeckung der Fenster statt der wagerechten Stürze Bögen angewendet, so richtet sich die Construction der Mauerbögen nach dem Steinmateriale, woraus die Mauer selbst aufgeführt wird. Wir geben in

Fig. 71 einen Mauerbogen aus Haussteinen, in Fig. 72 einen Mauerbogen aus Backsteinen und in Fig. 73 einen Mauerbogen aus Bruchsteinen, welcher letztere als Entlastungsbogen über dem Bogen des eingesetzten Fenstergestelles angebracht ist. Bei dem Mauerbogen aus Haussteinen Fig. 71 ist der Hakenverband angewendet, bei welchem die geneigten Lagerflächen der Wölbsteine nach der Richtung der schneidenden horizontalen Lagerflächen stumpfwinkelig gebrochen in die Mauerschicht eingreifen, und die Wölbsteine, beim Anschluß an den nächstliegenden Quader, senkrechte Stoßfugen erhalten.

Fig. 73. Fig. 72. Fig. 71.

Die vermittelst gebrochener Fugen in die Mauerschichten eingreifenden Mauersteine äußern keinen Horizontalschub und sind Wölb- und Mauersteine zugleich. Zu Mauerbögen von Mauerdurchbrechungen, welche bei geringer Spannweite nicht zum Tragen einer bedeutenden Belastung bestimmt sind, empfiehlt sich der Hakenverband wegen des rechtwinkeligen Anschlusses der Mauersteine an die Bögen besonders; wogegen der Hakenverband bei Gewölben und selbst bei schwerbelasteten Mauerbögen von großer Spannweite um deswillen nicht angewendet werden kann, weil die Hakensteine bei dem unvermeidlichen Setzen der Gewölbe oder weit gesprengten Mauerbögen entweder brechen oder Trennungen in der Wölbung veranlassen müssen. Der bei Backsteinmauern zur Ueberdeckung der Fensteröffnungen angewendete Mauer-

Von den Umfangsmauern.

bogen ist in Fig. 72 als Segment- oder Stichbogen von 60 Graden und mit einem Entlastungsbogen verbunden, nach durchgehenden Lagerfugen gemauert, angenommen. Die Fenstereinfassung ist von der Mauerflucht zurückgesetzt, so daß die Rollschicht der Bank zwischen die vortretenden Mauerpfeiler eingespannt ist.

Der Bogen des in Bruchsteinmauer eingesetzten Fenstergestelles Fig. 73 ist nach üblicher Weise aus drei Stücken bestehend angenommen, welche nach dem centrischen Fugenschnitte mit dem Haupte gegen einander gesetzt sind. Dieser, nur zur Darstellung der Ueberdeckungsform angewendete Bogen des Fenstergestelles, wird durch einen darüber gesprengten Mauerbogen aus

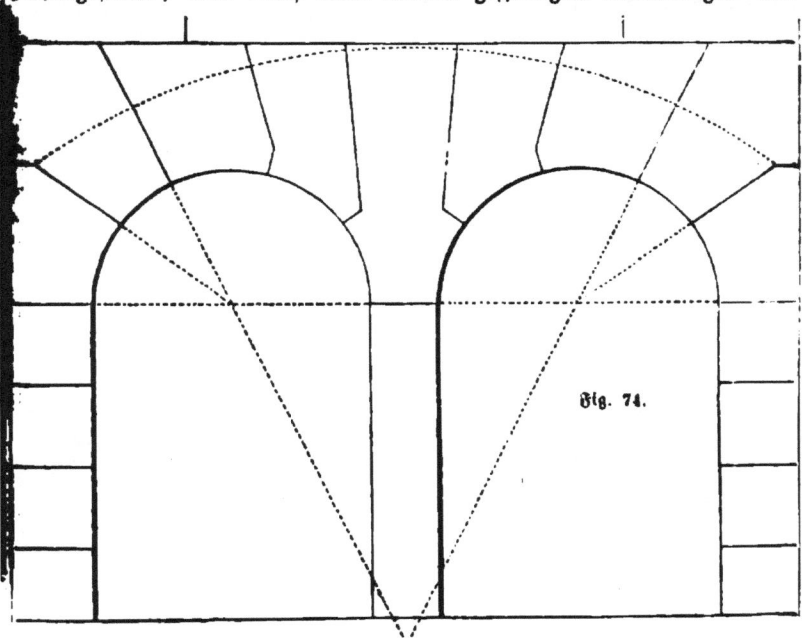

Fig. 74.

Bruchsteinen entlastet, welcher nicht ganz bis auf das Widerlager des Fensterbogens herabgeführt und von diesem durch einen Zwischenraum getrennt ist, damit eine Belastung des Mauerbogens nicht auf den Fensterbogen mit einwirken kann.

Was wir in Bezug auf die Entlastung der Fensterüberdeckung und die Sicherung der Fensterbank bei den einfachen Fenstern angeführt haben, findet seine Anwendung auch bei doppelten oder mehrfach neben einander vorkommenden Fensteröffnungen, bei welchen noch insbesondere auf die Entlastung der meist schwachen Zwischenpfeiler oder Zwischengewände Rücksicht genommen werden muß. Wir geben in Fig. 74 ein doppeltes Bogenfenster in einer Hausteinmauer, bei welchem der Fugenschnitt der Fensterbögen mit dem Fugenschnitte des Entlastungsbogens so in Verbindung gebracht ist, daß der Schlußstein des Entlastungsbogens zugleich als mittleres Widerlager für die beiden Fensterbögen dient und dadurch der Druck der Fensterbögen auf den mittlern schwachen Unterstützungspfeiler so vollständig aufgehoben ist, daß selbst durch die Herausnahme dieses Pfeilers keine Senkung des Mauer=

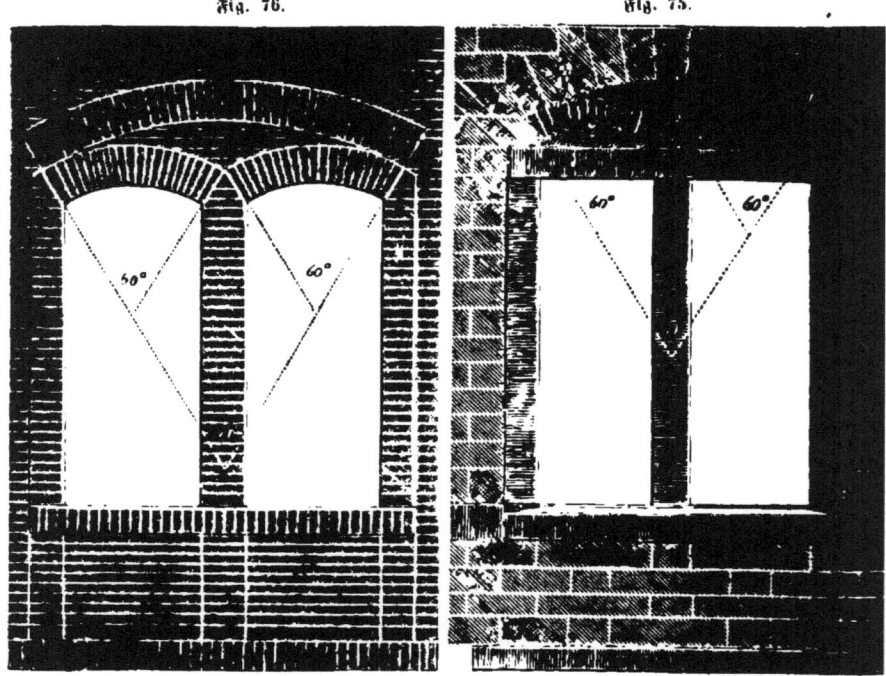

Fig. 76.   Fig. 75.

bogens veranlaßt würde. Die Anordnung des Fugenschnitts ist aus der Zeichnung zu ersehen und bedarf keiner weitern Erklärung.

Fig. 75 stellt ein Doppelfenster in einer Backsteinmauer und Fig. 76 ein Doppelfenster in Bruchsteinmauer mit eingesetztem Fenstergestelle von Hausteinen dar. Die Fensteröffnungen in der Backsteinmauer sind mit Bögen von 60 Graden überdeckt und durch einen Entlastungsbogen von ebenfalls 60 Graden gegen den Druck des darüber befindlichen Mauerwerks gesichert. Bei dem Fenstergestelle der Bruchsteinmauer wird der über beide Fensteröffnungen gelegte und aus einem Steine bestehende Sturz durch zwei schwache Backsteinbögen von 60 Graden, welche nach der Lichtenöffnung der Fenster

Von den Umfangsmauern. 115

darüber gespannt sind, entlastet, und von diesen Entlastungsbögen wird der Druck des darüber befindlichen Mauerwerkes durch einen Entlastungsbogen aus Bruchsteinen aufgenommen und auf die Mauerpfeiler übertragen.

Was wir bis jetzt über die Fensteröffnungen angeführt haben, bezieht sich nur auf diejenigen Theile, welche die äußere Begrenzung der Fenster

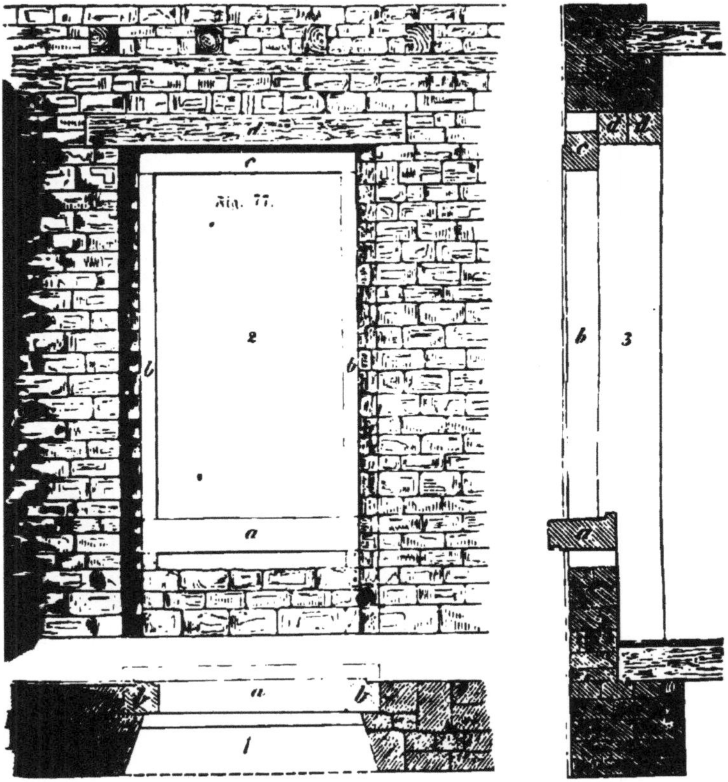

Fig. 77.

bilden. Nach dem Innern der Gebäude gestaltet sich die Durchbrechung anders, und der Abschluß besteht aus den meist stumpfwinkelig angelegten Ecken der die senkrechte Begrenzung bildenden Mauerpfeiler und einer horizontalen Ueberdeckung oder einem Mauerbogen oberhalb. Wir geben in Fig. 77 den Grundriß 1, die innere Ansicht 2 und den senkrechten Durchschnitt 3 eines gewöhnlichen Wohnhausfensters, dessen äußere Einfassung aus einem

8*

116   Achter Abschnitt.

Hausteingestelle besteht. Die unterhalb der Bank a befindliche Mauer, welche Brüstung genannt wird, hat nur die Stärke einer Steinlänge, damit man bequem zur Fensteröffnung gelangen und ohne beschwerliches Vorbiegen die Aussicht das Gebäude entlang haben kann. Da die Fensterrahmen auf der innern Seite des Gestelles angebracht und befestigt werden, so wird die innere Durchbrechung beim Anschluß der Mauern an die innere Seite der Gewände auf beiden Seiten um drei bis vier Zolle zurückgesetzt, was man den An=schlag nennt, und erhält noch eine Erweiterung nach innen dadurch, daß man, um dem Lichte bessern Zutritt zu gestatten und um die geöffneten Fenster=

Fig. 78.

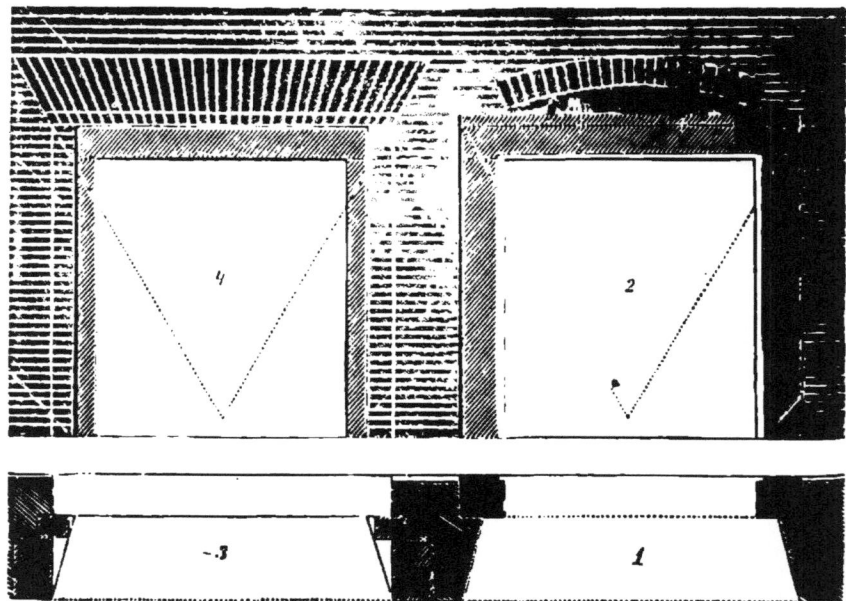

flügel ohne Beschädigung des Verputzes unter einem stumpfen Winkel zurück=legen zu können, wie aus dem Grundriß 1 zu ersehen, die Mauerecken der Leibung der Pfeiler stumpfwinkelig aufführt. Die nach der Fensteröffnung geführten schrägen Leibungen werden Geläuffe oder auch Kleiffe genannt und meist so angelegt, daß die Erweiterung beiderseits den vierten Theil der Mauerstärke an der innern Mauerflucht bis zum Anschluß an die Gewände beträgt. Die innere Ueberdeckung der Mauerdurchbrechung besteht in der Regel bei Wohngebäuden aus Deckhölzern d, welche zur Befestigung der Gar=dinen benutzt werden können. Diese Deckhölzer werden, aus Rücksicht auf das häufige Anbringen von Rouleaux, 5 bis 6 Zolle über die Unterkante des Sturzes gelegt, so daß der Anschlag oberhalb mehr beträgt als an den Seiten. Statt der Deckhölzer kann zur Ueberdeckung der innern Mauer= durchbrechung ein scheitrechter Bogen nach Fig. 78 angewendet werden, welcher, wie in der äußern Ansicht 2 und in der innern Ansicht 4 angegeben, mit dem äußern Entlastungsbogen in Verbindung, sonach mit gemeinsamen centrischen Fugen gemauert wird. Bei größeren Durchbrechungen ist zur innern Ueber= deckung der Segment= oder Stichbogen dem scheitrechten Bogen vorzuziehen. Der Grundriß 1 gibt einen Durchschnitt unterhalb und der Grundriß 3 einen Durchschnitt oberhalb des Sturzes mit den abgetreppten Widerlagern für den scheitrechten Bogen, dessen Lagerfugen über die schräge Begrenzung der Mauer= pfeiler rechtwinkelig durchgeführt werden müssen.

Die Anfertigung der Fenstergestelle gehört zwar zu den Arbeiten des Steinhauers, doch wird es nicht am unrechten Orte sein, einige Worte dar=

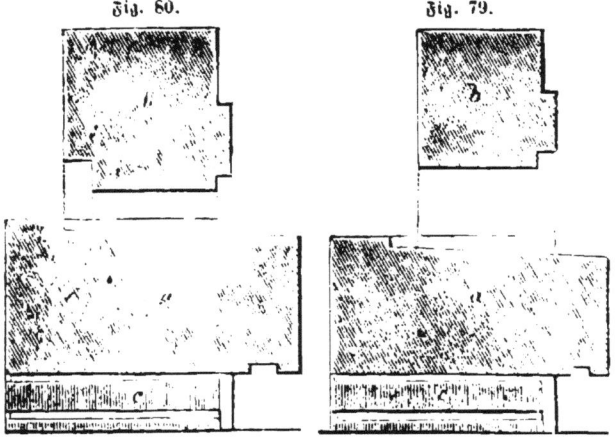

Fig. 80.   Fig. 79.

über anzuführen. Wie bereits erwähnt, soll die Stärke der Brüstungs= mauer nicht mehr als die Länge eines Backsteins betragen. Aus dieser An= nahme ergiebt sich die Breite des von der Brüstungsmauer unterstützten Thei= les der Bank, als eigentlichen Lagers derselben. Da nun aber die Bank nicht blos dazu bestimmt ist, die Fensteröffnung unterhalb abzuschließen und die Fenstergewände zu tragen, sondern auch dazu dienen soll, das von den Fen= stern herablaufende Wasser von den Umfangsmauern abzuleiten, so muß sie außen vor die Umfangsmauer vorspringen und an der Unterfläche des vor= tretenden Theiles eine vertiefte Rinne, die sogenannte Wassernase, erhalten, welche das an der vordern Fläche herunterlaufende Wasser verhindert, zur Mauerfläche zurückzugelangen. Nehmen wir die einfachste Form einer Bank im Querschnitt an, bei welcher der vortretende Theil eine senkrechte

Platte bildet, so wird sich aus dem Vorsprunge von mindestens 3 Zollen und der Breite eines Lagers von der Länge eines Backsteines mit Hinzurechnung des äußern Verputzes die Gesammtbreite derselben von selbst ergeben. Die Höhe der Bank richtet sich nach der Größe der Fenster und muß mindestens gleich sein der Stärke der darauf ruhenden Gewände. Die Stärke der Gewände hängt von der Höhe der Fenster und der Beschaffenheit der dazu verwendbaren Steine ab. In der Regel wird für die Stärke der Gewände aus Sandsteinen, ohne Berücksichtigung der bei gegliederten Einfassungen vor die Mauer tretenden Glieder, im quadraten Querschnitte der zehnte Theil der Fensterhöhe im Lichten angenommen, so daß also die Gewände eines achtzig Zoll hohen Fensters die Stärke von acht Zollen, und die Gewände eines Fensters von siebzig Zollen Höhe eine Stärke von sieben Zollen im Quadrat erhalten. Nach der Gewändestärke richtet sich, wenn die erwähnte Breite der Bank beibehalten werden soll, das Profil derselben. Wir geben in Fig. 79 die Profile einer Bank a und der dazu gehörigen Gewände b für größere, und in Fig. 80 die Profile einer Bank a und der zugehörigen Gewände b für kleinere Fenster, welche nur darin von einander abweichen, daß eine verschiedene Art der Befestigung der Fensterrahmen angenommen ist. Das Gewände b in Fig. 79 hat zur Aufnahme des Fensterrahmens innen einen vertieften Falz oder Spund, welcher Fensterspund genannt und nach der ganzen Stärke der Rahmen eingearbeitet wird; außen ist ein ähnlicher Spund, der Ladenspund, auf $2/3$ der Ladenstärke eingearbeitet, so daß die sichtbare Breite des Gewändes zwischen diesen Spunden, welche die Leibung des Gewändes heißt, durch die Breite der Spunde bestimmt wird. Die äußere Fläche des Gewändes hat einen schmalen glattbearbeiteten Streifen, einen Verputzleisten, der andere Theil ist auf die Stärke des Verputzes vertieft zurückgearbeitet und wird, damit der darüber greifende Verputz auf der Steinoberfläche haftet, rauh gespitzt. Bei dem schwächern Gewände b der Fig. 80 geht die Leibung von dem Ladenspunde auf die ganze Breite des Gewändes durch, und der Fensterrahmen wird unmittelbar auf den innern Anschlag befestigt. Die wagerecht bearbeitete obere Lagerfläche der Bank wird zwischen den nach der Schablone vorgezeichneten Standfugen der Gewände, und so weit die Fensterrahmen hinter der Leibung zurückgreifen, vertieft eingearbeitet, damit der untere Rahmschenkel der Fenster, in die eingearbeitete Vertiefung eingesetzt, an die Gewände fest schließt und damit das von den Fenstern herablaufende Wasser auf der nach außen geneigten Fläche, dem sogenannten Wasserfalle, seinen Abzug findet und in das Innere zurückzudringen verhindert ist.

Die an der Unterfläche des vortretenden Theiles der Bank angebrachte Wasserrinne (Wassernase) wird am besten, wie eingezeichnet, rechtwinkelig eingearbeitet. Beim Versetzen der Bänke ist auf den Verputz der Mauer

Von den Umfangsmauern.   119

Rücksicht zu nehmen, so daß nicht die Verputzleisten der Gewände, sondern
die von der Verputzstärke zurückgearbeiteten Einsätze der Standfugen in die
Schnur der Mauerflucht treffen und eingesenkt werden müssen.

Die Thüröffnungen sind von den Fenstern nur durch größere Lichtenweiten unterschieden. Die Einfassung wird auf dieselbe Weise gebildet wie
bei den Fenstern, nur tritt, zum untern horizontalen Abschluß, an die Stelle
der bei den Fenstern mit Wasserfall versehenen Bank die zugleich als Stufe
dienende, auch im Querschnitt ho-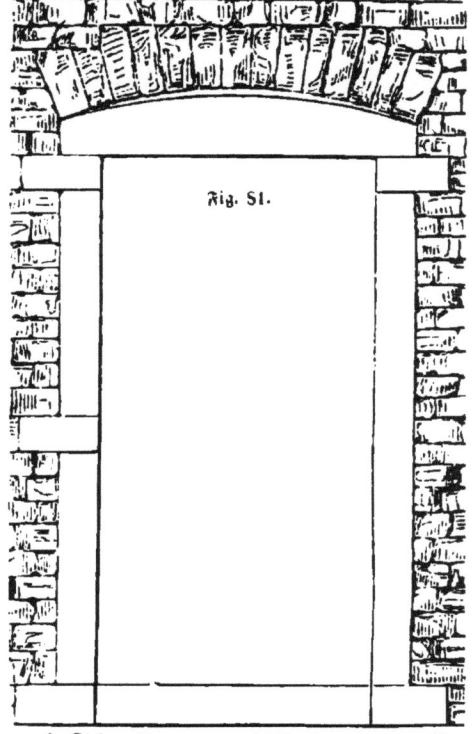
rizontale Schwelle Fig. 81 stellt
ein Thürgestelle mit Sturz dar,
bei welchem der Sturz, der größern Spannweite wegen, oberhalb in der Form eines Segment-
bogens nach der Mitte verstärkt,
nicht unmittelbar auf die Gewände, sondern auf Binder gelegt ist, welche die Gewände decken und in die Mauer eingrei-
send mit dieser verbinden. Bei
kurzen Gewändsteinen können,
wie in Fig. 81 auf der linken
Seite angegeben ist, Zwischen-
binder angebracht werden.

Da die steinernen Thür-
schwellen bei der Bauausführung leicht beschädigt, und wenn
sie aus nicht sehr festen Steinen
bestehen, mit der Zeit ausgetre-
ten werden, so ist es gerathen, die
Thürgewände nicht unmittelbar
auf die Schwelle, vielmehr auf
besondere Bindersteine zu setzen und die Schwelle ganz unabhängig von den Gewänden erst nach Vollendung des Baues zwischen die Bindersteine einzulegen
— einzustreifen. — Es leuchtet ein, daß die nur an den Enden schwerbelasteten Thürschwellen in Folge des ungleichen Setzens noch mehr dem Brechen
ausgesetzt sind als die Bänke der Fenstergestelle, und schon aus diesem Grunde
sollten sie, wie in Fig. 81 angenommen ist, als Tritte des Eingangs betrachtet und ohne alle Verbindung mit den Gewänden eingelegt werden.

Werden Thüren, welche auf ihre ganze Höhe aufgehen sollen, statt mit
horizontalem Sturze in Bogenform überdeckt, so muß die obere Leibung der

innern Thürnische in einem so flachen Bogen überwölbt werden, daß die Thürflügel beim Oeffnen nirgends anstreifen. Bei Haussteinbögen wird der sich nach innen erweiternde Kernbogen angewendet, welcher aber weder aus Bruchsteinen noch aus Backsteinen solid aufgeführt werden kann und deshalb nicht in unsere Betrachtung gehört.

Thore sind nur in Bezug auf die Ueberdeckung großer Lichtenweiten von Bedeutung für den Maurer, und sind es besonders die Entlastungsbögen oberhalb der die Thüröffnung abschließenden Stürze oder Bögen, auf welche er seine Aufmerksamkeit zu wenden hat. Horizontale Stürze aus einem

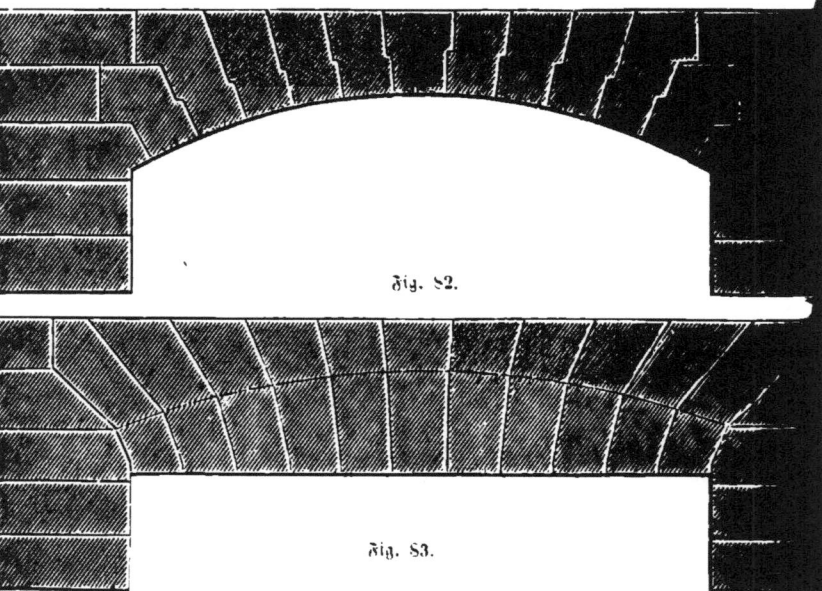

Fig. 82.

Fig. 83.

Haussteine bestehend können nur da Anwendung finden, wo der Thorabschluß keinen Mauerbestandtheil ausmacht und überhaupt nicht belastet wird.

Thorüberdeckungen müssen immer als Mauerbögen behandelt werden, wenn darüber Mauern vorkommen. Thorbögen in Haussteinmauern werden als Stichbogen und als scheitrechter Bogen mit gebrochenen Lagerflächen im Fugenschnitte verschieden behandelt. Fig. 82 stellt einen Stichbogen dar, bei welchem die Lagerfugen durch horizontale Haken so gebrochen sind, daß die Steine versetzte Keile bilden, welche sich an dem Widerlager aufwärts gegenseitig unterstützen. Bei diesem Fugenschnitte ist keine Senkung des Bogens denkbar, ohne daß die unteren Wölbsteine, welche in die Mauerschichten übergreifen und von den darüber befindlichen Quadern belastet sind, brechen.

Von den Umfangsmauern. 121

Die Lagerfugen des scheitrechten Bogens Fig. 83 sind ebenfalls gebrochen, aber ohne Haken. Der scheitrechte Bogen ist oberhalb durch ein aus dem Mittelpunkte des für die Richtung der Lagerfugen angenommenen Kreises beschriebenes Segment begrenzt gedacht, und von den Schnittpunkten dieses Segments sind die Lagerfugen centrisch nach dem höher gelegenen Mittel= punkte eines Kreisbogens von geringerem Halbmesser geschnitten, so daß der obere Bogen als Entlastungsbogen für den scheitrechten Bogen betrachtet werden kann. Es kommt zuweilen vor, daß Hausteinbögen eine Bruchstein= mauer durchbrechen, ohne daß die nur aus schwachen Steinen construirten

Fig. 84

Bögen die Last der über denselben befindlichen Mauern zu tragen im Stande sind. In diesem Falle sind die Hausteinbögen durch Mauerbögen aus Bruch= steinen zu entlasten. Wir haben in Fig. 84 angenommen, daß zwei solcher Bögen von einem schwachen Hausteinpfeiler unterstützt sind, dessen horizontale

Schichten, über das Widerlager hinausgeführt, zugleich die Anfänger des Gewölbes bilden, und daß die aus Bruchsteinen gemauerten Entlastungsbögen über dem Stützpfeiler ein gemeinsames Widerlager aus Hausteinen haben. Zwischen den Hausteinbögen und den Entlastungsbögen aus Bruchsteinen muß des unvermeidlichen Senkens der letzteren wegen ein Zwischenraum bleiben, welcher bei dem Mauern der Entlastungsbögen entweder mit Lehm oder einer Schalung von Bretern oder Latten ausgefüllt, nach dem Schließen der Bögen aber wieder frei gemacht wird, damit das Senken der Entlastungsbögen ohne Nachtheil für die nur aus schwachen Steinen construirten Hausteinbögen erfolgen kann.

Thorbögen aus Backsteinen bieten nur bei der Annahme einer scheitrechten Ueberdeckung Schwierigkeiten dar. Scheitrechte Bögen von großer

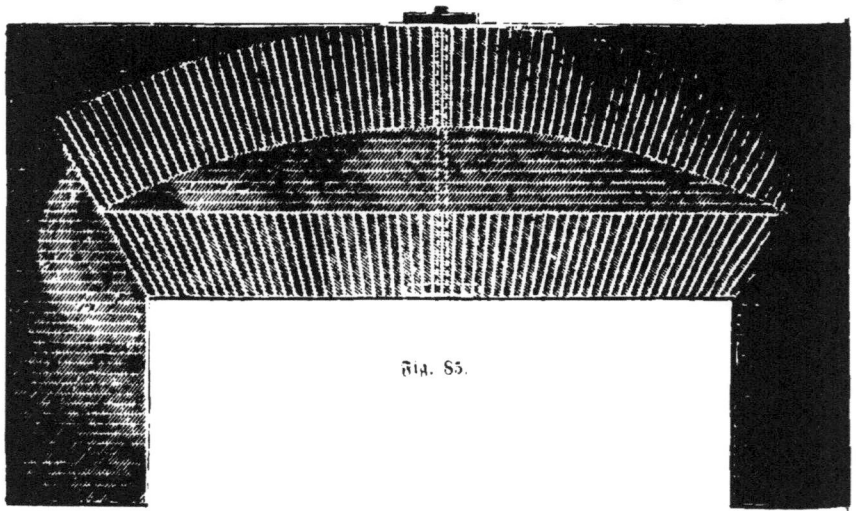

Fig. 85.

Spannweite werden bei der sorgfältigsten Ausführung sich einsenken und müssen mit einem darüber gesprengten Entlastungsbogen verankert und so von dem letzteren getragen werden. Fig. 85 stellt einen scheitrechten Backsteinthorbogen dar, welcher durch einen Anker in der Mitte mit dem darüber gesprengten Entlastungsbogen in Verbindung gebracht ist. Beide Bögen sind nach demselben Mittelpunkte eines Bogens von 60 Graden centrisch gemauert und sitzen auf einem gemeinsamen Widerlager, so daß beide Bögen zusammengenommen als ein massiver Bogen von der durch das gemeinsame Widerlager bestimmten Stärke betrachtet werden können. Bei großer Lichtenweite der zu überdeckenden Oeffnung können die beiden Bögen durch mehrere Anker unter einander verbunden werden, wobei jedoch die Anker immer in der Rich=

tung der Lagerfugen angebracht werden müssen. Bei schwachen Widerlags=
pfeilern muß der Horizontalschub der Bögen durch horizontale Verankerung
unterhalb oder oberhalb des scheitrechten Bogens aufgehoben werden.

Was nun die Ausführung der Mauerbögen aus Backsteinen betrifft, so
werden dazu entweder die gewöhnlichen Mauersteine mit parallelen Lager=
flächen verwendet, oder es werden die Steine nach dem der Wölblinie ent=
sprechenden Fugenschnitte mit keilförmigen Lagerflächen dazu besonders ge=
formt. Der Verband eines Mauerbogens von bestimmter Stärke, worunter
man die Abmessung nach der Richtung seiner Gewölbfugen versteht, so wie
von bestimmter Tiefe, oder seiner Abmessung nach der Richtung seiner Ge=
wölbachse, ist von der Form der Wölbsteine unabhängig. Mag der Bogen
seiner Stärke nach aus einer oder aus mehreren über einander gesprengten
Mauerungen bestehen, so müssen die Lagerfugen durch die ganze Tiefe jedes
einzelnen Bogens ohne Unterbrechung hindurch gehen, so daß sie in der Bogen=
stirn centrale, in der Bogenleibung aber mit der Achse der Wölbung parallele
Linien bilden. Die Stoßfugen zweier aufeinanderliegender Wölbschichten
dürfen weder in der Bogenstirn, noch in der Bögenleibung, noch im Innern
des Wölbkörpers auf einander treffen, müssen vielmehr von Schicht zu Schicht
überdeckt sein. Bei dem Verbande für Mauerbögen ist die Anwendung
kleiner Steinstücke zu vermeiden und aus diesem Grunde eine einfache
Fugenverwechselung nach den Regeln des Blockverbandes mit abwechseln=
den Läufer= und Binderschichten anzuordnen.

Wir geben in Fig. 86 bis 94 die Verbände von Mauerbögen von
1 Stein Stärke und Tiefe, bis zu 2½ Stein Stärke und Tiefe, bei
welcher nur ganze Steine und Zwei= und Dreiquartiere vorkommen. Bei
dem Mauern von Bögen aus gewöhnlichen Backsteinen müssen die Steine
entweder am untern Ende keilförmig zugehauen oder am obern Ende mit
keilförmigen Steinsplittern so unterfüttert werden, daß die obere Lager=
fläche genau der Richtung des Fugenschnittes entspricht. Das Zuhauen
der Steine ist zeitraubend und kostspielig, und das Unterfüttern der Steine
am Bogenrücken hat den Nachtheil, daß beim Ausrüsten der Bögen die
Fugen der nicht nach ihrer ganzen Länge gleichmäßig unterstützten Steine
sich hauptsächlich nach der innern Leibung öffnen, und hiernach die Ver=
bindung der Steine mit dem Mörtel, worauf die Festigkeit des Bogens
hauptsächlich beruht, geradezu aufgehoben wird.

Beträgt die Stärke eines Backsteinbogens nicht mehr als die Stärke
eines Steins, so ist die keilförmige Gestalt der Lagerfugen zwischen den Stei=
nen in der Regel so unbedeutend, daß ein stärkeres Auftragen von Mörtel
gegen den Rücken des Bogens ausreicht, die obere Lagerfläche der Steine in
die Richtung des Fugenschnittes zu bringen, und es wird das Schwinden des

Achter Abschnitt.

Fig. 66—94.

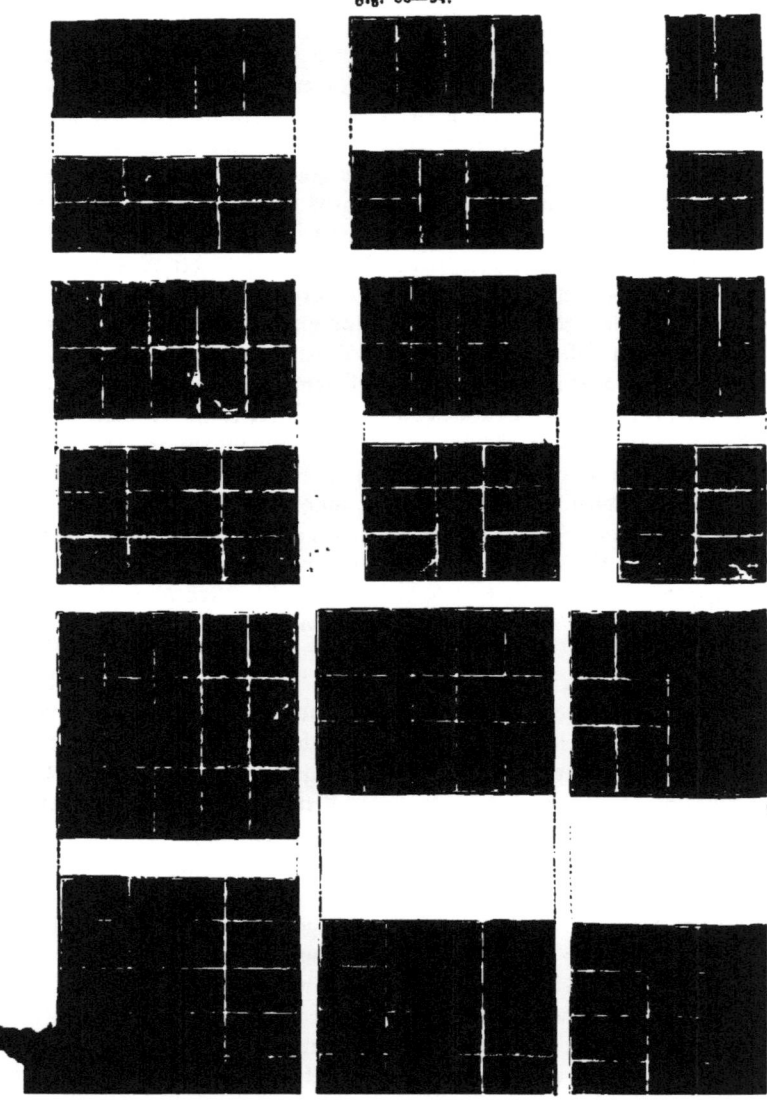

Von den Umfangsmauern.

stärker aufgetragenen Mörtels dadurch ohne Nachtheil für die Tragfähig=
keit des Bogens, daß beim Ausrüsten die oberen Fugen sich mehr schlie=
ohne daß an der untern Leibung die Fugen sich öffnen müßten.

Da mit der Stärke der Bögen die Erweiterung der Lagerfugen nach
zunimmt, und dies um so mehr, je kleiner der Krümmungshalbmesser
so ist anzurathen, Bögen von mehr als 1½ Steinstärke aus mehreren
Zusammenhang über einander gewölbten Ringen bestehen zu lassen.
würde ein Bogen von 2½ Steinstärken nach Fig. 95 aus einem
von 1½ Steinstärke und einem darüber gesprengten Bogen von 1
stärke, und ein Bogen von 3 Steinstärken nach Fig. 96 aus zwei Bögen
1½ Steinstärken zu bestehen haben, von denen jeder Bogen für sich und

Fig 95

gegenseitigen Verband gemauert würde. Der erste Bogen von ge=
Durchmesser wird nach erfolgtem Schließen ausgerüstet, so daß
die darüber gesprengten Bögen als eine Unterrüstung betrachtet
kann, welche keine nachtheilige Senkung mehr befürchten läßt.
Bei dem Verfahren der Engländer, Mauerbögen, ja selbst Gewölbe von
Stärke aus über einander gemauerten Ringen, welche nur ½ Stein=
stärke haben, herzustellen, kann die Einrüstung erst nach dem Schlusse des
letzten Bogenringes herausgenommen oder nach und nach gesenkt werden,
weil die einzelnen Ringe für sich zu schwach sind, um sich nicht nach dem
Wegnehmen der Rüstung zu senken und seitlich auszubauchen. Selbst
bei der Anwendung besonders geformter Steine zur Mauerung der Back=
steinbögen von größerer Stärke als 1½ Steinlängen verdienen die über=
einander gewölbten isolirten Bögen den Vorzug vor der Wölbung mit
durch die ganze Bogenstärke reichenden Lagerfugen, weil bei dem letztern
Verfahren die Wölbsteine am Rücken des Bogens eine so große Stärke
erhalten, daß sie nicht mehr vollkommen gahr gebrannt werden können.

Bei den Römern waren die ringförmig über einander gewölbten isolirten Mauerbögen beinahe allgemein üblich, und als Beweis dafür, daß diese Wölbart auch in Deutschland die verdiente Würdigung gefunden, führen wir die Ueberwölbung der Kreuzesarme der neuen Kirche in Potsdam an, wo die halbkreisförmigen Tonnengewölbe von 60 Fuß Spannweite aus drei isolirten concentrischen Bögen, jeder von 2 Stein Stärke, aus besonders geformten Wölbsteinen gebildet sind.

Das Mauern der Bögen muß von beiden Widerlagern aus gleichzeitig und an jedem Fußende des Bogens mit derselben Schicht des in zwei Schichten abwechselnden Verbandes begonnen, und auf beiden Seiten immer in gleichen Höhen bis zu dem auf den Lehrbögen, bezeichneten

Fig. 96.

Scheitel fortgesetzt werden. Der Bogen darf über dem Scheitel keine Fuge haben, sondern muß durch einen Stein, welcher durch eine Senkrechte im Scheitel halbirt und Schlußstein genannt wird, im Scheitel endigen.

Damit bei dem Mauern die centrale Richtung der Lagerfugen eingehalten wird, ist bei kreisförmigen Bogenlinien das sicherste Verfahren, den einem Kreisbogen entsprechenden Mittelpunkt an den Steinlehrbögen durch einen Stift zu bezeichnen, und von diesem Stifte aus entweder eine Schnur nach den Fugenpunkten zu ziehen oder durch ein um den Mittelpunktsstift geführtes Richtscheit die Lagerfugen zu regeln. Kann der Mittelpunkt der Kreisbögen nicht bezeichnet werden, so werden die Fugen nach einer auf die Einschalung gestellten Lehre oder Schablone gerichtet.

Die Schablone besteht aus einem Bretstück, welches an der einen Seite von einem Theile der zu überwölbenden Bogenlinie und an einer gegenden Seite durch eine Senkrechte (Normale) auf die Bogen— wird.

Unabhängig von der Art der Ueberwölbung ist die zur Unterlage der Wölbsteine erforderliche Einrüstung, worunter man die nach der Wölblinie bearbeiteten, aus Bretern zusammengesetzten Rippen oder aus Zimmerholz hergestellten Lehrbögen mit der darüber gelegten Einschalung von Latten oder Bretern, nebst der erforderlichen Unterstützung derselben versteht. Bei scheitrechten Bögen besteht die Einrüstung aus einer Lage von Bretern oder Bohlen, welche an den Enden eine gemeinsame Unterstützung durch untergelegte Schwellen erhalten, oder bei geringer Spannweite des Bogens an den Enden scharfkantig behauen und in die offenen Fugen der Widerlagerschicht eingelegt werden. Da scheitrecht gemauerte Bogen nach der Mitte sich einbiegen, sich einschlagen, so wird darauf bei der Einrüstung Rücksicht genommen, und es werden zu dem Ende die oberhalb eingekerbten Rüstbohlen durch untergesetzte Sprießen in der Mitte um so viel in die Höhe getrieben, als das muthmaßliche Einsenken des Bogens beträgt. Die Rippen oder Scheiben für gekrümmte Bögen werden aus doppelt oder dreifach über einander genagelten Bretstücken hergestellt.

Fig. 97 stellt eine Rippe dar, welche aus einer doppelten Lage von Bretstücken besteht und durch eine aufgenagelte Latte am Fuße zusammengehalten wird. Die centrischen Stoßfugen der einen Lage treffen auf die Mitte der Breter der andern Lage, so daß die zunächst jeder Stoßfuge angebrachte Vernagelung für jedes einzelne Bret eine vierfache ist. Die in Fig. 98 dargestellte Rippe für einen Bogen von größerer Spannweite besteht aus dreifach über einander genagelten Bretstücken. Die mittleren Bretstücke sitzen zunächst dem Scheitel des Bogens an einem senkrechten Brete nach der Richtung der centralen Stoßfugen an, über welches am Fuße zwei horizontale Breter greifen, die mit diesem senkrechten Brete und den unteren mittleren Bretstücken der Bogenrippe vernagelt sind. Die äußeren Bretstücke der Bogenrippe sitzen am Fuße auf den horizontalen Bretern entweder stumpf, oder wie in Fig. 98 angegeben, nach innen versetzt an und sind, beiderseits von gleicher Länge, in die Mitte der darunter befindlichen mittleren Bretstücke wie in Fig. 97 gestoßen und bei jedem Stoße vernagelt. Das senkrechte Bret dient dazu, die Bogenrippe im Scheitel gegen das durch seitliche Belastung bewirkt werdende Heben, so wie gegen das durch senkrechte Belastung zunächst des Bogenschlusses bewirkt werdende Senken zu sichern.

Wir geben in Fig. 99 eine Rippe für einen flachen Mauerbogen, welche ebenfalls aus dreifach über einander genagelten Bretstücken besteht und sich von der in Fig. 98 dargestellten nur dadurch in der Construction unterscheidet, daß außerdem zur Sicherung der Rippe gegen das mögliche Heben und Senken im Scheitel die äußeren doppelten horizontalen Zangenbreter mit dem senkrechten einfachen Schlußbrete wie in Fig. 98 verbunden und noch zwei

128 Achter Abschnitt.

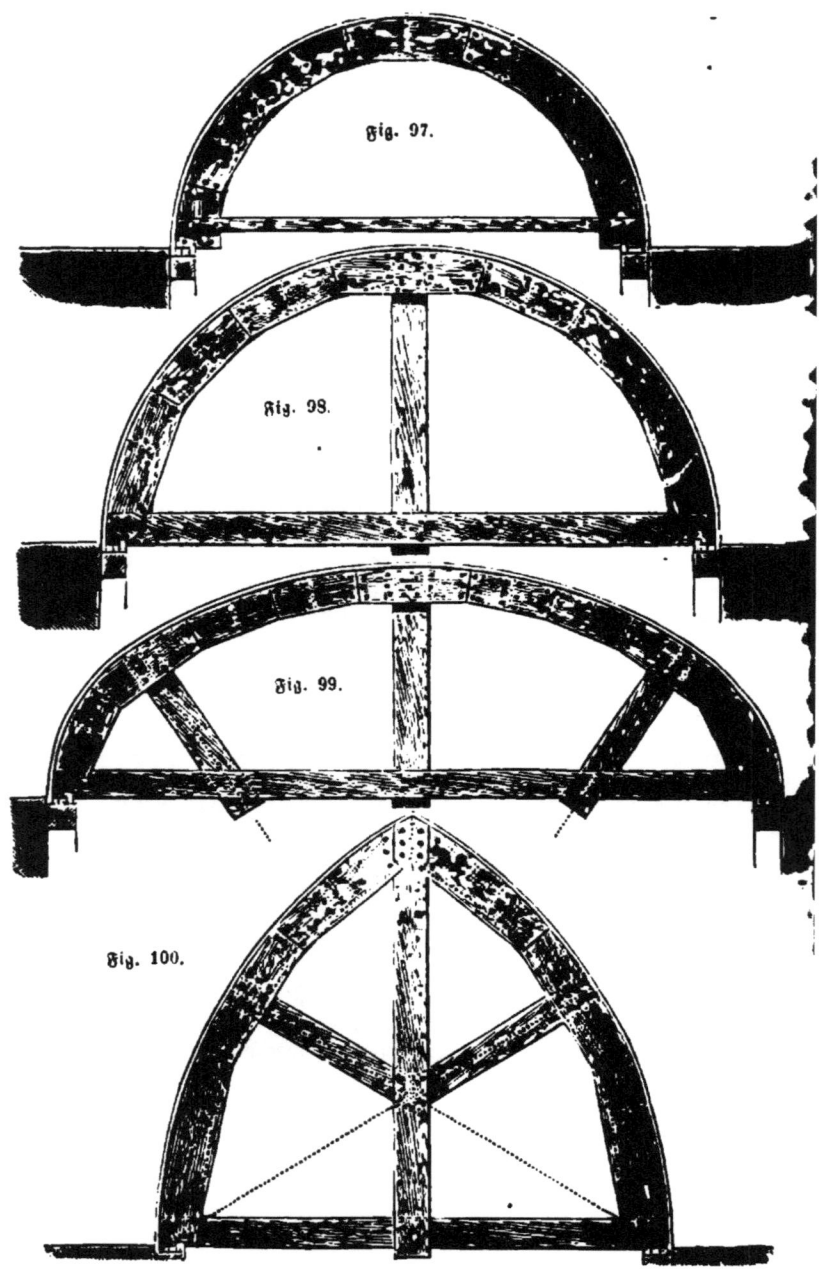

Fig. 97.

Fig. 98.

Fig. 99.

Fig. 100.

mittlere Längebreter in der mittlern Breterschicht angebracht sind, welche nach der Richtung der je zwei Bogenstücken des aus drei Mittelpunkten beschriebenen Korbbogens gemeinsamen Radien geführt und von den doppelten horizontalen Bretern umschlossen gegen seitliches Ausbiegen sichern. Fig. 100 stellt die Rippe für einen aus zwei Mittelpunkten beschriebenen Spitzbogen dar, bei dessen Zusammensetzung aus dreifach über einander genagelten Bretstücken die horizontale Verspannung durch ein einfaches Bret hergestellt, und dem Heben und Senken der Rippe im Schlusse durch doppelte senkrechte Breter, welche abwärts über das einfache horizontale Bret greifen und mit diesem vernagelt sind, vorgebeugt ist.

Einfache Büge sind in die mittlere Breterschicht eingesetzt und sichern, mit den äußeren Breterschichten der Bogenrippe, sowie mit den doppelten senkrechten Schlußbretern vernagelt und zu einem Ganzen verbunden, gegen das Einbiegen. Die hier angeführten Beispiele aus Bretern construirter Rippen zur Einrüstung von Mauerbögen können als Anhalt für den Maurer, wenn ihm die Anfertigung überlassen wird, für genügend erachtet werden, und werden wir uns mit den aus Zimmerholz zu construirenden Lehrgerüsten für schwerbelastete Mauerbögen von sehr großer Spannweite oder für Gewölbe, deren Herstellung dem Zimmermanne zusteht, hier nicht zu beschäftigen haben. Die Einschalung der Bogenrippen oder Lehrgerüste besteht aus Latten, welche parallel mit den Lagerfugen des Bogens an dessen Leibung auf die Rüstbögen gelegt werden. An einzelnen Stellen der Bogenrundung werden die Schallatten aufgenagelt. Beträgt die Tiefe eines Mauerbogens nicht mehr als 1 Steinstärke, so daß die Wölbsteine in der Bogenleibung unmittelbar durch die nach der Schnur in die Mauerflucht aufzustellenden Rippen oder Lehrbögen unterstützt werden können, so bleibt die Einschalung weg.

Das Herausnehmen der Einrüstung muß ohne Erschütterung des Mauerwerks geschehen können. Es werden deshalb die Rippen oder Lehrbögen an den Enden zunächst der Widerlager nicht unmittelbar auf die Schwellen, sondern auf doppelte Keile gesetzt, welche auf die Schwellen und mit diesen parallel und mit den ansteigenden Flächen gegen einander gerichtet gelegt werden. Nach erfolgtem Schließen der Bögen werden die Keile so weit auseinander getrieben, daß der Bogen nicht mehr fest auf der Einrüstung ruht, und erst nach einigen Tagen, wenn der Mörtel die genügende Festigkeit erlangt hat, werden die Keile ganz herausgeschlagen, und es wird die Einrüstung entfernt.

Das Zeichnen der Bogenlinien, welche volle genannt werden, wenn sie einen Halbkreis bilden, überhöhte, wenn die Pfeil- oder Scheitelhöhe größer ist als die halbe Spannweite, und gedrückte, wenn die Pfeilhöhe kleiner ist als die halbe Spannweite, wird auf dem Werkplatze nicht mit dem Zirkel, viel=

Achter Abschnitt.

mehr vermittelst um die Mittelpunkte geführter gerader Latten oder Richtscheite oder gespannter Schnüre ausgeführt.

Von den gedrückten Bogenlinien sind außer dem Stichbogen, welcher aus einem Theile eines Halbkreises besteht, in der Ausführung die Ellipse und der Korbbogen die gebräuchlichsten. Da der Stichbogen gleich dem vollen Kreisbogen nur aus einem Mittelpunkte beschrieben wird, so werden wir uns nur mit dem Zeichnen der beiden letztgenannten Curven zu beschäftigen haben. Das Verfahren beim Zeichnen der Ellipse, welches darin besteht, einzelne Punkte in der Peripherie zu bestimmen und sodann diese Punkte unter sich aus freier Hand stetig zu verbinden, kann zwar auf dem Werkplatze zum Aufreißen mehrerer Rüstbögen, welche alle unter sich gleich sein müssen, nicht wol angewendet werden, doch können wir nicht umhin, der üblichen Methoden zu gedenken, welche zur Bestimmung einzelner in dem Umfange der Ellipse gelegener Punkte dienen und als Vergatterung und Vermittelung der Ellipse bekannt sind. Bei der Vergatterung wird die Pfeilhöhe des Bogens als Halbmesser eines Cylinders angenommen, von welchem die Ellipse die Durchschnittslinie einer senkrechten Ebene bildet, deren Grundlinie größer als der Halbmesser und der Spannweite des Bogens gleich ist. Es sei Fig. 101

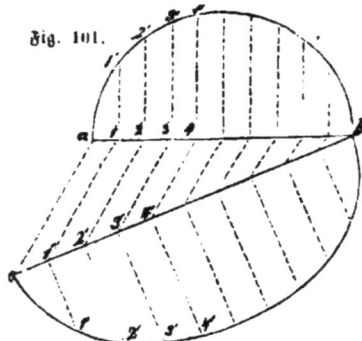

Fig. 101.

ab der Durchmesser eines Kreises von der Scheitelhöhe des Bogens und die Linie bc gleich der Spannweite des Bogens unter irgend einem beliebigen Winkel gegen ab gezogen. Ueber ab wird ein Halbkreis beschrieben und die Linie ab von der Mitte aus in eine beliebige Anzahl gleicher Theile a, 1, 2, 3, 4 2c. getheilt und von den Theilungspunkten Perpendikel errichtet, die die Peripherie des Halbkreises in den Punkten $1'$, $2'$, $3'$, $4'$ 2c. schneiden. Theilt man die Linie bc in eben so viel gleiche Theile als die Linie ab, errichtet in den Theilungspunkten $1'$, $2'$, $3'$ und $4'$ ebenfalls Senkrechte auf bc und macht diese mit den in 1, 2, 3, 4 errichteten auf ab von gleicher Länge, so liegen diese Endpunkte $1'$, $2'$, $3'$, $4'$ in der Peripherie der Ellipse, welche dann aus freier Hand oder mit einem biegsamen Lineal gezeichnet werden kann. Um die stärkere Krümmung der Ellipse an den Enden genauer zeichnen zu können, nimmt man die Theile nach den Punkten a und b, so wie b und c kleiner, für beide Linien aber getrennt an.

Bei der Methode des Zeichnens der Ellipse durch Vermittelung wird die Ellipse als die Projection eines an einer geneigten Ebene liegenden Halb-

Von den Umfangsmauern. 131

kreises angenommen, dessen Durchmesser gleich ist der Spannweite und dessen größte senkrechte Entfernung von der Horizontalebene gleich ist der Pfeilhöhe des elliptischen Bogens. Nehmen wir in Fig. 102 die Linie ab als Spannweite an und beschreiben darüber einen Halbkreis, errichten über dem Mittelpunkte des Halbkreises eine Senkrechte cd und tragen an diese in c' die Pfeilhöhe des Bogens an, so wird $c'd$ den senkrechten Abstand angeben, bis zu welchem der größere Kreis, um die Grundlinie ab bewegt, geneigt gedacht wird. Nehmen wir an dem kleinern

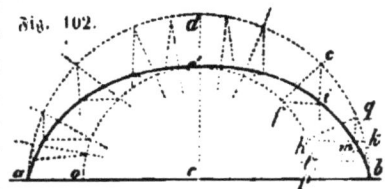

Fig. 102.

Halbkreise beliebige Theilungspunkte f, k, l an und ziehen über diese Punkte Radien bis zu dem größern Halbkreise, ziehen sodann von den inneren Theilungspunkten horizontale und von den äußeren Schnittpunkten der entsprechenden Radien senkrechte Linien, so liegen die Schnittpunkte dieser Linien in der Peripherie der gesuchten Ellipse, welche, wie in Fig. 101 angegeben, aus freier Hand oder mit einem Curvenlineal unter sich stetig verbunden, gezeichnet wird.

Die sicherste und in der Ausführung bequemste Methode, bei welcher die Ellipse genau vorgezeichnet wird, ohne daß dabei eine Nachhülfe aus freier Hand oder mit dem Curvenlineal erforderlich ist, bedient sich der Brennpunkt der Ellipse als Hülfsmittel. Die Ellipse zeichnet sich vor anderen ähnlichen krummen Linien dadurch aus, daß alle Punkte der Peripherie in solcher Entfernung von zwei an der großen Achse gelegenen Punkten, welche Brennpunkte genannt werden, liegen, daß die Summe der Entfernungen von diesen beiden Punkten gleich ist der großen Achse.

Sind nach Fig. 103 die Linien ab und cd als Spannweite und Pfeilhöhe des zu construirenden Bogens gegeben, so bezeichnet man die Brennpunkte $m\,n$, indem man von dem Endpunkte der kleinen Achse mit der halben großen Achse als Radius die letztere schneidet. Nehmen wir die große Achse innerhalb der

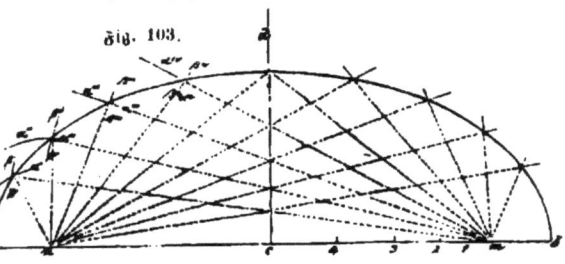

Fig. 103.

Brennpunkte beliebig getheilt an, wie in Fig. 103 mit 1, 2, 3, 4 bezeichnet ist, und beschreiben aus dem einen Brennpunkte m als Mittelpunkt einen Kreisbogen mit dem Halbmesser gleich dem Theile $a\,1$ der großen Achse, und

9*

aus dem andern Brennpunkte n einen Kreisbogen mit dem Halbmesser gleich dem andern Theile $1\,b$ der großen Achse, so wird der Schnittpunkt beider Kreisbögen in der Peripherie der Ellipse liegen, denn seine Entfernung von beiden Brennpunkten ist gleich der großen Achse. Wie der eine Punkt der Ellipse für den Theilungspunkt 1 bestimmt wurde, so werden auch die den anderen Theilungspunkten 2, 3, 4 entsprechenden Punkte der Ellipse durch die Schnittpunkte von je zwei Kreisen bestimmt, von denen der Halbmesser des einen dem von a nach dem Theilpunkte gelegenen, und der Halbmesser des andern dem von b nach demselben Theilpunkte gelegenen Abschnitte der großen Achse gleich angenommen wird. Bei dem Zeichnen der Ellipse von gegebener Spannweite und Pfeilhöhe im Großen werden nach Fig. 104 die Brennpunkte auf der großen Achse, wie bereits erwähnt, bezeichnet, indem man von dem Scheitelpunkte m, mit der halben großen Achse als Radius die große Achse in den Punkten M und N

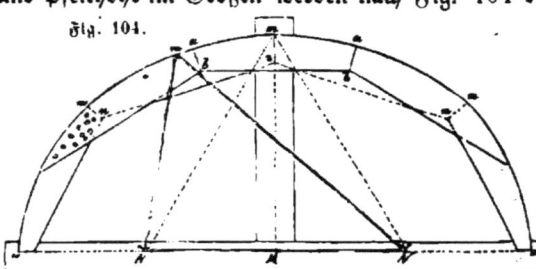

Fig. 104.

schneidet. In den Brennpunkten M und N und in dem Scheitelpunkte m werden Stifte eingeschlagen, und um diese Stifte wird eine Schnur gespannt und zusammengeknüpft, so daß sie als Schnur ohne Ende geführt werden kann. Bewegt man nun den im Scheitelpunkt angebrachten Stift, oder statt dessen einen Bleistift, Rothstein oder Kreide, unter stetem Anspannen der Schnur um die an den Brennpunkten befestigten Stifte gegen die große Achse nach beiden Seiten hin, so beschreibt die Spitze genau die verlangte Ellipse. Da die Ellipse nicht aus Kreisbögen besteht, bei welchen die normale Richtung der Lagerfugen durch die entsprechenden Mittelpunkte bestimmt wird, so muß für jede Fuge eines elliptischen Bogens die zugehörige Normale construirt werden. Soll die Richtung einer Lagerfuge für irgend einen Punkt der Ellipse bestimmt werden, so verbindet man den fraglichen Punkt mit den Brennpunkten durch gerade Linien und halbirt den von beiden Linien eingeschlossenen Winkel. Die gerade Halbirungslinie ist normal auf der Ellipse an dem angenommenen Punkte und entspricht der Richtung der Gewölbefuge, welche normal auf dem zugehörigen Bogenelemente sein soll. Da die Richtung für jede Lagerfuge besonders construirt werden muß, was oft kaum ausführbar und immer zeitraubend ist, so wendet man statt der Ellipse in den meisten Fällen den Korbbogen an. Ein Korbbogen besteht aus mehreren stetig in einander übergehenden Kreisbögen von verschiedenen Radien und aus verschierenen Mittelpunkten beschrieben. Bei horizontalen Widerlagern ist die Anzahl der Mittelpunkte für einen Korbbogen stets eine ungerade. Aus weniger als drei Mittelpunkten kann ein Korbbogen nicht construirt werden, doch wird auch eine größere Anzahl von Mittelpunkten, jedoch selten bei anderen als großen Brückenbögen zur Construction angewendet, und zwar nur bei sehr flachen Bögen, bei welchen das Verhältniß der Pfeilhöhe des Bogens zur Spannweite geringer ist als 3 : 8. Wir geben in Fig. 105, 106 und 107 drei der üblichsten und im Großen leicht auszuführenden Constructionen von Korbbogenlinien aus drei Mittelpunkten. Bei Fig. 105 ist der Bedingung entsprochen, daß jeder der drei die Korblinie bildenden Kreisbögen zu einem gleichen Mittelpunktswinkel von 60 Graden gehöre. Man zeichnet über der halben großen Achse CB in den über derselben beschriebenen Halbkreis ein gleichseitiges Dreieck BCE, macht CF gleich CD und zieht durch F und D eine Gerade, bis diese die Seite BE des gleichseitigen Dreiecks in G schneidet. Wo eine mit EC parallel durch G gezogene gerade Linie in H die horizontale und in I die verlängerte senkrechte Achse schneidet, sind die gesuchten Mittelpunkte, so wie HG und IG die Radien der Kreisbögen. Der dritte Mittelpunkt K wird bestimmt, indem man CK gleich CH an die große Achse anträgt. Die Construction nach Fig. 106 führt zu Radien und Mittelpunktswinkeln der Kreisbögen, welche nahezu der Annahme in Fig. 105 entsprechen. Man verbindet den Fußpunkt A mit dem Scheitelpunkt D durch eine gerade Linie, trägt AE gleich der Differenz der halben kleinen und halben großen Achse von D nach F an und errichtet auf AD eine Senkrechte, welche zugleich die Linie AF halbirt. Die Durchschnittspunkte G und H dieser Senkrechten sind die gesuchten Mittelpunkte, und $GI = AG$ und HI die zugehörigen Radien der Kreisbögen.

Bei der in Fig. 107 dargestellten Construction werden über D und A Normale geführt, A mit C durch eine gerade Linie verbunden, und die Winkel ADE und DAE halbirt. Von dem Durchschnittspunkte F der Halbirungslinien der Winkel wird eine Senkrechte auf AD errichtet und bis zur verlängerten kleinen Achse CD geführt. Die Durchschnittspunkte G und H dieser Senkrechten auf AD sind die gesuchten Mittelpunkte der Kreisbögen.

Fig. 108 stellt einen aus 5 Mittelpunkten beschriebenen Korbbogen dar, welcher der Ellipse sehr nahe kommt. Man macht CE gleich CD, theilt AE in fünf gleiche Theile, trägt sieben dieser Theile von C nach G und eben so von G nach H, macht sodann FI gleich $\frac{1}{3} FC$, zieht von F nach G und von I nach H gerade Linien, so sind F, K und H die gesuchten Mittelpunkte der Kreisbögen und $FE = FA$, ferner $KM = KL$ und $HD = HM$ die entsprechenden Radien derselben. Korbbögen aus mehr als 5 Mittelpunkten beschrieben werden äußerst selten angewendet, und wir hal-

134   Achter Abschnitt.

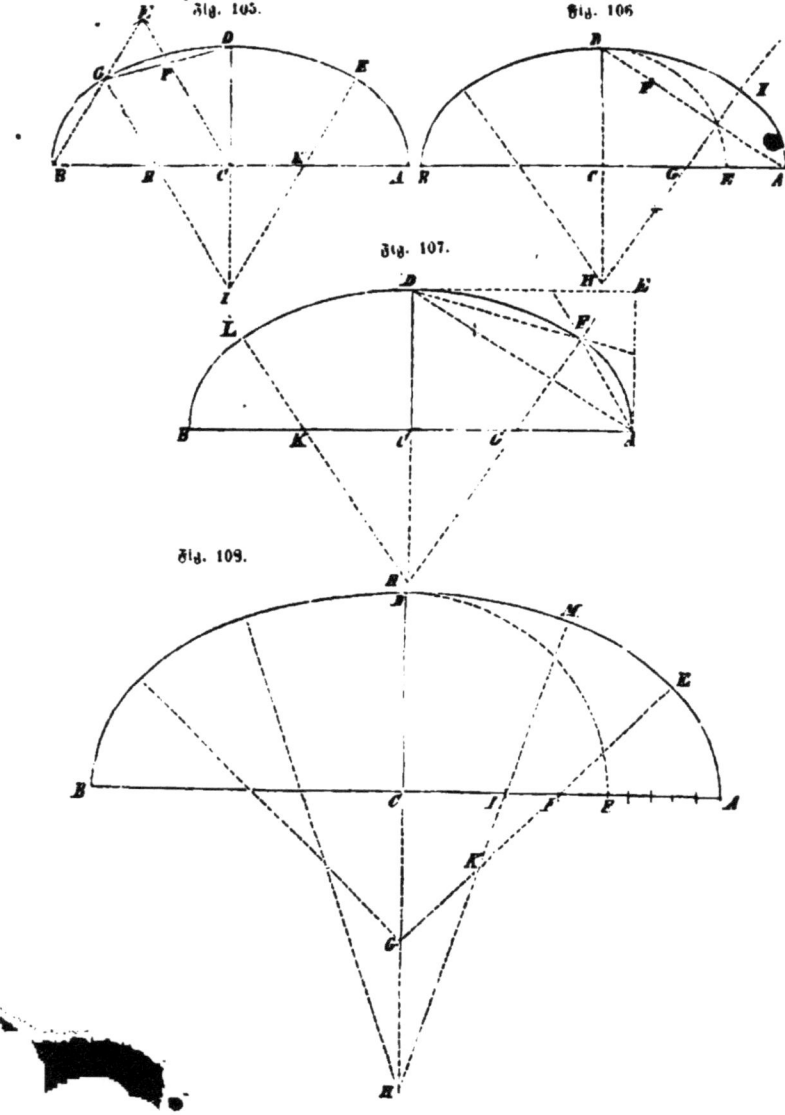

Fig. 105. Fig. 106.

Fig. 107.

Fig. 109.

Von den Umfangsmauern. 135

ten es deshalb für überflüssig, uns mit der Construction derselben zu beschäftigen.

Ansteigende Bögen, deren Widerlager nicht in einer Horizontalebene liegen, werden in der Regel aus mehreren stetig in einander übergehenden Kreisbögen construirt, deren Scheitelhöhe gleich ist der halben Spannweite nach der ansteigenden Verbindungslinie der beiden Widerlager gemessen. Wir geben in Fig. 109 die Construction eines aus zwei Kreisbögen bestehenden ansteigenden Bogens, welche in der Ausführung einfach und bequem ist. Man verbindet A mit B durch eine gerade Linie, zieht von den Widerlags=

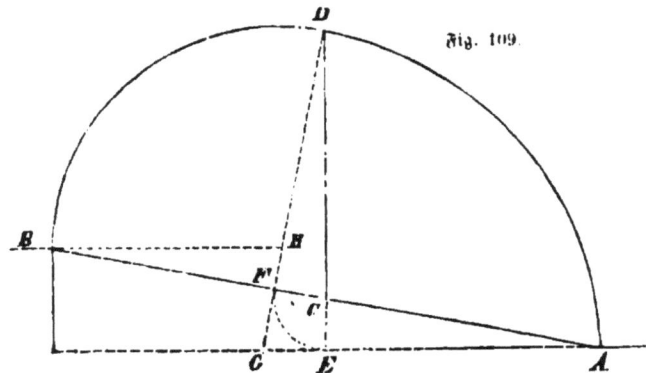

Fig. 109.

punkten A und B Horizontale und von dem Halbirungspunkte C der Linie AB die Senkrechte CD, macht CF gleich EC und zieht von D nach F die gerade Linie DG, so ist G der Mittelpunkt des Bogens AD und H der Mittelpunkt des Bogens BD. Ueberhöhte Bögen werden entweder als Ellipsen oder Korbbögen gebildet, oder sie sind sogenannte Spitzbögen, welche im Scheitel schneiden und daselbst einen spitzen oder stumpfen Winkel haben können. Besteht der Spitzbogen nur aus zwei Kreisen, so liegen die Mittelpunkte in der durch die Widerlager geführten Horizontalebene; besteht er dagegen aus mehr als zwei Kreisbögen, so liegen nur die Mittelpunkte der an die Widerlager sich anschließenden Kreisbögen in dieser Horizontalebene, während die Mittelpunkte der oberen Kreisbögen von größerem Halbmesser tiefer liegen.

Wir geben in Fig. 110 die Hälfte eines aus 4 Mittelpunkten beschriebenen Spitzbogens mit spitzem Scheitelwinkel, und in Fig. 111 die Hälfte eines aus vier Mittelpunkten beschriebenen Spitzbogens mit stumpfem Scheitelwinkel, welche, ähnlich wie die Korbbögen, aus stetig in einander übergehenden Kreisbögen construirt sind. In beiden Figuren sind die an der durch das Widerlager gehenden Horizontalebene gelegenen Mittelpunkte der von dem Widerlager A ausgehenden Bögen AG mit E, und die

Mittelpunkte der von G bis zum Scheitelpunkte geführten Bögen G D mit F bezeichnet.

Bei gegebener Spannweite und gegebener Scheitelhöhe eines Spitz= bogens können die Halbmesser A E der von den Widerlagern sich erhebenden Bögen A G beliebig angenommen werden, ebenso die Centriwinkel derselben.

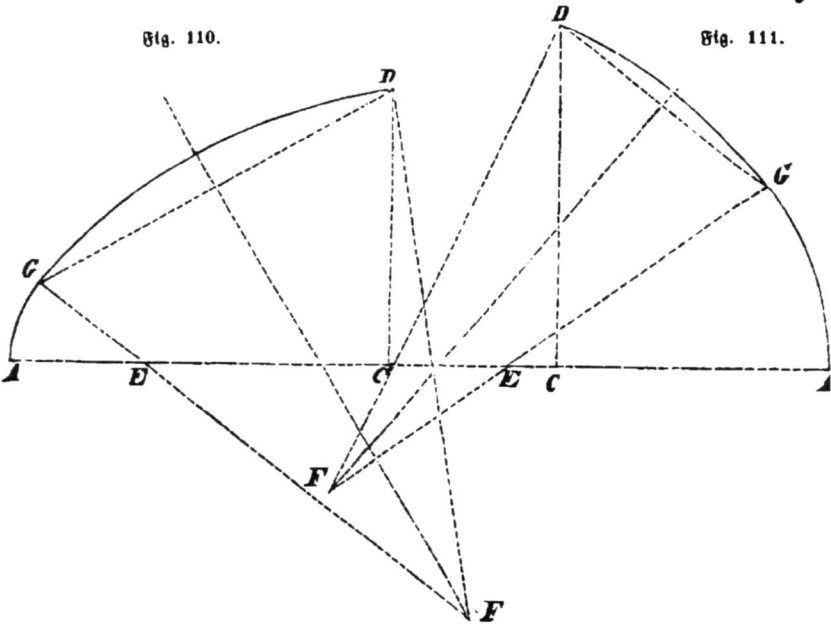

Fig. 110.   Fig. 111.

Ist der Mittelpunkt E und der Centriwinkel des Bogens A G einmal ange= nommen, so wird der Mittelpunkt F des obern Bogens G D durch Construc= tion bestimmt. Verbindet man den Scheitelpunkt D mit dem Vereinigungs= punkte G der in einander übergehenden Bögen durch eine gerade Linie D G, errichtet auf D G eine Senkrechte, welche zugleich diese Linie halbirt, so ist der Punkt F, wo diese verlängerte Senkrechte die von G nach E gezogene gerade Linie schneidet, der gesuchte Mittelpunkt für den Bogen D G. Da bei allen Spitzbögen die Mittelpunkte der im Scheitel sich schneidenden Bögen nicht, wie dies bei anderen stetig in einander übergehenden Bogenlinien ohne Ausnahme der Fall ist, in einer durch den Scheitelpunkt geführten Senkrech= ten, vielmehr, für jeden halben Bogen auf der entgegengesetzten Seite dieser Senkrechten liegen, so daß in dem Scheitelpunkte die Radien der sich schnei= denden Bögen kreuzen, so können solche Bögen aus Backsteinen oder Bruch= steinen nicht bis zu dem Schlusse mit normal auf die Bogenlinie gerichteten

Von den Umfangsmauern.   137

Lagerfugen gemauert werden. Bei Spitzbögen mit stumpfen Scheitelwinkeln wird der Bogenschluß nach Fig. 112 in den letzten 7 bis 10 Schichten so gewölbt, daß die Fugen nach dem Durchschnittspunkte *M'* der von den An= fangspunkten *D* und *F'* gezogenen Radien gerichtet sind. Bei Spitzbögen mit spitzen Scheitelwinkeln wird die Fugenrichtung der Wölbsteine in den letzten

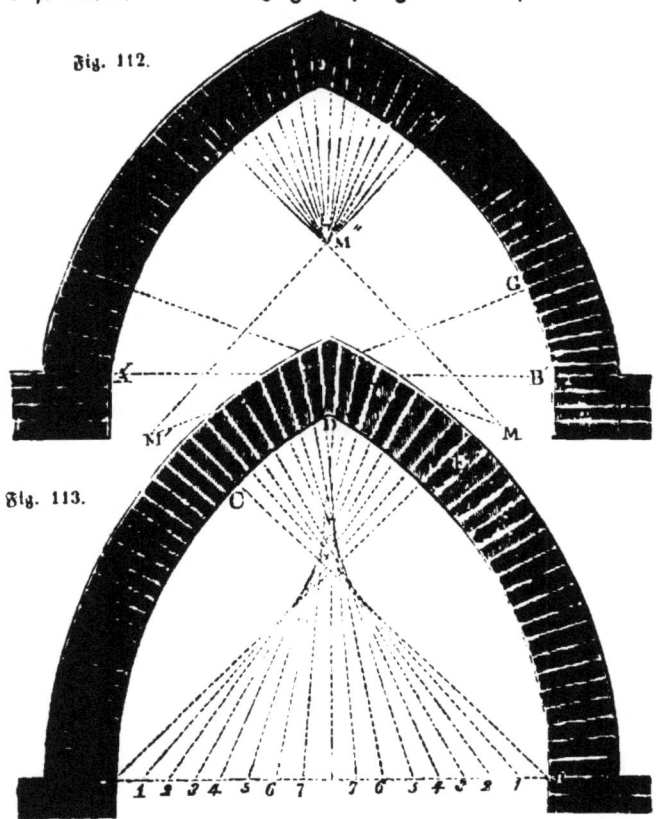

Fig. 112.

Fig. 113.

7 bis 10 Schichten nach einem andern Verfahren bestimmt. Wir haben in Fig. 113 einen solchen Spitzbogen angenommen, welcher aus zwei Mittel= punkten beschrieben und bis auf die letzten 7 Schichten vom Schlußsteine abwärts mit normal auf die entsprechende Bogenlinie gerichteten Lagerfugen gemauert ist. Man theilt bei diesem Verfahren auf beiden Seiten die halbe Spannweite *A B* in so viel gleiche Theile mehr einen, als von dem Schluß= steine abwärts bis zum Anschlusse an die normalen Fugen Backsteinschichten zu mauern sind, und zieht von dem ersten Theilpunkte zunächst des Wider=

lagers die Lagerfuge der ersten, vom zweiten Theilpunkte die Lagerfuge der zweiten Schicht, und so weiter bis zum Schlußsteine, dessen Lagerfugen nach den zwei auf den entgegengesetzten Seiten des Halbirungspunktes der Linie AB gelegenen letzten Theilpunkten gezogen werden. Da wir in Fig. 113 zum Schlusse des Spitzbogens vom Schlußsteine abwärts 7 Schichten angenommen haben, deren Lagerfugen nicht normal auf die entsprechenden Bogenlinien gerichtet sein sollen, so ist die halbe Spannweite, der obigen Annahme entsprechend, in 8 gleiche Theile getheilt.

Neunter Abschnitt.

Von den Gewölben.

Die in dem vorigen Abschnitte behandelten Mauerbögen bilden einen Bestandtheil der Mauern und dienen nur zur Ueberdeckung der in den Mauern vorkommenden Durchbrechungen. Die Gewölbe aber sind für sich bestehende Steinconstructionen, welche zur Ueberdeckung von Räumen dienen und von den Mauern nur unterstützt und begrenzt werden. Die Benennungen der einzelnen Theile der Mauerbögen werden auch bei den Gewölben beibehalten, und wir haben nur diejenigen Theile der Gewölbe zu erwähnen, welche an Mauerbögen nicht vorkommen oder welche zur Unterscheidung von den Mauerbögen andere Namen erhalten haben.

1. **Widerlager** werden bei den Gewölben diejenigen Begrenzungsmauern des zu überwölbenden Raumes genannt, auf welchen das Gewölbe ruht, und deren Stärke darnach bestimmt ist, daß sie dem Drucke des Gewölbes vollkommen Widerstand leisten.

2. **Gewölbestirn** wird die sichtbare senkrechte Querschnittfläche eines Gewölbes, und Stirnmauer oder Schildmauer die das Gewölbe nach dem senkrechten Querschnitt begrenzende Mauer genannt.

3. **Leibung** nennt man die innere, und Rücken oder Mantel die äußere Fläche eines Gewölbes.

4. **Gewölbefuß** heißt der unmittelbar auf dem Widerlager ruhende Theil des Gewölbes, und Gewölbesohle die untere Fläche des Gewölbefußes, mit welcher derselbe unmittelbar auf der Oberfläche des Widerlagers aufsitzt.

5. **Kämpferlinien** nennt man die Linien, in welche sich die Gewölbesohle und die Leibungsfläche schneiden. Zwei Punkte in den einem Gewölbe zugehörigen Kämpferlinien, welche in einem auf die Achse des Gewöl-

des normalen Querschnitte liegen, werden als zusammengehörige Kämpferpunkte bezeichnet.

6. **Gewölbschenkel** nennt man die Hälfte eines durch eine senkrechte Ebene im Scheitel nach der Richtung der Achse geschnittenen Gewölbes. Besteht das Gewölbe nur aus einem Gewölbschenkel, so wird es einschenkelig oder einhüftig genannt.

Nach der zur Ueberwölbung angenommenen Bogenlinie wird ein Gewölbe ein voller Bogen genannt, wenn die Bogenlinie in jedem zur Achse normalen Querschnitte den Halbkreis zeigt. Stichbogengewölbe oder flaches Gewölbe heißt ein Gewölbe, wenn die Bogenlinie im normalen Querschnitte aus weniger als der Hälfte einer Kreislinie besteht. Sehr flache Stichbogengewölbe nennt man Kappengewölbe. Nach dem Verhältnisse der Scheitelhöhe zur Spannweite des Gewölbes nennt man im Allgemeinen ein Gewölbe, dessen Pfeilhöhe kleiner als die halbe Spannweite ist, ein gedrücktes Gewölbe, und ein Gewölbe, dessen Pfeilhöhe größer als die halbe Spannweite ist, ein überhöhtes oder gebürstetes Gewölbe. Ist die Wölblinie eines überhöhten Gewölbes ein Spitzbogen, so wird es gothisches oder deutsches Gewölbe genannt.

Beziehen sich diese zuletzt angeführten Benennungen der Gewölbe auf die Bogenlinie der Ueberwölbung, so sind noch andere Benennungen eingeführt, welche die Form der Gewölbe und die zur Darstellung der Form angewendete Art der Wölbung bezeichnen. Außer dem Tonnengewölbe, von welchem die meisten der so verschieden geformten anderen Gewölbe abgeleitet werden können, werden wir dem Kreuzgewölbe, dem Klostergewölbe und dem Kuppelgewölbe unsere besondere Aufmerksamkeit zuwenden, vorher aber im Allgemeinen die Construction der Gewölbe mit Berücksichtigung des Wölbematerials, deren Stärke, und die entsprechende Stärke ihrer Widerlager zum Gegenstande unserer Betrachtung machen.

Denken wir uns die Ueberdeckung eines Raumes in der Form eines Gewölbes nach irgend einer Bogenlinie, jedoch aus einem einzigen Steine bestehend, so würde eine solche Steindecke durchaus keinen Horizontalschub auf die Widerlagsmauern äußern, vielmehr diese Mauern nur senkrecht belasten. Ist es möglich, Gewölbe zu construiren aus einzelnen Wölbsteinen, welche mit einem schnell erhärtenden Mörtel, dessen Bindekraft größer ist als das Gewicht der einzelnen damit vermauerten Steine, unter einander so innig und fest verbunden sind, daß der Gewölbkörper nur als eine einzige, feste und ununterbrochen zusammenhängende Steinmasse betrachtet werden kann, so werden solche Gewölbe ebenfalls keinen Horizontalschub äußern, und es könnten die nur zu ihrer Unterstützung dienenden Widerlagsmauern in so geringer Stärke angelegt werden, als es in Bezug auf ihre Stabilität im

Verhältnisse ihrer Höhe und der darauf wirkenden senkrechten Belastung, dem angewendeten Steinmateriale entsprechend, zulässig erscheint. Von der Größe und Schwere der Wölbsteine, so wie von der Bindekraft und der Erhärtungsfähigkeit des zu ihrer Verbindung angewendeten Mörtels wird hiernach der Horizontalschub der Gewölbe größtentheils abhängen. Wir werden hiernach die Gewölbe in Bezug auf die zu ihrer Ausführung in Anwendung kommenden üblichen Materialien als **Hausteingewölbe**, **Bruchsteingewölbe** und **Backsteingewölbe** zu unterscheiden haben.

Hausteingewölbe. Gewölbe aus Hausteinen sollen einer großen Belastung widerstehen und möglichst unveränderlich sein. Bei gleicher Festigkeit der als genau bearbeitet anzunehmenden Wölbsteine zweier Hausteingewölbe von gleicher Spannweite und von gleicher Pfeilhöhe, aber von ungleicher Größe der Steine, wird die Tragfähigkeit des Gewölbes von beiden eine größere sein, welches aus größeren Wölbsteinen besteht. Zugleich ist ein Gewölbe um so unveränderlicher, aus je weniger Wölbsteinen es besteht, oder mit anderen Worten, je weniger Lagerfugen daran vorkommen. Es werden deshalb bei Hausteingewölben die einzelnen Wölbsteine möglichst groß und meist in solchen Größen angewendet, daß die Bindekraft des zwischen den Stoß- und Lagerflächen des Steines befindlichen Mörtels nicht ausreichend ist, mit der Schwere der Steine in das Gleichgewicht zu treten. Bei Hausteingewölben werden die Wölbsteine nur durch genaues Anschließen und gegenseitige Unterstützung in ihrer Lage erhalten, und es wird der beste Cement eine Trennung des Gewölbes in den Lagerfugen nicht verhindern, wenn die Widerlager zu schwach sind, um dem Horizontalschube desselben vollkommen Widerstand zu leisten. Es werden deshalb die Wölbsteine aus Hausteinen, bei Brücken- oder anderen Gewölben von großer Spannweite, häufig ohne Mörtel versetzt, und erst nach dem Versetzen der Steine werden die offenen Fugen mit Mörtel ausgegossen. Durch das Ausgießen der Fugen soll mehr das Eindringen der Nässe verhindert, und so der Zerstörung der Steine durch den Frost vorgebeugt werden, als daß damit eine Verbindung der Wölbsteine unter sich erreicht werden könnte, durch welche das Bestreben der in ihren Schwerpunkten nicht unterstützten Wölbsteine, nach dem leeren Raume zu fallen, aufgehoben würde. Damit soll jedoch nicht gesagt sein, daß gut bindender Mörtel oder Cement bei Hausteingewölben zum Vermauern nicht angewendet werden sollte. Die Bindekraft des Mörtels oder Cements kann unter Umständen vollkommen ausreichend sein, dem Bestreben der Wölbsteine nach Veränderung ihrer Lage das Gleichgewicht zu halten, und selbst da, wo dies nicht der Fall ist, wird das Anwenden von Mörtel zum Vermauern der Steine immerhin zur Verminderung des Seitendruckes, welchen ein Gewölbe äußert, beitragen, weil kein einzelner Wölbstein eher von seinem

Lager herabgleiten oder von seinem Lager gehoben werden kann, bis die Kraft, welche das Herabgleiten oder Heben bewirkt, größer ist, als die mit der Reibung in Verbindung tretende Cohäsions= und Abhäsionskraft des zwischen den Stoß= und Lagerflächen der Steine befindlichen Mörtels. Bei trocken auf einander versetzten Wölbsteinen steht derselben Kraft nur die Reibung an der untern Lagerfläche der Wölbsteine entgegen, so daß an die Stelle der Bindekraft des Mörtels eine andere Kraft treten muß, um der Kraft das Gleichgewicht zu halten, welche die Bewegung veranlaßt. Die Bewegung der in ihren Schwerpunkten nicht unterstützten Wölbsteine veranlaßt einmal einen Horizontalschub auf die Widerlager und außerdem, wenn die Widerlager dem Horizontalschub nicht widerstehen, eine Trennung der Lagerfugen zunächst dem Schlusse und auf beiden Seiten an dem untern Theile der Bögen, und zwar letzteres unter einem Centriwinkel gegen die durch die Gewölbesohle geführte Horizontalebene, welcher je nach der Bogenlinie der Wölbung und der Stärke der Gewölbe verschieden ist. Nehmen wir die Bindekraft des Mörtels bei Hausteingewölben für sich allein als unzureichend an, die Trennung der Lagerfugen und somit den Horizontalschub auf die Widerlager zu verhindern, so werden wir an diesen Gewölben die verschiedenen Aeußerungen des Horizontalschubes und die damit zusammenhängende Trennung von Gewölben überhaupt am einfachsten nachweisen können. Der Horizontalschub von Gewölben von gleicher Spannweite und gleicher Pfeilhöhe und von gleicher Stärke im Schlusse ist einmal verschieden, „wenn die Gewölbstärke vom Schlusse abwärts bis zum Widerlager verschieden ist." Fig. 114 stellt die Hälfte des senkrechten Querschnittes eines Gewölbes von gleicher Stärke im vollen Bogen, und Fig. 115 die Hälfte des senkrechten Querschnittes eines Gewölbes im vollen Bogen von gleicher Spannweite dar, bei welchem die am Schlusse dem vorigen gleiche Stärke des Gewölbes nach dem Widerlager so zunimmt, daß die äußere Wölblinie aus einem Kreisbogen besteht, dessen Mittelpunkt C' um $1/4$ der Pfeilhöhe tiefer als der Mittelpunkt C des innern Bogens gelegen ist. Beide Gewölbe bestehen aus einer gleichen Anzahl von unter sich an der innern Bogenrundung gleich breiten Wölbsteinen, deren Lagerfugen bei beiden Gewölben in gleicher Höhe auch gleichen Centriwinkeln entsprechen. Der horizontale Druck eines jeden Gewölbstückes auf den darunter befindlichen Gewölbstein, so wie der horizontale Druck des ganzen Gewölbes auf die Widerlager, ist dem horizontalen Drucke desselben Gewölbstückes oder Gewölbes gegen eine durch den Scheitel gezogen gedachte senkrechte Fuge gleich, wenn alle Gewölbsteine im Gleichgewicht sind. Der horizontale Druck eines Gewölbes gegen die senkrechte Fuge im Scheitel wird im Verhältnisse des senkrechten Druckes stehen, welchen die in ihrem Schwerpunkte nicht unterstützten Wölbsteine gegen

142   Neunter Abschnitt.

die darunter befindliche Fuge äußern. Der senkrechte Druck eines jeden Gewölbstückes vom Scheitel an gerechnet gegen die darunter befindliche Fuge ist aber dem Gewichte dieses Gewölbstückes gleich, und es wird demnach, wie ein größeres Gewölbstück vom Scheitel abwärts einen größern senkrechten Druck äußert, auch das größere Gewölbstück in demselben Verhältnisse einen größern horizontalen Druck gegen die darunter befindliche Fuge und von da auf die Widerlager äußern.

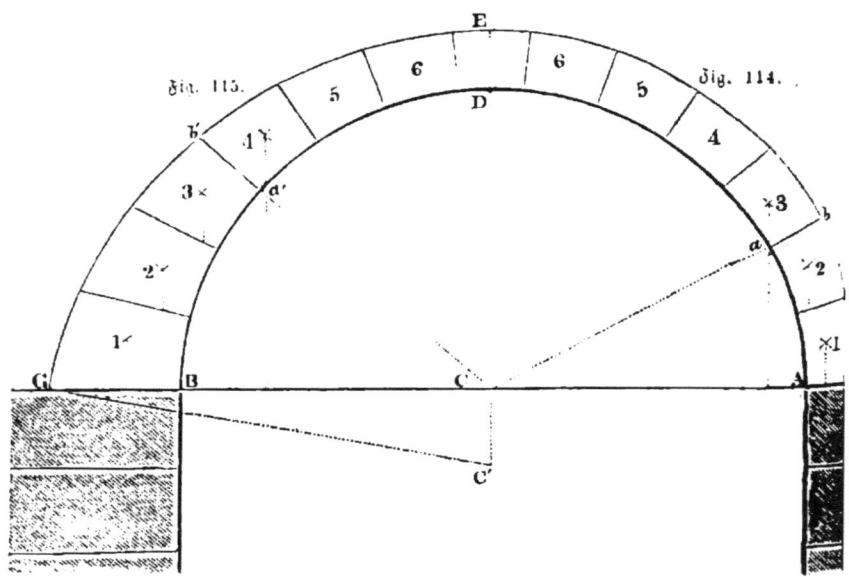

Denken wir uns, wie in Fig. 114 und 115 punktirt eingezeichnet, durch die Schwerpunkte der Gewölbsteine von den Anfängen aufwärts senkrechte Linien gezogen, so wirkt das Gewicht derselben in diesen Linien senkrecht nach unten, und es werden nur diejenigen Steine keinen Horizontaldruck gegen die durch den Scheitel geführte senkrechte Ebene äußern, welche in ihren Schwerpunkten unterstützt sind, das heißt, durch deren Schwerpunkte gezogene Verticallinien noch die Lagerflächen der darunter befindlichen Wölbsteine treffen. Nun ist dies bei den in Fig. 114 dargestellten Gewölben von gleicher Stärke nur bei den zwei untersten Wölbsteinen der Fall, und schon bei dem dritten Wölbsteine trifft die durch den Schwerpunkt gezogene Verticallinie durch die Vorderkante der Lagerfuge ab des darunter befindlichen Steines, und es ist von da an bis zum Scheitel das Gewölbstück als ein solches zu betrachten, welches gegen die durch den Scheitel geführte senkrechte Ebene einen Horizont=

talbruck, und gegen die darunter befindlichen Wölbsteine und ihre Widerlager einen Verticaldruck äußert. Nun ist aber, wie bereits erwähnt, der Horizontaldruck eines Gewölbstückes gegen die am Scheitel befindliche verticale Ebene, welche als Fuge gedacht werden kann, dem Horizontaldrucke desselben Gewölbstückes auf die darunter befindlichen Widerlager gleich und kann durch das Gewicht dieses Gewölbstückes, hier von $4\frac{1}{2}$ Wölbsteinen, ausgedrückt werden. Bei dem in Fig. 115 dargestellten Gewölbe, dessen Stärke vom Scheitel bis zur Sohle beinahe um das Doppelte zunimmt, sind die drei unteren Wölbsteine in ihren Schwerpunkten unterstützt, indem die durch die Schwerpunkte dieser drei Wölbsteine gezogenen Vertilallinien auf die Lagerflächen der darunter befindlichen Wölbsteine treffen. Erst bei dem vierten Wölbsteine von der Sohle aufwärts trifft die durch den Schwerpunkt gezogene Verticallinie vor die Lagerfläche $a'b'$ des darunter befindlichen Wölbsteines, so daß dieser Wölbstein nur durch den Druck der darüber befindlichen Wölbsteine in seiner Lage erhalten wird. Da nun das Gewölbstück, welches auf die Widerlager und gegen den Scheitel einen Horizontaldruck äußert, vom vierten Wölbstein aufwärts bis zum Scheitel bei dem verstärkten Gewölbe Fig. 115 nur aus $3\frac{1}{2}$ Wölbsteinen, bei dem gleich starken Gewölbe Fig. 114 dagegen aus $4\frac{1}{2}$ Wölbsteinen besteht, und da außerdem dieser Horizontaldruck dem Gewichte des den Druck äußernden Gewölbstückes gleich ist, so wird sich der Horizontaldruck des ganzen Gewölbes von gleicher Stärke Fig. 114 und dem entsprechend die Stärke der Widerlager für dieses Gewölbe, zu dem Horizontaldruck des Gewölbes Fig. 115, welches nach der Sohle verstärkt ist, und eben so die Stärke der Widerlager für dasselbe verhalten, wie sich das Gewicht von 9 der gleich starken Wölbsteine zu dem Gewichte von 7 der nach unten an Stärke zunehmenden Wölbsteine verhält.

Die in ihren Schwerpunkten unterstützten Wölbsteine sind als Theile der Gewölbe zu betrachten, welche die Widerlager nur senkrecht belasten, während die oberen in ihren Schwerpunkten nicht unterstützten Wölbsteine auf die geneigten Lagerflächen der ersteren einen senkrechten Druck und zugleich einen horizontalen Schub äußern.

Die Lagerfuge zwischen dem obern, den Horizontalschub bewirkenden, und dem untern, diesen Horizontalschub auf die Widerlager übertragenden Theil der Gewölbe bildet nun den schwächsten Theil derselben; denn bei einem Nachgeben der Widerlager tritt eine Trennung des Gewölbes in der Weise ein, daß diese Lagerfugen sich nach außen öffnen. Es werden diese Lagerfugen, welche in Fig. 114 mit $a\,b$ und in Fig. 115 mit $a'\,b'$ bezeichnet sind, die Trennungsfugen und die Winkel α und β, welche die nach der Richtung dieser Fugen gezogenen Radien einschließen, die Centriwinkel der Trennungsfugen genannt. Haben wir uns überzeugt, daß der Horizontalschub der Gewölbe von gleicher Spannweite und gleicher Pfeilhöhe und bei gleicher Stärke im Schlußsteine verschieden ist, je nachdem die Gewölbe entweder vom Schlußsteine bis zum Widerlager eine gleiche Stärke behalten, oder vom Schlußsteine abwärts nach den Widerlagern verstärkt werden, und zunimmt mit der Größe des Gewölbstückes, dessen Wölbsteine in ihren Schwerpunkten nicht unterstützt sind; so werden wir eben so die weitere Verschiedenheit des Horizontalschubes der Gewölbe von gleicher Spannweite, aber ungleicher Pfeilhöhe bestätigt finden. Die Resultate aller Versuche über den Schub von Gewölben stimmen mit der Erfahrung in der Ausführung darin über=

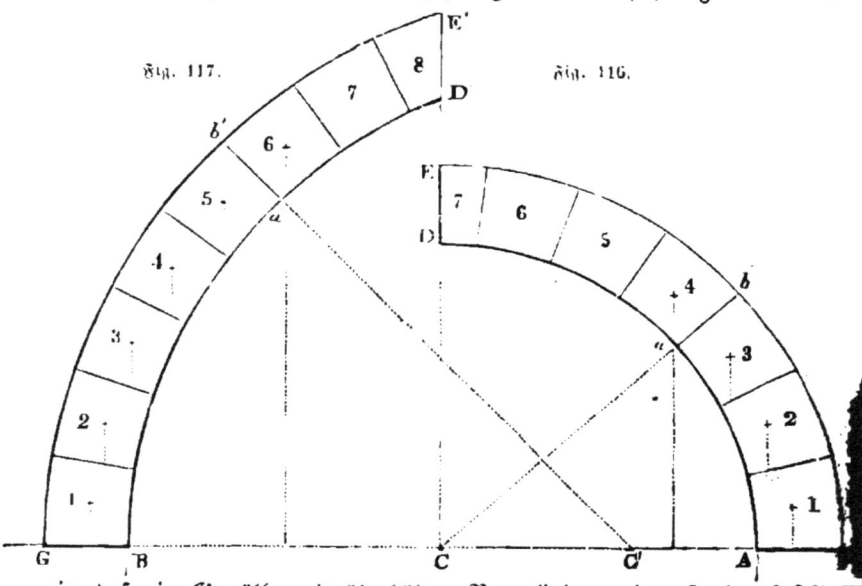

ein, daß ein Gewölbe mit überhöhter Bogenlinie weniger stark auf seine Widerlager schiebt, als ein halbkreisförmiges, und das halbkreisförmige geringer als ein gedrücktes, und das scheitrechte Gewölbe am stärksten, wenn die Spannweite der Gewölbe eine gleiche ist.

Betrachten wir in Fig. 116 den senkrechten Querschnitt eines halbkreis= förmigen Gewölbes und in Fig. 117 den senkrechten Querschnitt eines Spitz= bogengewölbes, beide von gleicher Spannweite und aus annähernd gleich großen Wölbsteinen bestehend, so finden wir bei dem halbkreisförmigen Ge= wölbe Fig. 116 nur die drei unteren Wölbsteine in ihren Schwerpunkten un= terstützt, so daß die Brechungsfuge ab zwischen dem dritten und vierten Wölbsteine sich befindet, wogegen bei dem Spitzbogengewölbe Fig. 117 von der Sohle BG aufwärts fünf Wölbsteine in ihren Schwerpunkten unterstützt

Von den Gewölben.   145

die Trennungsfuge $a' b'$ zwischen dem fünften und sechsten Steine
denken wir uns diese beiden nur zur Hälfte dargestellten Gewölbe er=
gänzt, wird der obere Theil des halbkreisförmigen Gewölbes Fig. 116,
den Horizontalschub bewirkt, aus sieben Wölbsteinen bestehen, während
obere Theil des Spitzbogengewölbes nach Fig. 117 nur aus fünf
Steinen besteht. Hiernach wird sich der Horizontalschub des halbkreis=
gen Gewölbes zu dem Horizontalschub des Spitzbogengewölbes verhalten,
das Gewicht von sieben Wölbsteinen zu dem Gewichte von fünf
Steinen verhält, vorausgesetzt, daß zu beiden Gewölben Steine von

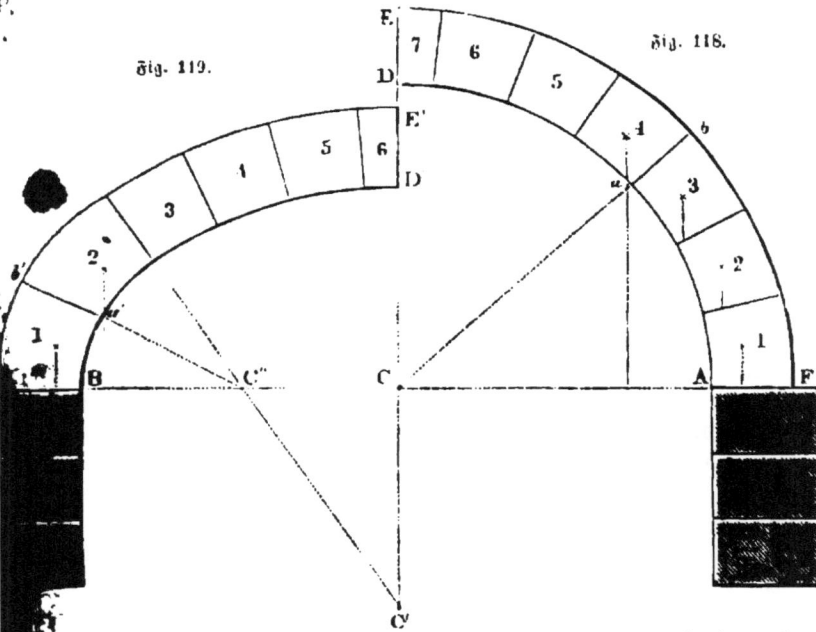

Fig. 119.   Fig. 118.

Beschaffenheit angewendet werden. Es ist hiernach der Horizontal=
des aus einer größern Anzahl von Wölbsteinen bestehenden überhöhten
bes ein geringerer, als der Horizontalschub des aus einer geringeren
von Wölbsteinen bestehenden Gewölbes im vollen Zirkel. Vergleichen
in Fig. 118 im Querschnitte dargestellte halbkreisförmige Gewölbe
in Fig. 119 im Querschnitt dargestellten flachen Korbbogengewölbe,
wir, daß bei dem erstern die Brechungsfuge $a b$ zwischen dem dritten
vierten Wölbsteine von der Sohle $A F$ aufwärts sich befindet, und daß
das obere, den Horizontalschub bewirkende Gewölbstück des ergänzt gedachten
Gewölbes aus sieben Wölbsteinen besteht; daß dagegen bei dem letztern die

Brechungsfuge a' b' zwischen dem Anfänger und dem zweiten Wölbsteine sich befindet, und daß das obere, den Horizontalschub bewirkende Gewölbstück des ebenfalls ergänzt gedachten Gewölbes aus neun Wölbsteinen besteht. Da die durch die Eintheilung an der Leibung des halbkreisförmigen Gewölbes Fig. 118 bestimmte Breite der Wölbsteine auch bei der Eintheilung an der Leibung des Korbbogengewölbes Fig. 119 beibehalten wurde, so ist die Größe der Wölbsteine der, sowol im Schlusse ED und $E'D'$, als an der Sohle AF und BG gleich starken Gewölbe, nicht sehr verschieden, und es kann angenommen werden, daß der Horizontalschub des halbkreisförmigen Gewölbes Fig. 118 sich zu dem Horizontalschube des flachen Korbbogengewölbes verhält, wie das Gewicht von sieben Wölbsteinen zu dem Gewichte von neun Wölbsteinen.

Aus dieser Betrachtung über den verschiedenen Horizontalschub der Gewölbe ergiebt sich, daß halbkreisförmige Gewölbe in Bezug auf den Horizontalschub die Mitte halten zwischen überhöhten und gedrückten Gewölben, und daß scheitrechte Gewölbe um deswillen den größten Horizontalschub äußern müssen, weil die sämmtlichen Wölbsteine in ihren Schwerpunkten nicht unterstützt sind und nur durch die horizontale Pressung vom Schlußsteine aus in ihrer Lage erhalten werden.

Bei der Aufstellung von Gewölbetheorien wird von verschiedenen Voraussetzungen ausgegangen, zu denen auch die gehört, daß eine Verbindung der Gewölbsteine unter sich durch den Mörtel nicht stattfinde. Nun ist aber die Bindekraft des Mörtels, und insbesondere des Cements, von so bedeutendem Einfluß auf das Verhalten der damit gemauerten Gewölbe in Bezug auf den Horizontalschub, daß die vorhandenen Gewölbetheorien schon wegen der erwähnten unhaltbaren Voraussetzung von sehr geringem Werthe für den Praktiker sind.

In Bezug auf die Bestimmung der Stärke der Gewölbe und ihrer Widerlager hat Rondelet in seinem Werke „die Kunst zu bauen" die Resultate seiner Versuche mit Modellen und seine auf diese Versuche gegründete Theorie veröffentlicht und zugleich aus der Erfahrung abgeleitete praktische Regeln mitgetheilt. Im zweiten Theile seines Buches giebt Rondelet eine Tabelle über die Gewölbstärken von 1 bis 100 Meter Spannweite, wobei er die Gewölbe in **Brückenbögen**, oder stark belastete Gewölbe, in **mittlere Gewölbe**, welche den Fußboden eines obern Stockwerkes zu tragen haben, und in **leichte Gewölbe**, welche die Decke eines Raumes bilden und nur ihre eigene Last zu tragen haben, abtheilt. Die Gewölbstärke der Brückenbögen beträgt nach diesen Tabellen $1/24$ der in Fußen angegebenen Spannweite, wozu für jede Spannweite noch eine Verstärkung von 1 Fuß addirt wird.

Die Stärke der mittleren Gewölbe beträgt die Hälfte, und die Stärke ter leichten Gewölbe den vierten Theil der für eine gleiche Spannweite nach obiger Annahme ermittelten Stärke eines Brückenbogens. Diese Stärke bezieht sich auf den Schlußstein von Gewölben aus Haustseinen von mittler Härte, und es ist dabei angenommen, daß die Stärke an der Sohle doppelt so groß sei als im Schlusse.

Für Backsteingewölbe giebt Rondelet im vierten Bande seines Werkes folgende Regeln an: Gewölbe, welche sich ohne Belastung nur selbst zu tragen haben, sollen im Schlusse mindestens den fünfzigsten Theil des Halbmessers dick sein, wenn die Wölbsteine genau keilförmig bearbeitet oder geformt sind, und das Gewölbe eine gleiche Stärke vom Schlusse bis zur Sohle hat. Erhalten Backsteingewölbe eine Verstärkung nach der Sohle, welche das Doppelte der Schlußsteinstärke beträgt, so bestimmt er die geringste Stärke von Tonnengewölben bis zu 15 Fuß Halbmesser zu 4 bis 5 Zoll, sonach zwischen $1/72$ bis $1/40$ der Spannweite.

Bei dem Bau der Kirche St. Geneviève zu Paris hat Rondelet die Stärke der Tonnengewölbe nach einer Regel bestimmt, welche er nach Fig. 120 für gedrückte Stichbogengewölbe aufstellt. Man soll nämlich zur geringsten Stärke dieser Gewölbe im Schlusse $1/3$ der Pfeilhöhe des halben Bogens, also $b\,f$ gleich $c\,1/3$ nehmen, und diese Stärke noch um $1/144$ der Länge der Sehne $a\,b$ vermehren, wenn das Gewölbe mit Gyps, um $1/96$, wenn es mit Kalkmörtel gemauert ist, um $1/72$ aber, wenn es aus weichen Haustseinen besteht. Diese Stärke soll

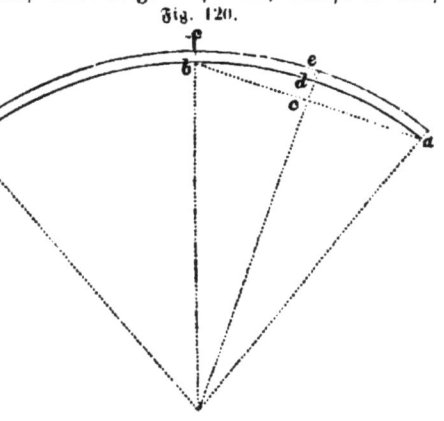

Fig. 120.

vom Schlußsteine bis zur Ausmauerung der Gewölbewinkel über der Brechungsfuge so zunehmen, daß sie daselbst das Anderthalbfache der Schlußsteinstärke beträgt.

Für halbkreisförmige Gewölbe, welche Rondelet unterscheidet, als:
a. Gewölbe, welche bis zum Scheitel hintermauert und im Scheitel horizontal ausgeglichen sind;
b. Gewölbe bis zur halben Höhe hintermauert und vom Schlusse bis zur Hintermauerung von gleicher Stärke; und
c. Gewölbe bis zur halben Höhe hintermauert und vom Scheitel bis zur Hintermauerung verstärkt, giebt er Tabellen für die Bestimmung

der Stärke dieser drei Arten von Gewölben. Aus diesen Tabellen geht hervor, daß die Stärke der Gewölbe *ad a* zu $1/_{45}$ der Spannweite; *ad b* zu $1/_{36}$ der Spannweite, und *ad c* im Schlußsteine ebenfalls zu $1/_{45}$ der Spannweite und am Anschlusse an die Hintermauerung zu $1/_{32}$ der Spannweite angenommen ist.

Die Stärke der Widerlagsmauern, welche vermöge ihrer Stabilität dem Drucke der Gewölbe und ihrer Belastung, insbesondere dem Horizontalschube derselben vollkommen widerstehen müssen, hängt mit der Stärke und Schwere der Gewölbe, deren Druck ihrem Gewichte entspricht, auf's Innigste zusammen. Durch den Horizontalschub der Gewölbe kann das Verschieben der Widerlagsmauern oder das Umwerfen derselben herbeigeführt werden. Der Widerstand gegen das Verschieben wird um so größer sein, je größer das Gewicht des Mauerkörpers ist, und der Widerstand gegen das Umwerfen, durch Drehung um die Hinterkante, wird mit dem Gewichte des Mauerkörpers und der Länge des Hebelarmes in Bezug auf die Drehaxe, also der Breite des Mauerkörpers, zunehmen.

Man sucht durch die Hintermauerung der Gewölbe, welche aus einer Höherführung der Widerlagsmauern in horizontalen Schichten besteht, dem Horizontalschube der Gewölbe entgegenzuwirken und dadurch zugleich an Stärke für die Widerlager zu sparen.

Es leuchtet ein, daß die Widerlagsmauern durch die Hintermauerung der Gewölbe an Stabilität gewinnen, weil der Widerstand derselben gegen das Verschieben und Umwerfen zunimmt mit ihrem Gewichte, und daß die Belastung der Gewölbe durch das Hintermauern bis zur Brechungsfuge dem Bestreben derselben entgegenwirkt, sich nach außen zu öffnen.

Das beinahe allgemein übliche Verfahren, halbkreisförmige Gewölbe bis zur Hälfte ihrer Höhe zu hintermauern, selbst wenn die Widerlagsmauern ohne dieses Hintermauern eine ausreichende Stabilität haben, dient hauptsächlich dazu, dem Oeffnen der Trennungsfugen dadurch vorzubeugen, daß der untere Theil der Gewölbe weder verschoben, noch um die Hinterkante der Sohle gedreht, noch ausgebaucht werden kann. Bei halbkreisförmigen Gewölben liegt der Neigungswinkel der Trennungsfugen zwischen 45 bis 60 Graden. Man kann den Ort der Brechungsfuge an der innern Leibung von überhöhten und gedrückten Gewölben finden, wenn man vom innern Scheitel des Gewölbes eine Tangente bis zur senkrecht verlängerten Widerlagslinie führt und von dem Schnittpunkte beider Linien auf die innere Wölblinie eine Normale zieht. Der Schnitt dieser Normalen mit der Rückenlinie des Gewölbes giebt die Höhe an, bis zu welcher die Hintermauerung desselben geführt wird. Rondelet hat in seiner Gewölbetheorie die Hintermauerung der Gewölbe mit in Anschlag gebracht, und die für das Gleichgewicht zwischen Gewölbe und Widerlager gefundene Gleichung durch Zeichnung dargestellt, so daß hiernach die Aufgabe, die Widerlagsstärke eines Gewölbes zu bestimmen, wenn dessen Spannweite, Pfeilhöhe und Stärke im Schlußsteine gegeben ist, durch Construction gelöst werden kann.

Soll die Stärke der Widerlager für ein halbkreisförmiges Gewölbe durch Construction bestimmt werden, dessen Stärke am Widerlager dieselbe wie im Scheitel ist, so wird nach Fig. 121, wie folgt, verfahren: Ist die Stärke DE im Schlusse angetragen, so beschreibt man aus dem Mittelpunkte C die innere Leibung AD, die Rückenlinie BE und, die Gewölbstärke halbirend, den Bogen FG. Zieht man nun an die Punkte F und G des mittlern Bogens Tangenten, also über F eine horizontale und über G eine lothrechte Linie, und von dem Schnittpunkte H die Linie HC; so bezeichnet der Durchschnitt a dieser Normalen mit der Curve den Punkt, wo bei einem Nachgeben der Widerlager die Brechungsfuge entstehen würde, so daß der Schnittpunkt x dieser Normalen mit der Rückenlinie des Gewölbes den Punkt bezeichnet, bis zu welchem die Hintermauerung geführt werden muß. Durch den Punkt a zieht man nun eine Horizontale und durch den Widerlagspunkt A eine Senkrechte bis zu dem Schnittpunkte b, und trägt ab nach ac. Trägt man nun cd von A abwärts nach e und die doppelte Schlußsteinstärke, also $2\,ED$ von A an die Senkrechte aufwärts nach f und beschreibt mit dem Durchmesser ef einen Halbkreis, so giebt der Halbmesser gh dieses Kreisbogens die gesuchte Stärke der senkrecht über h bis zur Gleichung der Hintermauerung geführten Widerlager an.

Die Stärke der Widerlager für ein bis zum Scheitel hintermauertes und im Scheitel horizontal abgeglichenes Gewölbe nach Fig. 122 wird durch Construction nach folgendem Verfahren bestimmt. Man zieht an den Widerlagspunkt A eine Senkrechte bis zu der über den Scheitel geführten Horizontalen, und von dem Schnittpunkte F dieser beiden die Linie FC. Nun zieht man durch den Schnittpunkt a der Linie FC mit der Leibung AD eine Horizontale und macht ab gleich ac. Trägt man nun cd von A abwärts nach e und $2\,DE$ von A an die Senkrechte aufwärts nach d, beschreibt sodann mit Durchmesser ed einen Halbkreis, so giebt der Halbmesser fg dieses Kreisbogens die Stärke der über g senkrecht bis zur horizontalen Ausgleichung im Scheitel geführten Widerlager an.

Die in Fig. 123 dargestellte Construction zur Bestimmung der Widerlagerstärke für Gewölbe, deren Stärke vom Schlusse nach der Sohle so zunimmt, daß die Stärke AB an den Widerlagern das Doppelte der Stärke ED im Schlusse beträgt, weicht von der in Fig. 121 gegebenen Construction für Gewölbe von gleicher Stärke vom Schlusse bis auf die Widerlager darin

ab, daß der Schnittpunkt a, welcher die Stelle bezeichnet, wo die Trennungs=
fuge bei einem Nachgeben der Widerlager sich ergeben würde, an der
Leibung A D gelegen ist, wodurch, wenn a b an die durch a gezogene
Horizontale nach a c gebracht ist, die von A abwärts anzutragende Ab=
messung c d kleiner wird, und ferner darin, daß von A aufwärts an die
Senkrechte A F, statt der doppelten Gewölbstärke im Schlusse, die doppelte
Stärke des Gewölbes an der Brechungsfuge, also 2 a x angetragen wird.

Aus der nach den angeführten Constructionen gefundenen Stärke der
Widerlager für halbkreisförmige Gewölbe können die Widerlagerstärken
für überhöhte oder gedrückte Gewölbe von gleicher Spannweite nach einer
von Rondelet angegebenen sehr einfachen Methode ebenfalls durch Con=
struction bestimmt werden.

Es sei nach Fig. 124 die Stärke der Widerlager eines halbkreisför=
migen Gewölbes, dessen Scheitelpunkt mit D bezeichnet ist, auf die bereits
angeführte Weise gefunden, und daraus die Stärke der Widerlager für das
Spitzbogengewölbe A D' und für das gedrückte Gewölbe A D'' zu bestimmen.
Man zieht die Sehne des halbkreisförmigen Gewölbes A D, verlängert die=
selbe, bis sie die äußere Senkrechte der Widerlager in d schneidet, und be=
schreibt aus A mit A d einen Kreisbogen. Zieht man nun an den Scheitel=
punkten D' und D'' die Sehnen A D' und A D'' und verlängert dieselben,
bis sie den aus A beschriebenen Kreisbogen schneiden, so werden durch die
Durchschnittspunkte d' und d'', durch welche Senkrechte gezogen werden, die
entsprechenden Stärken der Widerlagsmauern für das überhöhte und gedrückte
Gewölbe bestimmt. Wir haben in Fig. 124 drei nach den Widerlagern ver=
stärkte Gewölbe angenommen und bei jedem Gewölbe die der Stärke der
Widerlager entsprechende Höhe der Hintermauerung angegeben. Nach der in
Fig. 123 dargestellten Construction wird der Punkt x an dem Gewölberücken,
bis zu welchem die Hintermauerung geführt werden muß, durch eine Normale
auf die Leibung bestimmt, welche von dem Schnittpunkte F einer durch den
Scheitelpunkt D gezogenen Horizontalen und einer durch den Widerlagspunkt
A gezogenen Senkrechten geführt wird. Nach der Theorie von Rondelet wird
nämlich der Punkt x, welcher die Stelle bezeichnet, von welcher die Brechungs=
fuge normal auf die Leibung anzunehmen ist, gefunden, wenn man vom in=
nern Scheitel des Gewölbes eine Tangente D F (Fig. 123) bis zur senkrecht
verlängerten Widerlagslinie, und von dem Schnittpunkte F dieser beiden
Linien eine Normale auf die Leibung A D führt. Der Schnittpunkt x dieser
Normalen mit der Rückenlinie B E giebt dann die Höhe der Hintermauerung
an. Bei dem Halbkreise, dem Segmente, dem Korbbogen und der Ellipse ist
die Tangente vom innern Scheitel eine Horizontale, bei dem Spitzbogen aber
für jede Hälfte des Bogens eine nach entgegengesetzter Richtung gegen die

Von den Gewölben. 151

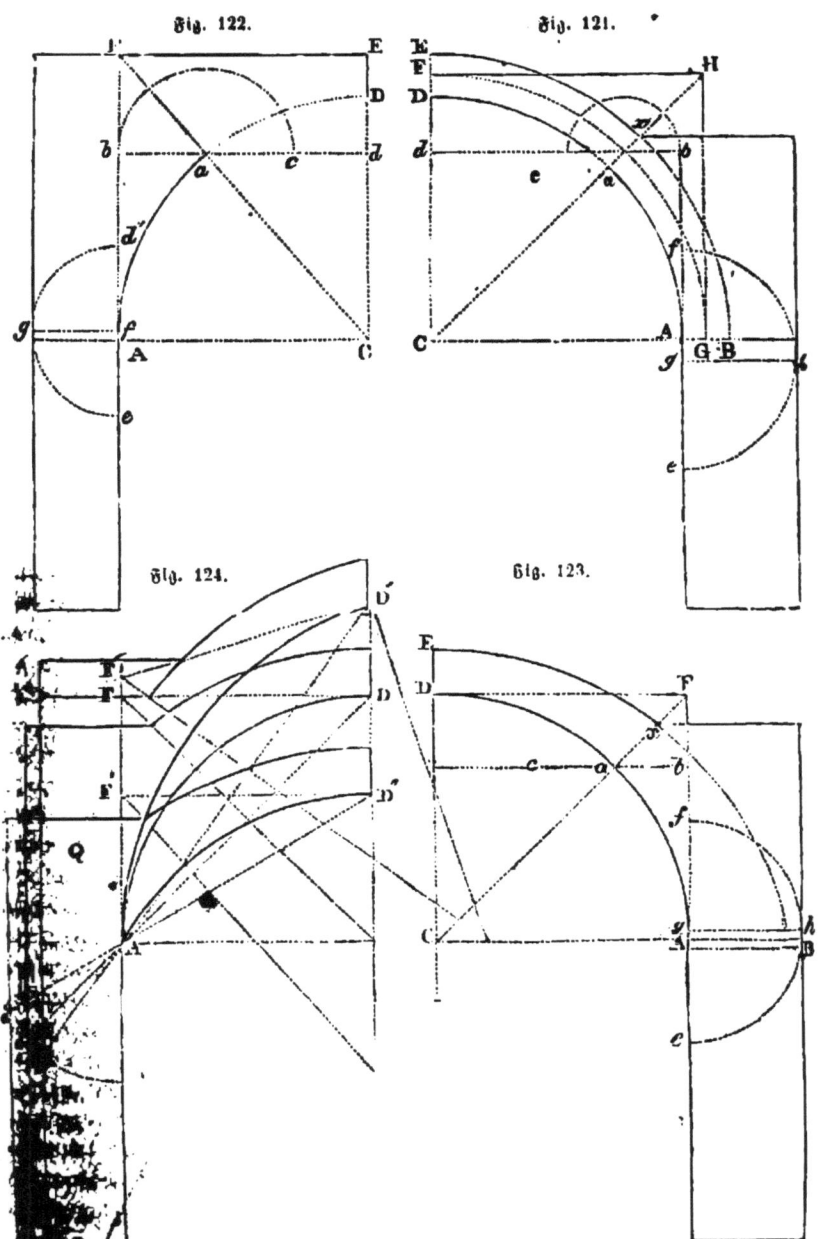

Fig. 122. Fig. 121. Fig. 124. Fig. 123.

Horizontalebene geneigte gerade Linie, so daß der Schnittpunkt F (Fig. 124) tiefer liegt, als der Schnittpunkt D'.

Zur Bestimmung der Widerlagerstärken von ansteigenden Gewölben giebt Rondelet eine, seiner Gewölbtheorie entsprechende Construction an, welche wir in Fig. 125 mittheilen wollen.

Die Punkte F und F' werden, wie in Fig. 121 gefunden, von diesen Punkten die Normalen FC und $F'C'$ gezogen und dadurch die Punkte a und a' bestimmt. Man zieht nun durch diese Punkte die Horizontalen bg

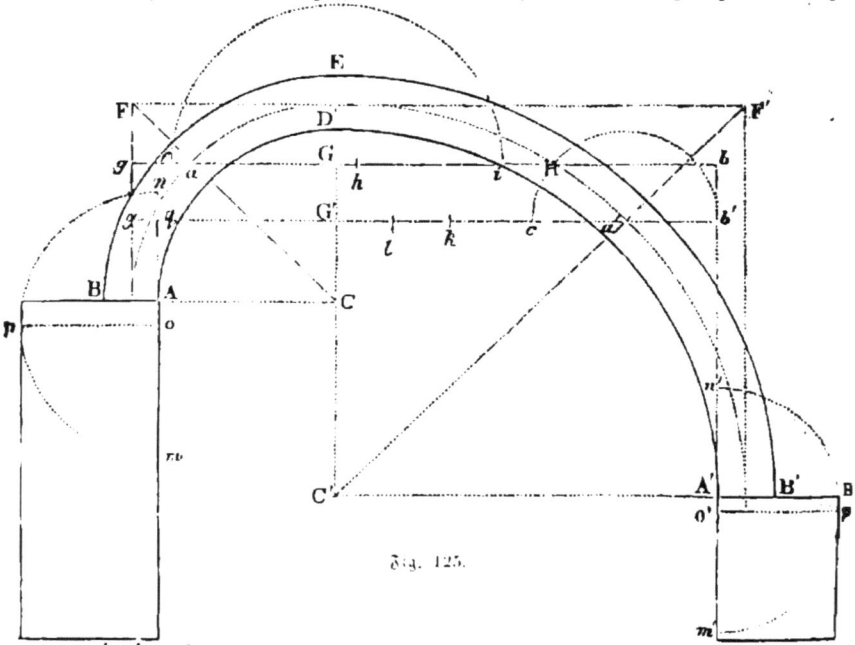

Fig. 125.

und $b'g'$, trägt GH von b nach i und iG von G nach f, und macht Gh gleich $fg/2$. Darauf trägt man ha von A abwärts nach m, die doppelte Gewölbstärke $2ED$ von A aufwärts nach n, und beschreibt über mn einen Halbkreis, dessen Halbmesser op die gesuchte Stärke der höheren Widerlager angiebt. Um die Stärke der unteren Widerlager zu finden, trägt man $G'q$ von a nach k und halbirt kG' in l, macht sodann $a'c$ gleich $a'b'$, trägt cl von A' abwärts nach m', $2ED$ von A' aufwärts nach n', und beschreibt über $m'n'$ einen Halbkreis, so ist der Halbmesser $o'p'$ die Abmessung der gesuchten Stärke der unteren Widerlager.

Was wir über die Bestimmung der Stärke von Gewölben und deren Widerlager mitgetheilt haben, bezieht sich auf die allen Theorien zu Grunde gelegte einfache Form der Tonnengewölbe, findet aber seine Anwendung auch auf die aus Tonnengewölbetheilen bestehenden und anderen Gewölbe, wenn die Richtung des Druckes ermittelt ist. Wir werden bei der Betrachtung dieser verschiedenen Gewölbe, wenn von deren Ausführung die Rede sein wird, darauf zurückkommen.

Die nach der Theorie von Rondelet durch die erwähnten Constructionen bestimmten Widerlagerstärken für Tonnengewölbe können als ausreichend betrachtet werden für Gewölbe aus Hausteinen oder Bruchsteinen, sind aber deshalb zu groß für Gewölbe aus Backsteinen oder anderen porösen und dabei leichten Wölbsteinen. Die Größe der Backsteine ist geringer, die Bindekraft eines guten Mörtels um vieles größer als das Eigengewicht der Steine, und das Erhärten des Mörtels, zumal wenn er hydraulisch ist, erfolgt in so kurzer Zeit, daß das Schwinden desselben nach erfolgtem Schließen der Gewölbe beinahe gar nicht in Betracht zu ziehen und hiernach ein sorgfältig und mit dem besten Materiale ausgeführtes Backsteingewölbe als dasjenige zu betrachten ist, welches wegen des innigen Zusammenhanges des Wölbekörpers den geringsten Horizontalschub äußert und, dem entsprechend, die geringste Stärke der Widerlager verlangt. Außer der innigen Verbindung der Wölbsteine unter sich durch den Mörtel trägt nun auch noch zur Verringerung des Horizontalschubes der Gewölbe die Leichtigkeit des Wölbematerials wesentlich bei. Bei allen Gewölbetheorien ist dies unberücksichtigt geblieben, und schon aus diesem Grunde durch ihre Anwendung ein wesentlicher Fortschritt im Gewölbebau nicht erzielt worden.

Wenn den Neueren noch der Vorwurf gemacht wird, daß sie im Allgemeinen ihre Gewölbe und deren Widerlager zu stark machen, so mag dies in Bezug auf solche Gewölbe, welche nur zur Ueberdeckung von weiten Räumen dienen und außer ihrem eigenen Gewichte keine andere Belastung zu tragen haben, nicht ganz ohne Grund sein. Wo die Wissenschaft keinen sichern Anhalt bietet und der Erfahrung allein die Entscheidung überlassen bleiben muß, da folgt der Praktiker gern den bekannten, aus der Erfahrung abgeleiteten Regeln und vermeidet, insbesondere bei Gewölben, Abweichungen von den Widerlagerstärken, welche an anderen Bauwerken, unter ähnlichen Umständen in Anwendung gebracht, vollkommene Sicherheit gewähren.

Leider wird dabei die Gewölbetechnik der mittelalterlichen Werkmeister, die sich gerade dadurch auszeichnet, daß der Horizontalschub auf die Widerlager geradezu unwirksam gemacht und als nicht vorhanden zu betrachten ist, selten zu Rathe gezogen. Die auf schlanken himmelanstrebenden Pfeilern ruhenden Gewölbe unserer deutsch-mittelalterlichen Kirchen stehen, als vollgültige Muster der Gewölbetechnik, weit über den Leistungen der in großartigen Gewölbebauten geübten Römer und Byzantiner, und es steht zu erwarten, daß durch die Mittheilung der Resultate gründlicher Forschungen in Bezug auf die Mittel, durch deren Anwendung unsere scharfsinnigen alten Werkmeister im Stande waren so Herrliches zu schaffen, ein helleres Licht über das bis jetzt noch im Halbdunkel liegende Gebiet des Gewölbebaues verbreitet werden wird. Dazu nach Möglichkeit beizutragen ist Vielen Gelegenheit geboten. Möge es vereintem Streben, dem auch wir uns freudig anschließen, gelingen, das bis jetzt noch wenig erkannte Vermächtniß unserer Altvordern der Mitwelt zur klaren Erkenntniß zu bringen und es dadurch zu einem fruchtbringenden Gemeingute zu machen. Wir werden die Principien dieser Wölbekunst zwar erst später nachzuweisen suchen, wenn wir die Ausführung von denjenigen Gewölben besprechen, an denen es vollständig durchgeführt ist; was jedoch einzeln im Geiste des Princips auf andere Gewölbeformen anwendbar oder bereits angewendet ist, werden wir an passender Stelle anzuführen nicht umhin können, selbst auf die Gefahr hin, durch Wiederholungen zu ermüden. Wir haben bereits erwähnt, daß das Tonnengewölbe als die einfachste Grundform der übrigen Gewölbe betrachtet werden kann und werden uns demgemäß in unserer folgenden Betrachtung über die Form und Ausführung der Gewölbe zunächst mit diesem einfachen Gewölbe beschäftigen.

Das Tonnengewölbe. Die Leibung dieses Gewölbes bildet, wenn die Wölblinie aus einem Halbkreise besteht und die Widerlager unter sich parallel sind, die Oberfläche eines halben Cylinders, und es hat von dieser einer Tonne ähnlichen Form die verschiedenen, aber doch gleichbedeutenden Namen Tonnengewölbe, Kufengewölbe oder Faßgewölbe erhalten. Mit dieser Benennung werden nun alle diejenigen Gewölbe bezeichnet, deren Oberfläche als durch die Fortbewegung der im vollen Zirkel, gedrückt oder überhöht angenommenen Bogenlinie, nach der Richtung der Achse gebildet gedacht werden kann, und bei welchen außerdem die Lagerfugen parallel sind mit der Achse und den Widerlagern. Hiernach sind selbst scheitrechte Gewölbe, wenn deren Lagerfugen mit den Widerlagern und unter sich parallel sind, als Tonnengewölbe zu betrachten. Gleichwol werden beinahe allgemein die sehr flachen Tonnengewölbe von geringer Spannweite Kappengewölbe genannt.

Die unter sich parallelen Lagerfugen der Tonnengewölbe müssen, der Hauptregel des Steinverbandes entsprechend, zugleich normal auf die Bogenlinie gerichtet sein. Es findet deshalb Das, was wir im vorigen Abschnitte bei den Mauerbögen über die Richtung der Lagerfugen und über das Verfahren, diese zu bestimmen, mitgetheilt haben, auch Anwendung bei den Tonnengewölben. Wir haben die Ursachen des Horizontalschubs, welchen Gewölbe auf ihre Widerlager äußern, an Tonnengewölben aus Hausteinen nachzuweisen gesucht, werden uns aber mit der Ausführung von Hausteingewölben nicht weiter befassen, weil diese Gewölbe einen Bestandtheil des in der „Schule des Steinmetzen" zu behandelnden Steinschnittes ausmachen und ohnehin bei Hochbauten, mit denen wir uns ausschließlich beschäftigen, nur höchst selten Anwendung finden.

Das Hauptmaterial des Maurers bei dem Gewölbebau ist der Backstein, und wenn er statt der Backsteine bei einfachen Gewölben lagerhafte Bruchsteine anwendet, so geschieht dies aus Rücksichten der Sparsamkeit bei Kellergewölben und in seltenen Fällen bei anderen schwerbelasteten Gewölben über der Erde.

Was wir bei den Mauerbögen über die Ausmittelung der Lehrbögen angeführt haben, gilt auch für die Lehrbögen der Tonnengewölbe. Die Construction der Lehrbögen, so wie ihre Entfernung, richtet sich einerseits nach der Schwere der Gewölbe und andererseits nach der Stärke der Einschalung. — Aus Bretern zusammengenagelte Lehrbögen (Rippen) für leichte Gewölbe werden in einer Entfernung von drei bis vier Fuß, aus Zimmerholz construirte Lehrbögen für schwere Gewölbe in einer Entfernung von vier bis sechs Fuß aufgestellt. Die Schalung soll sich beim Mauern nicht einbiegen, müßte sonach im Verhältniß der Entfernung der Lehrbögen stark sein. Um nun aber selbst bei schweren Gewölben schwache Schalborde oder Latten anwenden zu können, ohne die Anzahl der kostspieligen Lehrbögen aus Zimmerholz vermehren zu müssen, genügt es, zwischen die zum Tragen des Gewölbes bestimmten Hauptlehrbögen leichte, nur aus Bretern zusammengenagelte Lehrbögen in solcher Entfernung aufzustellen, daß die Schalung gegen das Einbiegen gesichert wird. Da die Lehrbögen lothrecht aufgestellt werden müssen, bei ansteigenden Gewölben aber die Bogenlinie normal auf die ansteigende Achse angenommen wird, so ist darauf bei dem Ausmitteln der Lehrbögen Rücksicht zu nehmen. Die Lehrbögen ansteigender Gewölbe im Halbkreis werden hiernach Ellipsen bilden.

Die normale Richtung der Lagerfugen kann bei Tonnengewölben selten durch die Schnur oder das Richtscheit bestimmt werden. Man bedient sich dazu des bereits bei den Mauerbögen erwähnten Lehrbretes, der Schablone.

Tonnengewölbe aus Bruchsteinen. Wie bei dem Verbande für gerade Mauern aus Bruchsteinen die Herstellung durchgehender horizontaler Schichten gefordert wurde, so muß bei dem Wölben mit Bruchsteinen gefordert werden, daß die Wölbschichten parallel laufen mit der Achse des Gewölbes und normal auf die Schalung gerichtet sind. Nehmen wir an, daß nur lagerhafte Bruchsteine zum Wölben geeignet sind, so kann die Bearbeitung derselben mit dem Mauerhammer doch nie so richtig sein, daß die Lagerflächen der einzelnen Steine genau der normalen Richtung der Lagerfugen eines Gewölbes entsprächen. Können sehr feste Bruchsteine nicht mit dem Hammer keilförmig bearbeitet werden, sind aber sonst lagerhaft und haben annähernd parallele Lagerflächen, so werden sie beim Wölben mit der einen Lagerfläche normal auf die Einschalung gelegt, und es wird die andere, nach dem Rücken des Gewölbes zu klaffende Lagerfuge mit gut passenden Steinstücken nach der normalen Richtung ausgezwickt, das heißt scharf hintermauert. Sind die Wölbsteine im Ganzen zwar lagerhaft, aber die Lagerflächen uneben und weniger unter sich parallel, so daß keine der Lagerflächen als normal zur Einschalung angenommen werden kann, so werden die Steine so vermauert, daß eine durch die Mitte der Steine gedachte gerade Linie normal auf die Schalung gerichtet wäre, und es wird das Auszwicken oder Hintermauern der nach dem Rücken des Gewölbes zu klaffenden Lagerfugen auf beiden Lagerseiten der Steine vorgenommen.

In der Regel sollen die Wölbsteine eine solche Länge haben, daß sie durch die ganze Stärke des Gewölbes hindurch reichen.

Müssen einzelne Steine nach der Richtung der Gewölbestärke gestoßen werden, so ist darauf zu sehen, daß bei den Stößen kein Hinterfüttern stattfindet, und daß bei der nächsten Wölbschicht die Stoßfugen von Bindern gedeckt werden, welche auf die ganze Gewölbestärke hindurchreichen.

Da die Festigkeit der Bruchsteingewölbe von der innigen Verbindung der Steine durch einen guten bindenden Mörtel hauptsächlich abhängt, so ist bei fleißiger Arbeit in Bezug auf die feste Lage der einzelnen Steine und der Einhaltung eines guten Verbandes das richtige Auftragen des Mörtels von größter Wichtigkeit. Wir wissen, daß die Lagerfugen der Gewölbe sich nach außen öffnen, wenn eine Senkung im Scheitel stattfindet. Da nun Bruchsteingewölbe in Folge der Zusammenpressung der Mörtelfugen sich nothwendig nach dem Herausnehmen der Lehrgerüste senken müssen, so ist darauf bei dem Auftragen des Mörtels Bedacht zu nehmen. Der Mörtel muß auf die bereits normal auf die Schalung ausgeglichenen Lager nach der Schalung stärker als gegen den Gewölberücken aufgetragen, es muß nach dem Rücken scharf und nach der Leibung satt gemauert werden. Es ist deshalb beim Ausgleichen der Wölbschichten Regel, daß der Maurer die Steine nach der Schablone eher scharf anschließend, — stolz, — als rückwärts fallend vermauert. Wie bei den Mauerbögen, so muß auch bei den Gewölben das Wölben von beiden Widerlagern aus gleichzeitig begonnen und bis zum Schlusse gleichmäßig vorschreitend fortgesetzt werden. Die letzten Schichten beider Gewölbeschenkel, welche die Oeffnung zur Aufnahme der Schlußsteine begrenzen, müssen durchaus aus ganzen Steinen von solcher Länge bestehen, daß sie durch die ganze Gewölbestärke hindurchreichen. Die möglichst genau nach der normalen Richtung der zugehörigen Lagerfugen keilförmig bearbeiteten Schlußsteine, welche gleichfalls eine Länge haben müssen, die der Stärke des Gewölbes ent=

spricht, und deren Breite an der Leibung nur um Weniges geringer sein darf, als die obere Breite der zu ihrer Aufnahme bestimmten Oeffnung, müssen mit der Anwendung einer im Verhältnisse zu der Größe der Gewölbe stehenden Kraft eingetrieben werden. Zum Eintreiben der Schlußsteine ist die Anwendung der Handramme am geeignetsten, weil die Wirkung derselben mit der Hubhöhe beliebig verändert werden kann. Wird dazu ein schwerer Schlaghammer, — die Schlage — angewendet, so müssen die Schlußsteine gegen das Zersplittern durch einen Holzuntersatz gesichert werden. Ein bis zur Einschalung eingetriebener Schlußstein soll bei fortgesetzter Anwendung der Ramme oder der Schlage nicht mehr tiefer eindringen, nach der Sprache des Maurers, nicht mehr ziehen. Der richtige Schluß eines ganzen Gewölbes ist daran zu erkennen, daß das Gewölbe unmittelbar nach dem Eintreiben der Schlußsteine nicht mehr scharf auf der Unterrüstung ruht. — Ist das Schließen eines Gewölbes vollendet, so werden die durch das Zusammenpressen des Gewölbekörpers nach außen geöffneten Fugen am zweckmäßigsten durch einen über das Gewölbe verbreiteten Ueberzug von Gußmörtel geschlossen, und wo die Fugen stark klaffen, mit Steinen ausgekeilt.

Die Ausrüstung der Bruchsteingewölbe kann nicht unmittelbar nach dem Schließen derselben vorgenommen, darf aber auch nicht bis zum vollständigen Erhärten des Mörtels verschoben werden. Im erstern Falle würde bei den meisten Steinarten der weiche Mörtel nicht hinlänglich fest anhaften und aus den Fugen herausgedrückt werden; im letztern Falle entständen bei dem unvermeidlichen Senken Risse und Sprünge im Mörtel, und die auf der innigen Verbindung der Steine unter einander beruhende Festigkeit der Gewölbe würde beeinträchtigt. Die Einrüstung muß nach erfolgtem Schließen so lange unverändert stehen bleiben, bis der Mörtel erstarrt, aber noch nicht erhärtet ist. Der Mörtel soll dem Drucke mit den Fingern einigen Widerstand leisten, dabei aber noch so bildsam sein, daß durch das nach der Herausnahme der Rüstung erfolgende Senken kein Trennen der Mörtelfugen bewirkt wird. Bei trockenen und porösen Wölbsteinen kann ein bei günstiger Witterung ausgeführtes Bruchsteingewölbe schon nach acht Tagen ausgerüstet werden, wogegen die Ausrüstung von Bruchsteingewölben, aus festen Steinen und bei nasser Witterung ausgeführt, erst nach mehreren Wochen vorgenommen werden darf. Um die Einrüstung nach und nach, wie das Erhärten des Mörtels vorschreitet, senken zu können, setzt man die Lehrbögen, besser aber noch die Schwellen, worauf die Lehrbögen ruhen, auf doppelte, nach entgegengesetzter Richtung neben einander gelegte Keile, durch deren gleichmäßiges Lösen die Rüstung ohne Erschütterung beliebig gesenkt werden kann. Sind die Gewölbe an den Stirnen offen, so wird mit dem Herausnehmen der Einschalung an den Gewölbeanfängen begonnen, so daß durch das Nachfallen der obern

Schalborde die Lehrbögen frei werden und mit Leichtigkeit umgelegt werden können. Werden Gewölbe in bereits durch Stirnmauern abgeschlossenen Räumen ausgeführt, wie dies bei den Kellergewölben meist der Fall ist, so müssen bei der Ausrüstung die Lehrbögen mit der ganzen Einschalung zugleich umgelegt werden. Es wird dies bei dem Aufstellen der Lehrbögen berücksichtigt, indem man die Schwellen, worauf diese Bögen zu stehen kommen, durch kurze Pfosten unterstützt, welche mit Steinen oder Bretstücken unterlegt sind. Soll nun ausgerüstet werden, so werden die Stützpfosten der Schwellen bis auf einige wenige untergraben und herausgenommen, und sodann die letzten Stützen durch außerhalb des überwölbten Raumes stehende Arbeiter entweder vermittelst Zimmerhaken, oder an den Fußenden der Stützen befestigte Seile umgezogen.

Damit die Einrüstung durch dieses Einstürzen nicht zu Grunde geht, wird in der Regel bei Kellern von bedeutender Tiefe das Erdreich vor dem Ausführen der Wölbung nur um etwa zwei Fuß bis unter die Gewölbesohle, und erst nach erfolgter Ausrüstung in größerer Tiefe ausgegraben.

Nach dieser allgemeinen Betrachtung über die Ausführung von Tonnengewölben aus Bruchsteinen gehen wir auf die Behandlung der Einzelheiten näher ein.

Von der größten Wichtigkeit in Bezug auf die Festigkeit und Tragfähigkeit der Gewölbe ist die Art der Verbindung derselben von den Widerlagern aus mit der als Fundament belasteter Mauern dienenden Hintermauerung. Bei Kellergewölben richtet sich die Spannweite der Gewölbe hauptsächlich nach der Entfernung der Fundamentmauern für die Umfangs- und Scheidemauern der Gebäude. Der möglichst ausgedehnten Benutzung der zu überwölbenden Kellerräume, sowie den Anforderungen der überall im Auge zu behaltenden Sparsamkeit entsprechend, sucht man die Stärke der Gewölbewiderlager auf das geringste Maß einzuschränken. Die Umfangs- und Scheidemauern in der erforderlichen Stärke anzulegen, und außerdem nach den zu überwölbenden Räumen hin diese Mauern auf die Höhe der Widerlager noch um so viel zu verstärken, daß das Gewölbe auf Mauerbänken ruht, deren Breite gleich ist der Stärke des Gewölbes an der Sohle, findet deshalb bei Kellerüberwölbungen keine Anwendung.

Die Verstärkung der Fundamentmauern als Widerlager bis zur Sohle der Gewölbe richtet sich in der Regel darnach, daß die Gesammtstärke der Mauer oberhalb der Gewölbesohle gleich sein soll der nach der Erfahrung erforderlichen Widerlagerstärke des auszuführenden Gewölbes. Es werden nun auf übliche Weise die Gewölbe entweder nach Fig. 126 nicht gleichzeitig mit der Hintermauerung gewölbt, sondern erst später, nachdem die auf den Widerlagern ruhenden Mauern aufgeführt sind, auf die inneren schwachen

Von den Gewölben.

Mauerbänke gesetzt und zwischen die Umfangsmauern eingespannt; oder sie werden nach Fig. 127 mit den Umfangsmauern in Verbindung so gewölbt, daß die geneigten Wölbschichten in die horizontalen Schichten der gleichmäßig aufgeführten Hintermauerung eingreifen, und sich so beide Schichten abwechselnd überwinden. Durch das Aufsetzen der Gewölbe auf schmale Mauerbänke nach Fig. 126 wird die Tragfähigkeit derselben um so geringer, je weniger die Mauerbänke im Verhältniß zu der, der Stärke des Gewölbes entsprechenden Sohle breit sind; und durch eine Verbindung der geneigten Wölbschichten mit den horizontalen Mauerschichten, nach Fig. 127, werden an den Verbindungsstellen Trennungen im Mauerkörper entstehen, veranlaßt durch das Schließen der Gewölbe und deren Senken nach dem Ausrüsten.

Sind die angeführten Nachtheile der üblichen Wölbung nach Fig. 126 und Fig. 127 nicht zu bestreiten, so werden wir davon abgehen müssen und dem, von den mittelalterlichen Werkmeistern bei dem Herausmauern der Gewölbeanfänge allgemein angewendeten Verfahren, welches in Fig. 128 dargestellt ist, den Vorzug geben. Dieses Verfahren besteht darin, daß von dem Widerlager aus der untere Theil der Gewölbe durch horizontale Mauerschichten, welche kragsteinartig bis zur Einschalung vorgeschossen werden, gebildet wird, und daß die eigentliche Wölbung mit normal auf die Einschalung gerichteten Lagerfugen erst von da an beginnt, wo die äußere Bogenrundung die Senkrechten der innern Mauerflucht in c und d schneidet. Von diesen Schnittpunkten aus werden die nach der Gewölbeleibung horizontal vorgemauerten Schichten in der normalen Richtung der Lagerfugen für die erste Wölbschicht ausgeglichen. Vorausgesetzt, daß die kragsteinartige Vormauerung dieser Gewölbeanfänge mit großen und lagerhaften Steinen in gutem Verbande ausgeführt wird, so kann durch die Wirkung des Horizontalschubs von dem obern, in normalen Wölbschichten gemauerten Gewölbe eine Trennung an den Gewölbeanfängen nicht entstehen, weil keine andere Veränderung dieser Mauerschichten denkbar ist, als das horizontale Verschieben derselben. Die horizontale Vormauerung kann hiernach als eine Verstärkung der Widerlager betrachtet werden, durch welche zugleich die Spannweite des Gewölbes verringert wird. Wir haben in Fig. 128 die in Fig 126 und 127 angenommene Verstärkung der Widerlager behufs der Mauerung von den Gewölbeanfängen des Vergleichs wegen beibehalten, bemerken aber, daß eine solche Verstärkung der Widerlager bei der horizontalen Vormauerung der Gewölbeanfänge durchaus nicht erforderlich ist, wenn die Widerlagsmauern ausreichend belastet werden. Es leuchtet ein, daß der Horizontalschub eines Gewölbes auf seine Widerlager dadurch völlig unwirksam wird, wenn die senkrechte Belastung der Widerlager größer ist, als das Gewicht des den Horizontalschub äußernden Gewölbes. Von dieser Voraussetzung ausgehend, haben

160   Neunter Abschnitt.

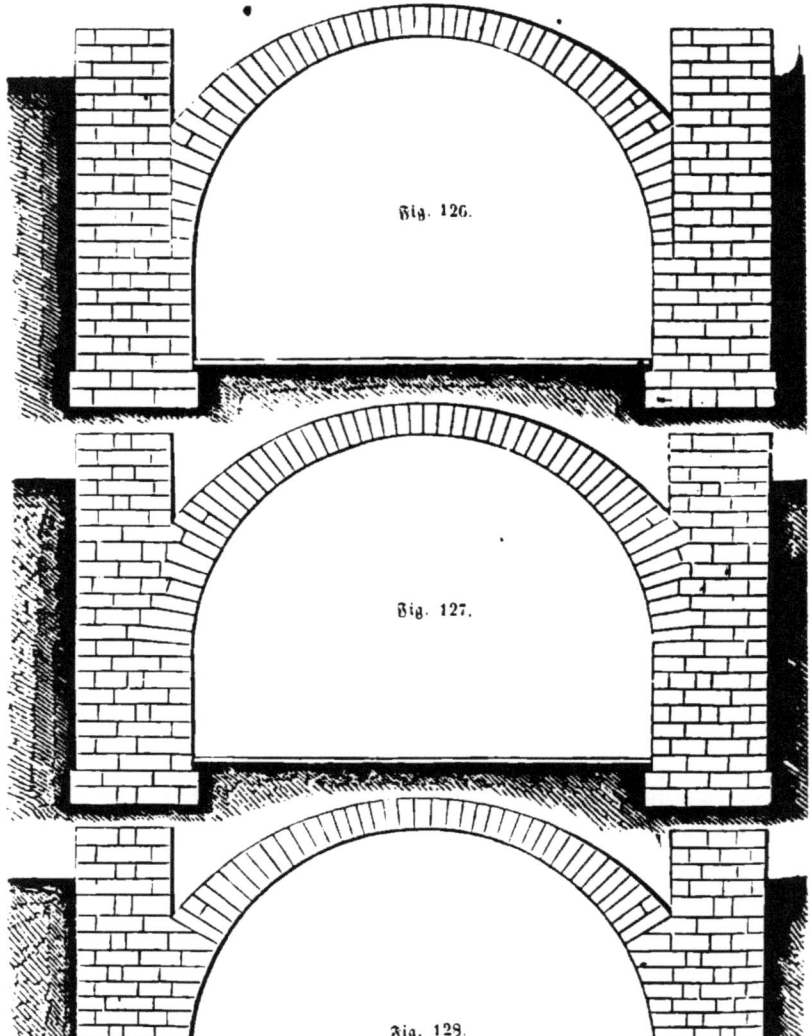

Fig. 126.

Fig. 127.

Fig. 129.

Von den Gewölben. 161

wir in der Praxis bei der Ausführung von Kellergewölben aus Bruchsteinen die horizontale Vormauerung der Gewölbeanfänge ohne Verstärkung der Widerlager durch Mauerbänke angewendet, selbst wenn die Stärke der Widerlager nur den sechsten Theil der Spannweite der Gewölbe betrug. Daß bei solchen Widerlagern das eigentliche Wölben über den horizontal vorgemauerten Gewölbeanfängen nicht eher begonnen werden darf, als nachdem die Widerlagsmauern genügend belastet sind, ist selbstverständlich. Wir haben für die Beschleunigung der Bauausführung immer vortheilhaft gefunden, Kellergewölbe erst dann zu vollenden, wenn der Bau unter Dach gebracht ist. Geschieht dies, so hat bis dahin der zu den horizontal vorgemauerten Wölbeanfängen verwendete Mörtel durch das Erhärten und gleichzeitige Zusammenpressen eine solche Consistenz erreicht, daß er, wie wir uns überzeugt haben, dem Drucke der Gewölbe vollkommen widersteht.

Wir geben in Fig. 129 den Durchschnitt eines Bruchsteingewölbes mit horizontal vorgemauerten Anfängen und ohne Verstärkungen der Widerlager,

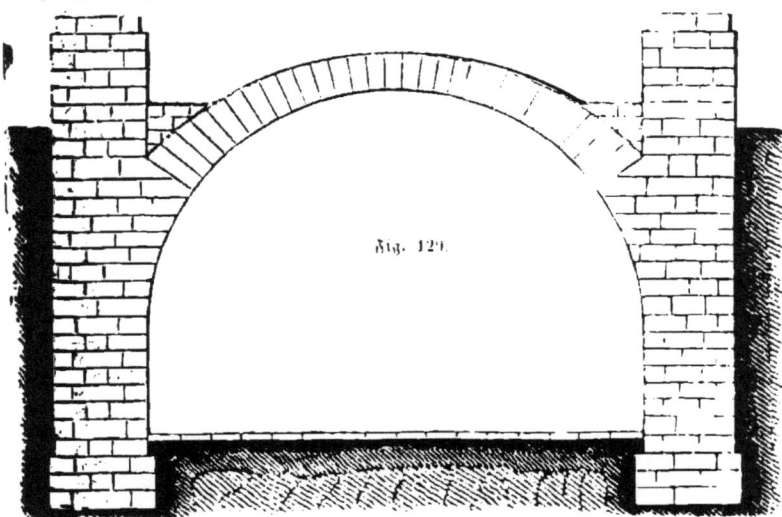

Fig. 129.

wie wir solche Gewölbe bei mehrstöckigen Wohngebäuden als Kellergewölbe auszuführen mehrfach Gelegenheit hatten. Wir können nicht umhin, nachträglich darauf hinzuweisen, daß bei schwerbelasteten Mauerbögen mit schwachen Widerlagspfeilern in dem horizontalen Vormauern der Bögenanfänge, wodurch die Spannweite und dem entsprechend der Horizontalschub der Bögen vermindert werden kann, das sicherste Mittel geboten ist, dem Ausweichen der Widerlagspfeiler zu begegnen. Nehmen wir nach Fig. 130 einen frei-

Schule des Maurers. 2. Aufl. I. 11

stehenden Thurm an, über deſſen Bogeneingang im zweiten Stockwerke eine
Fensteröffnung von geringerer Lichtweite angebracht iſt, ſo werden wir uns
an dieſem einen Beiſpiele von der Zweckmäßigkeit der horizontalen Vormaue=
rung der Bögenanfänge ſo genügend überzeugen, daß wir anzunehmen geneigt
ſind, die Anwendung dieſes Verfahrens in ähnlichen Fällen dem denkenden
Maurer nicht weiter empfehlen zu dürfen.

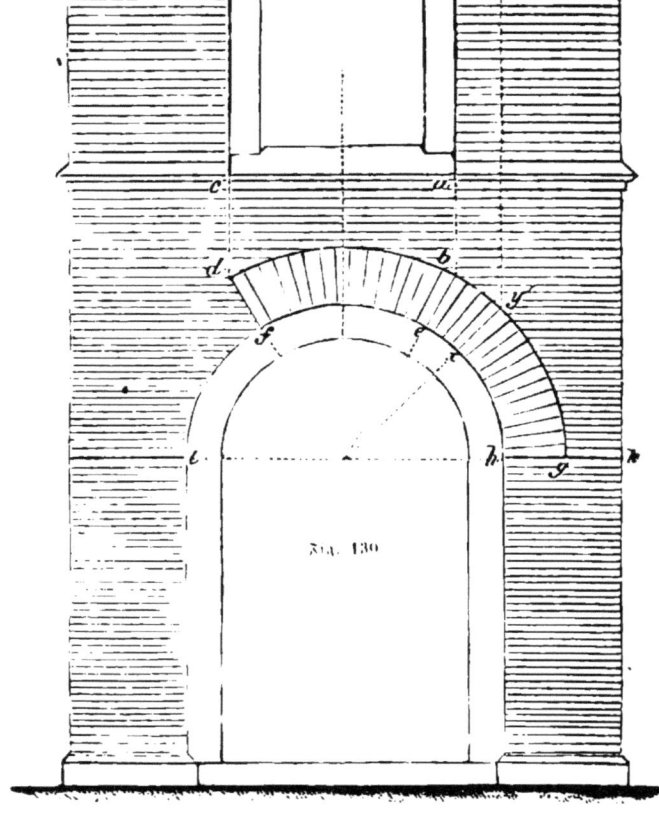

Wir haben in Fig. 130 die eine Hälfte des über die Hauſteineinfaſſung
des Bogeneinganges geſprengten Entlaſtungsbogens nach der üblichen Maue=
rung mit durchgehend normalen Fugen, und die andere Hälfte mit horizonta=
ler Vormauerung der Bögenanfänge bis zur normalen Lagerfuge des Schluß=
bogens von 60 Graden gezeichnet. Der Druck des mit dem Mauertheile $a\ b$

cd belasteten Schlußbogens $bdef$ von 60 Graden wirkt auf die Lagerfugen be und fd gleichmäßig, so daß die Bogenanfänge he und fi bezüglich des Schlußbogens einem gleichen Horizontalschube zu widerstehen haben. Während aber nur der Horizontalschub dieses Schlußbogens auf die geneigte Lagerfuge fd der horizontalen Vormauerung wirkt und die Last des auf die horizontale Vormauerung des Bogenanfanges gesetzten Mauerpfeilers gerade dazu beiträgt, die Wirkung des von dem Schlußbogen ausgehenden Horizontalschubes aufzuheben, wirkt auf das horizontale Widerlager gh des mit normalen Schichten gemauerten Bogens, außer dem Horizontalschube des Schlußbogens, noch der Horizontalschub des zwischen dem Schlußbogen und der Brechungsfuge xy befindlichen, durch den von den Senkrechten über b und y bezeichneten Theil des Mauerpfeilers belasteten Bogenstückes $bexy$. Zu dem größern Horizontalschube des mit normalen Schichten gemauerten Entlastungsbogens auf seine Widerlager, welcher allein schon bei großer Belastung des Bogenstückes $bexy$ ausreicht, ein Ausweichen der Widerlagspfeiler zu bewirken, kommt nun noch hinzu, daß die Hintermauerung des Bogens, von dem Theile kg des Widerlagers aufwärts, an die äußere Bogenrundung gemauert, sich in Folge der Senkung der Mauerecke, welche durch die auf die kleine Grundfläche kg gebrachte Last des obern Mauerpfeilers bewirkt wird, von dem Mauerbogen trennt und das Ausweichen des Widerlagspfeilers mit befördert, ja unter Umständen schon für sich allein veranlaßt. Wir glauben diesen Gegenstand verlassen und auf die bei den Bruchsteingewölben vorkommenden Durchbrechungen übergehen zu können.

Wir geben in Fig. 131 den Querdurchschnitt und in Fig. 132 den Grundriß eines Bruchsteingewölbes, bei welchem die zur Beleuchtung des Kellerraumes angebrachten Oeffnungen auf übliche Weise aus dem Gewölbe geschnitten und erst später, nach Vollendung des Bruchsteingewölbes, mit Backsteinen überwölbt sind, während die Oeffnung für den Kellereingang einen Ausschnitt in der Widerlagsmauer und dem Gewölbeanfang bildet, welcher, wie das Gewölbe, mit Bruchsteinen überwölbt ist, so daß der Mauerbogen des Kellereingangs gleichzeitig mit dem Hauptgewölbe gemauert wird und, als gerade Kappe mit dem Hauptgewölbe verbunden, einen Bestandtheil desselben ausmacht. Bei dem Mauern der geraden Kappe aus Bruchsteinen ist darauf zu sehen, daß keine Stoßfugen in die Geräthe, welche die Kappe an dem Gewölbe bildet, treffen, vielmehr die Grathsteine so angeordnet und zugerichtet werden, daß sie, mit Berücksichtigung eines guten Verbandes, sowol in das Gewölbe als in die Kappe übergreifen.

Die Ausschnitte für die mit Backsteinen zu überwölbenden Oeffnungen werden oberhalb durch Mauerbögen aus Bruchsteinen abgeschlossen. Diese Bögen, welche Kranzbögen oder Kränze, auch Gurten genannt werden, bilden die Widerlager für den obern Theil des Gewölbes und müssen hiernach eine dem Drucke dieses Gewölbetheiles entsprechende Stärke erhalten. Am zweckmäßigsten werden diese Gurten als Halbkreisbögen gewölbt. Da das Mauerwerk derselben auf der Einschalung des Hauptgewölbes ruht, so bedarf es zu dessen Ausführung keiner weitern Einrüstung als der, daß die Form des Bogens durch einen Lehrbogen aus Bretstücken, welche auf die Einschalung des Hauptgewölbes, wie solches bei a in Fig. 132 zu ersehen, genagelt werden, an der Grathlinie der Kappe angegeben wird. Von dem Lehrbogen aus wird die der Kappe zugewendete Oberfläche des Kranzbogens nach oben fächerartig erweitert. Diese Erweiterung sichert den festen Anschluß der gegen den Kranzbogen stumpf angesetzten Kappe. Der auf die Einschalung des Hauptgewölbes genagelte Lehrbogen wird zugleich zur Einschalung der Kappe benutzt. In der Regel sind die Kellerfenster horizontal überdeckt, und es muß sodann die Kappe beim Anschluß an den Sturz derselben einen flachen Stichbogen bilden, dessen Widerlager höher gelegen sind, als die Widerlager des Kranzbogens. Hieraus ergiebt sich eine ansteigende oder Stichkappe von ungleicher Scheitelhöhe. Bei der Einschalung dieser Kappen mit unregelmäßiger Mantelfläche werden im Scheitel die beiden Stirnbögen durch eine aufgenagelte Latte unter sich verbunden, und von dieser Latte aus die übrigen Schallatten schräg gegen die Widerlager gelegt, wie dies in Fig. 132 bei a ersichtlich ist, wo wir die Einschalung zur Hälfte dargestellt haben. Das Mauern dieser Stichkappen wird von der tiefsten Stelle der Widerlager aus begonnen und mit ansteigenden Schichten im sogenannten Schwalbenschwanz ausgeführt, wobei die im Scheitel annähernd rechtwinkelig sich schneidenden Schichten abwechselnd überbinden.

Bei der in Fig. 132 bei β dargestellten geschlossenen Stichkappe ist die Richtung der Wölbeschichten zu ersehen, welche durchgehend in halber Steinstärke angenommen sind. Bei steiler ansteigenden Kappen tritt die Nothwendigkeit ein, den festern Anschluß derselben an den Kranzbögen des Hauptgewölbes durch eine größere Stärke des Kappengewölbes zu sichern, und es werden aus diesem Grunde an die Kranzbögen anschließende Verstärkungsgurten von ganzer Steinstärke und 1½ bis 2 Steinbreiten angebracht, welche nicht für sich besonders geschlossen, vielmehr in den Verband des im Uebrigen nur ½ Stein starken Kappengewölbes eingreifend gemauert werden.

Wir haben in Fig. 131 und 132 die Einrüstung des Bruchsteingewölbes gegeben, um auf die zweckmäßigste Construction von Rüstbögen aus Bretern aufmerksam zu machen, wie sie der Maurer selbst anfertigen und ohne weiteres Absprießen anwenden kann. Die Bogenrippen bestehen aus drei Lagen auf einander genagelter Bretstücke, deren Stoßfugen auf halbe Länge abwechseln. Die beiden äußeren Lagen der Bögen, welche aus einer ungeraden An-

Von den Gewölben.

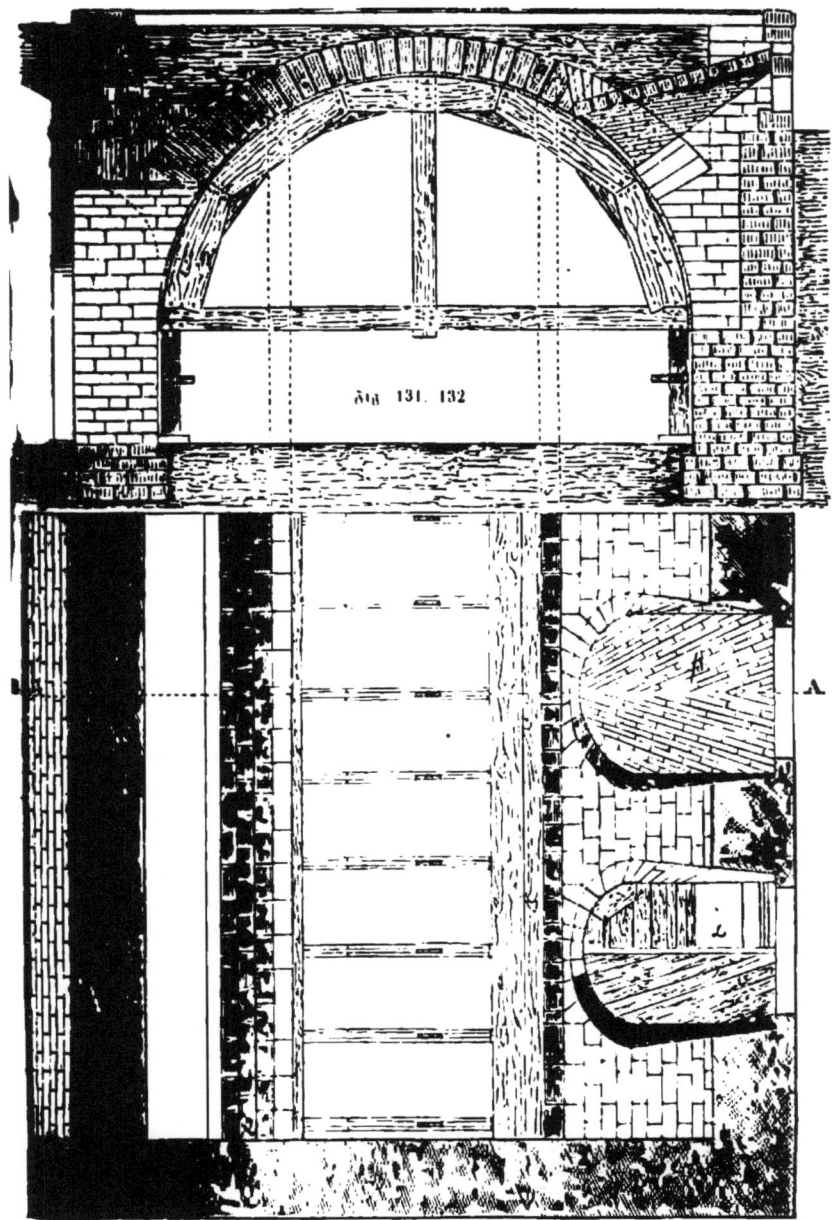

Fig. 131. 132.

zahl von Bretstücken bestehen, sitzen am Bogenanfang auf einem Querbrete, dessen Länge dem Durchmesser des Bogens gleich ist, und sind in dieses Spannbret nach innen versetzt. Die mittlere Breterlage, deren Bretstücke in der Mitte der äußern Bretstücke gestoßen werden, sind zunächst des Bogenschlusses in ein senkrechtes Bret versetzt, welches etwas länger ist, als der Halbmesser des Bogens, so daß es unterhalb noch etwas vor die Spannbreter der beiden äußeren Breterlagen vorsteht, und die Bretstücke am Bogenanfange gehen bis zur Unterkante der genannten Spannbreter herab. Werden nun die dreifachen Breterlagen auf einander gelegt und sowol an den äußeren als an den inneren Stoßfugen der Bretstücke, als auch an den Stellen, wo die Spannbreter und oberen Bogenstücke der äußeren Breterlagen das senkrechte Bret und die Bogenanfänge der mittlern Breterlage überdecken, gut vernagelt, so entsteht ein fest zusammenhängender Rüstbogen, welcher leicht transportirt und aufgestellt werden kann. Ein Blick auf Fig. 131 wird genügen, um uns zu überzeugen, daß der aus zwei unveränderlichen sphärischen Dreiecken zusammengesetzte Bogen weder durch seitliche Belastung in der Mitte gehoben, noch durch senkrechte Belastung gedrückt oder ausgebaucht werden kann. Hiernach fällt das bei anderen Rüstbögen, welchen die horizontale Verspannung sowol, als auch die Verbindung des Bogenschlusses mit den horizontalen Spannbretern fehlt, durchaus nöthige Abspriessen im Schlusse und seitlich oberhalb der Brechungsfugen bei diesen Bögen ganz weg, wie aus Fig. 132 zu ersehen ist, wo wir das Gewölbe nur bis zu ab Fig. 131 gemauert angenommen und die Einrüstung mit nur theilweiser Einschalung dargestellt haben. Außer den besprochenen und in Fig. 131 und 132 dargestellten geraden Kappen aus Bruchsteinen und Stichkappen aus Backsteinen kommen zuweilen, als Durchbrechungen von Tonnengewölben, ansteigende oder Stichkappen aus Bruchsteinen vor. Das ansteigende Gewölbe, welches als Kappe Fig. 133, 134 und 135 in das gerade Hauptgewölbe einschneidet, unterscheidet sich in der Ausführung von dem geraden Gewölbe mit horizontalen Widerlagern nur darin, daß die Stoßfugen der Wölbsteine nicht senkrecht, sondern normal gegen die parallel mit den Widerlagern geführten Lagerfugen gerichtet sind.

Die Grathsteine der Stichkappe greifen, je nachdem die Wölbschichten der beiden sich durchdringenden Gewölbe zusammentreffen, entweder aus dem geraden Gewölbe in das ansteigende, oder aus dem ansteigenden Gewölbe in das gerade über, und sind wegen der gebrochenen Lagerflächen, welche auf der untern Seite an einer vertieften Kehle, und auf der obern Seite an einem erhöhten Grathe schneiden, sehr schwierig zu bearbeiten. Wir geben in Fig. 133 die Stichkappe nach der in dem Grundrisse Fig. 135 punktirt angegebenen Linie im Scheitel geschnitten und glauben annehmen zu dürfen, daß aus diesem Durchschnitte und aus der in Fig. 134 gegebenen innern Ansicht der

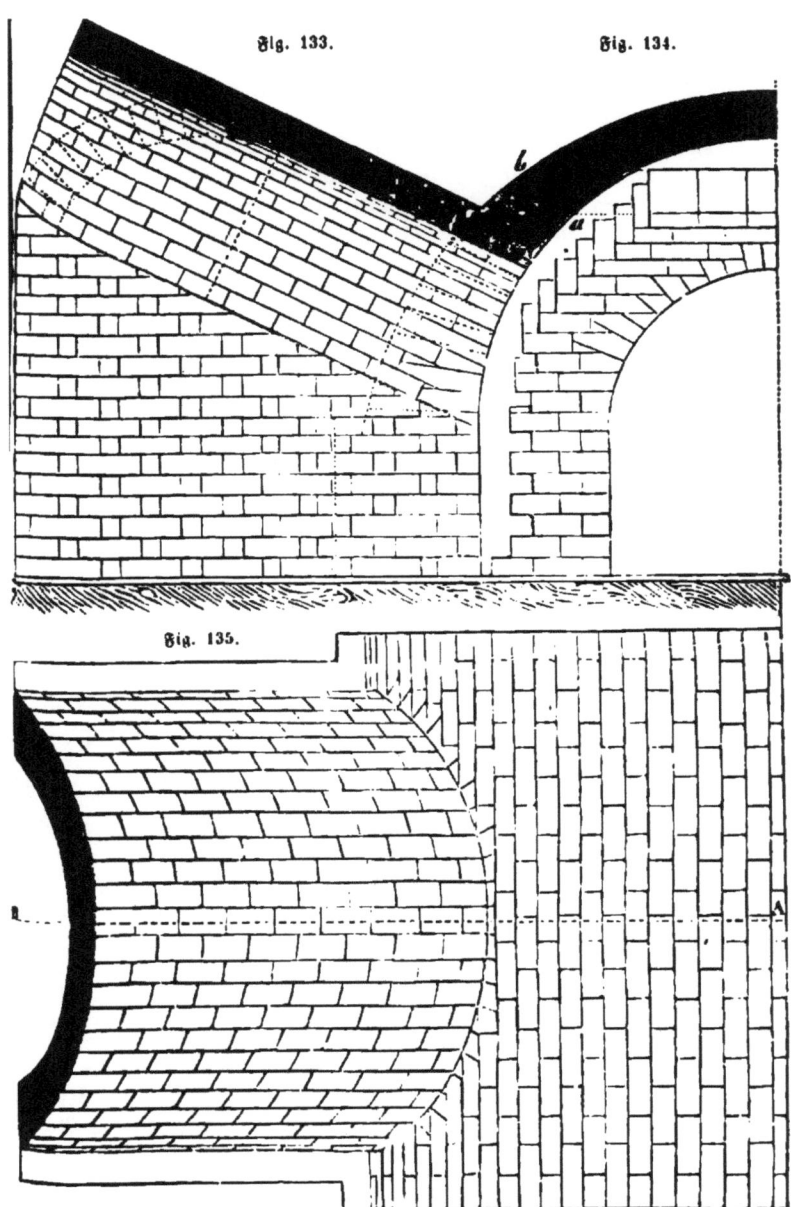

168 Neunter Abschnitt.

Stichkappe vom geraden Gewölbe aus die Mauerung der Stichkappe aus Bruchsteinen deutlich ersehen werden kann.

Tonnengewölbe aus Backsteinen. Werden Tonnengewölbe aus gewöhnlichen Backsteinen mit parallelen Lagerflächen gemauert, so wird dabei dasselbe Verfahren eingehalten, welches wir bei dem Wölben mit festen Bruchsteinen erwähnt haben; es werden nämlich die Backsteine mit der obern Lagerfläche normal auf die Einschalung angenommen, und auf der untern Lagerfläche werden dieselben in der Richtung der nach außen klaffenden Lagerfuge

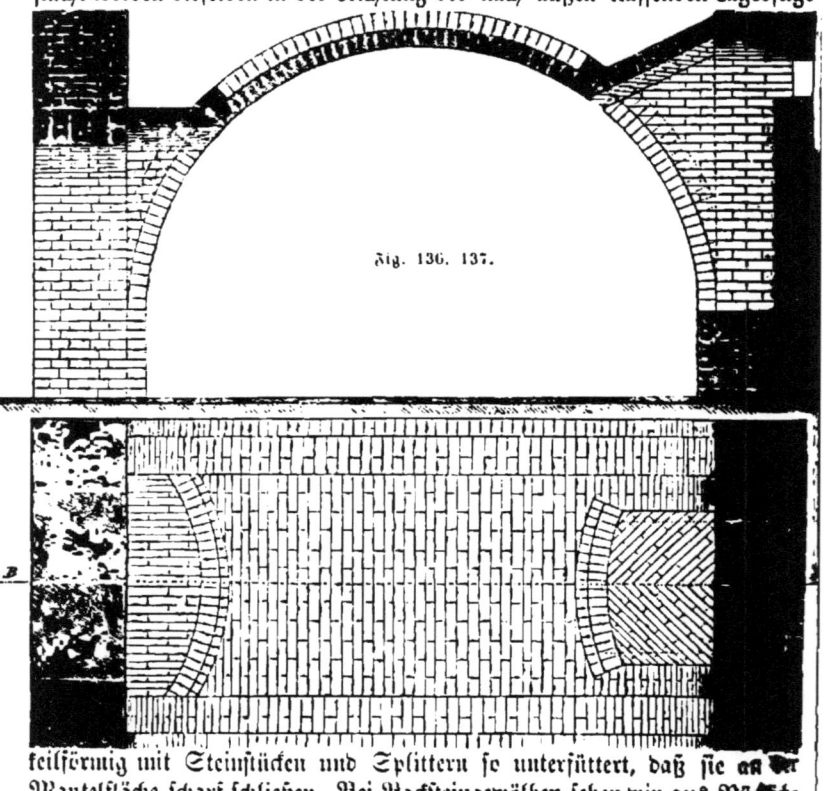

Fig. 136. 137.

keilförmig mit Steinstücken und Splittern so unterfüttert, daß sie an der Mantelfläche scharf schließen. Bei Backsteingewölben sehen wir aus Rücksichten der Sparsamkeit viel häufiger nach dem von uns ausgesprochenen Grundsatze verfahren, daß die Festigkeit und Dauer mit dem geringsten Aufwand an Masse zu erreichen gesucht werden müsse. Nicht sehr belastete Kellergewölbe werden deshalb in der Regel nicht durchgehend von gleicher Stärke gewölbt. Es werden nach Fig. 136 und 137 an dem Gewölbe von der Stärke eines

Von den Gewölben.
169

halben Steins, in der, durch die Hauptmauerpfeiler bestimmten Entfer=
nung von 6 bis 8 Fuß, nach außen vortretende Gurtbogen, welche Ver=
stärkungsgurten genannt werden, angebracht, deren Breite und Stärke sich
nach der Spannweite des Gewölbes und nach dessen Belastung richtet.
Zur Aufnahme der zwischen den Verstärkungsgurten vorkommenden
Lasten werden flache Kranzbögen von der Breite eines halben und von

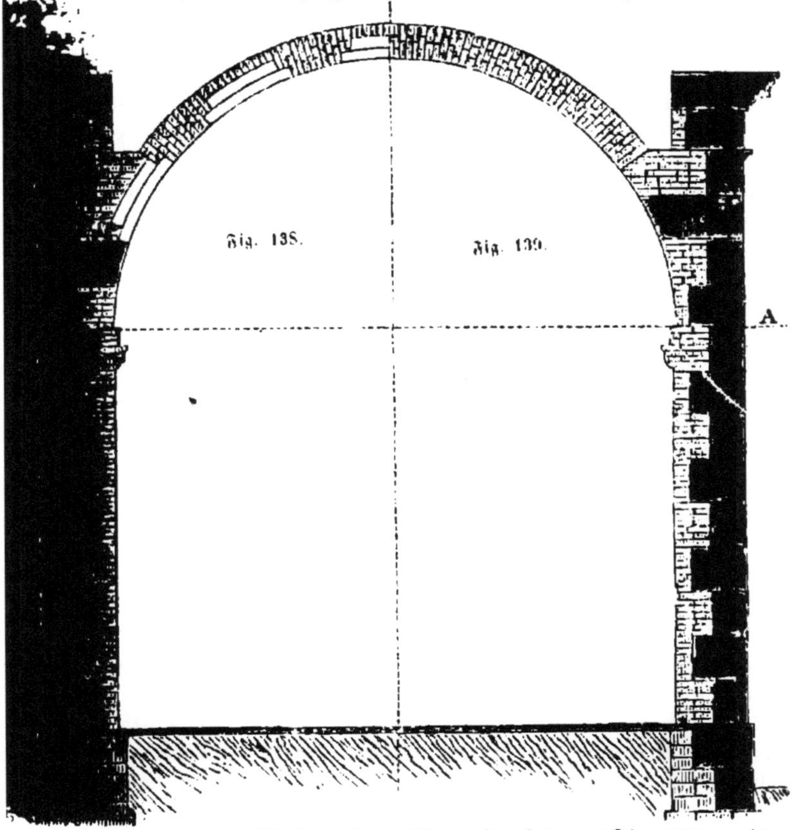

Fig. 138.   Fig. 139.

A

der Höhe eines ganzen Steines eingewölbt, wie dies aus Fig. 136, welche
den Querschnitt eines solchen Gewölbes durch den Scheitel einer nach
außen befindlichen Stichkappe und einer innern geraden Kappe darstellt,
so wie aus dem Grundrisse Fig. 137 zu ersehen ist.

Die sogenannten Cafettengewölbe, bei welchen die Verstärkungsgurten
gegen die innere Leibung des Gewölbes gerichtet, und die nach der Mantel=

fläche zurückgesetzten vertieften Gewölbefelder zwischen den Verstärkungsgurten durch Quergurten von der Stärke der senkrechten Gurtbogen in quadrate Zellen, Cassetten genannt, abgetheilt sind, verdanken zwar ihre Entstehung wol mehr den Anforderungen der Schönheit und Pracht, welchen die Römer bei der Ausführung ihrer großartigen Gewölbe durch die Nachbildung der früher horizontalen Steindecken zu entsprechen suchten, haben aber auch in ökonomischer wie in constructiver Beziehung so wesentliche Vorzüge vor den gleichstarken Gewölben, daß sie bis auf unsere Zeit als leichte Gewölbe, welche außer ihrem eigenen Gewichte keine andere Belastung zu tragen haben, im Gebrauche geblieben sind. Bei der Ausführung dieser Gewölbe ist eine sorgfältige Einschalung der Unterrüstung erforderlich, auf welcher die Eintheilung der Gewölbefelder genau aufgetragen werden kann. Für das Ueberwölben der vertieften Cassetten werden auf die Einschalung entsprechende Gerippe befestigt.

Als Beispiel eines Cassettengewölbes, bei welchem die Wölbeschichten sowol der senkrechten Gurten als auch der Quergurten normal auf die Einschalung durchgeführt sind, geben wir in Fig. 138 und 139 die senkrechten Querschnitte, und in Fig. 140 den Längendurchschnitt eines Casettengewölbes von $1\frac{1}{2}$ Steinstärke. Aus den in richtigen Maßverhältnissen gezeichneten Querdurchschnitten, Fig. 138 durch die Mitte der Cassetten und Fig. 139 durch die Mitte der senkrechten Hauptgurtbögen nach den im Längendurchschnitte punktirt angegebenen Linien GH und EF, ist zu ersehen, daß die Stärke der Widerlager eine sehr geringe ist und kaum den achten Theil der Spannweite des Gewölbes beträgt. Erscheint diese geringe Stärke der Widerlager kaum ausreichend, dem Horizontalschube des Gewölbes zu widerstehen, wenn es außer seinem eigenen Gewichte keine andere Belastung zu tragen hat, so wird unsere Mittheilung: daß dieses Gewölbe außer seinem eigenen Gewichte noch die ganze Bedachung trägt, welche aus 3 Zoll dicken Sandsteinplatten besteht, und sich trotz dieser ungewöhnlichen Belastung nach fünf und zwanzigjährigem Bestehen des nach Moller's Entwurfe ausgeführten Gebäudes unverändert erhalten hat, nicht wenige unserer Leser in Erstaunen setzen. Betrachten wir die Querdurchschnitte Fig. 138 und 139 näher, so werden wir finden, daß der untere Theil des Gewölbes, von der Sohle an bis zur Brechungsfuge, aus den horizontal vorgemauerten Schichten der aus äußeren Verkleidungsquadern und innerem Backsteinmauerwerk bestehenden Umfangsmauern gebildet ist.

Hierdurch ist die Spannweite des Gewölbetheiles, welcher einen Horizontalschub äußert, um Vieles verringert, die Stärke der Widerlagsmauern dagegen, zu welcher nun auch die ganze Aufmauerung bis zur Brechungsfuge gerechnet werden kann, um so viel vermehrt, daß die Breite derselben, an der

Kämpferlinie gemessen, mehr als den vierten Theil der Spannweite des mit normalen Wölbeschichten gemauerten Gewölbes beträgt. Müssen wir nun die Widerstandsfähigkeit der Widerlager als genügend anerkennen, wenn der Mauerkörper derselben als ein fest zusammenhängendes Ganzes betrachtet werden kann, welches durch stärkern Druck an einzelnen Stellen nicht verrückt

Fig. 140.

so werden wir uns durch nähere Betrachtung des Grundrisses Fig. 141 überzeugen, daß der feste Zusammenhang des Mauerwerks nicht weniger, als der Widerstand jeder einzelnen Mauerschicht, gegen die Wirkung des Horizontalschubs bei dem Mauerverbande berücksichtigt ist. Der Grundriß Fig. 141 giebt den Verband der Mauerschicht über der Sohle des Gewölbes, nach der in Fig. 138 und 139 mit AB bezeichneten Durchschnittslinie an. Die Linie CD bezeichnet die durch den Scheitel des Gewölbes ange-

172 Neunter Abschnitt.

nommene Durchschnittslinie, so daß die mit dieser Linie parallelen Umfang-
mauern die Widerlager des Gewölbes bilden. Bei diesen Umfangsmauer
sind nun die Stoßfugen der äußern Quaderverkleidung nach außen ce:
trisch geschnitten, so daß jede Schicht für sich einen scheitrechten Bog
bildet, dessen Mantelfläche nach dem zu überwölbenden Raume gerichtet i

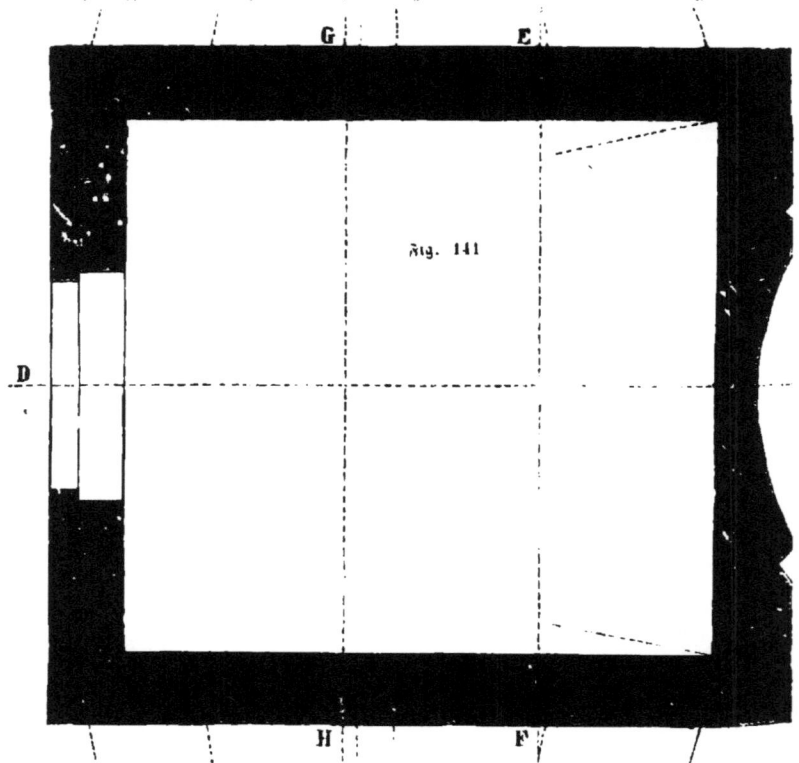

Fig. 141.

Dieser bei jeder Schicht des mit Läufern und Bindern regelmäßig wechselnden Verbandes angebrachte centrische Fugenschnitt sichert nun die Widerlagsmauern eben so gegen das Ausbauchen, wie gegen die Trennung der Quaderverkleidung von der innern Backsteinmauerung, welche in die Zwischenräume
der keilförmigen Binder eingreift, und so mit diesen verbunden, einen Bestandtheil des scheitrechten Bogens ausmacht. Zur Herstellung eines innigen Zusammenhanges der Verkleidungsquadern der Widerlagsmauern unter sich und
mit der Quaderverkleidung der Stirn- und Scheidemauern sind über die Stoßfugen Holzdübel eingelassen, welche einen doppelten Schwalbenschwanz bilden.

Von den Gewölben. 173

Diese aus 1 Zoll dicken Bretstücken von Eichenholz angefertigten Dübel sind in die genau ausgearbeiteten Vertiefungen trocken eingelegt und mit feinem Sande überdeckt, damit der für die nächstfolgende Schicht aufgetragene Mörtel mit dem Holze nicht in Berührung kommt. In dem horizontalen Vormauern der Gewölbeanfänge, sowie in der Unverschieblichkeit jeder ein-

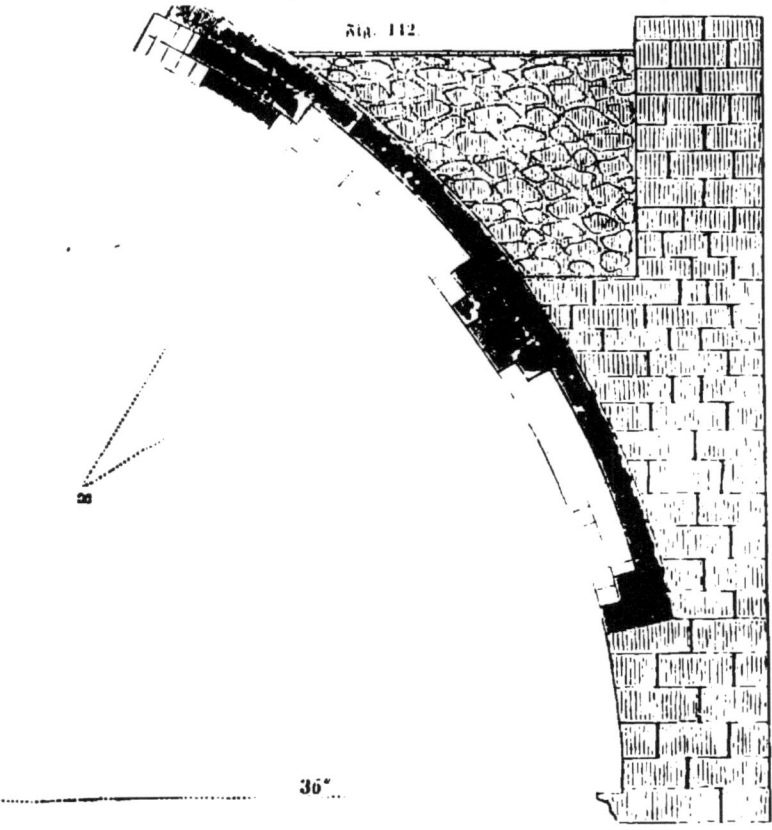

zelnen Mauerschicht der Widerlager und ihres Zusammenhanges mit den Stirn= und Scheidemauern haben wir die einfachen Mittel kennen gelernt, durch welche Moller dieses auf sehr schwachen Widerlagern ruhende und dabei außergewöhnlich schwer belastete Backsteingewölbe auszuführen im Stande war.

Bei dem Ueberwölben des Treppenraumes in dem neuen Canzleigebäude zu Darmstadt hat Moller ein Cassettengewölbe aus Backsteinen ausgeführt, welches von der üblichen Wölbung dadurch wesentlich abweichet, daß nur die senkrechten Hauptgurtbögen mit normal auf die Einschalung gerichtete Lagerfugen gemauert sind, während die Quergurten sammt der Decke de Cassetten mit senkrecht gegen die Widerlager gerichteten Schichten gemauer und zwischen die Hauptgurtbögen nach dem Fugenschnitte scheitrechter Bö gen eingespannt sind.

Wir geben in Fig. 142 einen Theil dieses Gewölbes im Querdurch schnitte und in Fig. 143 im Längendurchschnitte. Der Querdurchschnitt Fig 142 ist nach der in Fig. 143 punktirt eingezeichneten Durchschnittslinie CD durch die Mitte der Cassetten angenommen, so daß daraus der Verband der durchschnittenen Quergurten und der gegen diese als Flachbögen eingespann ten Cassettendecken ersehen werden kann. Der in dem Längendurchschnitte Fig 143 eingezeichnete Fugenschnitt eines Hauptgurtbogens mit den zwischen zwe Hauptgurtbögen eingespannten Quergurten und Cassettendecken macht alle weitere Beschreibung dieser Wölbungsweise überflüssig. Die nur 3 Fuß star ken Widerlagsmauern des 1 $\frac{1}{2}$ Stein starken Gewölbes von 35 Fuß Spann weite bestehen aus Bruchsteinen und sind von der Gewölbesohle bis zum Be ginne der Cassetten horizontal vorgemauert. Gleichzeitig mit den Gewölbe anfängen wurde die Hintermauerung derselben bis über die ersten Gurten mit horizontalen, an das Gewölbe scharf anschließenden Schichten, und auf dieser Hintermauerung sind die bis über die Scheitelhöhe des Gewölbes, in der Stärke von 2 $\frac{1}{2}$ Fuß erhöhten Umfangsmauern aufgeführt, welche die Wider lagsmauern belasten und dadurch dem Horizontalschube des Gewölbes ent gegenwirken. Nach der Vollendung des Gewölbes wurden die Gewölbewinkel, bis auf $\frac{3}{4}$ der Höhe des Gewölbes, mit ausgegossenem Mauerwerk aus Bruchsteinabfällen hintermauert, und es wurde zuletzt die Mantelfläche sammt Hintermauerung mit einem Gußmörtel überzogen. Indem wir zur nähern Erläuterung dieser Gewölbemauerung in Fig. 144 die perspectivische Ansicht eines Gewölbetheiles geben, fügen wir noch in Fig. 145 die perspectivische Ansicht von der angewendeten Einrüstung für die Cassettenüberwölbung bei.

Bei dem Baue der von Moller entworfenen Kirche zu Bensheim an der Bergstraße bot sich dem als Schüler Moller's mit der Ausführung dieser Kirche beauftragten Verfasser Gelegenheit dar, ein dem vorbeschrie benen Cassettengewölbe ähnliches Backsteingewölbe auszuführen, dessen Mittheilung er als einen nicht unwesentlichen Beitrag zur Entwickelung der Gewölbetechnik betrachten zu dürfen glaubt.

Diese von Moller im Rundbogenstyle in der Art der älteren Basiliken entworfene Kirche sollte wegen Mangels an Geldmitteln durchaus mit Boh lengewölben, in der von Moller verbesserten Delormischen Constructionsweise, überdeckt werden. Während der Ausführung des Baues, nachdem die Arbeiten schon so weit vorgerückt waren, daß das Dach und die Bohlenwölbung von

Von den Gewölben. 175

dem Zimmermanne begonnen werden sollten, wurde dem dringenden Ansuchen des Verfassers, das Chor der Kirche mit Backsteinen überwölben zu dürfen, Folge gegeben. Die von dem Verfasser angefertigten Modelle von der beabsichtigten Einrüstung und Mauerung haben wesentlich dazu beigetragen, die Anfangs von Moller erhobenen Bedenken gegen die Ausführbarkeit dieses

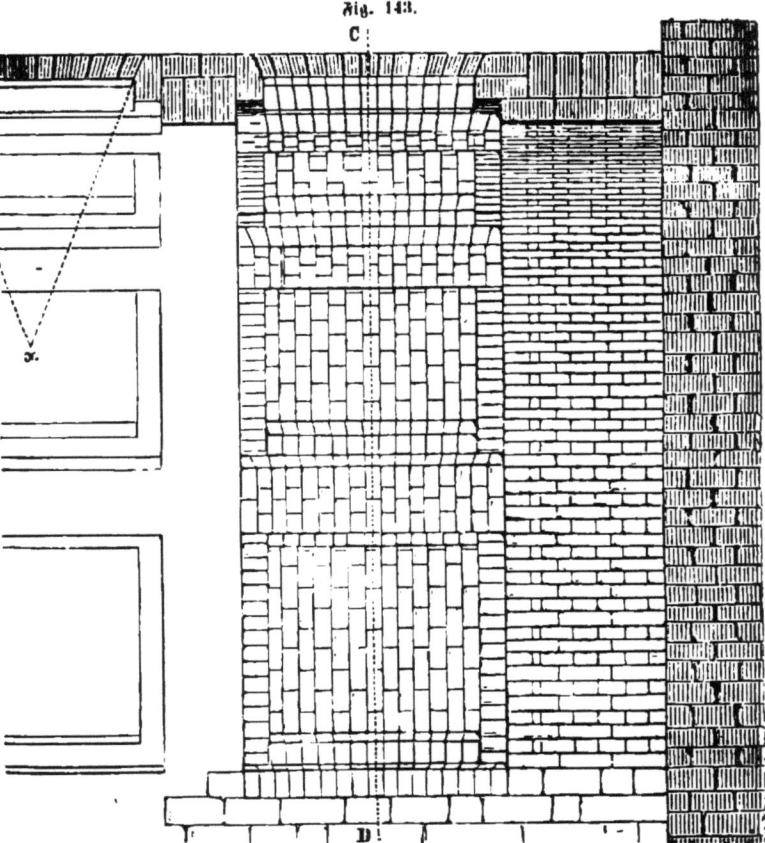
Fig. 143.

Backsteingewölbes von 44½ Fuß Spannweite, auf den für das Bohlengewölbe bestimmt gewesenen Widerlagsmauern, welche bei 45 Fuß Höhe nur 3½ Fuß Stärke haben, zu beseitigen. Der damalige Baubeamte des Bezirks, unter dessen Leitung der Bau dieser Kirche zur Ausführung kam, Herr Opfermann, übernahm bereitwillig die Verantwortlichkeit für das Gelingen der von Moller als sehr kühn bezeichneten Ueberwölbung. Da das Backsteinge=

wölbe des Chorbogens, wegen seines Zusammenhanges mit dem Bohlen=
gewölbe des Mittelschiffes, an der innern Leibungsfläche keine vertieften
Cassetten erhalten durfte, die Erreichung der größtmöglichen Leichtigkeit
des Gewölbes aber im Auge behalten werden mußte, so wurden die Cas=
setten nach außen, auf der Mantelseite desselben, angebracht. Die Gewölb=
beanfänge des bis zur Brechungsfuge in der Stärke von zwei Steinen
gemauerten Gewölbes bestehen, mit der etwa bis zum dritten Theil der
Scheitelhöhe aufgeführten Hintermauerung verbunden, aus horizontal bis
zur Einschalung vorgemauerten Schichten. Von der horizontalen Vormaue=
rung bis zur Brechungsfuge ist das Gewölbe ohne Cassetten in gleicher
Stärke von zwei Steinen mit centrischen Lagerfugen gemauert. Von der Bre=
chungsfuge aufwärts besteht der Gewölbekörper aus vier Hauptgurtbögen,
von denen die Stirnbögen nahezu die doppelte Breite der Zwischenbögen haben.
Die zwei unteren Drittheile der Gurtbögen haben die Stärke von 1 $\frac{1}{2}$ Steinen,
während die Stärke des letzten Drittheils nur einen Stein beträgt. Die zur
Verspannung der senkrechten Hauptgurtbögen als scheitrechte Bögen einge=
spannten Quergurten haben sowol im Scheitel als an den Seiten des Gewöl=
bes eine gleiche Stärke von nur einem Steine und der unmittelbar auf
der Einschalung des Gewölbes gemauerte Boden der zwischen den Quer=
bögen befindlichen Cassetten hat nur die Stärke eines halben Steines. Um
nun die horizontal eingespannten Quergurten mit den senkrechten Haupt=
gurtbögen und dem Boden der Cassetten in einen innigen Zusammenhang
zu bringen, wurden die senkrecht auf die Widerlager gerichteten Schichten der
Quergurten, in Verbindung mit der Cassettendecke, gleichzeitig mit den
parallel zu den Widerlagern geführten und normal auf die Einschalung
gerichteten Schichten der senkrechten Gurtbögen und letztere ebenfalls in
Verbindung mit der Cassettendecke, so gemauert, daß die in die Cassetten=
decke eingreifenden Schichten sich nach der Diagonale der quadraten Cassst=
tendecke schneiden. Hiernach ist die Wölbung der Cassettendecke als ein
scheitrechtes Kreuzgewölbe zu betrachten, bei welchem die von den senkrechten
Hauptgurtbögen in die Cassettendecke eingreifenden Schichten den in die Ca=
settendecke eingreifenden Schichten der Quergurtbögen als Widerlager dienen.

Wir geben in Fig. 146 den Querdurchschnitt rechts durch einen
senkrechten Hauptgurtbogen und links durch die Mitte eines Quergurtbo=
gens und der Cassettendecke von dem obern Theile dieses Gewölbes, so
wie in Fig. 147 den Grundriß von diesem Gewölbtheil zur Hälfte, ohne
Angabe des Fugenschnittes und in Fig. 148 den Grundriß desselben Ge=
wölbtheiles zur andern Hälfte mit der Angabe des Fugenschnittes der so
eben beschriebenen Gewölbmauerung, welche sich vollkommen bewährt hat.

War durch die Cassettirung des Backsteingewölbes auf der Rückseite

Von den Gewölben.

Fig. 144.

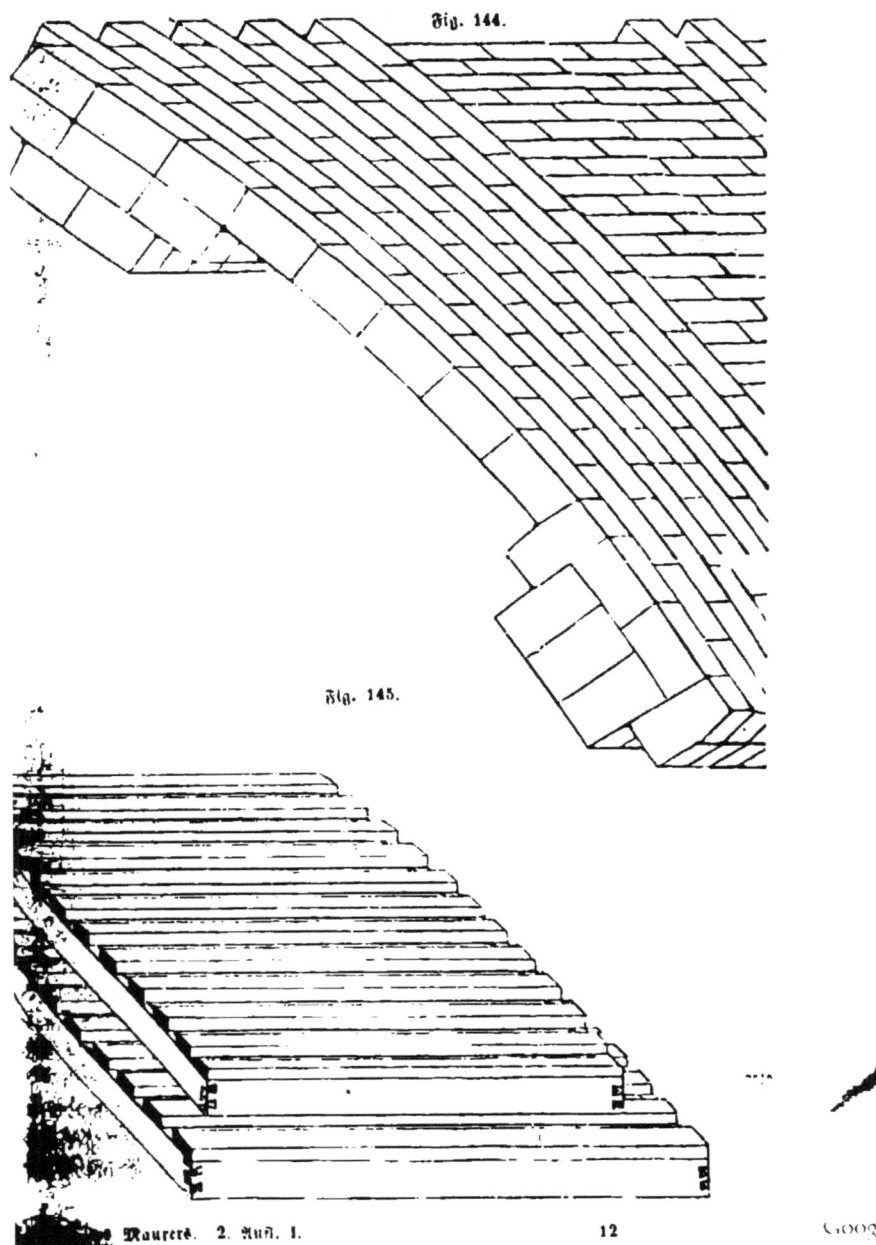

Fig. 145.

eine Leichtigkeit und durch die ineinandergreifende Wölbung eine so innige Verbindung des Gewölbekörpers erreicht, wie es, dem Materiale entsprechend, nach unserem Erachten zu erreichen möglich war, so mußten nun die hohen und schwachen Widerlagsmauern gegen die Wirkung des Horizontalschubs gesichert werden. Zur Erläuterung der zu diesem Zwecke getroffenen Vor=

Fig. 146—149.

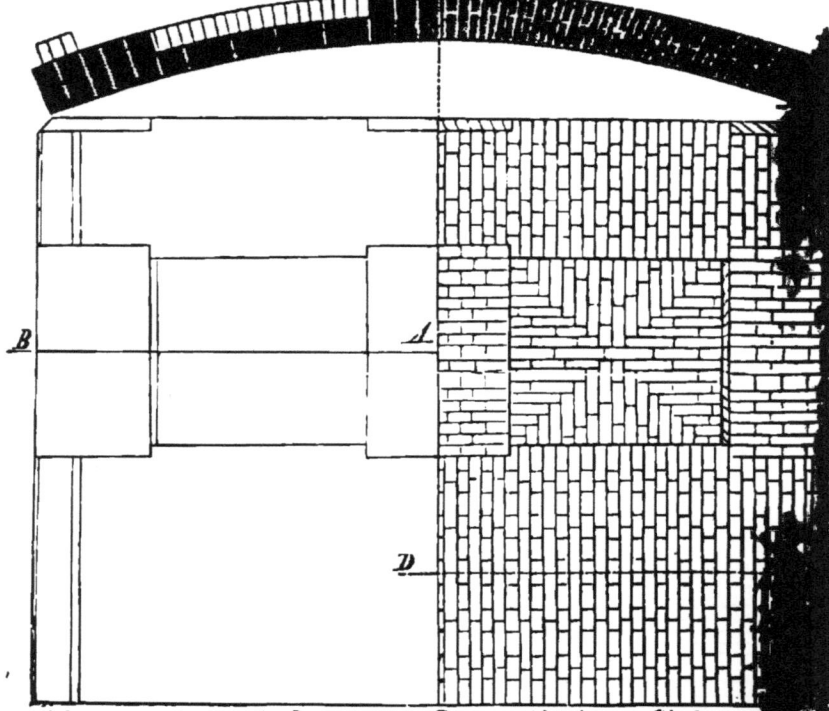

kehrungen geben wir in Fig. 149 den Querdurchschnitt der Kirche
Mitte des Chors, und in Fig. 150 den Grundriß der Choranlage,
das zur Ueberdeckung des mittlern Raumes vor der Chornische
Gewölbe von 44 1/2 Fuß Spannweite Bezug hat. Die ebenfalls
steinen gewölbte Halbkuppel der Chornische ruht auf so starken
mauern, daß sie ohne Cassettirung gemauert werden konnte, bietet
kein weiteres Interesse dar.

Wir haben bereits erwähnt, daß in den horizontal vorge
Gewölbeanfängen, so wie in den darauf folgenden, mit centrischen
gemauerten Gewölbtheilen bis zu den Brechungsfugen, keine

Von den Gewölben.   179

der Mantelseite des Gewölbes angebracht sind. Es wurden diese auf dem Querdurchschnitt Fig. 149 mit *a b* bezeichneten unteren Gewölbtheile massiv gemauert, weil angenommen werden konnte, daß diese mit der Hintermauerung zu einem Ganzen verbundenen Theile für sich keinen Horizontalschub äußern, vielmehr die Widerlagsmauern nur senkrecht belasten. Auf die Gleichung der

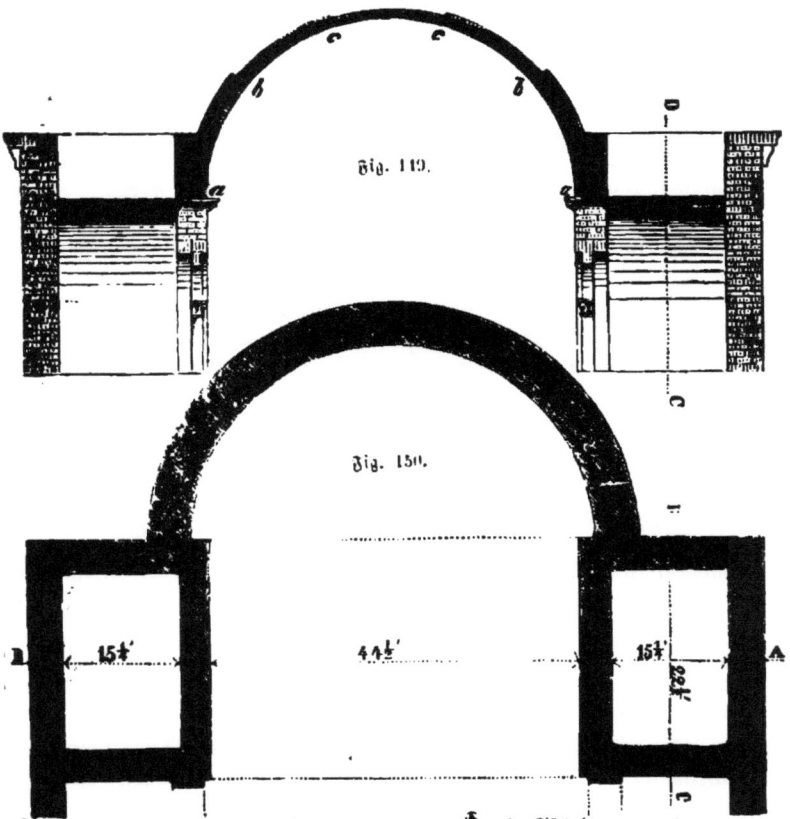

Hintermauerung wurde außerdem das durch die Wölbung unterbrochene Dachgebälke aufgelegt, und die Hauptunterstützung des Dachwerkes, von den Mauerbänken der Hintermauerung ausgehend, so angebracht, daß die Last des Dachwerkes sammt der Schieferbedeckung senkrecht auf die erhöhten Widerlagsmauern wirkt. Da nun aber die senkrechte Belastung der Widerlagsmauern durch das Dachwerk erst nach der Vollendung des Gewölbes angebracht werden konnte, so mußten gegen das zu befürchtende Ausbiegen der

12 *

Widerlager während der Ausführung des Gewölbes die geeigneten Maßregeln ergriffen werden. Es leuchtet ein, daß eine Verspannung der 3 ½ Fuß starken Widerlager mit den 4 Fuß starken Umfangsmauern der auf beiden Seiten des Chorbogens gelegenen Räume als das einfachste Mittel, die ersteren gegen das Ausbiegen zu sichern, ergriffen wurde. Diese Verspannung wurde durch eine Ueberwölbung der seitlichen Räume in der Art bewirkt, daß die Widerlager des Chorbogens und die äußeren Umfangsmauern der Seitenräume die Stirnmauern der eingespannten Tonnengewölbe bilden. Da nun diese eingespannten Gewölbe die Bestimmung hatten, den Horizontalschub des Chorgewölbes von den schwächeren Widerlagsmauern desselben auf die stärkeren Umfangsmauern überzutragen, so mußten diese Gewölbe selbst diesem Horizontalschube zu widerstehen im Stande sein. Es wurde deshalb bei diesen Gewölben die übliche Wölbungsweise, welche wegen der in der Richtung des Horizontalschubes durchgehenden Lagerfugen keine Sicherheit gewähren konnte, aufgegeben, und dagegen eine Gewölbemauerung angewendet, welche der an dieselbe gestellten Anforderung des größtmöglichen Widerstandes gegen das Zerdrücken der einzelnen Wölbsteine vollkommen Genüge zu leisten versprach. Diese durch die Ausführung bewährte Wölbungsart besteht darin, daß die besonders geformten Wölbsteine mit ihren unter sich parallelen Lagerflächen in senkrecht gegen die Widerlager gerichteten Schichten an einander gemauert wurden, und von Schicht zu Schicht an den normal auf die Bogenleibung gerichteten Stoßfugen überbinden. Da bei dieser Aneinandermauerung der Schichten eine jede Schicht einen für sich abgeschlossenen Gewölbering bildet, welcher, vermöge der Anhaftungskraft des Mörtels mit dem vorher abgeschlossenen Gewölbering, oder bei dem ersten Ringe, mit der Stirnmauer zu einem Mauerkörper verbunden ist, so bedurfte es zur Ausführung keiner besondern Einrüstung, und es genügte, der Einhaltung der richtigen Wölblinie wegen, dazu ein beweglicher Lehrbogen. Aus dem in Fig. 151 dargestellten Längendurchschnitte nach der in Fig. 150 angegebenen Durchschnittslinie AB und aus dem Querdurchschnitte Fig. 152 nach der in Fig. 149 und 150 angegebenen Durchschnittslinie CD wird die beschriebene Wölbungsart mit senkrecht auf die Widerlager geführten und an einander gemauerten Schichten zur Genüge ersichtlich sein. Die in Fig. 152 angegebene Hintermauerung der Gewölbe bis über die Brechungsfuge hinauf besteht ebenfalls aus senkrechten Schichten, welche mit denen der Gewölbe gleichzeitig gemauert und verbunden sind. Konnte angenommen werden, daß diese Seitengewölbe dem Horizontalschube des großen Chorbogengewölbes, vor der möglichen Belastung der Widerlagsmauern durch das darauf erst später zu errichtende Dachwerk, ausreichenden Widerstand zu leisten geeignet waren, ohne durch diesen Horizontalschub destruirt zu werden, so mußte immerhin noch auf die größtmögliche

Von den Gewölben.   181

...igkeit des den Horizontalschub bewirkenden Theiles von dem Hauptge=
...e hingewirkt werden, damit die durch die Ueberwölbung des Chores
...ächtigte Sicherheit für die wichtigsten Bestandtheile der Kirche, des Altars
... der Sacristeien, nicht von dem vergänglichen Holzdachwerke abhängig
...cht werde. Es wurde diese Leichtigkeit des Gewölbes durch die bereits
...riebene und in den Fig. 146, 147 und 148 durch Zeichnungen erläuterte
...ettirung des Gewölbes auf der Mantelseite so vollständig erreicht, daß
...Einrüstung desselben schon vor dem Aufschlagen des Dachwerkes entfernt
...en konnte, ohne daß das Gewölbe sich mehr gesenkt hätte, als von
... herein angenommen und bei der Einrüstung vorgesehen war.

An dem Gußmörtelüberzuge des Hauptgewölbes sowol, als auch der
...en Seitengewölbe sind bis heute nicht die geringsten Spuren späterer
...kungen zu bemerken. —

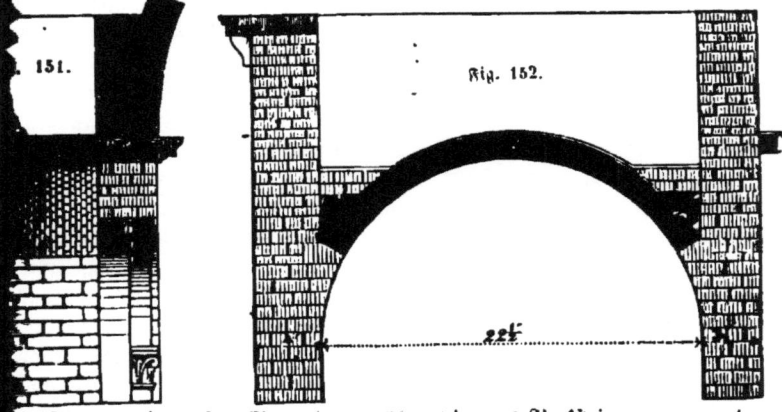

Indem wir unsere Betrachtung über die aus Backsteinen gemauerten
...nengewölbe hiermit schließen, gedenken wir noch eines Tonnengewölbes
... Kreuzkappen, bei welchem durch die Anwendung leichten Steinmaterials
... durch sinnreiche Construction den Wirkungen des Horizontalschubes auf
... schwache Widerlager mit dem besten Erfolge begegnet wurde. Es ist das
... zugerichteten Tuffsteinen gemauerte Gewölbe der Peterskirche zu Mainz.
...er Hofbaurath Görz in Wiesbaden hat die Structur dieser Wölbung genau
...ersucht, und durch die Mittheilung der Resultate seiner Untersuchung in
...Wiener Bauzeitung vom Jahre 1846 und in einem besondern Werkchen,
...es bei Gelegenheit der im Jahre 1847 in Mainz stattgefundenen Ver=
...mlung deutscher Architekten bei Kunze in Mainz erschienen ist, den D...
... Fachgenossen in hohem Grade verdient. Indem wir auf die in diese...
... ausführlicher behandelte constructive Erläuterung der Peterskirch...

zu Mainz aufmerksam machen, beschränken wir uns darauf, das auf die ungewöhnliche Wölbung der Kirche Bezügliche daraus zu entnehmen. Das der Beschreibung zu Grunde gelegte Maß ist das hessische Decimalmaß, dessen Fuß 25 Centimeter gleich ist. Die Breite des Mittelschiffes beträgt im Lichten zwischen den freistehenden Pfeilern 45′ 6″ bei einer Höhe von 81′ 6″ vom Boden bis in den Scheitel des Gewölbes. Die beiden Nebenschiffe sind jedes 16′ 5″ im Lichten weit und 71′ im Lichten hoch. Nach der Länge des Schiffes beträgt die Entfernung der 4′ 7″ im Quadrat starken Pfeiler 25′. Die Höhe der vier Pfeiler bis auf den Kämpfer beträgt 51′ 6″. Diese Pfeiler bestehen aus Sandsteinquadern. Die aus Kalkbruchsteinen bestehenden Außenmauern haben mit dem Verputze eine Stärke von nur 4′ 2″ bei einer Höhe von 72 ohne den 4′ 8″ über dem Straßenpflaster hohen Sockel. Den Stützpfeilern correspondirend sind an den Umfangsmauern im Innern einfache und am Aeußern doppelte Pilaster angebracht. Die inneren Pilaster springen 7 Zoll und die äußeren 5 Zoll vor die Mauern. Diese aus Sandsteinquadern aufgeführten Pilaster vermehren die Widerstandsfähigkeit der Stützpunkte der Gewölbe.

Die im Verhältniß der Spannweite der Gewölbe sehr schlanken Stützpfeiler und Widerlagsmauern haben sich ohne Spuren von Rissen bis heute vollkommen im Senkel erhalten. Die Dauerhaftigkeit dieser kühnen Construction ist nicht allein in der sorgfältigen Ausführung und der Festigkeit des Baumaterials, vielmehr hauptsächlich in der richtigen Ableitung des Horizontalschubs und dessen Verwandlung in eine nur senkrecht wirkende Belastung begründet. Dies bei den Stützpfeilern zu bewirken, wurden die Längengurtbögen derselben mit einer 3′ 1″ dicken, von den Gewölbeanfängen gerechnet 34′ 8″ hohen massiven Mauer aus Kalkbruchsteinen, so wie durch das auf dieser Mauer hauptsächlich ruhende schwere Dachwerk belastet, und dadurch dem Horizontalschub der weitgespannten Mittelgewölbe eine aufhebende senkrechte Last entgegengestellt. Zwischen diesen belasteten Gurtbögen und den durch das Dachwerk ebenfalls belasteten Umfangsmauern sind die drei Kirchenschiffe mit elliptisch überhöhten Tonnengewölben, in welche die Seitenstichkappen mit sehr ansteigendem Scheitel einschneiden, überdeckt. Diese Tonnen- und Kappengewölbe aus leichten Tuffsteinen sind im Mittelschiff kaum 8″, in den Seitenschiffen kaum 7″ dick.

Das Gewölbe, von welchem wir in Fig. 153 einen Grundriß über zwei Stützpfeilern und der Hälfte der von diesen Pfeilern ausgehenden Gewölbe des Mittelschiffes und des einen Seitenschiffes geben, besteht aus einem Netze von verstärkenden Gurten, zwischen welchen der übrige Theil in diagonaler Richtung schwalbenschwanzförmig eingewölbt ist. Die Hauptgurten *a* im Mittelschiffe, welche die correspondirenden Pfeiler mit einander verbinden,

[Von den Gewölben. 183

eine Breite von 2' 8", im Scheitel eine Dicke von 1' 4½" und im [Win-]
[k]el eine solche von 1' 6½" bis 1' 8". Die entsprechenden Gurten a'
[Ne]benschiffe haben dieselbe Breite und im Durchschnitt eine durchgehend
[e] Stärke von 1' 2". Die Wandgurten b und b', so wie die Kappengur[ten]
[sind] 1' 2" breit und 1' 1" bis 1' 2" dick. Die zwischen diese Gurten

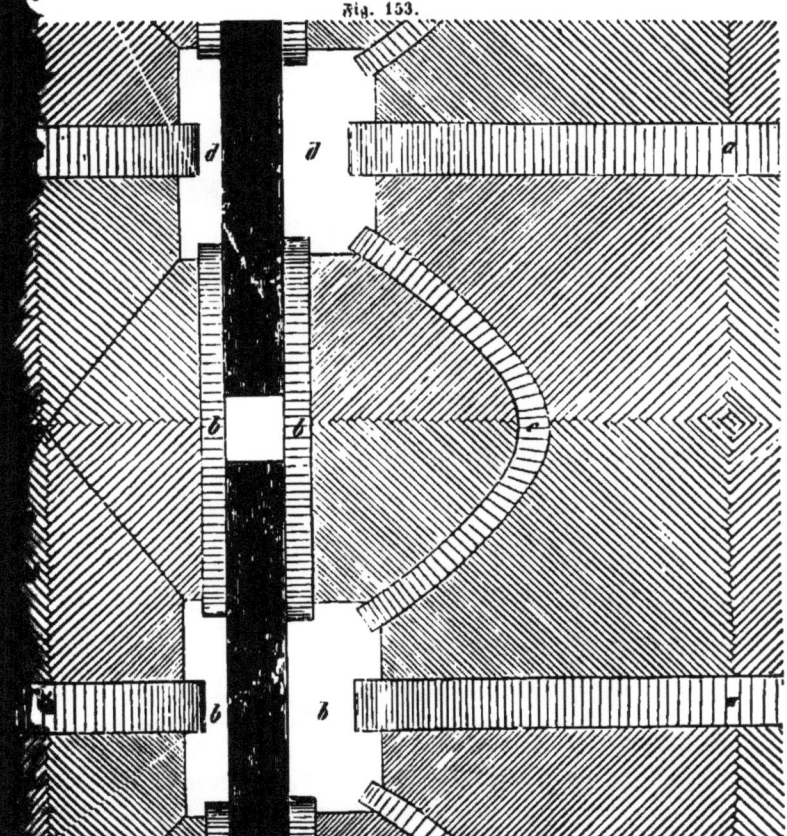

Fig. 153.

[ge]spannten Gewölbe haben, wie bereits erwähnt, im Mittelschiffe kaum 8"
[,] in den Seitenschiffen und Kappen kaum 7" Dicke. Die angebrachten
[Verstä]rkungsgurten a a', b b' und c sind an der Leibungsfläche der Gewölbe
[nicht] sichtbar, sondern treten an der obern Mantelfläche der Gewölbe vor.
[Die] aus regelmäßig zugerichteten Tuffsteinen gemauerten und durch einen
[vorzüg]lichen Mörtel auf's Innigste zu einer soliden Steinmasse verbundenen

Gewölbe sind mit einem Gußmörtel von einigen Linien dick überzogen. Au
dem Querdurchschnitte Fig. 154, welcher durch die Mitte der Pfeiler ange
nommen ist, kann nun noch weiter ersehen werden, daß die Gewölbeanfänge
aus horizontal vorgemauerten Schichten der über die Widerlager erhöhte
Mauern bestehen, und daß die Gewölbewinkel mit Mauerwerk ausgefüllt sind
Die Ausmauerung *d* der Gewölbewinkel des Mittelschiffs beträgt 19′ 8′′
und bei den Seitenschiffen 15′ 6′′ über dem Pfeilercapitale und besteht au
Tuffsteinen. Eine vom Dachwerke aus nach den Umfangsmauern angebracht

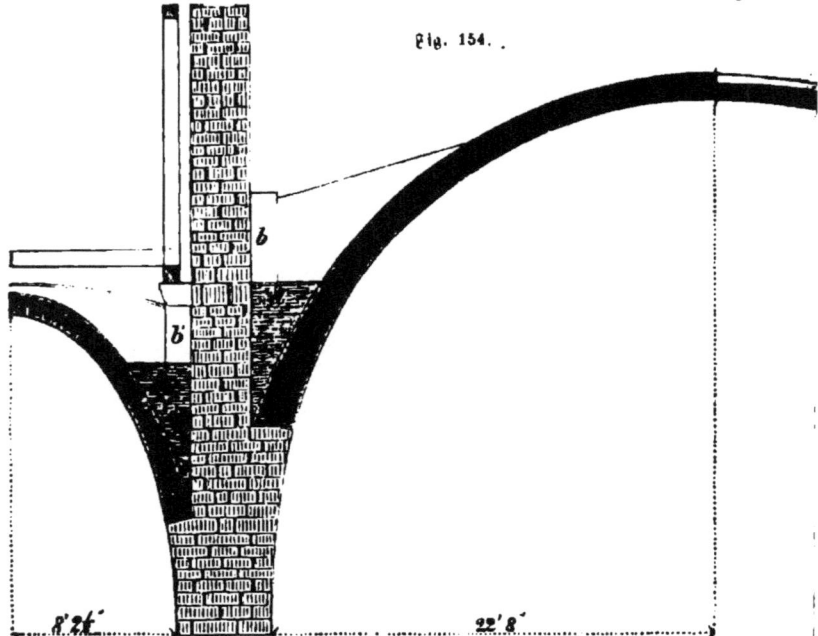

Fig. 154.

Verankerung weist darauf hin, daß die Gewölbe erst nach vollendeter Ueber=
dachung des Gebäudes ausgeführt wurden. Diese Eisenanker zeigen sich gegen=
wärtig nicht straff angespannt und erscheinen deshalb nicht geradezu streng
nothwendig, um den Außenmauern die erforderliche Widerstandsfähigkeit gegen
den darauf wirkenden Horizontalschub der Gewölbe zu sichern. Vor dem
völligen Erhärten des zur Mauerung der Gewölbe verwendeten Mörtels
angewendet, erscheint die Verankerung der hohen Umfangsmauern gerecht=
fertigt. Diese in der Mitte des vorigen Jahrhunderts ausgeführte kühne
Wölbeconstruction kann als Beweis dienen, daß die Erfahrungen und tech=
nischen Fertigkeiten der mittelalterlichen Werkmeister bei der Ausführung von

Von den Gewölben.

...en des vorigen Jahrhunderts noch ihre Anwendung fanden, und ...us diesem Grunde die dem Aeußern nach oft geschmacklosen und ba... Ausgeburten der Zopfzeit in Bezug auf die Construction derselben ...ich erforscht zu werden verdienen.

...ache Tonnengewölbe aus Backsteinen, welche unter dem Namen von ...pengewölben bekannt sind und meist als leichte Gewölbe von geringer

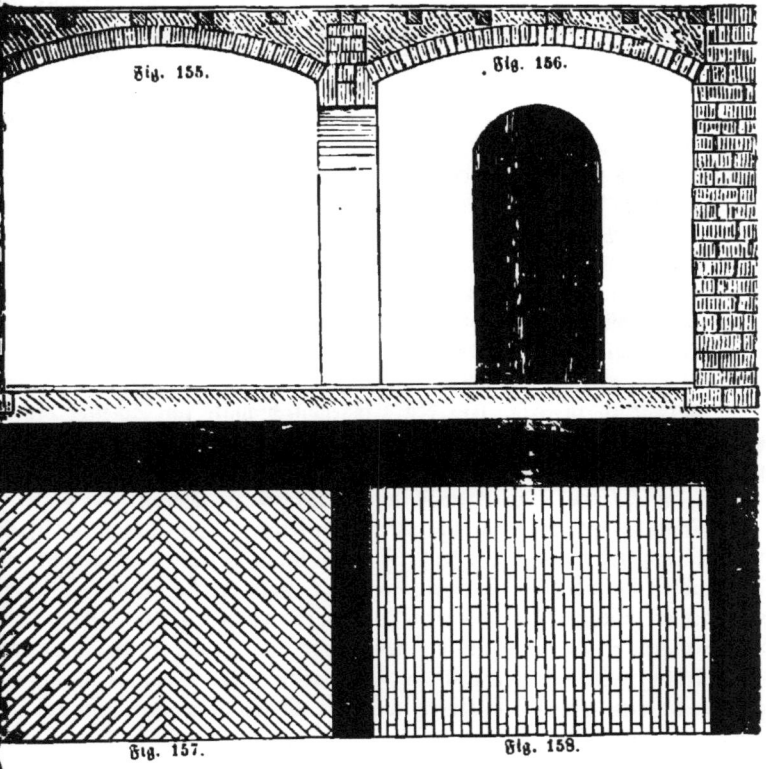

Fig. 155.   Fig. 156.

Fig. 157.   Fig. 158.

...nweite zur Ueberwölbung von Räumen Anwendung finden, deren Be... ...ng möglichst hohe Widerlager von geringer Stärke vorschreibt, sind ... Bezug auf die in der Mauerung angewendete verschiedene Rich... ... der Lagerfugen bemerkenswerth.

...Wir geben in Fig. 155 bis 158 den Querdurchschnitt und die ...gen Grundrisse von flachen, ½ Stein starken Kappengewölben. ... ...Fig. 155 und 157 ist von den Ecken aus mit diagonalen La...

fugen im sogenannten Schwalbenschwanz gemauert, so daß die im Scheitel zusammentreffenden Schichten abwechselnd überbinden.

Der Horizontalschub dieser im Schwalbenschwanz gemauerten flachen Gewölbe wirkt in normaler Richtung gegen die Lagerflächen und wird so auf die Widerlags= und Stirnmauern vertheilt. Dadurch, daß bei dem in den diagonalen Wölbschichten eingehaltenen Verbande keine durchgehenden Stoß= oder Lagerfugen parallel mit den Widerlagern vorkommen, leistet ein im Schwalbenschwanze gemauertes Gewölbe einen größern Widerstand gegen das durch eine Belastung bewirktwerdende Einsenken.

Das Gewölbe Fig. 156 und 158 ist von den Widerlagern aus in mit den Widerlagern parallelen Schichten gemauert. Der Horizontalschub wirkt hiernach nur auf die Widerlager und ist auf die ganze Länge der Gewölbe ein gleicher. Bei entstehenden Senkungen wirkt dem Oeffnen der Lagerfugen nichts weiter entgegen, als die Bindekraft des zwischen zwei Schichten befindlichen Mörtels. Vergleichen wir die beiden Wölbarten mit einander, so wird dem Wölben im Schwalbenschwanz in Bezug auf Festigkeit der Vorzug vor dem Wölben mit Schichten, welche parallel mit den Widerlagen gehen, eingeräumt werden müssen. Da nun aber das im Schwalbenschwanz gemauerte Gewölbe einen Horizontalschub auf die Stirnmauern äußert, so kann es weder als offenes Gewölbe ohne Stirnmauern, noch zur Ueberwölbung von mit schwachen Stirnmauern begrenzten Räumen angewendet werden.

Wir geben in Fig. 159 den Längendurchschnitt im Scheitel des in Fig. 156 und 158 dargestellten Gewölbes, aus welchem zu ersehen ist, wie bei dem Ueberwölben von weiten Räumen Quergurtbögen gesprengt werden, welche den Kappengewölben als Widerlager dienen.

Rondelet beschreibt im zweiten Bande seiner „Kunst zu bauen" flache Backsteingewölbe, welche mit auf die hohe Kante gestellten Backsteinen in Gypsmörtel so ausgeführt wurden, daß man, statt die Backsteine in Schichten parallel mit der Axe oder den Widerlagern zu legen, die Schichten in Bogenringen senkrecht gegen die Widerlager an einander gemauert hat. Es wurden diese Gewölbe von 18 Fuß pariser Maß Spannweite auf einer beweglichen Pretereinschalung, welche 1 Meter breit war und auf untergelegten Schwellen sich fortschieben ließ, gemauert. Diese Art zu wölben kann nun eben so gut bei flachen Gewölben in Kalkmörtel ausgeführt werden, wenn die Einrüstung bis zum Erhärten des Mörtels stehen bleibt.

Die bereits beschriebenen und in Fig. 151 und 152 abgebildeten halbkreisförmigen Tonnengewölbe, welche bei dem Baue der Kirche in Bensheim von dem Verfasser ausgeführt wurden, bestehen aus der Art an einander gemauerter Bogenschichten und haben sich vollkommen bewährt. Es kann wol angenommen werden, daß die mit senkrecht an einander gemauerten Schichten

Von den Gewölben.   187

nach Rondelet's Angabe ausgeführten flachen Gewölbe weniger Horizontalschub ausüben, als die im Schwalbenschwanz oder parallel mit den Widerlagern gemauerten, weil der Verband der an einander gemauerten Bogenringe eine weit größere Sicherheit gegen Trennungen in der Richtung der Länge gewährt; immerhin werden aber diese Gewölbe als zwischen die Wiederlager eingespannte Keile betrachtet werden müssen, welche schwache Widerlager verschieben. Auf welche Art nun flache Gewölbe aus Backsteinen gemauert werden können, welche gar keinen Horizontalschub auf ihre Widerlager ausüben, darüber belehrt uns Moller in seinen „Bei-

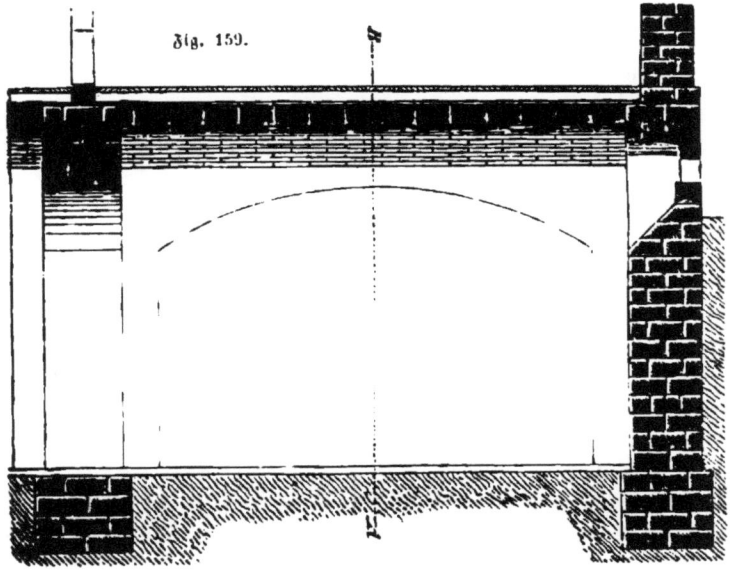

Fig. 159.

trägen zu der Lehre von den Constructionen", wo wir im dritten Hefte eine Beschreibung der ersten, vor etwa 30 Jahren von ihm ausgeführten Gewölbe dieser Art finden, welche bei 10 Fuß Spannweite und 1½ Fuß Pfeilhöhe im Schluß ½ Stein stark sind und auf sehr hohen und langen Widerlagsmauern von nur 1 Fuß Stärke ruhen.

Um den Horizontalschub der Gewölbe in einen senkrechten Druck zu verwandeln, hat Moller die in Fig. 160 abgebildete Construction zur feuersichern Ueberdeckung der Nebentreppen im vierten Stock des Canzleigebäudes zu Darmstadt angewendet. Diese Construction unterscheidet sich wesentlich von der durch Rondelet mitgetheilten, indem die bis zur Scheitelhöhe geführte und mit dem Gewölbescheitel horizontal ausgeglichene Hintermauerung nicht aus gewöhnlichem Mauerwerke mit horizontalen Schichten, sondern ebenfalls aus senkrecht an einander gemauerten Backsteinschichten besteht, welche in den Verband der Wölbschichten eingreifen.

Da nun bei diesem Aneinandermauern der Backsteine mit den breiten Lagerflächen die Adhäsionskraft des Mörtels, welcher die centrisch geneigten und horizontal gelagerten Steine unter einander verbindet, größer ist als das Gewicht der Steine, so können die in einer Schicht vorkommenden Steine als unter sich und mit der vorhergehenden Schicht zu einem Ganzen verbunden und somit auch das Gewölbe wie aus einem Steine bestehend betrachtet werden, welcher seine Stützmauern senkrecht belastet, und nur alsdann einen Horizontalschub äußern kann, wenn eine Trennung des Steinkörpers der Länge nach erfolgt ist. Eine Trennung der Länge nach kann nun bei diesem Back=

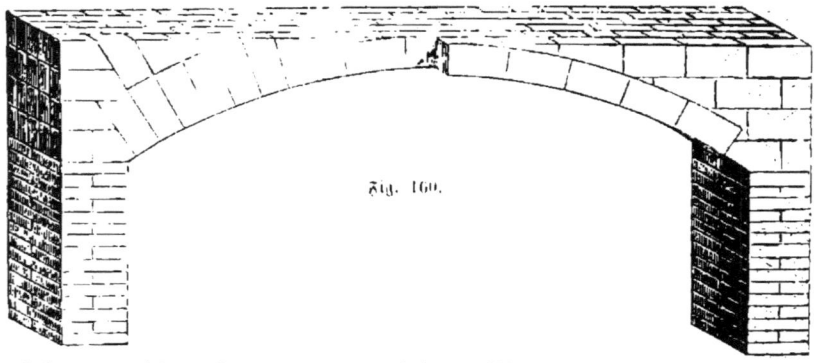

Fig. 160.

steinkörper nicht entstehen, ohne daß die in der Richtung derselben vorkommenden Backsteine zermalmt werden. Bei der Ausführung dieser Gewölbe wurden auf den Widerlagsmauern Anker eingelegt, deren Schließen sich unterhalb vor die Widerlager und oberhalb vor die Gewölbe anlegten. Nach der Vollendung der Gewölbe zeigte sich nicht die geringste Anspannung dieser Anker, so daß die Schließen ohne Schwierigkeit herausgenommen, und die Probeanker entfernt werden konnten. Ist hiernach der Beweis hergestellt, daß die nach Fig. 160 gemauerten flachen Backsteingewölbe keinen Horizontalschub auf die Widerlager ausüben, sonach als auf ihre Unterlage nur senkrecht drückende Steinplatten zu betrachten sind, so können sie ohne Bedenken als feuersichere Bedeckung von Gängen in mehrstöckigen Gebäuden angewendet werden, ohne daß zu ihrer Auflage eine Verstärkung der Mauern erforderlich wird, indem die Gewölbe als eingelegte Steinplatten die Stützmauern zugleich gegenseitig verankern. Daß Moller auf so einfache Weise das Problem gelöst hat, aus Backsteinen Gewölbe herzustellen, welche keinen Horizontalschub auf ihre

Widerlager äußern, läßt uns in ihm den erfahrenen Meister erkennen, welcher im Geiste der Natur zu schaffen berufen und befähigt war.

Das Klostergewölbe. Denken wir uns ein Tonnengewölbe nach der Diagonale durch zwei senkrechte Ebenen geschnitten, so entstehen vier Gewölbetheile, von denen zwei sich an die Widerlager anschließen und die zwei anderen durch die Stirnmauern begrenzt werden. Die an die Widerlager sich anschließenden Theile werden Wangen oder Walmen, und die durch die Stirnmauern begrenzten Theile werden Kappen genannt.

Ein Klostergewölbe entsteht, wenn von den Umfangsmauern des zu überwölbenden Raumes als Widerlager eben soviel Gewölbewangenstücke ausgehen, welche in einem Punkte, dem senkrecht über dem Schwerpunkte der Grundfigur befindlichen Scheitelpunkte des Gewölbes, zusammentreffen. In dem Scheitelpunkte laufen die Gräthe des Gewölbes zusammen und bilden im Grundrisse gerade Linien, welche von dem Scheitelpunkte nach den Winkelpunkten der Grundfigur laufen. Da nun die Anzahl der Seiten der Grundfigur groß oder klein sein kann, so kann auch die Kuppel, deren Umfang einen Kreis bildet, zu den Klostergewölben gerechnet werden. Alle Klostergewölbe haben das miteinander gemein, daß alle Umfangsmauern als Widerlager, dem anschließenden Gewölbewangenstück entsprechend stark sein müssen. Dieser Anforderung wegen werden Klostergewölbe selten angewendet. Die Wölbungslinie eines Klostergewölbes wird zuerst in einer Ebene senkrecht auf eine der Widerlagsmauern festgesetzt, aus welcher dann die Wölblinie der Gräthe abgeleitet wird. Nehmen wir als Grundfigur ein Quadrat und als Wölblinie senkrecht gegen die Seiten den Halbkreis an, so werden die Gräthe dieses regelmäßigen Klostergewöl-

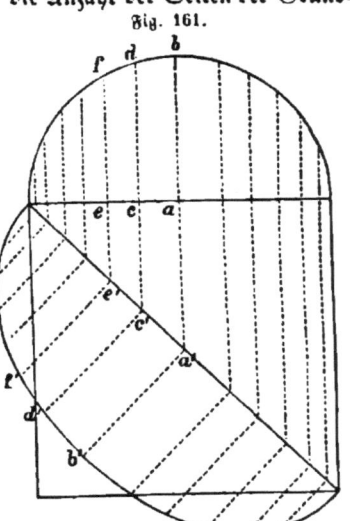

Fig. 161.

bes halbe Ellipsen bilden, welche nach Fig. 161 durch die Methode der Vergatterung oder mittelst einer über den Scheitelpunkt und die beiden Brennpunkte der Ellipse gespannten Schnur leicht zu zeichnen sind. Als Einrüstung müssen in den Gräthen des Gewölbes Lehrbögen aufgestellt werden. Reichen bei kleinen Gewölben die Grathbögen aus, um darauf die Einschalung anbringen zu können, so sind bei größeren Gewölben noch andere Lehrbögen, welche senkrecht gegen die Widerlager gerichtet sind, zur Unterstützung der Schalbreter anzubringen. Von den Grathlehrbögen kann nur einer ganz durchgehen, die übrigen von der Mitte der Umfangsmauern ausgehenden Lehrbögen schiften sich an den ganzen Lehrbögen im Scheitel stumpf an und werden durch einen untergesetzten Pfosten, welcher Mönch genannt wird, unterstützt. Bei unregelmäßigen Klostergewölben sind alle Lehrbögen im Scheitel mit dem Mönche durch entsprechende Einsätze verbunden. Sind die Umfangsmauern so lang, daß die in der Mitte angebrachten Lehrbögen zur Unterstützung der Einschalung nicht ausreichen, so müssen noch Zwischenbögen angebracht werden, welche sich an die Grathbögen anschiften. Da diese Schiftbögen Theile der mittleren Hauptbögen bilden, so sind sie sehr leicht herauszutragen. Wir geben in Fig. 162 den Grundriß von der Stellung der Lehrbögen für ein

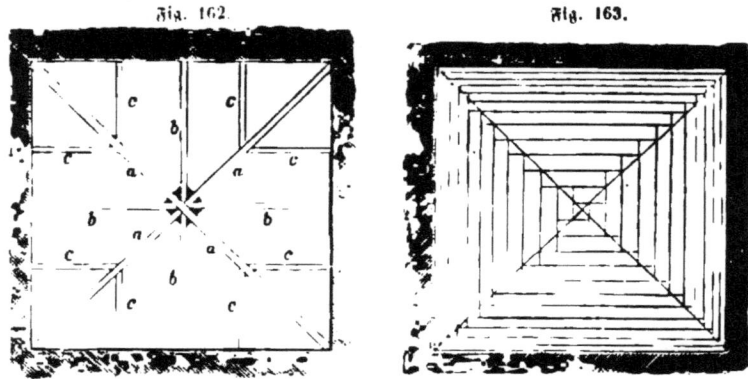

Fig. 162.   Fig. 163.

regelmäßiges Klostergewölbe, in welchem wir die Grathbögen mit a, die Hauptbögen in der Mitte mit b und die Schiftbögen mit c bezeichnet haben.

Die aus Wangenstücken von Tonnengewölben bestehenden Klostergewölbe werden in demselben Verbande, wie die Tonnengewölbe gemauert. Von den Ecken anfangend, werden die einzelnen Schichten parallel mit den entsprechenden Widerlagern und normal auf die Einschalung gemauert und ringförmig abgeschlossen.

Beim Zusammentreffen der Steinschichten in den Gräthen werden die Steine so zugehauen, daß die Stoßfugen sich genau an die Lagerfuge der dagegen gerichteten Schicht anschließen. Das abwechselnde Uebergreifen der Schichten in den Gräthen ist aus dem Grundrisse Fig. 163 ersichtlich, welcher den Mauerverband eines regelmäßigen Klostergewölbes von oben gesehen darstellt. Bei der Ueberwölbung eines länglich rechteckigen Raumes entsteht aus dem Klostergewölbe das Fig. 164 im Grundriß und Fig. 165 im Durchschnitt dargestellte Muldengewölbe, welches in seinem mittlern

Theile ein gerades Tonnengewölbe bildet und an beiden Enden durch zwei halbe Klostergewölbe geschlossen ist, die mit dem Tonnengewölbe einerlei Bogenlinie haben. Gehen von den Widerlagern Gewölbewangen aus, welche nicht in einer Scheitellinie zusammentreffen, vielmehr im Scheitel an eine horizontale Ebene sich anschließen, so entsteht aus dem Klostergewölbe das Fig. 166 im Grundriß und 167 im Durchschnitt dargestellte Spiegelgewölbe. Der Verband der von den Widerlagern nach einer Bogenlinie

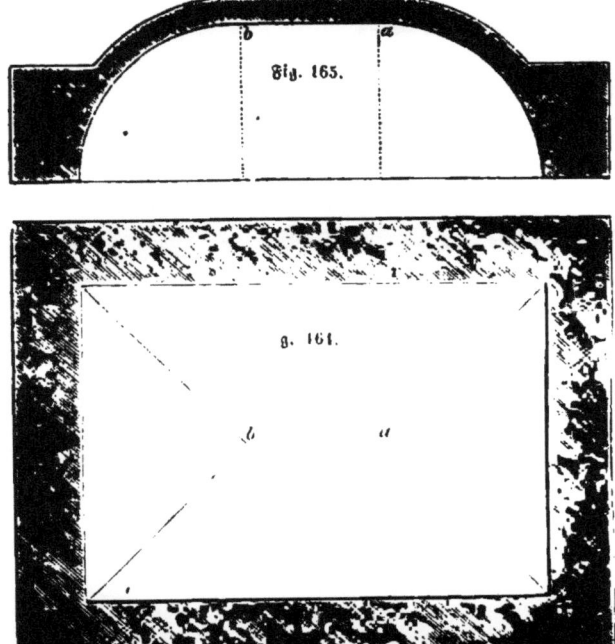

gewölbten Wangen der Klostergewölbe, durch das Ineinandergreifen der Schichten in den Gräthen, wird auch bei dem Mulden= und Spiegelgewölbe beibehalten. Bei letzterem Gewölbe fallen zwar in dem die horizontale Decke bildenden scheitrechten Gewölbe die Gräthe weg; die Richtung der Gräthe wird aber bei dem Mauern so lange durch abwechselnd überbindende Schichten in dem scheitrechten Spiegel fortgesetzt, bis die Grathlinien die Scheitellinie schneiden. Der von den Wangen eingeschlossene Spiegel wird so gemauert, daß die Lagerfugen nicht normal auf die Einschalung, sondern nach dem Mittelpunkt eines Kreisbogenstückes gerichtet sind, von welchem die Horizon=

tallinie *a b* des in Fig. 168 gegebenen Durchschnittes als Sehne ange=
nommen ist. Damit nun die Lagerfugen beim Anschluß der Spiegelwölbung
an die Wangen, sowol normal auf die Einschalung der letzteren, als auch nach
dem Mittelpunkte des scheitrechten Gewölbes gerichtet sind; so wird die Wöl=
bung, als ein Korbbogen aus drei Mittelpunkten beschrieben, construirt. Die
drei Bogenstücke haben da, wo sie zusammentreffen, bei *a* und *b* gemeinsame
Tangenten, und erhalten, wenn es die Umstände gestatten, gleiche Centriwinkel

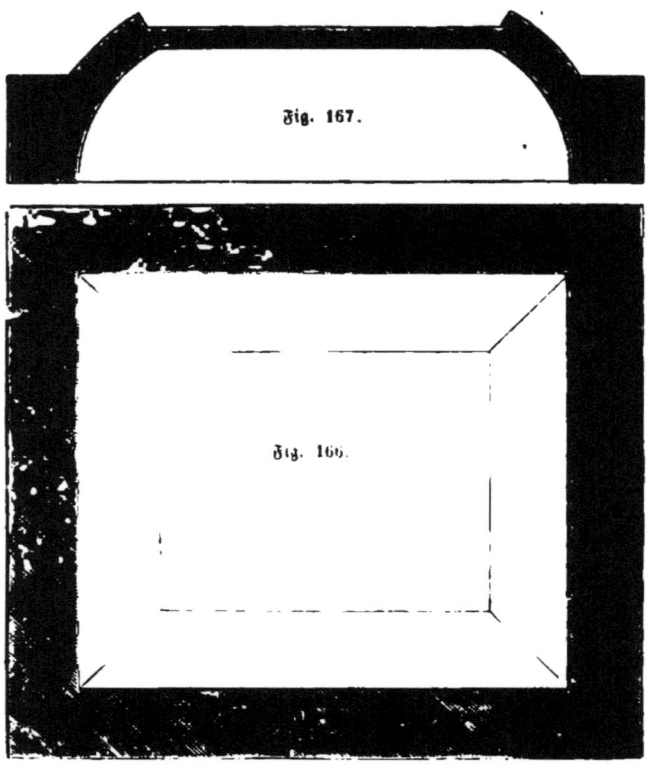

Fig. 167.

Fig. 166.

von 60 Graden. Es leuchtet ein, daß Spiegelgewölbe einen sehr bedeutenden
Horizontalschub auf ihre Widerlager äußern und dem entsprechend nur auf
sehr starken Umfangsmauern mit Sicherheit ausgeführt werden können. Schon
aus diesem Grunde allein finden sie in unserer Zeit höchst selten Anwendung.

    Das Kuppelgewölbe. Die Kuppel kann als Klostergewölbe eines durch
eine in sich geschlossene krumme Linie begrenzten Raumes betrachtet werden.
Ist die Form für den Umfang des zu überwölbenden Raumes der Kreis, so

Von den Gewölben.   193

entsteht ein Gewölbe, welches in allen senkrecht durch den Scheitelpunkt geführ=
ten Querschnitten congruente Figuren zeigt. Es kann das Kuppelgewölbe
auch so entstanden gedacht werden, daß sich ein Halbkreis, Kreisabschnitt, eine
halbe Ellipse, ein Korbbogen ꝛc. um die senkrechte Achse bewegt, und so durch
die Curve selbst die Leibungsfläche des Gewölbes erzeugt wird. Nach der
angenommenen Wölblinie wird dann das Kuppelgewölbe kugelförmig, ellipsoi=
disch ꝛc. genannt. Ruht eine solche Kuppel auf der Oberfläche einer ring=
förmigen Umfangsmauer, so bildet diese zugleich das Widerlager, und der
auf dieses Widerlager sich äußernde Horizontalschub des Gewölbes ist von
allen Punkten der Kämpferlinie aus ein gleicher. Zur Ausführung einer

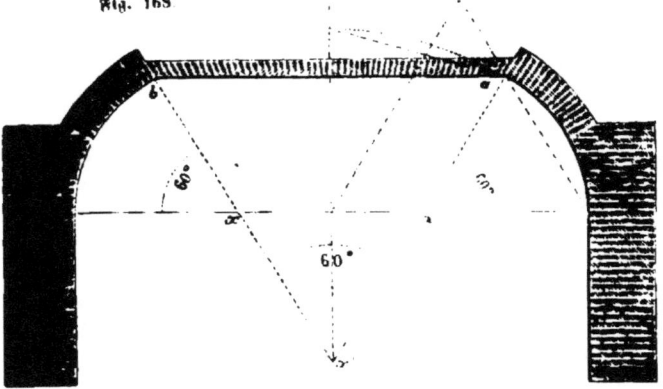
Fig. 168.

solchen Kuppel aus Backsteinen ist keine Einschalung erforderlich, ebensowenig
eine Einrüstung zur Unterstützung des Gewölbes. Jede einzelne Schicht bildet
einen ringsum geschlossenen Ring, welcher keiner Unterstützung bedarf, indem
die einzelnen Steine an den centrischen Stoßfugen fest an einander schließen
und wie durch ihren festen Anschluß, so auch durch die Adhäsionskraft des
Mörtels am Herabgleiten gehindert werden. Sowol die Stoß= als die Lager=
fugen sind normal auf die Leibung gerichtet. Bildet die Kuppel ein Kugel=
gewölbe, so kann die Richtung der Fugen ganz einfach durch das Ziehen einer
Schnur vom Mittelpunkte der Kuppel aus bestimmt werden. Diese Schnur
dient geübten Maurern zugleich dazu, die einzelnen Schichten richtig anzu=
legen, indem sie in der Schnur den Halbmesser der Kuppel durch einen Knoten
bezeichnen, und nun, bei mäßigem Anspannen der Schnur, die Steine nach
diesem Schnurknoten ansetzen. Genauer wird die Leibungsfläche, wenn der
Maurer sich nach einem beweglichen Lehrbogen richtet, welcher mit Leichtigkeit
um die senkrechte Achse gedreht werden kann. Der Steinverband der Kuppel=
gewölbe ist derselbe wie bei den Tonnen= und Klostergewölben, nur tritt bei

kleinen Krümmungshalbmessern die Nothwendigkeit ein, die Läuferschichten aufzugeben und mit lauter Binderschichten zu mauern. Selbst bei sehr großen Krümmungshalbmessern besteht die Wölbung in der Nähe des Scheitels aus lauter Binderschichten, weil bei der Kleinheit der horizontalen Kreise die der Länge nach gelegten Steine zu sehr von der Leibung abweichen würden.

Da zur Beleuchtung eines durch eine Kuppel überwölbten Raumes der Scheitel der Kuppel sich am besten eignet, so wird daselbst in der Regel eine Lichtöffnung, welche an manchen Orten Nabel genannt wird, angebracht. Die Einfassung der Lichtöffnung besteht dann entweder aus einem ringförmigen Backsteinbogen mit auf die Hochkante gestellten Schichten, oder aus einem Hausteinringe, welcher an den Stoßfugen Dübel oder Klammern erhält.

Wird die Kuppel zur Ueberwölbung eines geradlinig begrenzten Raumes angewendet, so daß nur einzelne Punkte der Kuppel auf die horizontalen Widerlager treffen, so entsteht eine Kuppel, deren Kämpferlinie an keiner Stelle gerade und horizontal, sondern eine an den Umfangsmauern hinlaufende stetige krumme Linie ist, die in den Ecken des Raumes ihre tiefsten und in den Scheiteln der sich an den Umfangsmauern hinziehenden Curve ihre höchsten Punkte hat. Nehmen wir zur Grundfigur ein Quadrat und die Kuppel durch Umdrehung eines Halbkreises entstanden an, so giebt nach Fig. 169 und 170 der Schnitt einer senkrechten Ebene, durch eine der Diagonalen, einen Halbkreis, und der Schnitt einer senkrechten Ebene, durch den Scheitel und parallel mit einer der Seiten, einen Kreisabschnitt von demselben Halbmesser. Die von den Winkelpunkten sich erhebende Kämpferlinie bildet an den Seitenmauern des quadraten Raumes vier gleiche Halbkreise, deren Scheitel in ein und derselben Horizontalebene liegen. Von den vier Eckpunkten bis zu der Horizontalebene durch die Scheitelpunkte der an den Umfangsmauern halbkreisförmig sich erhebenden Kämpferlinien besteht die Leibung des Gewölbes aus vier Eckzwickeln, und über diesen beginnt erst die eigentliche Kuppel, deren Leibung eine Kugelkalotte darstellt. Bei der Ausführung einer solchen Kuppel werden in der Regel nur zwei Lehrbögen über den Diagonalen und vier Lehrbögen an den Umfangsmauern aufgestellt, nach denen sich der Maurer richtet. Nach Vollendung der Eckzwickel sind die aufgestellten Lehrbögen entbehrlich, und es kann für das Mauern der Kalotte ein beweglicher Lehrbogen, welcher um die senkrechte Achse gedreht wird, Anwendung finden. Um der Kuppel, welche in den Ecken scharf ausläuft, eine sichere Auflage zu geben, werden bei dem gewöhnlichen Wölben mit centrischen Fugen die Gewölbanfänger aus Hausteinen eingesetzt, welche soweit in die Wölbung hinaufgeführt werden, daß für das eigentliche Wölben aus Backsteinen, Lagerflächen von der Breite gewonnen werden, daß darauf das Gewölbe in seiner ganzen Stärke angelegt werden kann. Wird nun schon durch solche Gewölbe-

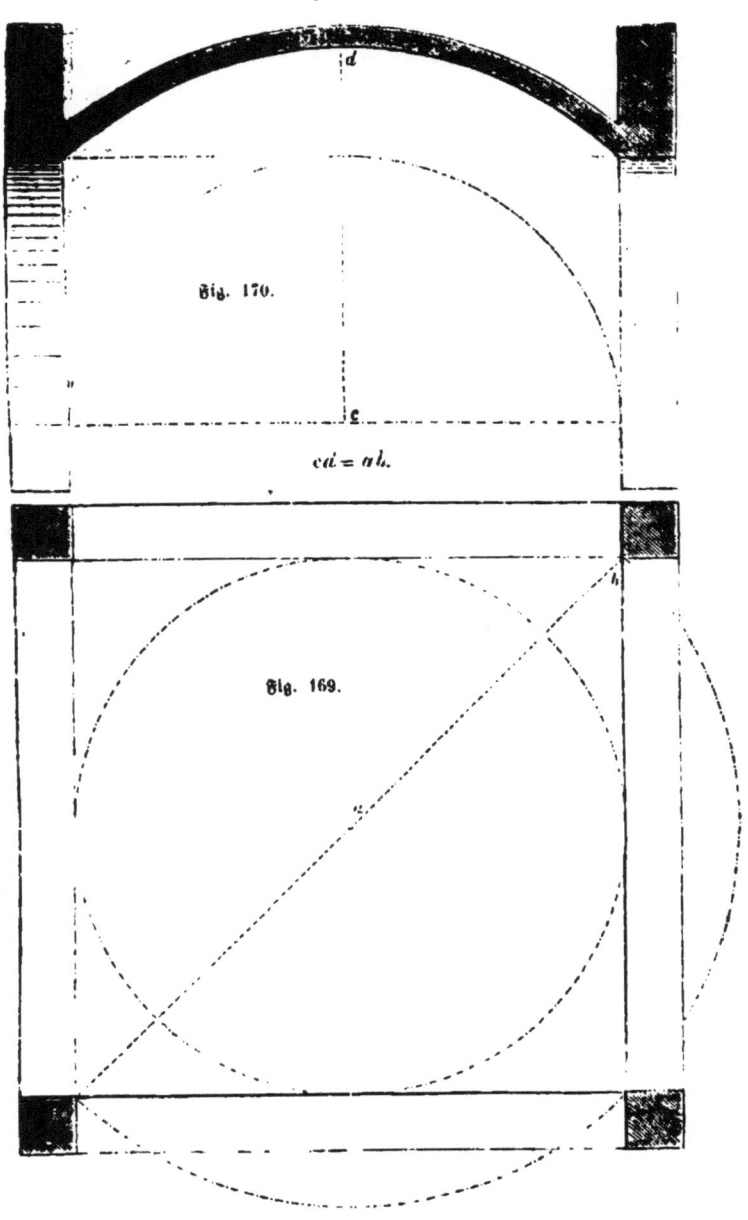

aufänger, welche horizontale Lagerflächen erhalten, die Spannweite des in centrischen Schichten gemauerten Gewölbes, und somit der Horizontalschub desselben auf seine Widerlager gemindert, so ist dies noch in höherem Grade der Fall, wenn die ganzen Eckzwickel bis zur Auflage der Kalotte aus horizontal vorgemauerten Schichten bestehen. Die im Zusammenhange mit den Umfangsmauern mit horizontalen Lagerfugen und nach der Gewölbeleibung

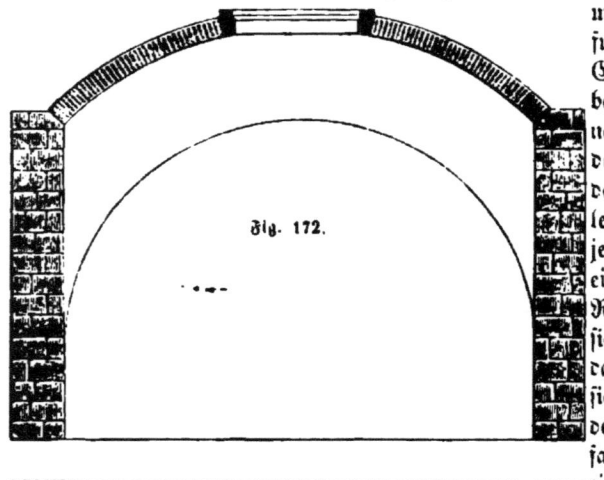

Fig. 172.

Fig. 171.

mit centralen Stoß= fugen gemauerten Gewölbezwickel ha= ben das Bestreben, nach dem Innern des zu überwölben= den Raumes zu fal= len. Da nun aber jede Steinschicht einen geschlossenen Ring bildet, so sind sie dadurch gegen das Herabfallen ge= sichert. Die Masse der mit den Um= fangsmauern zu einem Ganzen ver= bundenen Gewölbe= zwickel ist nun größer als die Masse der darauf gesetzten Ka= lotte, so daß hier= nach die Kraft, wel= che bei den erste= ren ein Hineinziehen nach dem leeren

Raum bewirkt, größer ist als die bei der Kalotte nach außen wirkende Kraft. Es wird bei einem der Art gemauerten Kuppelgewölbe der Horizontalschub auf die Widerlager als vollständig aufgehoben angenommen werden können, so daß der ganze Gewölbekörper nur noch einen senkrechten Druck auf die Umfangsmauern oder die Stützpfeiler desselben äußert. Nach Moller's An= gabe ausgeführte Kuppelgewölbe haben die Richtigkeit der vorstehenden Be= hauptung vollkommen bestätigt. Das erste Gewölbe mit horizontal vorge= mauerten Gewölbezwickeln kam bei dem Baue des Theaters in Mainz zur

Von den Gewölben.

Ausführung. Das Treppenhaus von 36 Fuß im Quadrat mit 62 Fuß hohen und nur 35 Zoll starken Umfangsmauern aus Bruchsteinen wurde mit einer Kuppel so überwölbt, daß die mit den Umfangsmauern im Verbande und in horizontalen Schichten aufgemauerten Gewölbezwickel ebenfalls aus Bruchsteinen bestehen. Auf diese ist die Kalotte von der Stärke eines Backsteines gesetzt und bis zu der durch einen Kranz aus Hausteinen abgeschlossenen Lichtöffnung in centralen Binderschichten gemauert. Fig. 171 stellt die Umfangsmauern des Treppenraumes in Verbindung mit den Gewölbezwickeln in zwei Mauerschichten und Fig. 172 den Querdurchschnitt des Gewölbes durch den Scheitel und senkrecht gegen die Umfangsmauern dar. Kann daraus einerseits der Mauerverband und das Verhältniß der Stärke der Umfangsmauern

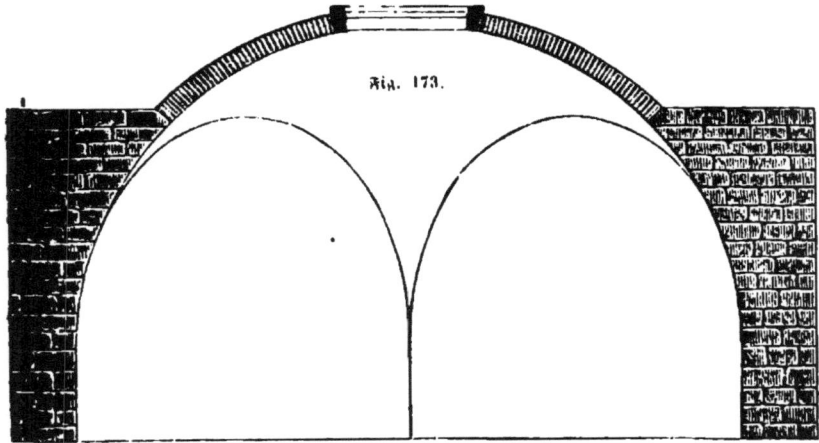

Fig. 173.

gegen die Spannweite der Kalotte ersehen werden, so wird andererseits der senkrechte Durchschnitt des Gewölbes im Scheitel nach der Diagonale Fig. 173, das Massenverhältniß der mit den Umfangsmauern verbundenen Gewölbezwickel gegen die darauf gesetzte Kalotte, die erwähnten Vortheile der Mauerung deutlich vor Augen stellen. Die durch diese gelungene Ausführung gewonnene Ueberzeugung von der Richtigkeit des dem eingehaltenen Verfahren zu Grunde gelegten Princips veranlaßte Moller, diese Wölbart in einem Falle zur Anwendung zu bringen, wo die übliche Wölbung mit centralen Schichten von den Winkelpunkten der Widerlager aus geradezu unausführbar gewesen wäre. Es ist dies die Hängekuppel des Treppenhauses in dem Palais des Prinzen Karl von Hessen in Darmstadt. Die Lichtenweite des überwölbten quadraten Raumes ist 21 Fuß, und die zwei Stockwerk hohen Mauern aus Backsteinen sind nur 10 Zoll oder einen Stein stark. Auf diesen 10 Zoll starken Umfangsmauern und den in horizontalen Schichten vorgemauerten

Gewölbezwickeln ruht die in centrischen Binderschichten aus gewöhnlichen Backsteinen gemauerte Kalotte, welche ebenfalls 10 Zoll dick ist. Wie die ringförmigen Schichten der Gewölbezwickel in die Schichten der Umfangsmauern in Verband gesetzt sind, zeigen die Grundrisse Fig. 175 von einem Gewölbezwickel ohne Kalotte, und Fig. 176 von dem geschlossenen Gewölbe.

Fällt bei der Ansicht des Querdurchschnitts Fig. 174 die geringe Stärke der Umfangsmauern, welche der Kalotte zum Widerlager dienen, in die Augen, so werden wir dagegen aus dem in Fig. 177 gegebenen Durchschnitt nach der Diagonale ersehen, daß durch das horizontale Vormauern der Gewölbezwickel ein fest zusammenhängender Mauerkörper gebildet wurde, welcher dem Bestreben der Kalotte, nach außen zu schieben, einen ausreichenden Widerstand zu leisten im Stande ist. Soviel uns bekannt ist, besteht keine Hängekuppel aus Backsteinen, welche mit der so eben besprochenen in Bezug auf die geringe Stärke der Widerlagsmauern, welche noch nicht den zwanzigsten Theil der Spannweite beträgt, verglichen werden könnte. Selbst in den Fällen, wo zur Vermeidung des Horizontalschubs der Kalotte hohle Wölbekörper statt Backsteinen verwendet sind, bei den sogenannten Topfgewölben, werden wir stärkere Widerlagsmauern finden.

Was wir über die Ausführung der Hängekuppel über dem Quadrate in Vorstehendem mitgetheilt haben, findet seine Anwendung auch auf dergleichen Gewölbe über Grundflächen, welche ein regelmäßiges Vieleck bilden. Der Durchmesser solcher Hängekuppeln ist gleich einer Diagonale des Vielecks, und die Scheitelhöhe der an den Umfangsmauern sich hinziehenden halbkreisförmigen Kämpferlinien ist gleich der halben Seite des Vielecks. Ist die Grundfläche unregelmäßig, so wird der Durchmesser der Kuppel gleich der größten Diagonale angenommen, und es entstehen an den Umfangsmauern ebenfalls halbkreisförmige Kämpferlinien, aber von verschiedener Scheitelhöhe.

Das Kreuzgewölbe. Alle Gewölbe, welche aus Gewölbekappen zusammengesetzt sind, deren Stirnen sich an die Umfangsmauern des zu überwölbenden Raumes anschließen, werden Kreuzgewölbe genannt. Die Umfangsmauern bilden sonach Schildmauern, und wenn sie durch Bögen unterbrochen sind, so bilden diese Bögen Schildbögen. Hiernach hat das Kreuzgewölbe keine Kämpferlinien, sondern nur Kämpferpunkte, welches die Eckpunkte der Grundfigur sind, die allein durch Pfeiler oder Säulen unterstützt werden müssen. Das einfachste Kreuzgewölbe mit dem Quadrat als Grundfläche besteht aus vier gleichen Kappen und kann aus zwei sich unter rechtem Winkel durchdringenden Tonnengewölben entstanden gedacht werden. Ist die Grundfigur ein Vieleck, so besteht das Kreuzgewölbe aus so vielen Gewölbekappen, als die Grundfigur Seiten hat. Die Gräthe der Kappen vereinigen sich alle in einem senkrecht über dem Schwerpunkte der Grundfigur gelegenen Punkte. Von diesem Punkte,

Von den Gewölben.

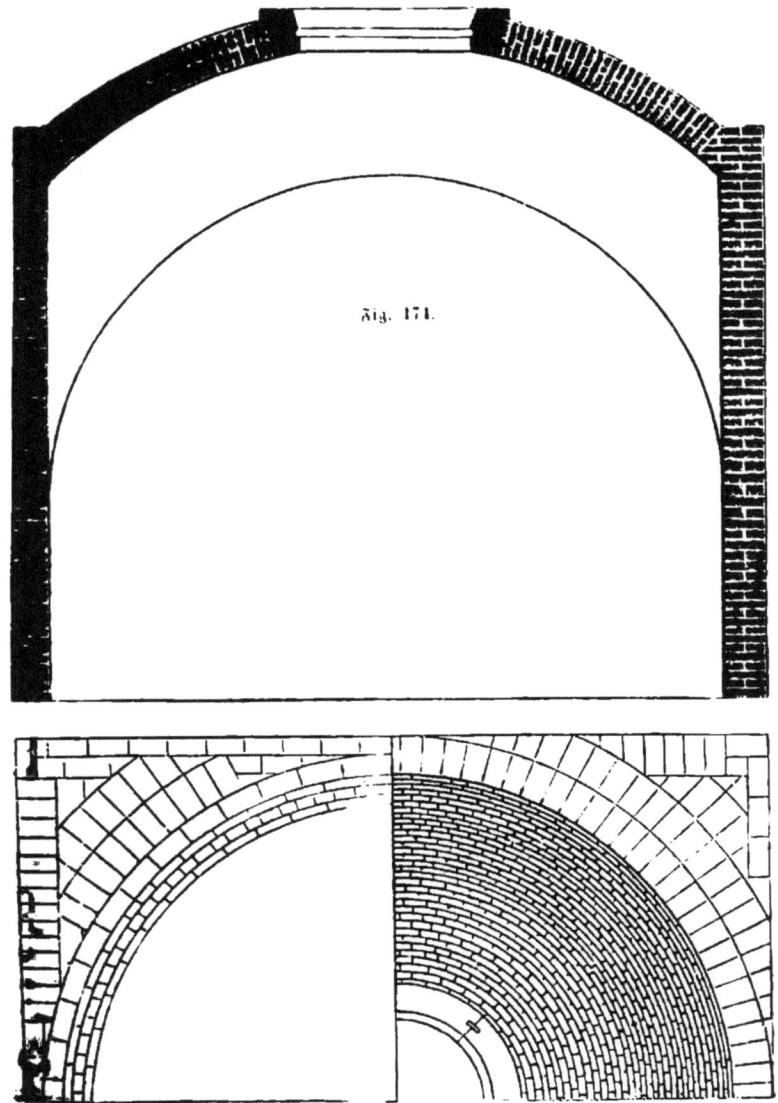

Fig. 174.

Fig. 175.   Fig. 176.

200 Neunter Abschnitt.

welcher im Grundriß mit dem Schwerpunkte zusammenfällt, gehen die Scheitellinien der Gewölbekappen aus, nach den Scheitelpunkten der Schildbögen. Die Lagerfugen der Gewölbekappen werden in der Regel parallel mit deren Scheitellinie angenommen. Die Gräthe bilden an der Gewölbeleibung Rücken mit einspringenden Winkeln und stellen im Grundriß gerade Linien dar.

Ein Kreuzgewölbe wird regulär genannt, wenn die Grundfigur ein Quadrat ist und die Scheitellinien der vier gleichen Kappen in einer Horizontalebene liegen. Die Wölblinien der Kappen sind entweder stetige Bogenlinien oder Spitzbogen. Wir nehmen bei der Betrachtung des regulären Kreuzge-

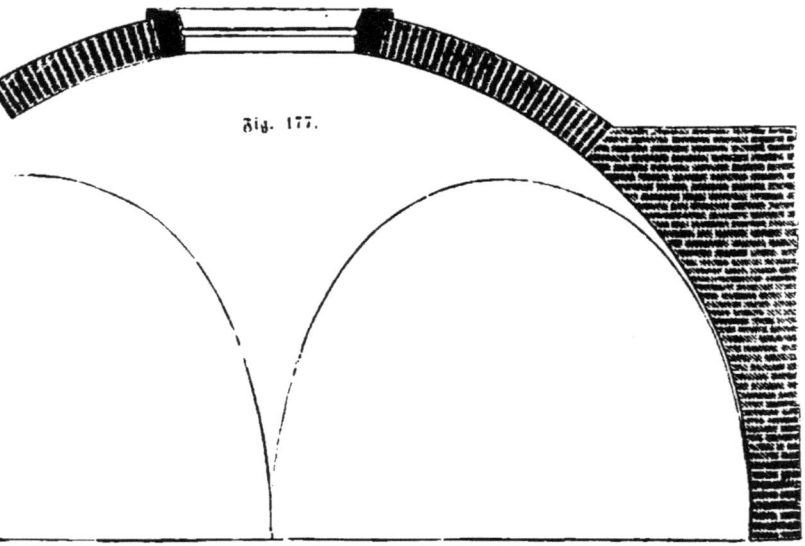

Fig. 177.

wölbes die üblichste Bogenlinie, den Halbkreis, an. Um die Gewölbe mauern zu können, sind mindestens sechs Lehrbögen erforderlich, vier halbkreisförmige Stirnbögen und zwei Grathbögen. Da die Grathlinien sich im Scheitelpunkte des Gewölbes schneiden, so kann nur ein ganzer Grathbogen von einer Ecke zur gegenüberliegenden andern Ecke der Grundfigur durchgehen, der andere Grathbogen besteht aus zwei Theilen, welche im Scheitel an den durchgehenden Grathbogen befestigt werden. Aus der für die Kappen angenommenen Wölblinie, dem Halbkreis, ergiebt sich für die Grathbögen als Bogenlinie die halbe Ellipse, welche entweder nach der Methode der Vergatterung bestimmt, oder nach dem früher angegebenen Verfahren mittelst der über die Brennpunkte Scheitelpunkt gespannten Schnur gezogen werden kann. Sind die Lehrbögen bei kleineren Gewölben ausreichend, um darauf die Einschalung anbringen zu können, so stellt sich dagegen bei größeren Ge= wölben die Nothwendigkeit heraus, zur Unterstützung der Schalbreter oder Latten, außer den ganzen Stirnbögen noch Zwischenbögen anzubringen. Bei der in Fig. 178 im Grundriß dargestellten Einrüstung haben wir die Grath= bögen mit A, die Stirnbögen mit B und die Zwischenbögen mit C bezeichnet. Diese parallel mit den Stirnbögen aufgestellten Zwischenbögen bestehen aus

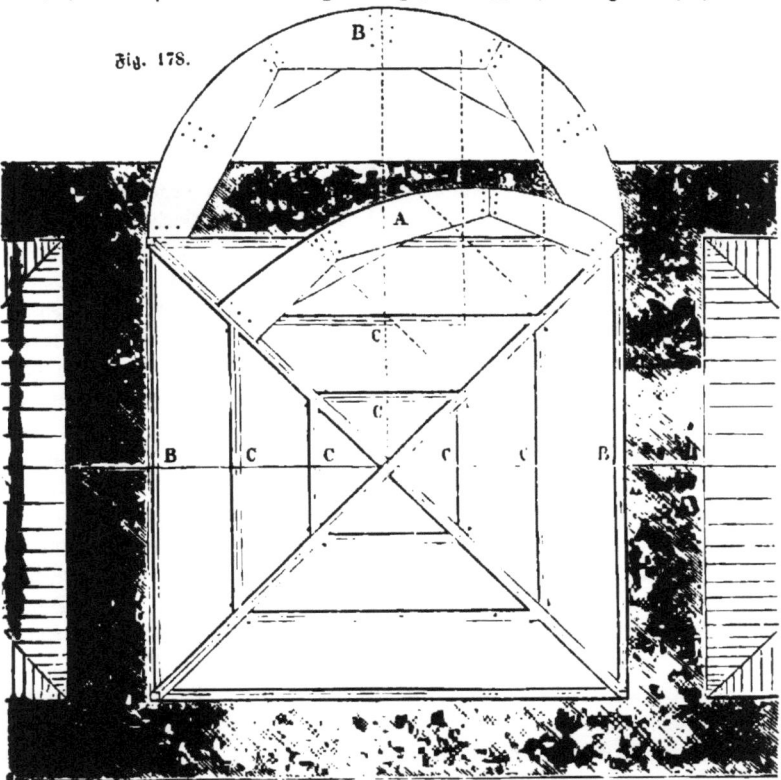

Fig. 178.

Abschnitten der halbkreisförmigen Stirnbögen und schiften sich an die Grath= bögen stumpf an. Da die Grathbögen zur Aufnahme der Einschalung zweier Kappen dienen müssen, so erhalten sie die den einspringenden Winkeln der Grathe entsprechende Form. Auch wenn die Kreuzgewölbe ohne Einschalung aus freier Hand gemauert werden sollen, kann die angegebene Einrüstung nicht entbehrt werden. Nehmen wir an, daß das Kreuzgewölbe mit Backsteinen eingewölbt werden soll, so ist es begreiflich, daß der Gewölbeanfang von den vier Eckpunkten aus nicht aus angemauerten Backsteinstückchen bestehen kann.

Es werden besondere Anfänger, welche in die Umfangsmauern eingreifen, angebracht. Diese Anfänger können aus einem ganzen Hausteine bestehen, oder sie werden durch horizontal vorgemauerte Schichten der Umfangsmauern gebildet und bestehen sonach aus demselben Steinmateriale, aus Bruch= oder Backsteinen. Da die Kreuzgewölbe in der Regel nur zur Ueberdeckung von Räumen angewendet werden, wobei sie außer ihrem eigenen Gewichte keine andere Last zu tragen haben, so werden sie bis zu einer Spannweite von 16 bis 18 Fuß nur $1/2$ Stein stark und bei größerer Spannweite höchstens einen ganzen Stein stark gewölbt. Die übliche Richtung der Lagerfugen ist wie bei den Tonnengewölben, parallel mit den Scheitellinien der Kappen, welche als Theile von Tonnengewölben betrachtet werden können. Bei dem Mauern wird in jeder Schicht an den Gräthen, wo die Steine so zugehauen werden, daß sie abwechselnd von einer Kappe in die andere übergreifen, begonnen, und von da aus werden die Schichten unter Beobachtung des Verbandes nach den Schildmauern oder Schildbögen weiter angesetzt und an den letzteren geschlossen. Den Schluß der einzelnen Kappen bildet die letzte Schicht von der Länge der Scheitellinien, welche bei dieser Wölbart horizontal angenommen werden müssen. Eine andere Wölbart besteht darin, die Schichten normal auf die Gräthe anzulegen und von da ansteigend über die Kappen so zu führen, daß die von den Gräthen in die zwei anschließenden Kappen eingreifenden Schichten in einer normal auf die Grathlinie geführten Ebene liegen. Bei dieser Wölbart werden die Grathsteine so zugehauen, daß sie abwechselnd von einer Kappe zur andern überbindend mit dem Haupte in die Leibung treffen. Von den Anfängern bis zu den Scheitelpunkten der Schildbögen schließen die Schichten jeder Kappe an zwei Schildmauern an, von da aufwärts schneiden sich die Schichten in der Richtung der Scheitellinien in einem rechten Winkel und werden im Schwalbenschwanze abwechselnd überbunden. Den Schluß des Gewölbes bildet ein einziger Keilstein von quadrater Form im Querschnitte. Da der Art gemauerte Kreuzgewölbe sich nach der Ausschalung im Scheitel etwas senken, so pflegt man die Scheitellinien der Kappen von den Stirnen aus etwas ansteigen zu lassen und dies bei der Einrüstung zu berücksichtigen, indem man die Scheitelhöhe der Grathbögen um soviel höher annimmt wie bei den Schildbögen, als das Ansteigen der Scheitellinien, was man das Stechen der Kappen nennt, betragen soll. Fig. 179 stellt die Wölbung der Kappen nach der Art der Tonnengewölbe und Fig. 180 die Wölbung der Kappen im Schwalbenschwanze mit normal auf die Grathlinien geführten Schichten im Grundriß dar. Nach dem bereits Angeführten bilden die sämmtlichen Umfangsmauern eines mit einem Kreuzgewölbe überwölbten Raumes Schild= oder Stirnmauern, und nur die Ecken, von welchen aus die Kappen sich erheben, sind Widerlags= oder Kämpferpunkte, gegen welche der Horizon=

Von den Gewölben.

talschub in der Richtung der Gräthe wirkt. Hiernach sind nur Eckpfeiler von der der Spannweite der Grathbögen entsprechenden Stärke als Widerlager eines Kreuzgewölbes erforderlich, während die Schildmauern oder Schildbögen eine so geringe Stärke haben können, als dies bei den nur zum Abschluß der Seiten des zu überwölbenden Raumes dienenden Mauern zulässig erscheint. Aus diesem Grunde ist das Kreuzgewölbe von allen Gewölben das zur Ueber=

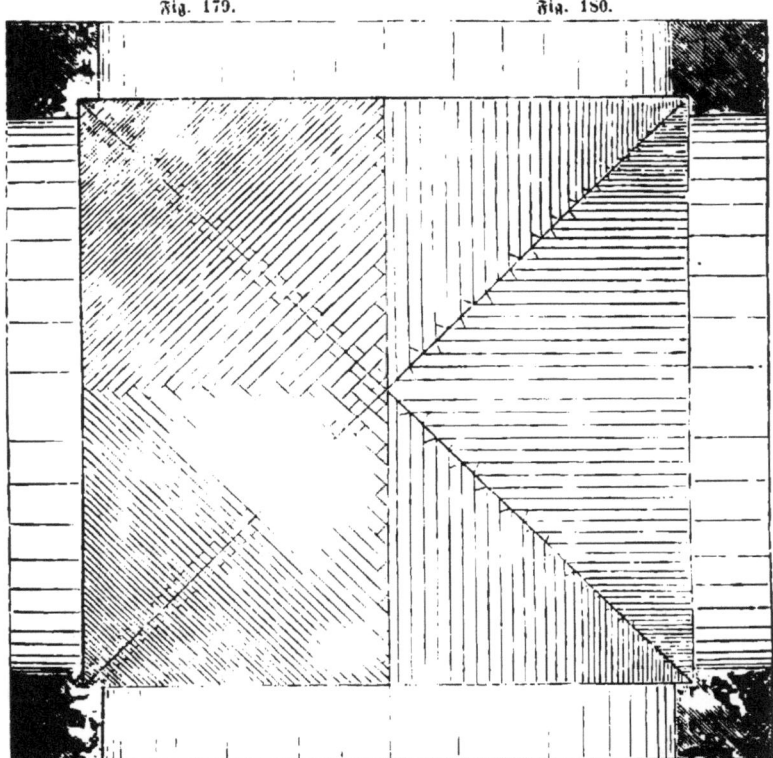

Fig. 179. Fig. 180.

wölbung großer Räume geeignetste, indem man die großen Räume durch ein= zelne, mittelst Gurtbögen von geringer Stärke unter einander verbundene Stützen in kleinere Räume theilen und diese mit Kreuzgewölben überspannen kann. Alle Stützen der innern Theilung haben nur die Last der Gurtbögen und Gewölbe zu tragen und können, da sie keinem Horizontalschube zu wider= stehen haben, als senkrecht belastete Pfeiler oder Säulen betrachtet werden, deren Stärke sich allein hiernach und nach der rückwirkenden Festigkeit des Materials, aus welchem die Stütze besteht, zu richten hat.

Bei der Bestimmung der Widerlagerstärke für die Eckpfeiler von Kreuzgewölben gilt als Wölblinie der Grathbogen, in dessen Richtung allein das Kreuzgewölbe einen Horizontalschub äußert. Da nun bei halbkreisförmigen Kreuzkappen mit horizontalen Scheitellinien die Grathbögen Ellipsen bilden, welche bei gleicher Spannweite einen größern Horizontalschub äußern, als der Halbkreis, so hat man bei der Ausbildung der Kreuzgewölbe schon sehr früh die Grathbögen als Halbkreise angewendet, und dadurch, daß man die Scheitellinien der Kappen von den halbkreisförmigen Schildbögen nach dem höher gelegenen Scheitelpunkte der Diagonalbögen ansteigen ließ, das Kreuzgewölbe so wesentlich umgestaltet, daß es nicht mehr als ein aus Theilen eines Tonnengewölbes zusammengesetztes Gewölbe betrachtet werden konnte. Sollten bei den im Halbkreis angenommenen Grathbögen die Scheitellinien der Kappen horizontal bleiben, so stellten sich für die Stirnbögen derselben überhöhte Bögen heraus. Es liegt sehr nahe, daß dieser constructiven Anforderung der Spitzbogen, wenn nicht seine Entstehung, doch seine erste Anwendung beim Gewölbebau zu verdanken hat. Hatte man einmal die Vorzüge des Spitzbogens als Wölblinie, sowol in Bezug auf die leichte Ausführbarkeit, als auch in Bezug auf den geringen Horizontalschub der Gewölbe kennen gelernt, so war nichts natürlicher, als daß man diese Bogenlinie auch bei den Grathbögen anwendete.

Daß der Spitzbogen zuerst als Wölblinie bei den Kreuzgewölben Anwendung gefunden hat, beweisen die in ihrer ursprünglichen Anlage erhaltenen Bauwerke aus dem zwölften Jahrhundert, deren Wölbungen bereits im Spitzbogen ausgeführt sind, während zur Ueberdeckung aller Durchbrechungen, welche nicht in unmittelbarem Zusammenhang mit den Gewölben stehen, der Halbkreisbogen beibehalten ist. Mit der Anwendung des Spitzbogens als Wölblinie für die Kappen und Gräthe tritt eine Verstärkung der Gräthe auf, welche früher nur scharfe Kanten bildeten. Die Gräthe treten vor die Leibungsfläche des Gewölbes vor und sind, als die am meisten belasteten Theile des Gewölbes, entweder aus Hausteinen construirt, oder aus festen Formsteinen in Verbindung mit den Kappen gemauert. War durch die Verstärkung der Gräthe eine größere Festigkeit der Kreuzgewölbe erreicht, so ging nun das Bestreben der mittelalterlichen Werkmeister darauf hinaus, diesen Gewölben, ohne Beeinträchtigung der Festigkeit, den höchstmöglichen Grad von Leichtigkeit zu geben und dadurch den schon durch die Anwendung des Spitzbogens verminderten Horizontalschub derselben auf das geringste Maß einzuschränken. Es wurden die vor die Leibungsfläche vortretenden Rippen als Träger des Gewölbes, als die zur Darstellung der Gewölbeform erforderliche Einrüstung betrachtet, und dem entsprechend von dem festesten Materiale construirt und für sich aufgestellt. Die von den Gewölberippen umschlossenen Gewölbefelder

Von den Gewölben.

wurden, von den Rippen als Widerlager ausgehend, mit dem leichtesten Steinmateriale und in geringer Stärke gewölbt. Gehört die Ausführung der Gewölberippen aus Hausteinen auch nicht zu den Arbeiten des Maurers, so müssen wir ihrer doch hier in soweit gedenken, als es zum Verständniß des vorzugsweise im Mittelalter vom 13. bis 16. Jahrhundert zur höchsten Ausbildung gekommenen Gewölbebaues erforderlich ist.

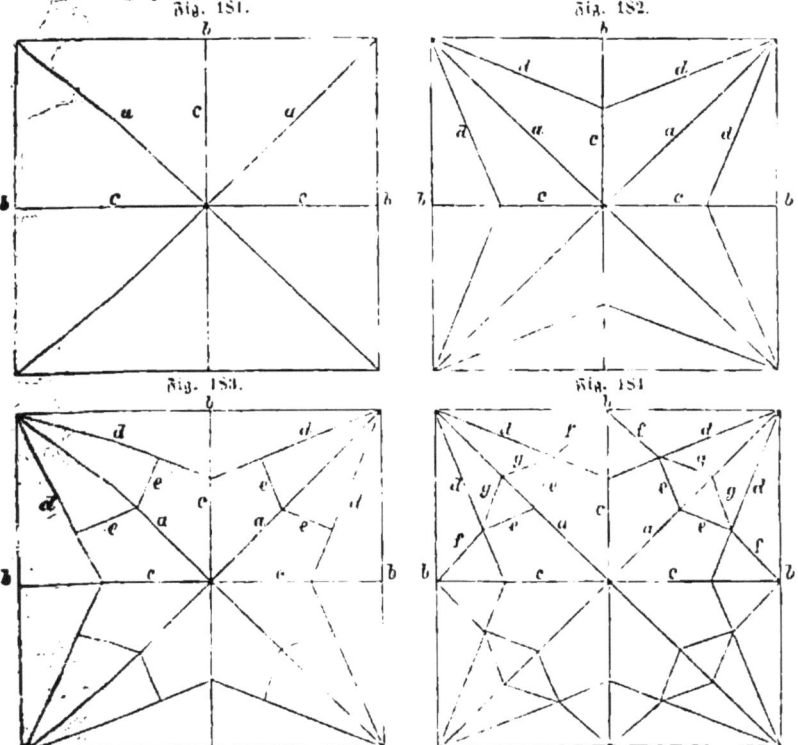

Fig. 181.   Fig. 182.
Fig. 183.   Fig. 184.

Als Beispiel der stufenweisen Ausbildung dieser mittelalterlichen Kreuzgewölbe geben wir in Fig. 181 bis 184 die Grundrisse von der Ueberwölbung eines quadraten Raumes. Die einfachste und früheste Anwendung für sich bestehender Gewölberippen ist in Fig. 181 dargestellt, wo zu den Diagonalrippen *a*, die Stirnrippen *b* und die Scheitelrippen *c* hinzugefügt und so die vier Kappen in acht getrennte Gewölbefelder abgetheilt, und diese mit normal auf die Diagonalrippen gerichteten Schichten gemauert wurden. Sodann finden wir nach Fig. 182 zur Verspannung der nur wenig ansteigenden Scheitelrippen *c*, von den Kämpferpunkten aus noch die steil ansteigenden Rippen *d* angebracht, dadurch die vier Kappen in sechzehn Felder getheilt und die Felder schon als flache Kappen kuppelartig ausgewölbt. Um die langen Diagonalrippen a und die Streberippen d unter sich zu verspannen, wurden nac Fig. 183 von den Streberippen d nach den Diagonalrippen a ansteigend Zwischenrippen e, welche Liernen genannt werden, angebracht und so di Kappen in 24 Felder getheilt. Zu den Liernen e kommen dann noch zu Verspannung der Stirnrippen nach Fig. 184 weitere Liernen f und we ter die Liernen g u. s. w.

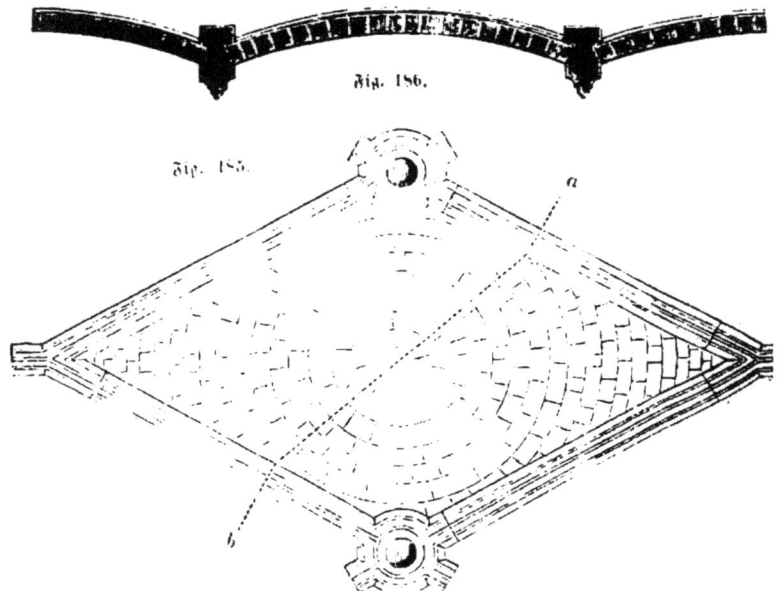

Fig. 186.

Fig. 185.

Wir ersehen, daß der sich steigernden Anzahl von Gewölberippen d Absicht zu Grunde liegt, die Tragfähigkeit der Hauptrippen durch Verspan nung derselben unter einander und durch das Abknüpfen der langen Linien i für sich abgeschlossene kurze Linien zu vermehren, ohne denselben bei vermehrte Spannweite an Masse zusetzen zu müssen. Wenn die Steigerung in der stern förmigen Theilung der Gewölbefläche, nach der diese Gewölbe den Name: Sterngewölbe erhalten haben, nicht immer auch mit einem wirklichen Fort schritte in der Technik verbunden ist, so kommt dies daher, daß, nachdem ein mal die Technik den höchsten Grad der Vollendung erreicht hatte, die hand fertigen Werkleute sofort durch gewagte Kunststücke mit willkürlichen, o: widersinnigen Rippenbereicherungen sich auszuzeichnen und zu überbieten such ten. Bei aller willkürlichen Theilung der Sterngewölbe in späterer Zeit läß sich der constructive Ursprung der Rippen immerhin noch darin erkennen, daß sie an allen Durchschneidungspunkten wie die Maschen eines Netzes durch Knoten, welche meist Rosetten, Wappenschilde ꝛc. darstellen und aus einem Schlußsteine bestehen, gegen den die Rippen oder Liernen sich mit normalen Lagerfugen anschließen, unter einander so verbunden sind, daß das gesammte Rippenwerk auch ohne Ausfüllung der Gewölbefelder ein festes Gerüste bildet.

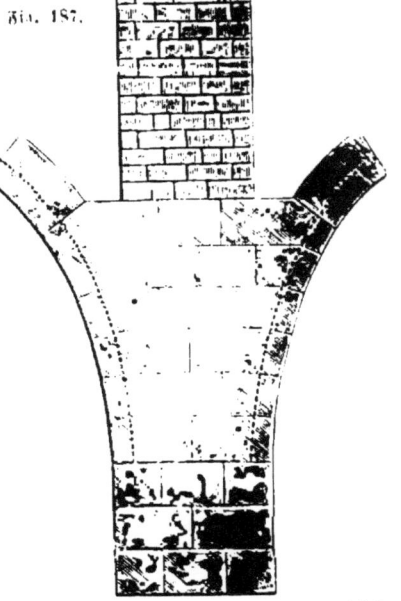

Fig. 187.

Fig. 185 giebt den Grundriß eines Gewölbefeldes mit Angabe der kuppelartigen Ausmauerung, und Fig. 186 den Durchschnitt desselben Feldes nach der Linie *a b*.

Zur Wölbung der Felder wurde immer das leichteste Steinmaterial und dieses in sehr geringer Stärke verwendet. Wo der in den Rheingegenden fast allgemein dazu verwendete Tuffstein fehlte, finden wir poröse leichte Backsteine als Wölbmaterial. Die zuweilen nur 3 bis 4 Zoll dicken, mit einem gut bindenden Mörtel gemauerten flachen Kappen sind mit einem Gußmörtel überzogen, und dadurch zu einem auf's Innigste zusammenhängenden Steinkörper verbunden. Finden wir bei diesen mittelalterlichen Sterngewölben der Anforderung an Festigkeit durch die aus festen Steinen sorgfältig ausgeführten Rippen, und der Anforderung an Leichtigkeit durch die aus leichtem Steinmateriale von geringer Stärke ausgewölbten Felder der Gewölbekappen auf eine Weise entsprochen, wie dies bei früheren Gewölben nicht der Fall ist, so werden wir das bei diesen Gewölben eingehaltene Verfahren, welchem die Aufhebung des Horizontalschubs zu Grunde liegt, als ein ebenfalls früher nicht gekanntes, der mittelalterlichen Gewölbetechnik ausschließlich zugehöriges Element anerkennen müssen. Dieses Verfahren besteht darin, die Gewölbeanfänge vermittelst horizontal bis zur Leibungsfläche vorgemauerter Schichten zu bilden und sodann durch das Höherführen der Mauern von den horizontal gemauerten Gewölbeanfängen bis unter das darauf angebrachte Dachwerk, oder bei den Umfangsmauern durch die auf die Strebepfeiler errichteten freistehenden Spitzsäulen die Stütz- oder Widerlagspfeiler so zu belasten, daß die darauf gebrachte senkrechte Last größer

ist, als das Gewicht der mit centralen Lagerfugen gemauerten Bestand=
theile der Gewölbe.

Aus Fig. 187, welche den Durchschnitt eines Stützpfeilers mit den
Gewölbeanfängen und der darüber höher geführten Aufmauerung, und aus

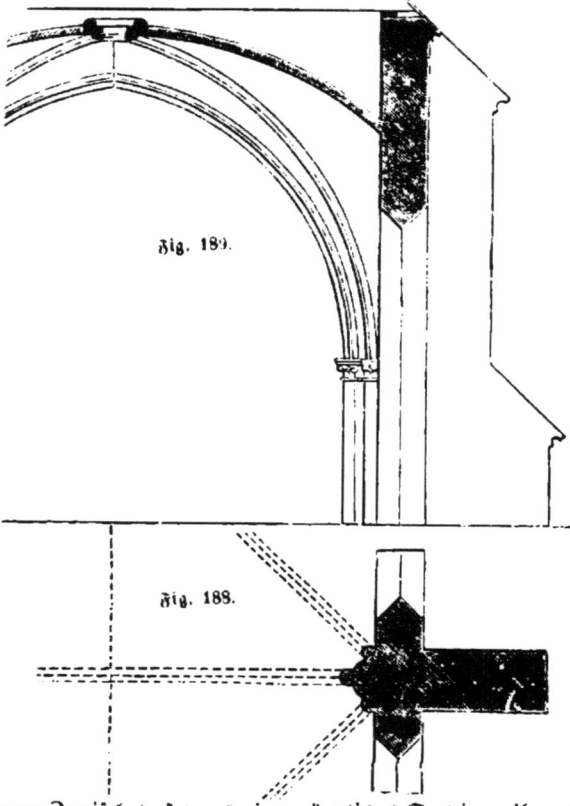

Fig. 189.

Fig. 188.

Figur 188 und 189, welche einen äußern Strebepfeiler im Grund= und Auf= risse darstellen, ist das beobachtete Ver= fahren, durch wel= ches der Horizontal= schub der Stern= gewölbe vollständig aufgehoben und in einen senkrechten Druck umgewandelt wurde, zur Genüge zu ersehen. Waren hiernach die mittel= alterlichen Werk= meister im vollen Besitz der Mittel, hohe Räume auf schwachen, zierlichen Stützpfeilern oder Säulen sicher zu überwölben, ohne die geringste Veran= kerung anzubringen, so unterliegt es kei= nem Zweifel, daß durch ein gründliches Studium ihrer Werke noch manches Räthsel gelöst, und der Wiedereinführung naturgemäßer Constructionen, wie wir sie im Mittelalter in allen Zweigen der Bautechnik finden, der Weg angebahnt werden wird.

Zehnter Abschnitt.

Von den Feuerungsanlagen in Wohngebäuden.

Bei jeder Feuerungsanlage dienen die verschiedenen Bestandtheile derselben dazu, durch die Verbrennung von geeigneten Brennstoffen Hitze zu entwickeln und diese auf die zu erhitzenden Theile überzutragen. Die Verbrennung selbst kann ohne den in der atmosphärischen Luft enthaltenen Sauerstoff, durch welchen eine chemische Zersetzung des Brennstoffs bewirkt wird, nicht erfolgen. Da nun eine ihres Sauerstoffs beraubte Luft nicht mehr fähig ist, die Verbrennung weiter zu unterhalten, so ist eine beständige Lufterneuerung im Heizraum, so wie die Abführung der durch die Verbrennung entstandenen gas= und dampfförmigen Producte aus demselben das erste Erforderniß bei jeder Feuerungsanlage. Geht die Verbrennung unvollständig von Statten, so entweichen die feinen Kohlentheilchen in Verbindung mit den bei dem Verbrennungsproceß sich entwickelnden gas= und dampfförmigen Stoffen aus dem zu deren Abführung angebrachten Theile der Feuerungsanlage, dem Schornstein, und bilden den Rauch. Je weniger Rauch hiernach aus dem Schornsteine entweicht, um so vollkommener entspricht die Feuerungsanlage in Bezug auf die Verbrennung ihrem Zwecke. Der in dem Rauch enthaltene Kohlenstoff, verbunden mit Holzsäure, Ammoniak, Theer und brenzlichem Oel, verdichtet sich und bildet als Niederschlag an den kalten Umfangswänden den Ruß der Schornsteine. Man unterscheidet Glanzruß und Flugruß, und versteht unter dem erstern den aus den genannten Stoffen je nach der Beschaffenheit der Brennstoffe verschieden zusammengesetzten klebrigen Ueberzug der Wände, während man unter dem letztern die aus den durch den Luftzug fortgeführten lockeren und meist erdigen Bestandtheilen des Rauches sich bildenden Niederschläge versteht, welche keinen Ueberzug der Wände bilden, sondern sich bei vermindertem Luftzuge von dem Rauche trennen, und beim Niederfallen als lockere Masse sich an den Umfangswänden ansetzen oder die Züge verengen.

Nicht alle Luft, welche dem Heizraum zugeführt wird, kommt wirklich zur Verbrennung. Da nun die im Uebermaß zugeführte Luft den Feuerraum erkältet und in Folge dessen nicht blos den Effect auf die zu erhitzenden Flächen, sondern auch den zur raschen Verbrennung durchaus erforderlichen Luftzug mindert, so ergiebt sich daraus, wie wichtig es ist, die Menge der dem Heizraume zuströmenden Luft in ein richtiges Verhältniß zu der möglichst vollkommen zu verbrennenden Masse von Brennstoff zu bringen. Die Menge der Luft, welche nicht zur Verbrennung gelangt, hängt besonders von der

Beschaffenheit des Brennmateriales ab. In der Regel ist sie um so größer, je schwieriger das Brennmaterial zu entzünden ist, und je unvollkommener dasselbe die durchbrochene Fläche der Unterlage, den Rost, deckt. Bei Holzbrand entweicht eine größere Menge von Luft unbenutzt als bei Steinkohlenbrand, und bei Coaksbrand findet der größte Verlust statt, weil Coaks sich schwieriger als andere Brennstoffe entzünden lassen. Daß außer der Beschaffenheit der Brennstoffe auch das Nachschüren von Einfluß auf die unbenutzt entweichende Luftmenge ist, sei hier nur nebenbei erwähnt.

Betrachten wir die Feuerungsanlagen im Allgemeinen, so finden wir als wesentliche Bestandtheile:

a. den Rost,
b. den Aschenraum,
c. den Feuerraum,
d. die Zugcanäle und
e. den Schornstein.

a. **Der Rost.** Wir verstehen unter dem Roste einer Feuerung diejenige Fläche im Heizraum, welche dem Brennstoffe zur festen Unterlage dient, zugleich aber auch durch darin angebrachte Spalten oder Schlitze dem Zwecke entspricht, der zum Verbrennen des Brennstoffes erforderlichen Menge atmosphärischer Luft ungehinderten Zutritt zu verschaffen.

Da von der richtigen Zuführung der Luft der möglichst vollkommene Verbrennungsprozeß abhängt, so darf bei keiner Feuerung, mit welcher der größte Nutzeffect in der kürzesten Zeit erreicht werden soll, der Rost fehlen. Es ist eine irrige Meinung, daß durch langsames Verbrennen an Brennstoff gespart werden könne. Je lebhafter der Brennstoff verbrennt, um so größer ist der Nutzeffect, nur muß darauf gesehen werden, daß die einmal erzeugte Hitze nicht ungenützt durch den Schornstein entweicht.

Die Form der Rostfläche richtet sich, da in der Regel vom Roste aus die Hitze auf die zu erhitzenden Flächen gleichmäßig wirken soll, nach der Form des Feuerraumes und der von dem Feuerraum aus zu erhitzenden Flächen oder Gefäße. Sie ist demnach rund oder viereckig. Die Größe des Rostes wird bedingt durch die Größe der Feuerungsanlage, die Menge und die Beschaffenheit des angewendeten Brennstoffs und durch den Zug, welchen eine Feuerung zur Erzielung des vorgesetzten Nutzeffects erfordert. Nach den bei Steinkohlenfeuerung gemachten Erfahrungen wird als Regel angenommen, dem Roste den vierten Theil des horizontalen Querschnittes von dem unmittelbar durch ausstrahlende Hitze vom Roste aus zu erhitzenden Raume oder Gefäße zu geben, wobei die um das Gefäß ziehenden Canäle nicht mitgerechnet werden. Die Spalten oder Schlitze des Rostes sollen $1/4$ der Rostfläche betragen. Der Gewerbverein in Mühlhausen empfiehlt für Dampferzeugungsapparate als Regel, dem Roste für jede in einer Secunde zu verbrennende 50 Kilogramm Steinkohlen eine Oberfläche von einem Quadratmeter zu geben, und davon $\frac{1}{4}$ für die Rostschlitze, welche durchschnittlich $\frac{1}{2}$ Zoll weit angenommen werden, zu nehmen.

Roste für Holzfeuerung sind ausreichend groß, wenn deren Oberfläche $\frac{1}{3}$ von der oben angeführten Größe eines Steinkohlenrostes, also im Durchschnitt $\frac{1}{12}$ der horizontalen Querschnittfläche des unmittelbar zu erhitzenden Gefäßes beträgt. Der durch seine zweckmäßig construirten Branntwein-Brennapparate rühmlich bekannte Pyrotechniker Schwarz giebt in seinen „Grundzügen zur Herrichtung vortheilhafter Kesselfeueranlagen" die Regel an, bei einer Kesselfeuerung mit Holz für je 2500 Quadratzoll Heizungsfläche, wozu er außer dem Boden noch die Heizfläche des untern Zugcanales rechnet, eine Rostfläche von 256 Quadratzoll anzunehmen, und nach diesem Verhältniß die Dimensionen für Feuerungen mit anderen Brennstoffen zu berechnen. Da nun 1 Kilogramm lufttrocknes Holz durchschnittlich 4585 Litres atmosphärische Luft, 1 Kilogramm Steinkohle aber 7438 Litres atmosphärische Luft zum vollkommenen Verbrennen bedarf, so würde nach der Annahme von Schwarz die Rostfläche für Steinkohlenfeuerungen noch nicht das Doppelte der Rostfläche für Holzfeuerungen betragen. Nimmt man wie bereits erwähnt, in der Regel die Zwischenräume zwischen den Roststäben durchschnittlich zu $\frac{1}{2}$ Zoll an, so kann unter Umständen ein engeres oder weiteres Legen der Roststäbe geboten sein. Wo ein lebhaftes Flammenfeuer wirken soll, und bei allen großen Feuerungen, wo der lebhafte Zug der Feuerung höher angeschlagen wird, als der Verlust an Brennmaterial durch das Durchfallen kleiner Kohlen, wird die Entfernung der Roststäbe bis auf ein Zoll vermehrt.

Bei Rösten von kleinen Dimensionen genügt für Holzfeuerung eine Breite der Rostschlitze von $\frac{1}{4}$ Zoll. Der Rost ist bei kleinen Feuerungen aus einem Stücke gegossen, bei größeren Feuerungen besteht er aus einzelnen neben einander gelegten Stäben aus Schmiedeisen oder Gußeisen. Damit die Rostschlitze nicht durch Asche oder andere Abgänge des Brennstoffes verlegt werden, erhalten sie nach unten eine Erweiterung.

Die gußeisernen Roststäbe, welche an ihren Enden auf schmiedeiserne Stäbe so gelegt werden, daß sie mit Leichtigkeit herausgenommen werden können, erhalten an beiden Enden vierkantige Verstärkungen, Köpfe, welche beim Einlegen der Stäbe aneinanderstoßen, und dadurch die zum Durchströmen der Luft erforderlichen Schlitze frei und in gleicher Weite erhalten. Stäbe von gleicher Stärke werfen sich in Folge der ungleichen Ausdehnung des in der Mitte am stärksten erhitzten Eisens nach oben. Diesem Werfen zu begegnen und um zugleich die Tragfähigkeit der Stäbe zu vermehren, erhalten sie unten eine Fischbauchartige Verstärkung. Zum Schutze gegen die unmittelbare Einwirkung des Feuers versieht man die Roststäbe großer Feuerungen an der dem Feuer zugewendeten obern Fläche mit einer Rinne welche sich mit Asche anfüllt und so den Stab vor zu großer Erhitzung sichert. Aus der perspectivischen Ansicht eines aus einzelnen Stäben zusammengesetzten Rostes Fig. 190, so wie aus dem Querdurchschnitte dieses Rostes in der Mitte der Fischbauchstäbe Fig. 191 wird das darüber Gesagte seine hinlängliche Erläuterung finden.

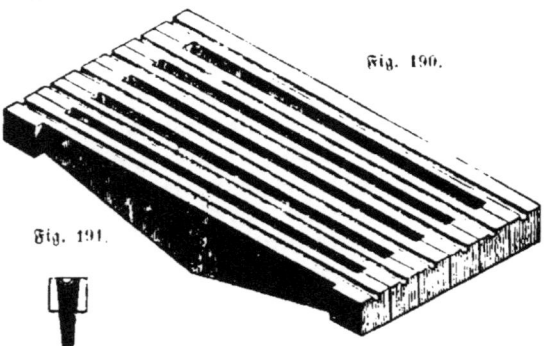

b. **Der Aschenraum.** Unter dem Roste muß ein Raum zur Aufnahme der durch die Rostschlitze fallenden Asche und der unverbrannten Abgänge des Brennstoffes sich befinden. Die Größe dieses Aschenraumes muß im horizontalen Querschnitte der Größe der Rostfläche entsprechen. Die Höhe desselben muß so viel betragen, daß über dem Raume, welcher zur Aufnahme der Asche bestimmt ist, noch so viel freier Raum bleibt, daß die zur Ernährung des Feuers erforderliche Luftmenge ungehindert vom Aschenraume aus durch die Rostschlitze in den Feuerraum einströmen kann. Der Aschenraum muß durch eine Thür von Eisenblech oder Gußeisen abgeschlossen sein, in welcher in der Regel die zum Einströmen der Luft erforderliche Oeffnung angebracht wird. Zur Regulirung des Luftzugs wird die an der Aschenthür angebrachte Oeffnung mit einer Klappe oder einem Schieber versehen. Die Oeffnung an der Aschenthür ist jedoch nur dann erforderlich, wenn die zur Unterhaltung des Feuers nöthige Luft aus dem Raume zugeführt werden muß, in welchem die Feuerungsanlage sich befindet. Gestattet es die Localität, den Aschenraum mit einem Canale in Verbindung zu bringen, in welchem die atmosphärische Luft außerhalb des Gebäudes oder von einem andern Raume aus einströmt und dem Roste zugeführt wird, so bleibt die Aschenthür ohne Einschnitt, und es wird zur Regulirung des durch besagten Canal stattfindenden Luftzuges an diesem Canal selbst die erforderliche Vorrichtung angebracht, welche dann am besten aus einem Schieber besteht. Diese Einrichtung ist sehr zu empfehlen und bietet für offene Schornsteine das sicherste Mittel dar, dem Zurücktreten des Rauches vorzubeugen, welches in geschlossenen Localitäten häufig dadurch entsteht, daß, wenn zur Ersetzung der zur Verbrennung verwendeten Luftmenge die in dem Locale enthaltene Luft nicht

Von den Feuerungsanlagen in Wohngebäuden.

ausreicht, die kalte Luft durch den offenen Schornstein abwärts eindringt und, mit dem Rauche gemischt, dem Roste zuströmt. Ein weiterer Nutzen der Zuführung kalter Luft von außerhalb besteht darin, daß der Zug der Feuerung, welcher um so lebhafter ist, je kälter die Luft dem Roste zugeführt wird, ganz unabhängig ist von der durch die Feuerungsanlage bewirkten Erwärmung des Locals.

c. **Der Feuerraum.** Der Feuerraum auch Feuerkammer, genannt, erhält eine der Bestimmung der Feuerungsanlage entsprechende Form, welche zumeist schon durch die Form des Rostes bedingt ist. Bei Kessel- und Herdfeuerungen muß die Hitze hauptsächlich auf den Kesselboden oder die Herdplatten wirken. Hiernach muß sich der Feuerraum von dem Roste aus nach der zu erhitzenden Fläche so erweitern, daß die Flamme sich in dem Feuerraum vollständig entwickeln und auf die möglichst vollkommene Erhitzung der Bodenfläche wirken kann, bevor sie in die Zugcanäle eintritt. Die Rostfläche, an welche sich der Herd des Feuerraumes anschließt, wird von den zu erhitzenden Flächen in solcher Entfernung angelegt, wie es der Größe der Feuerungsanlage und der Beschaffenheit der Brennmaterialien nach obiger Anforderung angemessen ist. Die Höhe des Feuerraumes vom Roste bis zu der zu erhitzenden Fläche beträgt bei Steinkohlenfeuerung für Herde und kleinere Kessel von 7 bis zu 10 Zollen, bei großen Kesselfeuerungen von 10 bis zu 15 Zollen, und kann sogar bei großen Feuerungen, wo zur Vermeidung von Störungen im Zuge durch öfteres Nachschüren große Quantitäten Steinkohlen oder Torf auf einmal eingebracht werden, bis zu der Höhe von 24 Zollen gesteigert werden. Bei Holzfeuerung, wo die Stichflamme höher wird, wird der Rost, je nach der Größe der Feuerung und nach der zu erreichenden Lebhaftigkeit des Zuges, von 16 bis zu 25 Zoll von der zu erhitzenden Fläche angelegt. Für große Kesselfeuerungen giebt Schwarz die Höhe des Feuerraumes über einem Holzroste sogar auf 36 Zoll an.

Bei Holzfeuerung liegt der Rost in einer Ebene mit dem Herde des Feuerraumes, wogegen er für Steinkohlen- und Torfbrand in einem besondern nach oben sich erweiternden vertieften Raume angebracht wird, damit das Brennmaterial den Rost vollständig decken und so das Durchströmen der kalten Luft, welche den Brennstoff nicht trifft, verhindern kann. Der Feuerraum muß gegen Erkältung geschützt werden. Außer einer starken Ummauerung, welche die ganze Feuerungsanlage umschließt, ist es zweckmäßig, den Raum zwischen dem meist aus Rollschichten bestehenden Herde des Feuerraumes und zwischen der äußern Ummauerung nicht aus compactem Mauerwerk, sondern aus einer Ausfüllung von lockeren Stoffen, welche schlechte Wärmeleiter sind, wie Asche, Bauschutt ꝛc. bestehen zu lassen.

d. **Die Zugcanäle oder Feuerzüge,** welche den Zweck haben, die aus dem Feuerraume abgehende Hitze aus die Umfangswände der Kessel oder anderer zu erhitzenden Gefäße oder Räume überzutragen, müssen in Bezug auf ihre Weite in richtigem Verhältnisse stehen zu den Rostöffnungen, durch welche die kalte Luft in den Feuerraum eindringt. Wenn nun auch die in dem Feuerraume erhitzte Luft sich mit größerer Geschwindigkeit erhebt und durch den mit dem Feuerraume in Verbindung stehenden Schornstein entweicht, als die kalte in denselben eintritt, so dürfen doch die Feuercanäle wegen der an den Umfangswänden stattfindenden Reibung und wegen des durch die Erkältung der Wände sich ansetzenden Rußes nicht enger sein, als daß der Querschnitt derselben mindestens gleich ist der Fläche der Rostschlitze. Je weiter die Zugcanäle geführt werden, um so größer muß deren Querschnitt sein, und es kann die Weite derselben durchschnittlich zwischen $1/4$ und $1/2$ der ganzen Rostfläche angenommen werden. Zur möglichsten Benutzung der Hitze werden die Canäle so oft wie möglich um die zu erhitzenden Gefäße oder Wände geführt. Da nun aber die Temperatur der heißen Luft in langen Canälen sich erniedrigt und dadurch, so wie durch die vermehrte Reibung an den Umfangswänden der Zugcanäle, ein langsamerer Abzug zum Schornsteine veranlaßt wird, so dürfen die Zugcanäle nie so weit geführt werden, daß für die Feuerung der Nachtheil des schwachen Zuges eintreten kann. Werden von dem Feuerraume aus mehrere Zugcanäle angelegt, so verlangt es die größte Aufmerksamkeit des Maurers, den getrennten Canälen einen gleichen Zug zu geben. Denn da erfahrungsgemäß die von dem Feuerraume aufsteigende Hitze immer den Weg einschlägt welcher sie am kürzesten und leichtesten dem Schornsteine zuführt, so werden getrennte Züge von ungleicher Länge, oder bei gleicher Länge von ungleicher Weite, jederzeit ungleich von dem Feuer bestrichen werden. Mit der geringsten Abweichung getrennter Canäle, sei es in deren Länge, Weite oder Steigung, ist immer eine Abweichung im Zuge verbunden. Getrennte Canäle müssen aus diesem Grunde immer mit einer Vorrichtung zum Reguliren des Zuges versehen werden. Zum Reinigen der Zugcanäle sind an allen Stellen, wo Ruß oder Flugasche sich ansammeln kann, Oeffnungen anzubringen, welche entweder mit Backsteinen ausgestellt und in den Fugen verstrichen, oder vermittelst Kapseln aus Eisenblech, welche in genau schließende Futterrohre gesetzt und mit Sand oder Asche ausgefüllt sind, gut verwahrt werden. Die Seitencanäle eines zu erhitzenden Gefäßes müssen so angelegt werden, daß nach dem Stande der darin enthaltenen Flüssigkeit die oberen Züge, welche um die von Flüssigkeit freien Theile des Gefäßes geführt sind, abgesperrt werden können. Bei großen Kessel- oder Pfannenfeuerungen tritt zuweilen die Nothwendigkeit ein, unter dem Boden der zu erhitzenden Gefäße, also in dem Feuerraume selbst, Feuercanäle anzulegen. In diesem Falle ist es gerathen, die Hitze aus dem Feuer=

raume durch einen einfachen Canal um die Wände der Keſſel oder Pfan=
nen nach dem Schornſteine zu führen.

e. **Der Schornſtein.** Der zur Erneuerung oder vielmehr Erſetzung
der im Heizraume zum Verbrennen des Brennſtoffes verwendeten atmoſphä=
riſchen Luft, gleichzeitig aber auch zur Abführung der mit dem heißen Luft=
ſtrome aus dem Heizraume entweichenden unverbrannten Theile des Brenn=
ſtoffes dienende Beſtandtheil einer Feuerungsanlage wird Schornſtein, Schlot,
zuweilen auch Kamin genannt. Der Schornſtein wird nur dann ſeinem
Zwecke entſprechen, wenn er in ſenkrechter Richtung ſich erhebt und in unge=
trennter Verbindung mit dem Feuerraume oder den Zugcanälen ſteht. Kann
außer der bereits zur Verbrennung verwendeten heißen Luft noch kalte at=
moſphäriſche Luft in den Schornſtein gelangen, ſo wird dadurch die warme
Luftſäule erkältet und in Folge deſſen der Luftzug im Schornſtein geſchwächt.

Die erwärmte Luft entweicht um ſo lebhafter aus dem Schornſteine,
mit anderen Worten, der Zug eines Schornſteines iſt um ſo lebhafter,
je höher die Temperatur der in dem Schornſteine eingeſchloſſenen warmen
Luft gegen die Temperatur der äußern kältern Luft iſt, welche durch den
Roſt in den Feuerraum eindringt.

Nach genauen Verſuchen verhalten ſich die Geſchwindigkeiten des Zu=
ges zweier Schornſteine von gleicher Höhe und gleicher Weite wie die
Quadratwurzeln der Temperaturunterſchiede zwiſchen der äußern kalten und
der in den Schornſteinen aufſteigenden warmen Luft. Hiernach wird durch
eine vierfache Erhöhung der Temperatur der in den Schornſteinen ein=
ſtrömenden heißen Luft der Zug deſſelben nur um das Doppelte erhöht.

Die Zugkraft eines Schornſteines wird nun aber auch durch die Er=
höhung deſſelben vermehrt, indem der Druck der äußern Luft, welche
ſchwerer iſt, als die in dem Schornſteine eingeſchloſſene, in demſelben Ver=
hältniſſe zunimmt, wie das Gewicht einer gleichhohen Säule kalter Luft.
Die Geſchwindigkeiten des Zuges zweier Schornſteine von gleicher Weite,
aber verſchiedener Höhe, verhalten ſich bei gleichem Unterſchiede der Tem=
peratur der äußern und der in den Schornſteinen ſich erhebenden Luft
wie die Quadratwurzeln aus den verſchiedenen Höhen. Der Zug eines
16 Fuß hohen Schornſteines würde ſich hiernach zu dem Zuge eines 25
Fuß hohen Schornſteines verhalten wie 4 zu 5.

Die Erhöhung der Schornſteine kann aber unter Umſtänden die ent=
gegengeſetzte Wirkung hervorbringen, wenn durch die Umfangswände die
Luftſäule erkaltet und wegen vermehrter Reibung zugleich am Aufſteigen
gehindert wird. Es müſſen deshalb die geeigneten Mittel angewendet werden,
der Erkältung der in dem Schornſteine ſich erhebenden Luftſäule vorzubeugen,
und die Bewegung derſelben ſo wenig wie möglich zu hindern. Es werden

daher die Schornsteine aus Backsteinen aufgeführt, welche an sich schon als schlechte Wärmeleiter vor Erkaltung schützen, und wo bei großen Feuerungs= anlagen die Schornsteine in bedeutender Höhe freistehend aufgeführt werden müssen, erhalten sie doppelte Umfangsmauern mit hohlen, den innern Schacht umgebenden Räumen, welche gegen den Zutritt der Luft, sowol von außen als auch von dem innern Schlote aus, verwahrt werden, und entweder nur mit Luft, als dem schlechtesten Wärmeleiter, oder mit anderen die Wärme schlecht leitenden Körpern wie Asche ꝛc. angefüllt sind. Zur Verminderung der Reibung, durch welche die Geschwindigkeit des Luftzuges so sehr beein= trächtigt wird, trägt das senkrechte Aufführen der Schornsteine ohne Biegungen und Unregelmäßigkeiten nicht weniger bei, als eine möglichst glatte innere Fläche derselben. Der Widerstand durch Reibung ist nach der Beschaffen= heit des Materials der Umfangswände verschieden, nimmt aber unter allen Umständen mit der Höhe der Schornsteine zu. Gemauerte Schornsteine sind deshalb im Innern sorgfältig zu verputzen und zu glätten.

Die Weite des Schornsteins für geschlossene Feuerung richtet sich eines= theils nach der Größe des Rostes und anderntheils nach der Lebhaftigkeit des beabsichtigten Zuges. Bei Schornsteinen in Wohngebäuden, welche zur Abführung des Rauches von Oefen dienen, giebt man den Schornsteinen die doppelte Querschnittfläche der einmündenden Ofenrohre. Bei größeren An= lagen und sehr hohen Schornsteinen wird in der Regel dem Schornsteine im Querschnitt die vierfache Fläche der Oeffnungen gegeben, durch welche die Luft in den Feuerraum einströmt. Besteigbare Schornsteine, welche vom Schornsteinfeger befahren werden, müssen im Querschnitte rechteckig sein, und erhalten die zum Befahren erforderliche, meist gesetzlich vorgeschriebene Weite. Unbesteigbare Schornsteine, deren Reinigung vermittelst Besen oder einer Bürste erfolgt, werden im Querschnitte am zweckmäßigsten kreisrund und von solcher Weite angelegt, daß sie im Stande sind, den Rauch sämmtlicher in dieselben einmündenden Feuerungen aufzunehmen. Erfahrungsgemäß genügt eine Lichtenweite von 7 Zollen für einen engen, sogenannten rus= sischen Schornstein, in welchen die Rauchröhren von 3 Oefen einmünden. Münden mehrere Oefen ein, so muß die Weite bis auf 10 Zoll vergrößert werden. Das Einmünden mehrerer Röhren in einen Schornstein veranlaßt in der Regel Störungen im Zuge der Schornsteine, und nicht selten tritt der Rauch aus den Schornsteinen in die Röhren von Oefen, welche nicht gefeuert werden, zurück. Es sollte deshalb für jedes der einzelnen Stock= werke ein besonderer Schornstein angelegt werden, in welchem die dem betreffenden Stockwerke zugehörigen Ofenröhren einmünden.

Da die besteigbaren Schornsteine sowol zur Abführung des Rauches von Herden, Casserollen ꝛc., als auch zur Entfernung der beim Kochen erzeugten

Dämpfe dienen, so werden sie in der Regel in jedem Stockwerke, in welchem eine Küche sich befindet, besonders, und zwar erst von der Decke anfangend, angelegt und neben dem Schornsteine des darunter befindlichen Stockwerkes aufgeführt. Das noch an vielen Orten übliche Aufsatteln der Schornsteine, wobei die Umfangsmauern auf die Balken unmittelbar angelegt und über die Auswechselung der Oeffnung so weit nach innen vorgeschossen werden, daß vor die Hölzer gestellte Backsteine angeblendet und mit Kreuznägeln befestigt werden können, muß als ein durchaus verwerfliches Verfahren, durch welches dem Entstehen von Feuersgefahr Vorschub geleistet wird, bezeichnet werden. Die Umfangsmauern besteigbarer Schornsteine müssen durch die Gebälke geführt und von den Scheidewänden aus durch vorgemauerte Träger oder untergelegte Trageisen unterstützt werden. Unbesteigbare Schornsteine sollten nie auf die Gebälke gesetzt, sondern immer von Grund aus ausgeführt werden. Wegen der starken Erhitzung der engen Schornsteine dürfen die Umfangswände derselben nicht unmittelbar an Holzwänden oder Gebälken aufgeführt, sondern sie müssen durch eine mindestens $\frac{1}{2}$ Stein starke Ummauerung von allem angrenzenden Holzwerke isolirt werden. Die Höhe der Schornsteine in Wohngebäuden richtet sich zunächst nach der Höhe des Gebäudes, dessen Dachfläche sie zur Abführung des Rauches überragen müssen. Nicht immer können die Schornsteine an der geeignetsten Stelle im Dachfirste hinausgeführt werden. Zur Sicherung gegen die nachtheiligen Einwirkungen der am Dache abprallenden Windstöße und Sonnenstrahlen aber muß als Regel festgehalten werden, an tieferen Stellen des Daches ausmündende Schornsteine so hoch zu führen, daß sie den Dachfirst überragen. Bei unbesteigbaren Schornsteinen ist die Höhe derselben über dem Dachfirst dadurch beschränkt, daß der Schornsteinfeger von dem Dache aus die Ausmündung des Schornsteins muß erreichen können, um von hier aus seine Putzwerkzeuge einzubringen. Zur Beförderung des Zuges und der Fortführung des Rauches über das Dach hinaus kann auf den gemauerten Schornstein ein Blechrohr von der erforderlichen Weite gesetzt werden.

Es ist indeß nicht immer ausführbar, die Schornsteine über die Firsthöhe des Daches, oder über die Höhe von Nachbargebäuden hinauszuführen, und finden wir, zur Verhütung der nachtheiligen Einwirkung der äußeren Luftströmungen auf den Zug der Schornsteine, bei deren Ausmündung theils bewegliche, theils unbewegliche Vorrichtungen angebracht, welche unter dem Namen der Schornsteinhüte bekannt sind. Bewegliche Vorrichtungen, welche dazu dienen sollen, dem Rauche ungehinderten Abzug nach der, der äußern Luftströmung entgegengesetzten Seite zu verschaffen, entsprechen, wegen der oft schnell wechselnden Richtung der Luftströme, ihrem Zweck sehr unvollkommen, sind sogar erfahrungsgemäß in den meisten Fällen nachtheilig. Von ben unbeweglichen Schornsteinhüten werden die mit einer Decke versehenen am wenigsten zu empfehlen sein, weil die Windstöße von der Bedeckung abprallend die Rauchsäule zurückdrängen. Wir müssen aus eigener Erfahrung den unbedeckten Schornsteinhüten, welche richtiger als Schornsteinmäntel bezeichnet werden, den Vorzug einräumen, und theilen in Fig. 192 und 193 einen

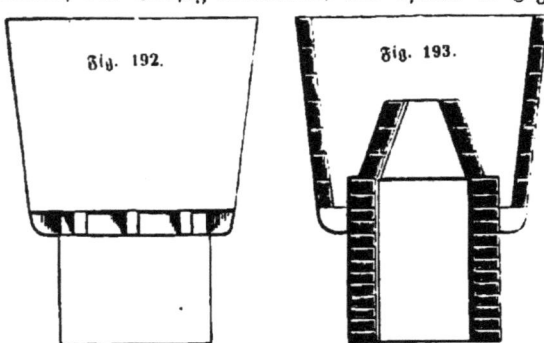

Mantel für besteigbare Schornsteine und in Fig. 194 und 195 einen Mantel für unbesteigbare enge Schornsteine von rundem Querschnitte mit, wie wir sie mit dem besten Erfolge an niedrigen Schornsteinen ausgeführt haben.

Der aus gestellten Backsteinen gemauerte Mantel ruht auf Tragsteinen, welche in die Umfangswände des Schornsteins eingemauert sind und so weit von einander abstehen, daß sie die als Läufer der Länge nach gestellte Steine

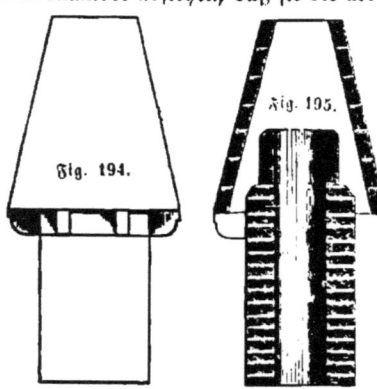

der ersten Mantelschicht an den Stoßfugen unterstützen. Ueber den Tragsteinen, wozu auf die Hochkante gestellte Backsteine dienen, werden die Umfangswände des Schornsteins um so viel höher geführt, daß diese Aufmauerung der Last des äußern Mantels das Gleichgewicht hält. Der Mantel wird bei besteigbaren Schornsteinen nach Fig. 192 und 193 nach oben erweitert, bei unbesteigbaren Schornsteinen nach Fig. 194 und 195 nach oben zusammengezogen und höher geführt als die Ummauerung der Schornsteinröhre. Innerhalb des Mantels wird der besteigbare Schornstein nach oben so zusammengezogen, daß die Weite der Röhre an der Ausmündung etwa dem Querschnitte eines unbesteigbaren Schornsteins für die auf den besteigbaren Schornstein bezügliche Feuerung entspricht. Bei dieser Verengung der Schornsteinröhre wird der Zug des Rauchs weniger durch einfallende Sonnenstrahlen gemindert, und es nimmt die Einwirkung der Winde, welche in horizontaler oder abwärts gekehrter Rich-

Von den Feuerungsanlagen in Wohngebäuden.

tung den Rauch in den Schornstein zurückdrängen, in demselben Verhältnisse ab, in welchem die Schornsteinöffnung kleiner wird. Die nachtheilige Einwirkung der Sonne auf den Zug der Schornsteine läßt sich dadurch erklären, daß entweder die Sonnenstrahlen, welche die Dachfläche stark treffen, die Luft in der Umgebung der Ausmündung allzu sehr verdünnen, wodurch es dem weniger erhitzten Rauche im Schornsteine schwer wird, sich emporzuschaffen, oder daß bei hochstehender Sonne die Strahlen derselben in den Schornstein einfallen und in demselben zunächst der Mündung eine Säule stark verdünnter Luft erzeugen, welche den Rauch am Austreten verhindert. Der höher geführte Mantel schützt nun einerseits die Ausmündung des Schornsteins gegen die horizontalen und abwärts gerichteten Windströmungen und andererseits gegen die zu starke Erhitzung der Luft zunächst der Mündung, indem der durch die Oeffnungen zwischen den Tragsteinen einströmende Wind anhaltend kältere Luft zuführt und dem Rauche zugleich eine ansteigende Richtung giebt. Bewegen sich die Winde horizontal oder abwärts, so werden sie durch den erhöhten Mantel verhindert, den Rauch direct in den Schornstein zurückzudrängen, es wird derselbe, wenn auch mit geringerer Geschwindigkeit, sich in dem Raume zwischen dem Mantel und dem Schornsteine abwärts bewegen und aus den Oeffnungen zwischen den Tragsteinen nach außen entweichen. Bei sehr hohen Schornsteinen wird den nachtheiligen Einwirkungen der Sonne und der horizontalen oder abwärts gerichteten Windströme durch eine angemessene Bedeckung der Schornsteine, so wie durch eine Verengung der Austrittsöffnung derselben in den meisten Fällen ausreichend begegnet werden können. Sandstein- oder Thonplatten sind zur Bedeckung der Schornsteine geeigneter als Eisenguß- oder Blechplatten, weil die letzteren eine Erhitzung der Luft über der Ausmündung der Schornsteine und dadurch eine Verminderung des Zuges bewirken.

Nach dieser allgemeinen Betrachtung der Hauptbestandtheile einer jeden Feuerungsanlage gehen wir nun zur Beschreibung derjenigen Feuerungen über, deren Herstellung dem Maurer bei der Einrichtung von Wohngebäuden überlassen ist. Feuerungen anderer Art in unsere Betrachtung mit aufzunehmen, verbietet uns der vorgeschriebene, sehr beschränkte Umfang dieses Werkchens.

Wir werden uns auf die Beschreibung der Oefen für Zimmerheizung, der Kochheerde und der einfachen Kesselfeuerungen beschränken müssen.

Oefen für Zimmerheizung gehören nur in soweit in unsere Betrachtung, als sie der Maurer aus dem Materiale, welches jede Ziegelhütte liefern kann, auszuführen im Stande ist. Die sogenannten Porzellanöfen, die in neuerer Zeit wegen der gleichmäßigen und temperirten Wärme für

Zimmer, welche den ganzen Tag geheizt werden sollen, eine weitverbreitete Aufnahme in bemittelten Kreisen gefunden haben, sind für Wenigbemittelte ihrer Kostspieligkeit wegen nicht zugänglich. Da nun diesen Oefen nur das Material — der Thon — die Vorzüge einer gleichmäßigen und lange anhaltenden Erwärmung verleiht, so können die kostspieligen Kacheln der Porzellanöfen füglich durch gutgeformte Backsteine ersetzt werden. Wir nehmen als bekannt an, daß die Backsteine die Hitze nicht leicht annehmen, diese aber lange zurückhalten und nur langsam an die äußere Luft abgeben. Ein gemauerter Ofen wird demnach, wenn das Anfeuern und die weitere Behandlung desselben in einer der vortheilhaften Benutzung des wärmehaltenden Materials angemessenen Weise geschieht, zur anhaltenden Erwärmung der Zimmer unter allen Umständen einem eisernen Ofen, welcher die Hitze zwar schnell abgiebt, aber auch eben so schnell erkaltet, vorzuziehen sein.

Vorausgesetzt, daß ein gemauerter Ofen vom Zimmer aus mit Holz gefeuert werde, daß derselbe am Schür= und Aschenloch vollkommen verschlossen werden kann, und eben so am obern Theil des Rauchrohres mit einer gut schließenden Klappe versehen sei, würde die Feuerung wie folgt am zweckmäßigsten zu behandeln sein. Man macht das Feuer mit klein gespaltenem trockenem Holze an, und wenn dieses nahezu abgebrannt ist, so legt man so viel Holz nach, daß der ganze Feuerraum damit angefüllt ist. Durch eine rasche Verbrennung erhält man im Feuerraume eine große Masse glühender Kohlen, welche nun in den hintern Theil des Feuerraumes zusammengeschaufelt und gegen den Zutritt der äußern Luft durch das Schließen der unteren Oeffnungen sowol, als auch der Klappe am Rauchrohre verwahrt werden. Der Ofen bildet nun einen von dem Schornsteine völlig getrennten Wärmebehälter, welcher die eingeschlossene Wärme mehrere Stunden lang durch seine Umfangswände gleichmäßig ausströmt. Wird wegen der Wärmeabnahme im Zimmer ein abermaliges Anfeuern erforderlich, so öffnet man die Klappe am Rauchrohre, bringt die noch vorhandenen Kohlen aus dem hintern Theile des Feuerraumes hervor, legt einige Stücke kleingespaltenes Holz darauf, und wenn diese im Brand sind, so füllt man den Feuerraum wie beim ersten Male von Neuem. Bei sorgfältiger Behandlung genügt an nicht sehr kalten Wintertagen ein zweimaliges Anfeuern, und an den kältesten Wintertagen wird das Anfeuern höchstens dreimal wiederholt werden müssen.

In der Regel finden wir die Oefen für Holzfeuerung ohne Rost und ohne Aschenraum. Es ist an dem untern Theile der Heizthüre eine kleine Oeffnung angebracht, durch welche die Luft in den Feuerraum eintritt. Zur Regulirung des Luftzuges ist die Oeffnung mit einer Klappe oder einem Schieber versehen. Bei derartigen Oefen streicht ein Theil der einströmenden Luft über dem Brennmateriale hin, ohne zur Unterhaltung der Verbrennung bei=

Von den Feuerungsanlagen in Wohngebäuden.

zutragen, und es wird, da diese wenig erhitzte Luft nothwendig ein Erkalten der mit dem Brennstoffe in Berührung kommenden, stark erhitzten Luft bewirkt, dadurch der Nutzeffect gemindert. Daß bei einem Ofen ohne Rost, nach abgebranntem Feuer, der Feuerraum leichter und sicherer gegen das Eintreten der äußern Luft abgeschlossen werden kann, als dies bei einem Ofen mit Rost und Aschenraum der Fall ist, gereicht dem erstern zum Vortheil, und es mag darin der Grund zu suchen sein, weshalb bei den meisten Oefen für Holzfeuerung der Rost fehlt. Bei Oefen welche mit Torf, Steinkohlen oder Braunkohlen geheizt werden sollen, ist ein Rost mit Aschenfall unbedingt nothwendig.

Der Feuerraum soll bei gemauerten Oefen nicht größer sein als nöthig ist, um das gleichzeitig darin zu verbrennende Material zu fassen. Bei Holzbrand wird der Rost in gleicher Höhe mit dem Herde eingelegt. Bei Torf- und Steinkohlenbrand erhält der Herd eine kesselförmige, unten durch den Rost begrenzte Vertiefung, in welcher das Brennmaterial compact liegen kann und den Rost vollständig deckt.

Die Züge der gemauerten Oefen sind entweder gerade aufsteigend und eben so abwärts fallend, oder vorzugsweise horizontal geführt. Die ersteren liegen innerhalb des Ofenkastens und bilden eine andauernde Wärmequelle, weil sie gegen die Zimmerluft weniger Berührungsfläche haben, die Zugwände, mit Ausnahme der nach außen gekehrten Flächen, nach erfolgtem Abschluß des Ofens ganz von der erhitzten eingeschlossenen Luft umgeben sind, und sonach lange die von den Außenseiten an die Zimmerluft abgegebene Hitze ersetzen können. Bei Oefen mit horizontalen Zügen lassen sich durchgehende, mit Guß- oder Blechplatten gedeckte Nischen anbringen, welche zum schnellen Erwärmen des Zimmers wesentlich beitragen, zugleich aber auch dem anhaltenden und gleichmäßigen Erwärmen Abbruch thun. Bei Oefen mit gerade aufsteigenden Zügen müssen die abwärts fallenden Züge bis zum Feuerraum geführt werden, und es ist darauf zu sehen, daß der letzte Zug, welcher die am wenigsten heiße Luft enthält, an den ersten und heißesten Zug sich anschließe, damit der kälteste Zug von dem heißesten erwärmt werde. Die Gesammtlänge der Feuerzüge oder Heizcanäle hängt hauptsächlich von der Beschaffenheit der Brennstoffe in Bezug auf die sich beim Verbrennen entwickelnde Flamme ab. Holz giebt die längste Streichflamme, Steinkohle die kürzeste. Holzöfen werden deshalb ohne Beeinträchtigung des Zuges der Feuerung mit längeren Heizcanälen versehen werden können, als Steinkohlenöfen. Aus demselben Grunde finden gerade aufsteigende und wieder abwärtsfallende Züge nur bei Holzöfen ihre Anwendung, während bei Steinkohlen- oder Torföfen die Züge vorzugsweise horizontal mit aufsteigender Verbindung angelegt werden.

Die Backsteine zu Oefen müssen aus gut gereinigtem, nicht zu fettem Thon scharf geformt und vorsichtig gebrannt sein. Werden besondere Steine dazu geformt, so können sie als Platten von entsprechender Größe und für die Züge von geringerer Dicke als für den Feuerkasten angefertigt werden. Zum Vermauern nimmt man einen geschlemmten, eisenhaltigen und magern Thon. Gegen das Auseinandertreiben der nur mit Lehm untereinander

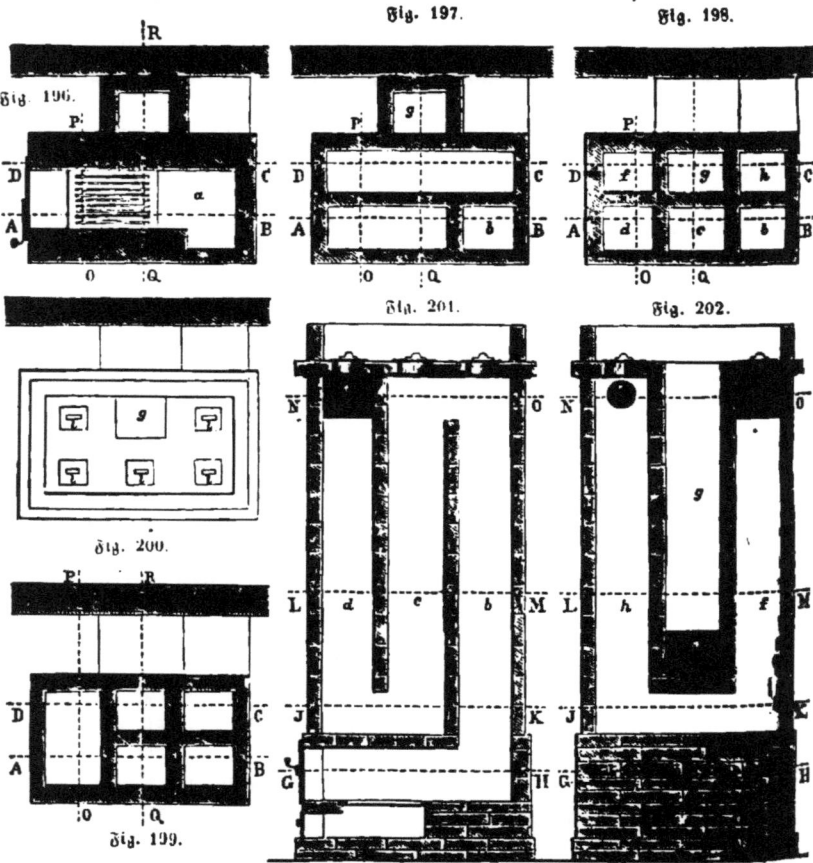

verbundenen Steine kann man um den Feuerkasten einige dünne Streifen aus Messing oder Flammeisen legen, und diese durch Schrauben straff anziehen. Ist der Ofen mit seinem Thon sauber verkittet, so kann er mit Milch- oder Leimfarben angestrichen und mit Malerei eben so gut verziert werden, wie dies bei Oefen aus unglasirten Kacheln üblich ist.

Von den Feuerungsanlagen in Wohngebäuden.   223

Als Beispiel eines gemauerten Ofens mit senkrechten Zügen geben wir in Fig. 196 bis 205 die Abbildung eines nach dem Systeme der schwedischen Öfen construirten Ofens, welcher sich als Holzofen sehr vortheilhaft bewährt hat. Der Feuerkasten des Ofens ist nach Fig. 196 mit liegenden Steinen gemauert, während die Heizcanäle von gestellten 2 Zoll dicken Steinen ausgeführt sind. Der Rost nebst Aschenraum geht auf die halbe Länge des Feuerraumes durch. Schürloch und Aschenraum sind mit doppelten Thüren versehen. Aus dem Feuerraume a steigt die Hitze durch den Canal b aufwärts, geht im Canal c herab bis auf die Decke des Feuerraumes, in d wieder aufwärts, und tritt durch die obere Oeffnung e der Scheidewand in den hintern Canal f, wird hier unter dem Luftcanal g her in den Canal h,

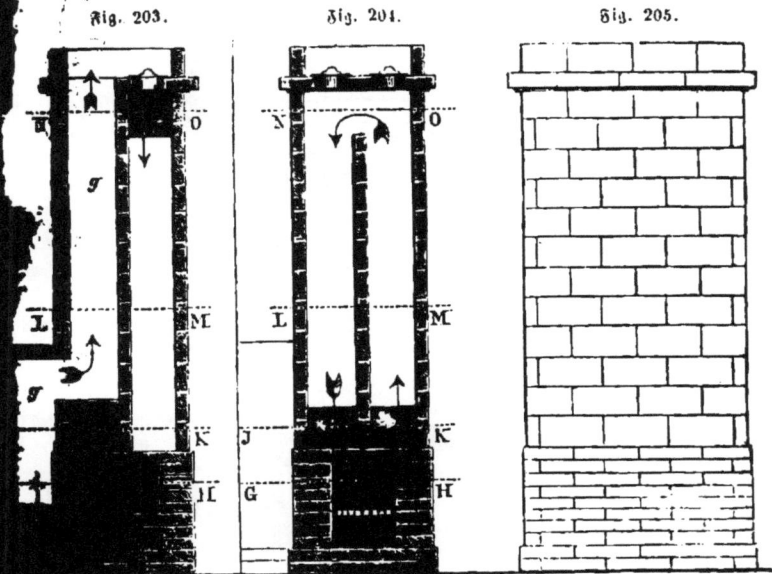

Fig. 203.   Fig. 204.   Fig. 205.

von diesem durch die Rauchröhre i in den Schornstein geleitet. Um eine Erwärmung im Zimmer nach dem Ofen hin zu erreichen und zugleich die untersten Luftschichten zu erwärmen, ist an diesem Ofen der mittlere hintere Canal g als Luftcanal, welcher die kalte Luft zunächst dem Fußboden aufnimmt, benutzt. Die kalte Luft wird auf der, der Einheizthür entgegengesetzten hintern Seite des Ofens unmittelbar über dem Fußboden aufgenommen, durch den Canal g aufwärts durchgeführt und dabei von den drei erhitzten Canalwänden erwärmt, wonach dieselbe oben ausströmt. Der Ofen, welcher nach Fig. 198 in 6 Abtheilungen getheilt ist, enthält demnach nur 5 Züge,

und der sechste Zug wurde zu einem, die Luftströmung im Zimmer beför
dernden Luftheizungscanal benutzt. Der Ofen ist oben mit einer Gußplatt
gedeckt, in welcher zur Reinigung der Canäle 5 Oeffnungen, durch Kapseln ver
schließbar, angebracht sind. Die Gußplatte ist mit einer Backsteinschich
belegt, welche, über die äußeren Ofenwände vorstehend, zugleich das einfach
Gesims bildet. Damit die zur Reinigung der Züge auf der Ofendec
angebrachten Kapseln *l*, deren Fugen nach jeder Reinigung sorgfältig m
Lehm verstrichen werden müssen, nicht in der Ansicht des Ofens stören
ist über der Belegschicht hinaus der äußere Umfang des Ofenkastens noc
durch eine Stellschicht erhöht fortgeführt. Da ein Ausputzen dieses Ofen
sehr selten und höchstens alle zwei Jahre nöthig ist, so sind in der Rege
an den untern Theilen der Züge keine besonderen Oeffnungen zum Her

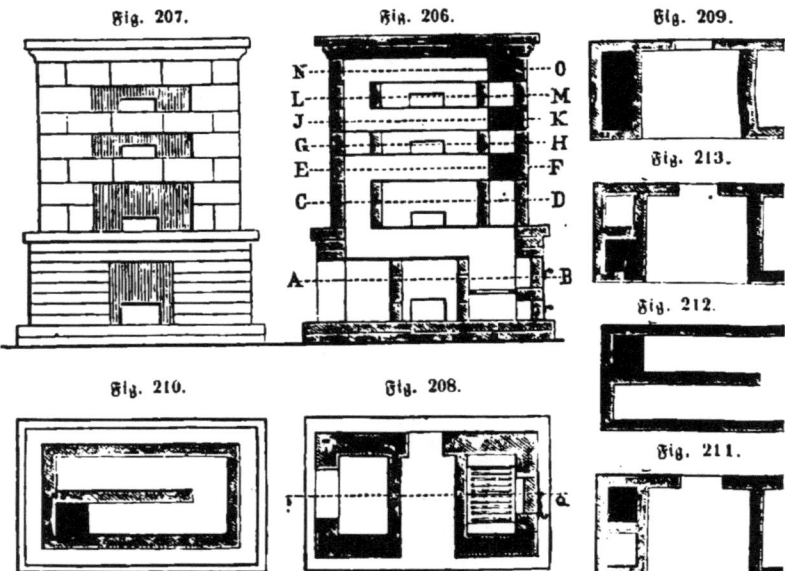

ausbringen des Rußes angebracht, und es werden die Oefen entwede
alle zwei Jahre umgesetzt, oder zu Zeit der Reinigung am untern Theile
der Züge die Backsteine herausgenommen und, nachdem der Ruß heraus-
geschafft worden, wieder eingesetzt und an den Fugen verkittet.

Einen Ofen mit horizontalen Zügen geben wir in den Fig. 206 bi
213. Das Schürloch ist an der schmalen Seite des Ofens angebracht, und
der mit Rost und Aschenfall versehene Feuerraum nimmt den dritten Theil
der Länge des Ofens ein. Schürloch und Aschenfall sind mit doppelten Thüren

versehen. Aus dem Feuerraume geht die Hitze durch den ersten Zug in den kurzen verticalen Canal und tritt durch eine Oeffnung im Deckbleche — oder einer Gußplatte — in die erste Etage, in welcher sie um die Zunge herumzieht und dann durch eine hintere Oeffnung im Deckbleche in die zweite Etage tritt. In der zweiten Etage geht die Hitze von hinten nach vorn um die Zunge herum und tritt durch die im Deckbleche angebrachte Oeffnung in die letzte Etage, aus welcher sie, nachdem sie die Zunge umspielt hat, in den Schornstein entweicht.

Ueber dem Feuerraume, welcher sammt dem ersten Zuge mit einer Gußplatte überdeckt ist, wird die zum Kochen dienende Nische angebracht. Das Feuer streicht über die Gußplatte, unter welcher zwei Nischen, je eine an der breiten und schmalen Seite des Ofens, angebracht sind, welche zur schnellen Erwärmung der Zimmerluft zunächst dem Fußboden dienen. Zwischen den horizontalen Canälen sind zwei Nischen angebracht, in deren hinteren Wänden kleine Oeffnungen befindlich sind, um eine Luftdurchströmung über die erhitzten Blechplatten zu erzeugen. Zum Reinigen der Canäle kann in jeder Etage ein Stein herausgenommen werden.

Kochherde. In holzreichen Gegenden wird noch in vielen Haushaltungen bei offenem Feuer gekocht. Auf dem mit Backsteinen, oft auch nur mit Bruchsteinen aufgemauerten und oben mit Backsteinen oder Platten belegten Herde ist entweder eine einfache Vertiefung angebracht, in welcher das Feuer unterhalten wird, und um welche die Kochgefäße gestellt oder über welcher dieselben aufgehängt werden, oder es ist die Herdvertiefung mit einem Rost und Aschenfall versehen und bildet eine Casserolle. Der Rauch steigt bei derartigen offenen Feuern im Küchenraume frei auf und verbreitet sich, selbst da, wo über dem Herde ein Rauchfang — Schlotmantel, Schornsteinbusen — angebracht ist, in der Küche, und dringt von da in die übrigen Wohnräume. Außer dieser Belästigung veranlaßt das Kochen bei offenem Feuer eine so bedeutende Verschwendung an Brennmaterial, daß es dringend geboten ist, an deren Stelle zweckmäßigere und holzersparende Einrichtungen einzuführen.

Kochherde, bei welchen das zum Kochen der Speisen dienende Feuer in einem besonderen Feuerraume mit Rost und Aschenfall brennt, werden im Allgemeinen Sparherde genannt. Bei diesen hier zur Sprache kommenden Herden sind die Kochgefäße entweder in Oeffnungen der gußeisernen Herdplatte eingesetzt — versenkt — und werden sowol am Boden als an den Seitenwänden vom Feuer bestrichen, oder sie werden, ohne in die Herdplatte versenkt zu sein, nur auf die Herdplatte aufgesetzt, welche in diesem Falle in ihrer ganzen Ausdehnung auf der untern Seite vom Feuer bespült werden muß. Die letzterwähnten Herde werden Plattenherde genannt.

Die Einrichtung der Sparherde unterliegt den mannigfachsten Verschiedenheiten. Außer den Anforderungen in Bezug auf die erforderliche Größe und die größere oder geringere Eleganz hat besonders das Brennmaterial, welches zum Kochen verwendet werden soll, einen wesentlichen Einfluß auf die Verschiedenheiten der Herdeinrichtung.

Außer einer zweckmäßigen brennstoffsparenden Construction wird an den täglich im Gebrauche befindlichen Kochherd die Anforderung der größtmöglichen Dauerhaftigkeit gestellt. Wo die Kosten nicht gescheut werden, erhält deshalb der gemauerte Herd eine Verkleidung sämmtlicher Außenseiten mit gußeisernen Platten. Eine gußeiserne Herdplatte, worin sich die Oeffnungen zum Einsetzen der Kochgefäße befinden oder auf welche diese gestellt werden, so wie eine zweite Platte auf der vordern Seite, wo sich das Schür- und Aschenloch befindet, darf bei dem einfachsten Herde nicht fehlen. Außen verputzte Mauerung ist der Beschädigung sehr unterworfen. Es ist deshalb zweckmäßiger, das äußere Mauerwerk mit scharfkantigen Steinen genau nach Senkel und Richtscheit aufzuführen und nur in den Fugen zu verstreichen. Im Innern des Herdes, wo das Mauerwerk dem Feuer direct ausgesetzt ist, wird mit Lehm gemauert, zu den Außenwänden kann Kalkmörtel, welcher der Nässe widersteht, verwendet werden.

Bei den Zugcanälen ist darauf zu sehen, daß die zu erhitzenden Flächen gleichmäßig vom Feuer umspült werden, und müssen deshalb gespaltene Feuerzüge bis zu der Stelle, wo sie sich wieder vereinigen, genau dieselbe Länge und denselben Querschnitt erhalten und eben so gleichmäßig ansteigen oder fallen. Die geringste Abweichung bewirkt bei gespaltenen Zügen, daß die Hitze den kürzesten und bequemsten Weg einschlägt und den längern und unbequemern Weg ganz unberührt läßt. Bei allen von dem Feuerraume aus nicht zugänglichen Zugcanälen müssen die nöthigen Oeffnungen zum Reinigen derselben in den Umfangswänden angebracht und mit gut schließenden Kapseln verwahrt werden.

Die Küchenherde werden am zweckmäßigsten unter die Schornsteinöffnung gelegt, damit die Rauchröhren in senkrechter Richtung dem Schornsteine zugeführt werden können. Zur Beförderung des Zuges der Herdfeuerung werden besteigbare Schornsteine an der Decke durch eine Guß- oder Blechplatte abgeschlossen, welche zugleich dazu dient, die sich erzeugenden Dünste aus der Küche wegzuschaffen. Nach Fig. 213 wird ein Rahmen aus Guß- oder Schmiedeeisen von der Lichtenweite der Schornsteinöffnung angefertigt und an derselben da, wo der Schornstein an der Küchendecke beginnt, befestigt. Dieser Rahmen enthält eine Oeffnung, durch welche der Schornsteinfeger einfahren kann, während der übrige Theil des Rahmens durch eine feste Platte bedeckt ist. Mittelst einer in Charnieren sich nach

Von den Feuerungsanlagen in Wohngebäuden. 227

oben bewegenden Thür kann die zum Einfahren dienende Oeffnung entweder ganz geschlossen oder mehr oder weniger geöffnet werden. Es ist zu diesem Zwecke an der Klappthür eine Eisenstange angebracht, welche unten so eingehängt oder auf Stützen gestellt werden kann, daß hierdurch ein Oeffnen der Thür in jedem beliebigen Grade möglich ist, um dem Rauche oder den sich anhäufenden Dünsten den Austritt in den Schornstein zu verschaffen. Durch die der Küchenwand zugewendete feste Platte des Rahmens werden in entsprechende genau passende Oeffnungen die Rauchröhren hindurchgeführt und über die Platte hinaus angemessen erhöht.

Zur Beschreibung gemauerter Kochherde wählen wir einige als zweckmäßig anerkannte, den Bedürfnissen kleiner und mittelgroßer Haushaltungen entsprechende Muster von Sparherden.

Einen kleinen Kochherd mit drei versenkten Töpfen, welche im Kleeblatt sitzen, stellen wir in den Fig. 214 bis 217 dar. Fig. 214 ist ein senkrechter Durchschnitt nach a b der Fig. 215, nach der Quere des Rostes durch die Mitte der beiden vorderen Töpfe; Fig. 215 ein Grundriß unter der Herdplatte; Fig. 216 ein senkrechter Durchschnitt nach c d der Fig. 215, durch die Mitte des Rostes und Feuerraums nach der Länge; Fig. 217 ist die vordere Ansicht. Ueber dem Roste und in gleicher Entfernung vom Mittel desselben befinden sich zwei in die Herdplatte versenkte Töpfe, der dritte liegt hinter dem Roste. Der Feuerraum steigt zu beiden Seiten des horizontal gelegten Rostes schräg aufwärts, wie dies aus Fig. 214 zu ersehen ist. Unmittelbar hinter dem Roste ist ein Backstein A hochkantig auf die lange Seite gestellt, indem er mit den beiden schmalen Seiten in die schräg aufsteigenden Steine des Feuerraums eingreift. Unmittelbar hinter dem Steine A ist ein zweiter B, dieser aber hochkantig auf die schmale Seite gestellt, und zwar dergestalt, daß zwischen dessen vorderen Kanten und den Seiten der vorderen Töpfe nur ein ganz geringer Zwischenraum bleibt und derselbe oben bis an die Deckplatte des Herdes reicht. Hinter diesem aufgestellten Steine ist das Mauerwerk des Herdes so hoch heraufgeführt, daß zwischen demselben und dem Boden des hintern Topfes nur ein Zwischenraum von 2 Zoll verbleibt. Die Ummauerung läßt zwischen den Seiten der drei Töpfe einen zum Circuliren der Hitze dienenden Zwischenraum von nur 1 Zoll. Zwischen dem Steine B und der Ummauerung sind auf beiden Seiten 4 Zoll breite Oeffnungen angebracht, durch welche die Hitze zu dem hintern Topfe einströmt, und von da durch das unmittelbar hinter demselben befindliche Rauchrohr in den Schornstein entweicht. Zum beliebigen Abschluß der Feuerung ist an dem Rauchrohre eine Klappe angebracht.

Einen dem vorbeschriebenen ähnlichen Kleeblattherd zeigt Fig. 218 im Grundriß. Bei diesem Herde sitzt der eine Topf unmittelbar über dem Roste,

15*

228 Zehnter Abschnitt.

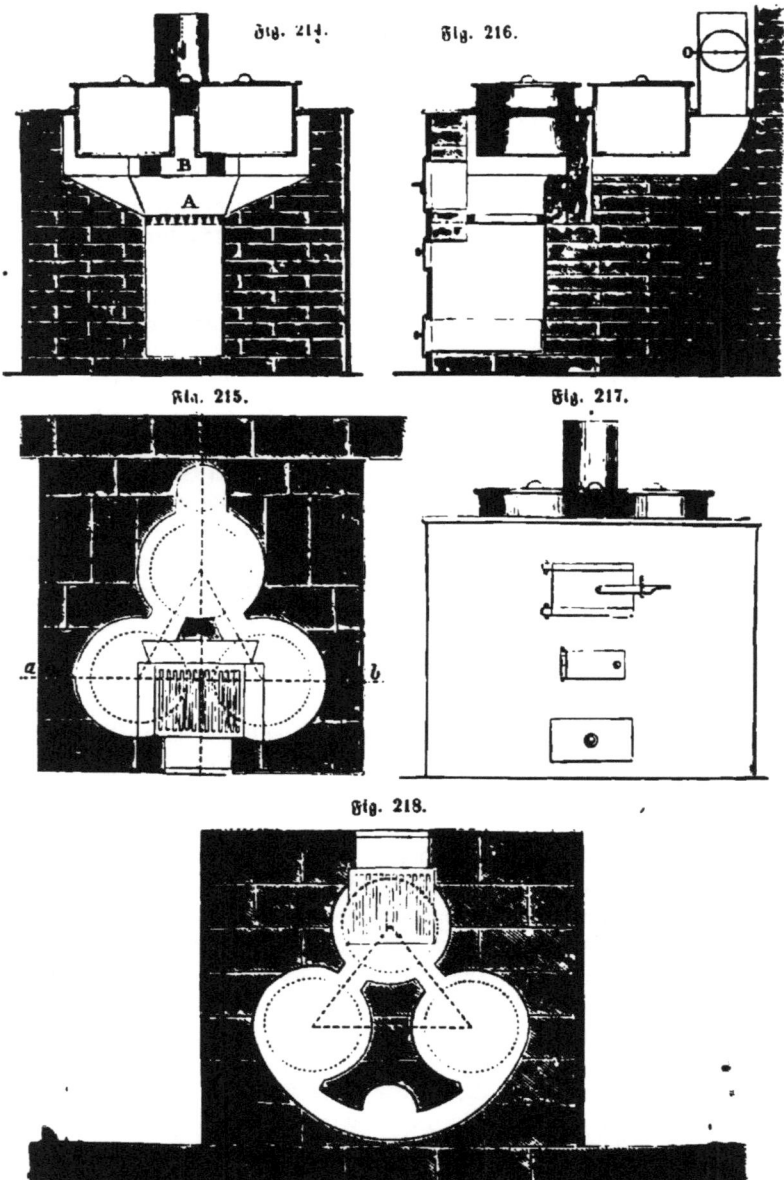

Fig. 214.
Fig. 216.
Fig. 215.
Fig. 217.
Fig. 218.

und die beiden anderen ſitzen in gleicher Entfernung von dem erſtern dahinter. Behufs der Circulation der Hitze um die hinteren Töpfe iſt zwiſchen denſelben der Mauerkörper angelegt, welcher, wie der Stein *B* in Fig. 215, bis unter die Herdplatte hinaufreicht. Die Einrichtung dieſes Herdes entſpricht im Uebrigen der des vorbeſchriebenen, und kann aus dem Grundriſſe, mit Beihülfe der Fig. 214 bis 217, genügend erſehen werden.

Einen vollſtändigen Kochherd für eine mittlere Haushaltung geben wir in den Fig. 219 bis 222. Der Herd iſt nur mit einem großen Einſatzloch über dem Roſte verſehen, welches durch eingelegte Ringe beliebig verkleinert werden kann, und dient außerdem zum Kochen auf der Platte. Außer der Kochplatte mit nur einem verſenkten Topfe enthält der Herd noch einen Bratofen nebſt Waſſerſchiff, welche beide auf die Herdplatte aufgeſetzt ſind, und im untern Theile des Herdes unter dem Feuerraume der Herdplatte einen Raum zum Obſtdörren, ſo wie unter der Extrafeuerung des Bratofens einen Raum, in welchem Brennmaterial untergebracht werden kann. Der auf die Herdplatte geſetzte Bratofen wird durch die abgehende Hitze des Kochherdes erwärmt, hat aber auch noch eine Extrafeuerung für den Fall, wenn zum Braten die abgehende Hitze vom Herde nicht ausreicht.

Der Herd ſteht nur mit der dem Schürloch gegenüber befindlichen ſchmalen Seite an einer Wand der Küche; die drei anderen Seiten ſtehen frei.

Durch die Betrachtung der einzelnen Figuren des in der Seitenanſicht und den erforderlichen Durchſchnitten dargeſtellten Herdes wird die nachfolgende Beſchreibung der Einrichtung deſſelben genügend klar werden.

Fig. 219 ſtellt die Anſicht des Herdes von derjenigen langen Seite dar, in welcher die Thüren des obern Bratofens, des Darr=Raumes und des Raumes zur Aufbewahrung des Brennmaterials ſich befinden. Alle Thüren ſind weggenommen gedacht und nur deren Kloben und Einleghaken ſichtbar. Wie aus der Lage der Kloben zu erſehen, wird die Thür des Bratofens von oben nach unten aufgeklappt, während die übrigen Thüren auf die übliche Weiſe geöffnet werden. Bei dem breiten Darr=Raume iſt eine zweiflügelige Thür angenommen.

Fig. 220 iſt der Längendurchſchnitt durch die Mitte des Herdes nach Linie *a b* der Fig. 221. Aus dieſem Durchſchnitt iſt der Aſchenraum des Feuerherdes, deſſen Roſt, der Feuerraum, der Feuerzug unter der Herdplatte her nach dem Bratofen, der Bratofen mit ſeiner Extrafeuerung, das Waſſerſchiff von der ſchmalen Seite mit dem dahinter befindlichen Rauchrohre, der Darr=Raum unter dem Feuerzuge der Herdplatte und endlich der Raum zur Aufbewahrung des Brennmaterials, welcher ſich unter der Bratofenfeuerung befindet, zu erſehen.

Fig. 221 iſt ein Horizontalabſchnitt nach *c d* der Fig. 220, durch den Bratofen mit dem Grundriß der Herdplatte. Man ſieht die Umfangswände des Bratofens, die zwischen diesen und den Seitenwänden des Bratofens befindlichen Canäle, den runden Ausschnitt in der hintern Ecke zweier Canäle, auf welchen sich das Rauchrohr aufsetzt, ferner die Draufsicht der Herdplatte mit der Einsatzöffnung und dem darunter liegenden Rost.

Fig. 222 ist ein Horizontaldurchschnitt nach gh der Fig. 220, unter der Herdplatte genommen. Dieser Durchschnitt giebt die Umfangswände des Herdes, auf welche die Herdplatte gelegt wird, den Rost des Feuerherdes und die von diesem aus nach oben sich erweiternde Ummauerung, den Rost der Extrafeuerung des Bratofens, das Mauerwerk, auf welches der Bratofen an den Seiten und hinten sich aufsetzt, und die Eisenstütze v für die Herdplatte.

Es ist bei diesem Herde angenommen, daß die Außenseite mit Gußplatten umgeben, und daß diese Platten an den Ecken durch rundgebogene Bleche unter einander verbunden sind. Damit die Deckplatte durch die Wirkung der Hitze nicht unregelmäßig springt, ist dieselbe von der Vorderkante über der Mitte der Heizthür bis zur Einsatzöffnung durchschnitten. Die Sohle des nur $2\frac{1}{2}$ bis 3 Zoll hohen Feuerzuges unter der Herdplatte steigt nach hinten um $\frac{1}{2}$ bis 1 Zoll an. Die unter der Herdplatte herstreichende Hitze bespült den Boden des auf die Herdplatte unmittelbar aufgesetzten Bratofens, zieht in den Canal S (Fig. 220 und Fig. 221) herauf, überschlägt die Decke des Bratofens, zieht in den Canal T herab und begiebt sich von da in den hintern Canal U, auf welchem an der Decke das Rauchrohr V angebracht ist. Damit die Hitze, indem sie den Boden, die hintere lange Seite, so wie die Decke des Bratofens bestreicht, an dem Canale U an der hintern schmalen Seite abgeschlossen ist, befindet sich bei R Fig. 221 eine bis herauf zur Decke des Wasserschiffes reichende und von da abwärts bis unter die Decke des Bratofens fortgesetzte, mit gestellten Steinen aufgemauerte Scheidewand. Es bleibt sonach bei T eine Oeffnung zunächst dem Boden, durch welche die Hitze mit dem hintern Canal an der schmalen Seite communicirt und diese Seite bestreichend zu dem Abzugsrohre gelangt. Das über dem Bratofen eingesetzte Wasserschiff wird von der Hitze bestrichen, bevor sie durch T in den hintern Canal U eintritt.

Um die von dem Herdraume abgehende Hitze, wenn sie für den Bratofen nicht genügt, nach Erfordern verstärken zu können, befindet sich unter dem Bratofen eine Extrafeuerung mit Rost und Aschenfall. Wird das Extrafeuer nicht gebraucht, so kann der Rost mit einem Backstein zugedeckt und mit Lehm verstrichen werden, damit nicht kalte Luft einströmt und den Zug der Herdfeuerung mindert.

Der Darr-Raum ist unmittelbar unter dem Feuerzuge der Herdplatte angelegt und mit einer Gußplatte überdeckt, über welche eine den Boden des Feuerzuges bildende Backsteinschicht gelegt ist. Zur Bedeckung des zur Auf-

Von den Feuerungsanlagen in Wohngebäuden. 231

nahme des Brennmaterials vorgesehenen Raumes unter dem Bratofen ist eine Gußplatte nicht geradezu erforderlich, und es genügt, die Decke aus einer einfachen Backsteinschicht bestehen zu lassen, zu deren Unterstützung an den Stoßfugen einzelne Trageisen untergelegt werden. Zur Reinigung des Herdes sammt Bratofen ist nur eine Ausputzöffnung, und zwar am Boden des hintern Canals U der Bratofenfeuerung, erforderlich, zu deren Verschluß eine Kapsel mit doppeltem Boden angebracht wird.

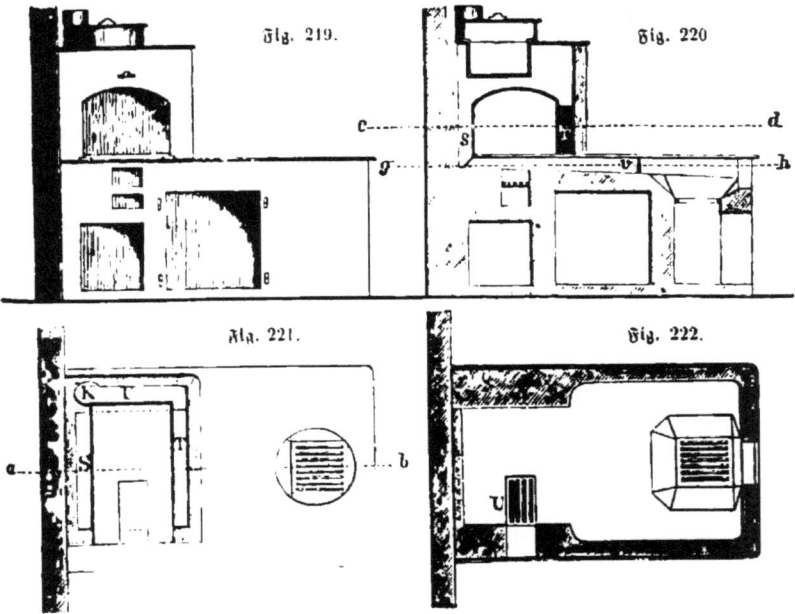

Ein Kochherd eigenthümlicher Construction mit vier Einsatztöpfen, Wasserschiff und Casserolfeuer ist in den Figuren 223 bis 227 abgebildet. Das Princip der an diesem Herde angewendeten Construction hat sich sowol bei der Ausführung größerer Herde in den Großh. hessischen Casernen und Spitälern, als auch bei kleineren Herden für Haushaltungen als sehr zweckmäßig und brennstoffersparend bewährt. Fig. 223 giebt eine vordere Ansicht des Herdes; Fig. 225 einen Querdurchschnitt nach der Linie a b der Fig. 223, 226 und 227, mitten durch den Feuerraum; Fig. 225 einen Längendurchschnitt nach c d der Fig. 224, 226 und 227, mitten durch den Feuerraum und das Wasserschiff; Fig. 226 einen Horizontaldurchschnitt nach e f der Fig. 224 und 225 über dem Rost und durch die nach dem Wasserschiff führenden Feuerzüge; endlich Fig. 227 einen Horizontal=

durchschnitt nach gh der Fig. 224 und 225, unmittelbar unter der Deck=
platte genommen. A ist der Aschenraum; B der in der Mitte zwischen den
vier Einsatztöpfen befindliche kreisrunde Rost; C der darüber angelegte,
aus feuerfesten Backsteinen gemauerte Feuerraum, dessen eigenthümliche
kesselartige Gestalt aus den Zeichnungen zu ersehen ist. Er verengt sich bei G
bis auf 7 Zoll Weite, verflacht sich aber von hier aus, wie man bei H ersieht.
Unmittelbar hinter den bei JJ aufgestellten Steinen führen die Feuerzüge
DD, welche von hier aus in horizontaler Richtung nach hinten dem Raume,
in welchem das Wasserschiff eingehängt ist, zugeführt sind.

Aus Fig. 227 ist aus den punktirten Kreisen die Stellung der vier
Einsatztöpfe zu ersehen, von welchen die in der Linie ab liegenden weiter
als die beiden anderen sind. Erstere hängen so tief herab, daß zwischen ihren
Böden und dem darunter befindlichen Mauerwerk nur ein Zwischenraum von
$1/2$ Zoll verbleibt. Die engeren Töpfe sind niedriger und beträgt bei ihnen
der bemerkte Zwischenraum $2\frac{1}{2}$ Zoll. Diese Anordnung ist um deswillen
getroffen, damit die aus dem Feuerraume tretende Hitze nicht den nächsten Weg
nach den Abzugscanälen DD einschlägt, sondern damit dem directen Abzug
der Hitze ein Hinderniß entgegengestellt und dieselbe gezwungen wird, den
ganzen Raum, in welchem die Töpfe sitzen, gleichmäßig zu bestreichen.

In Fig. 225 sehen wir hinter den Kochtöpfen das Wasserschiff; in
Fig. 227 den Raum L, in welchen es eingesetzt ist, und den Austritt FF
der Feuerzüge. Das Rauchrohr befindet sich unmittelbar hinter dem Wasser=
schiff. In Fig. 224 und 226 sind die Kapseln zum Zustellen der Aus=
putzöffnungen für die Feuerzüge mit EE bezeichnet. Der Herd hat nur
an der Schürseite eine Vorstellplatte, welche mit Schrauben an der Deck=
platte befestigt ist. Zur Befestigung der Vorstellplatte mit dem Mauerwerk
sind unten zwei 8 Zoll lange Anker angenietet, welche an den Enden auf=
wärts gebogen sind.

Soll mit diesem Kochherde ein Bratofen verbunden werden, so nimmt
derselbe den hier für das Wasserschiff bestimmten Raum L ein, und es
wird die von dem Feuerraum abgeführte Hitze auf dieselbe Weise um den
Bratofen geführt, wie wir dies bei dem vorbeschriebenen in Fig. 219 bis
222 abgebildeten Kochherde angegeben haben. Bei großen Casernenherden
wird ein großer Kochtopf senkrecht über dem Rost eingehängt und die
kleineren Töpfe werden um diesen im Kreise vertheilt.

d. **Kesselfeuerungen.** Wenn wir hier auch nur die im gewöhnlichen
Haushalt vorkommenden Kessel, wozu hauptsächlich die Waschkessel zu rechnen
sind, betrachten werden, so gilt doch das, was wir über die allgemeinen Erfor=
dernisse einer zweckmäßigen Kesselfeuerung anzuführen nicht umhin können,
auch für größere Kesselfeuerungen, mit Ausnahme der Dampfkessel für den

Von den Feuerungsanlagen in Wohngebäuden. 233

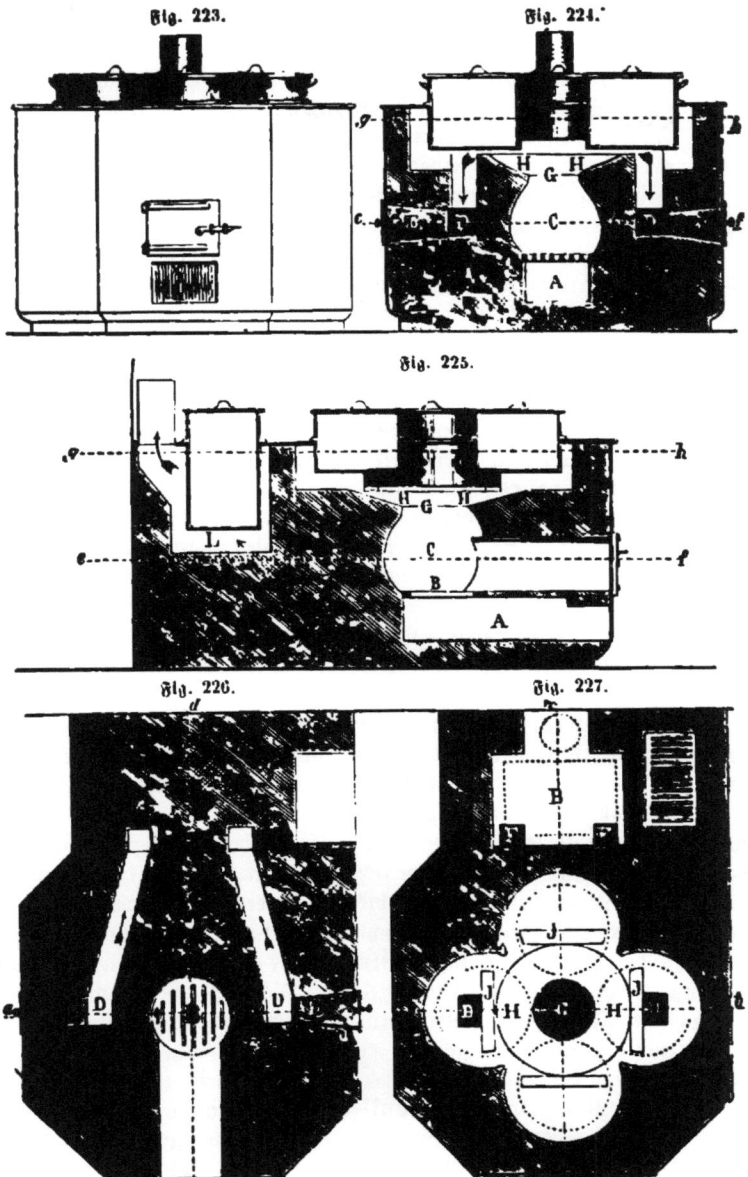

Fig. 223.   Fig. 224.

Fig. 225.

Fig. 226.   Fig. 227.

Betrieb von Maschinen, deren Anlage sich nach der abweichenden Gestalt und Construction der Kessel zu richten hat.

Die gewöhnlichen Kessel sind offen und haben eine annähernd cylindrische und nach unten kugelförmig abgerundete Gestalt. Dieselben frei in die Feuerung einzuhängen, wobei die sich in dem Feuerraume entwickelnde Hitze nur den Kesselboden trifft und ohne die Seitenwände umspült zu haben, in den Schornstein entweicht, ist eine noch häufig angewendete, aber durchaus verwerfliche, wahrhaft Brennstoff verwüstende Art der Feuerung.

Bei jeder guten Kesselfeuerung muß der Boden des Kessels die Decke des Feuerraum bilden und denselben vollkommen abschließen; es muß die in dem Feuerraume sich entwickelnde Hitze, nachdem sie den Kesselboden erwärmt hat, durch eine dem Schürloch entgegengesetzte Oeffnung, welche der Feuerrachen genannt wird, in Feuercanäle, welche die Seitenwände umziehen, eintreten, und sie darf erst alsdann in den Schornstein entweichen, wenn sie auch die Seitenwände des Kessels möglichst vollkommen erwärmt hat. Nach dem Sprachgebrauche des Maurers muß ein Kessel auf Lauffeuer gesetzt werden.

Das einfache Lauffeuer besteht darin, daß der Feuercanal um die Seitenwände des Kessels einen ungetrennten Raum bildet, so daß die durch den Feuerrachen in denselben eintretende Hitze durch eine zur Seite der Eintrittsöffnung angebrachte Scheidemauer oder Zunge genöthigt wird, den Feuercanal nach einer Richtung und in seiner ganzen Höhe zu durchziehen, um an der andern Seite der Zunge durch eine Oeffnung in den Schornstein zu entweichen.

Das doppelte ungespaltene Lauffeuer unterscheidet sich von dem einfachen Lauffeuer darin, daß zur Erwärmung der Seitenwände des Kessels zwei Canäle über einander angebracht sind, durch welche die Hitze in einer Richtung streicht. Die Hitze durchstreicht den untern Canal wie bei dem einfachen Lauffeuer, tritt durch eine in der horizontalen Scheidewand angebrachte Oeffnung in den darüber liegenden Canal ein und durchzieht denselben in der nämlichen Richtung, bis sie an der Stelle, wo beim ersten Canal die senkrechte Zunge angebracht ist, in den Schornstein entweicht.

Das einfach gespaltene Lauffeuer. Es ist nur ein Feuercanal auf die ganze Höhe der Kesselwände angelegt. Die Hitze theilt sich, nachdem sie durch den gespaltenen Feuerrachen in den Canal eingetreten ist, in zwei getrennte Hälften, um sich auf der dem Feuerrachen entgegengesetzten Seite wieder zu vereinigen und durch den Schornstein zu entweichen.

Das doppelt gespaltene Lauffeuer. Es befinden sich zwei Feuercanäle über einander. Die Hitze tritt wie bei dem einfach gespaltenen Lauffeuer in den untern Feuercanal ein und streicht nach entgegengesetzter

Richtung um die Kesselwände. Auf der entgegenstehenden Seite befinden sich an der Canaldecke Oeffnungen, durch welche die unteren Seitencanäle mit den darüber liegenden communiciren. Auch hier theilt sich die Hitze wieder, um gleichfalls in entgegengesetzten Richtungen die obern Canäle zu durchziehen und sodann an der dem Schürloch gegenüberliegenden Seite dem Schornstein zugeführt zu werden.

Der Großherzoglich hessische Gewerbeverein hat genaue Versuche über den verhältnißmäßigen ökonomischen Werth verschiedener Kesselfeuerungen anstellen lassen und dabei drei verschiedene Brennstoffe, nämlich Buchenholz, Torf und Steinkohlen verwendet.

Wir theilen nachstehend diejenigen Resultate mit, welche sich an den relativen Nutzeffect von 5 verschiedenen Kesselfeuerungen beziehen, die wie folgt construirt waren:

a. Kessel ohne Lauffeuer.
b. Kessel mit einfachem Lauffeuer.
c. Kessel mit doppeltem ungespaltenem Lauffeuer.
d. Kessel mit einfach gespaltenem Lauffeuer.
e. Kessel mit doppelt gespaltenem Lauffeuer.

Bei Holzbrand ergaben sich die Effecte dieser 5 verschiedenen Constructionen, von den ungünstigsten angefangen, in folgender Ordnung:
$a = 100$; $b = 72{,}2$; $c = 68{,}7$; $d = 68{,}8$; $e = 63$.

Diese Zahlenergebnisse weisen nach, daß, wenn a 100 Pfund Holz consumirt, der nämliche Effect bei e mit einem Verbrauch von 63 Pfund Holz erreicht werden kann, daß sonach bei der Feuerung e eine Ersparniß von 37 Procent gegenüber der Feuerung von a erreicht wird. Gegenüber der Feuerung von a betragen bei c und d die Ersparnisse 31 bis 32 Procent. Hieraus geht hervor, daß die mit Lauffeuer construirten Kesselfeuerungen diejenigen im Effect bedeutend übertreffen, deren Kessel frei im Feuer hängen, so daß selbst das einfache Lauffeuer, welches den geringsten Effect ergab, immerhin noch um 28 Procent den frei in die Feuerung eingehängten Kessel übertrifft. Zugleich ergiebt sich aus obiger Zusammenstellung, daß bei Holzbrand das gespaltene Feuer dem ungespaltenen Feuer vorzuziehen ist.

Bei Torffeuerung ergab sich in Bezug auf den Nutzeffect der verschiedenen Constructionen folgende Ordnung:
$a = 100$; $b = 76$; $d = 72$; $c = 66$; $e = 53$.

Es stellt sich hiernach, gegenüber der Feuerung a, bei b, eine Ersparniß von 24 Procent, bei d von 28 Procent, bei c von 34 Procent und bei e von 47 Procent heraus.

Bei Steinkohlenfeuerung war die Ordnung folgende:
$a = 100$; $d = 85$; $b = 83$; $e = 76$; $c = 73$.

236   Zehnter Abschnitt.

Bei diesen Resultaten erscheinen die Vortheile der auf Lauffeuer gesetzten Kessel gegen den in das Feuer frei eingehängten nicht in solchem Grade günstig. Die Ersparniß beträgt im günstigen Falle nur 27 Procent, wogegen sie bei Holzbrand 37 und bei Torfbrand 47 Procent betrug. Ferner stehen hier die mit gespaltenen Feuerzügen versehenen Kessel denjenigen nach, bei welchen die Hitze den Kessel in gleicher Richtung bestreicht. Es sind demnach bei Steinkohlenfeuerung solche Circulationen nicht anwendbar, bei welchen die Strömung der erhitzten Luft schnellen Veränderungen ihrer Geschwindigkeit und Richtung unterworfen ist, und es verdienen bei gleicher Länge der Zugcanäle diejenigen den Vorzug, welche eine in gleicher Richtung erfolgende Bewegung der erhitzten Luft gestatten.

Nach diesen allgemeinen Vorbemerkungen gehen wir zur Beschreibung einiger Kesselfeuerungen über.

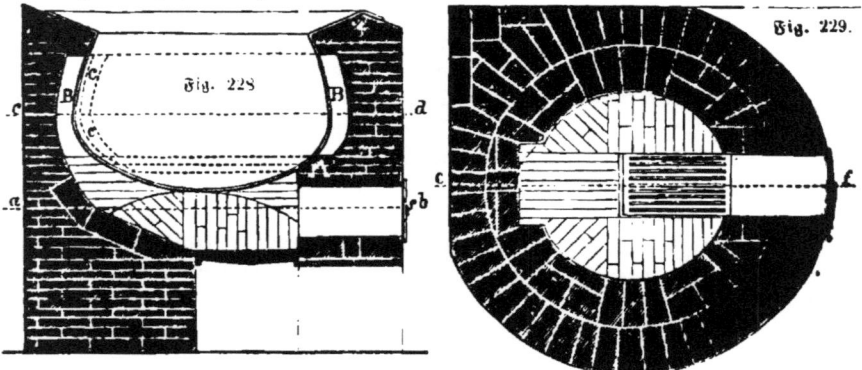

Einen Kessel mit einfachem Lauffeuer stellen die Figuren 228 bis 231 in den erforderlichen Grundrissen und Durchschnitten dar. Der Feuerraum wird durch den Kesselboden gedeckt; dem Schürloch gegenüber befindet sich der ungetheilte Feuerrachen; zur Linken desselben ist der um den Kessel herumführende Canal auf seine ganze Höhe durch eine Zunge gesperrt, so daß die erhitzte Luft sich rechts wendet und in dieser Richtung den Kessel umspült, um sodann links von der Zunge in den Schornstein zu entweichen.

Fig. 228 ist ein Längendurchschnitt nach der Linie ef der Fig. 229 und 231, durch die Mitte des Kessels, Fig. 230 ist ein Querdurchschnitt nach der Linie gh der Fig. 229 und 231, ebenfalls durch die Mitte des Kessels.

Fig. 229 ist ein Horizontaldurchschnitt nach ab der Fig. 228 und 230, zwischen dem Rost und dem Kesselboden. Fig. 231 ist ein zweiter Horizontaldurchschnitt nach cd der Fig. 228 und 230, in der halben Höhe des Kessels, wobei dieser selbst herausgenommen gedacht ist.

Von den Feuerungsanlagen in Wohngebäuden. 237

Die Ummauerung des Kessels ist, der Form des Kessels entsprechend, soweit er frei steht, kreisrund. Um die Umfangslinie der Kesselmauer mittelst einer Schnur verzeichnen zu können, hat man den größten Halbmesser des Kessels, die Weite des Canals und die Dicke der Umfangsmauer zusammenzuaddiren und nach diesem Maß, als Halbmesser des Kesselumfangs, die Kreislinie zu ziehen. Bei dem Aufführen des Mauerwerks bis zur Höhe des Rostes muß der Raum für den Aschenfall in einer der Rostfläche gleichen Breite frei bleiben. Die Länge des Aschenfalls ist gleich der Länge des Rostes, mit Zurechnung der Entfernung, in welcher derselbe von der Heizthür zurückliegt. Der vor dem Rost befindliche Theil des Aschenraums wird mit Eisenstäben so überdeckt, daß die auf diesen Stäben liegende Rollschicht etwa 2 Zoll über die Oberfläche des Rostes übersteht. Diese Rollschicht wird nach dem Roste hin abgeschrägt und nimmt die Breite desselben ein. Auf dem bis auf

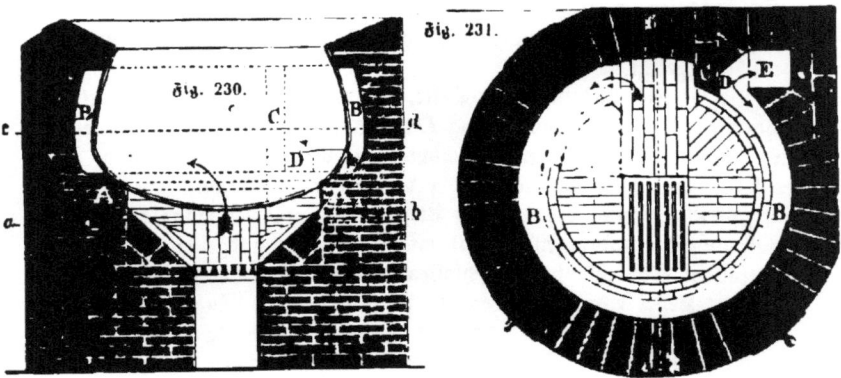

eine Steinschicht unterhalb der Rostfläche aufgeführten Mauerwerk wird nun von dem darauf vorgezeichneten Mittelpunkte aus ein Kreis beschrieben, welcher so groß ist, als die Bodenfläche des Kessels, welche der directen Wirkung des Feuers ausgesetzt werden soll. Nach diesem Kreis wird nun das sämmtliche Mauerwerk, jedoch mit Freilassung des Schürlochs und des bis an die äußere Ummauerung für die Canäle reichenden Raums für den Feuerrachen, bis zu der Höhe aufgeführt, daß der Boden des darauf zu setzenden Kessels den verlangten Abstand von dem Roste erhält. Dieser Abstand wird bei kleineren Kesseln bis zu 10 Zollen und bei größeren Kesseln bis zu 15 Zollen angenommen werden können. Damit das Brennmaterial den Rost immer möglichst gut deckt, wird von den Kanten des Rostes aus ein Rollpflaster oder Backsteinbeleg schräg aufwärts angelegt, welches sich an die Ummauerung des Feuerraums und des Feuerrachens anschließt.

Ist der Kessel auf die Oberkante der Untermauerung aufgesetzt, so legt man, damit er genügend unterstützt und zugleich der Feuerraum von dem Zugcanale vollkommen abgeschlossen wird, noch eine oder zwei Backstein= schichten darum, welche nach der Form des Kessels vorn abgeschrägt und mit Lehmmörtel genau an die Kesselwand angemauert werden.

Das Mauerwerk wird nun außen cylindrisch und innen concentrisch mit der Kesselwand so aufgeführt, daß zwischen der Ummauerung und dem Kessel ein Canal B von etwa 4 Zoll Breite verbleibt. Mit der Ummauerung wird auf der einen Seite des Feuerrachens die Zunge C aufgeführt, welche den Canal auf der dem Schornstein zunächst gelegenen Seite auf die ganze Höhe abschließt. Das Mauerwerk wird nun bis zu einer solchen Höhe aufgeführt, daß noch zwei Deckschichten, welche zugleich den Canal B oben abschließen, bis zum obern Kesselrande und an den Kessel anschließend gemauert werden können. Erhält die Kesselmauerung oben einen Kranz aus Hausteinen, so wird unter diesen Kranz nur eine Deckschicht gelegt.

Bei D Fig. 231 ist an der Seite, wo die Zunge C sich befindet, der Schornstein E. Die Einmündung D des Canals B in den Schornstein E wird unmittelbar unter den Deckschichten angebracht, damit der obere Theil der Kesselwand möglichst vollständig von der Hitze umspült wird.

Zur Reinigung des um den Kessel herumgeführten Canals sind Aus= putzöffnungen anzubringen, welche mit Backsteinen ausgemauert oder mit ausgefüllten Schließkapseln verschlossen werden. Der Schornstein E erhält über dem Kessel einen Schieber zur Regulirung des Zuges.

Einen Kessel mit doppelt gespaltenen Lauffeuer stellen wir in den Figuren 232 bis 235 im Grundriß und den nöthigen Durch= schnitten dar. Der Schornstein befindet sich in der Ecke der Umfangs= mauern des Kessellocales, und das Schürloch liegt in der durch die Ecke und den Mittelpunkt des Kessels gelegten Ebene, dem Schornsteine gerade gegenüber. Diese Kesselfeuerung ist für Holzbrand die geeignetste.

Fig. 232 ist ein Längendurchschnitt nach der Linie $a\,b$ der Fig. 234, durch die Mitte des Kessels. Fig. 233 ist ein Querdurchschnitt nach der Linie $c\,d$ der Fig. 234 gegen die Rückseite. Fig. 234 ein Horizontaldurchschnitt nach $e\,f$ der Fig. 232, 233 und 235, unmittelbar über der horizontalen Scheidewand, welche den Canal der Höhe nach in zwei Hälften theilt. Fig. 235 ist ein zweiter Querdurchschnitt, und zwar ebenfalls nach $c\,d$ der Fig. 234, jedoch mit der Ansicht gegen das Schürloch. In den Figuren 233, 234 und 235 ist der Kessel herausgenommen gedacht.

Der zur Erwärmung der Seitenwände des Kessels dienende Canal ist durch eine horizontale, aus gelegten Backsteinen gefertigte und mit der

Umfangsmauer wohlverbundene Scheidewand in einen obern und einen untern Canal abgetheilt. Der Feuerrachen liegt dem Schürloch gegenüber und ist in der Mitte durch eine Zunge A geschieden, welche so weit hinaufgeführt ist, daß sie die beiden Seitencanäle schneidet und in zwei Hälften trennt. Eine ähnliche Zunge B, welche auf die Scheidewand des untern Canals aufgesetzt ist, befindet sich auf der gegenüberstehenden Seite; sie besteht aus gestellten Steinen, damit der Kessel nicht unnöthig vermauert

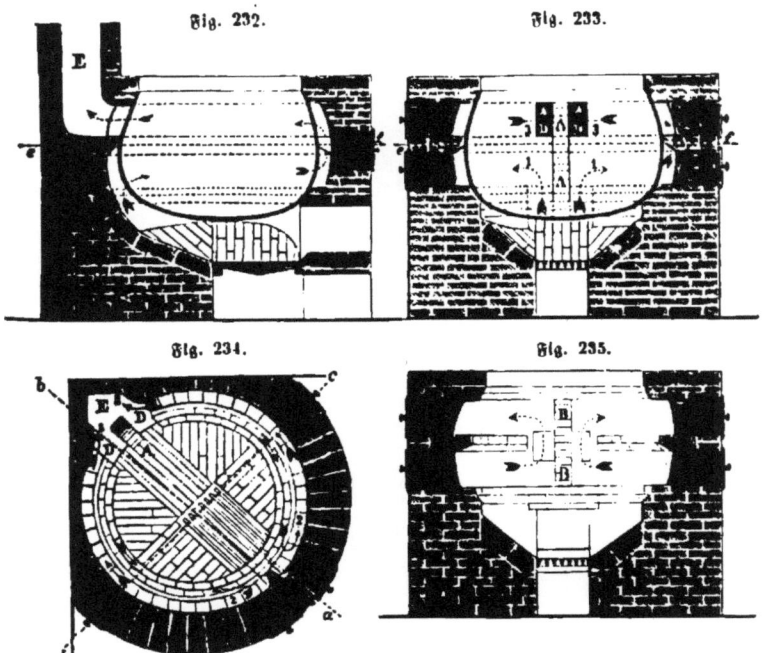

Fig. 232.   Fig. 233.

Fig. 234.   Fig. 235.

wird. Zu beiden Seiten dieser Zunge B ist die horizontale Scheidewand mittelst der beiden Oeffnungen CC durchbrochen, so daß hier eine Communication zwischen den über einander liegenden Canälen stattfindet. Bei DD communicirt der obere Canal mit dem Schornstein E vermittelst zwei durch die Zunge A von einander getrennter Oeffnungen.

Die Richtung des Zuges, welchen die erhitzte Luft von dem Feuerraume nach dem Schornstein nimmt, ist durch Pfeile angegeben. Aus dem Feuerraume gelangt dieselbe, die Richtung der mit 1 bezeichneten Pfeile verfolgend, in den untern Seitencanal; sie wendet sich hier zur Rechten und zur Linken, und tritt durch die Oeffnungen CC zu beiden Seiten der Zunge B in den obern Canal, wo sie die Richtung der Pfeile 2 annimmt. Nachdem sie nun auch den obern Canal in entgegengesetzter Richtung durchzogen hat, tritt sie zu beiden Seiten der Zunge A durch die Oeffnungen DD in den Schornstein E, wie dies die Pfeile 3 bezeichnen. Die mit Kapseln verschlossenen Auspußöffnungen ersieht man aus den Abbildungen.

Druck von C. P. Melzer in Leipzig.